forum ANGEWANDTE LINGUISTIK
BAND 52

Gesellschaft für Angewandte Linguistik e.V.

Gesellschaft für Angewandte Linguistik e.V.

**Der Vorstand der
Gesellschaft für Angewandte Linguistik**
Prof. Dr. Bernd Rüschoff
Prof. Dr. Susanne Göpferich
Prof. Dr. Friedrich Lenz
Prof. Dr. Susanne Niemeier
Prof. Dr. Katrin Lehnen

**Der Wissenschaftliche Beirat der
Gesellschaft für Angewandte Linguistik**
Prof. Dr. Claudia Villiger (Vertreter: Prof. Dr. Ulrich Schmitz)
Prof. Dr. Jan Engberg (Vertreter: apl. Prof. Dr. Albert Busch)
Prof. Dr. Karin Birkner (Vertreterin: Dr. Dorothee Meer)
Dr. Saskia Kersten (Vertreterin: Monika Reif, M.A.)
Prof. Dr. Kristin Bührig (Vertreter: Prof. Dr. Stephan Schlickau)
Prof. Dr. Stefan Schierholz (Vertreter: Prof. Dr. Stefan Engelberg)
Jun.-Prof. Dr. Markus Bieswanger (Vertreter: Tobias Unger)
Prof. Dr. Daniel Perrin (Vertreter: Dr. Martin Luginbühl)
Dr. phil. Sven Grawunder (Vertreterin: Prof. Dr. Kati Hannken-Illjes)
Prof. Dr. Elisabeth Burr (Vertreterin: Dr. Anne Hoyer)
Prof. Dr. Frauke Intemann (Vertreterin: Dr. Elke Grundler)
Dr. Peter Rosenberg (Vertreterin: Prof. Dr. Britta Hufeisen)
Dr. Kersten Sven Roth (Vertreterin: Prof. Dr. Ulla Kleinberger)
Prof. Dr. Klaus Schubert (Vertreterin: Prof. Dr. Heike Elisabeth Jüngst)

forum ANGEWANDTE LINGUISTIK
BAND 52

Schreib- und Textroutinen

Theorie, Erwerb
und didaktisch-mediale
Modellierung

Herausgegeben von
Helmuth Feilke
und Katrin Lehnen

Peter Lang
Frankfurt am Main · Berlin · Bern · Bruxelles · New York · Oxford · Wien

Bibliografische Information der Deutschen Nationalbibliothek
Die Deutsche Nationalbibliothek verzeichnet diese Publikation in
der Deutschen Nationalbibliografie; detaillierte bibliografische
Daten sind im Internet über http://dnb.d-nb.de abrufbar.

Gedruckt auf alterungsbeständigem,
säurefreiem Papier.

ISSN 0937-406X
ISBN 978-3-631-61281-1
© Peter Lang GmbH
Internationaler Verlag der Wissenschaften
Frankfurt am Main 2012
Alle Rechte vorbehalten.

Das Werk einschließlich aller seiner Teile ist urheberrechtlich
geschützt. Jede Verwertung außerhalb der engen Grenzen des
Urheberrechtsgesetzes ist ohne Zustimmung des Verlages
unzulässig und strafbar. Das gilt insbesondere für
Vervielfältigungen, Übersetzungen, Mikroverfilmungen und die
Einspeicherung und Verarbeitung in elektronischen Systemen.

www.peterlang.de

Vorwort

Vorworte in wissenschaftlichen Büchern sind Beispiele sprachlicher Routine par excellence. Sie haben pragmatisch den Status von Begrüßungen als kommunikativen Ritualen, und für den ganzen Text sind sie so etwas wie ein großformatiges Gliederungssignal: Es wird gesagt, wie es losgeht, wie es weitergeht und was zu erwarten ist. Auch für den Schreiber oder die Schreiberin scheint eigentlich alles klar. Das Buch ist – im Regelfall – schon geschrieben, die Inhalte sind also bekannt und die Erwartungen an diesen Paratext sind es erst recht. Trotzdem wäre es falsch, der hochroutinierten Gattung lediglich mit der Erwartung einer Wiederkehr des Gleichen zu begegnen. Pragmatisch muss sie das Gegenteil leisten, nämlich das jeweils vorliegende Buch als besonders, seine Inhalte als unverwechselbar und neu vorstellen.

Dass Routine und kreative Ordnungsleistungen kein Widerspruch sind, ist im herkömmlichen Konzept sprachlicher Routine, das gerne mit Gleichförmigkeit und einer die Bequemlichkeit stützenden Musterbildung in Zusammenhang gebracht wird, unseres Erachtens zu wenig bedacht. Die Beiträge dieses Bandes argumentieren für ein sozial intelligibles Konzept sprachlicher Routine. Ihr thematischer Fokus ist auch insofern neu, als es durchgängig um Routine im Schreiben und Routine in Texten geht. Die AutorInnen stellen Schreib- und Textroutinen in wechselnde Fragehorizonte.

- Im Zentrum stehen zum einen Theorie und Begrifflichkeit literaler Routine. Ein wichtiger Aspekt ist dabei, dass Routinen gerade auch im Schriftlichen die Grundlage bilden für die Eröffnung von Spielräumen des sprachlichen Handelns.
- Ein weiterer Schwerpunkt in den Beiträgen ist der Erwerb von Schreib- und Textroutinen und der Aufbau einer Routinenkompetenz vom ersten Schuljahr bis hin zu Studierenden.
- Schließlich geht es auch um die didaktisch-mediale Modellierung solcher Routinen für die Stützung des Erwerbs. Die hierzu vorliegenden Aufsätze beziehen sich vor allem auf das wissenschaftliche Schreiben.

Zu den Beiträgen im Einzelnen: Der einleitende Beitrag von Helmuth Feilke stellt ein theoretisches Konzept sprachlicher Routine vor und diskutiert die damit verbundenen methodischen Herausforderungen für die Forschung. Theoretisch wird die sozial und sozial-kognitiv strukturbildende Leistung von Routinen gegenüber Gesichtspunkten wie Entlastung und Gewöhnung in den Vordergrund gerückt. Sie stützen die Handlungskoordination und das Verstehen gerade auch in schriftlicher Kommunikation. Unter dem Oberbegriff *literale Prozeduren* werden auf den Schreibprozess bezogene Schreibroutinen abgegrenzt von Textroutinen, die auf die Handlungsstruktur von Texten bezogen sind. Der Beitrag zeigt an studentischen Texten, dass Textroutinen die sprachlich entscheidende Komponente einer Textkompetenz bilden.

Die Frage, wie diese Kompetenz erworben wird und wie der Erwerb auch didaktisch gestützt werden kann, greift Katrin Lehnen auf. Am Beispiel von Einleitungen in wissenschaftliche Arbeiten zeigt sie, wie sich Profis von Novizen unterscheiden. Es wird deutlich, dass Anfänger relevante Funktionen durchaus kennen, aber im Bereich der Textroutinen, der Frage also, wie die Komponenten einer Einleitung sprachlich umzusetzen sind, deutliche Unsicherheiten zeigen. Aus dem Befund entwickelt Lehnen eine mehrstufige Überarbeitungsaufgabe in einem authentischen didaktischen Szenario. Als entscheidend für das Gelingen der Überarbeitung erweisen sich vor allem das Explizitmachen der an den Zieltext gerichteten Erwartungen und die dialogische Reflexion von Formulierungsalternativen.

Solche Erkenntnisse setzt die in Gießen entwickelte, webbasierte Schreib- und Forschungsumgebung SKOLA (Schreib-Kontroversen-Labor) in konkrete Schreib- und Übungsaufgaben für Studierende um. Martin Steinseifer stellt diese Lernumgebung für wissenschaftliches Schreiben vor, die vor allem für Blended Learning Kontexte in Seminaren entwickelt worden ist. Ausgangspunkt für die didaktische Konzeption ist die Beobachtung, dass es Studierenden besonders schwerfällt, die kontroverse Struktur von Fachdiskursen zu referieren und dieses Referat für die eigene Darstellung zu nutzen. SKOLA zielt auf ein Scaffolding dieser „discourse synthesis". Das Programm bietet hierfür kontroversenbezogene fachliche Schreibszenarios an und stützt die Schreibprozesse durch die Modellierung entsprechender Schreib- und Textroutinen.

Während SKOLA Kontroversen als exemplarische Übungssituationen modelliert, zielt das von Antje Proske entwickelte und evaluierte Programm *escribo* für wissenschaftliches Schreiben auf die Unterstützung Studierender in authentischen Schreibsituationen. Hierfür legt sie ein Modell wissenschaftlichen Schreibens mit den Teilaufgaben *Orientieren, Sammeln, Planen, Übertragen, Überarbeiten* zugrunde. Diese Teilaufgaben – die als Schreibroutinen verstanden werden - sind ihrerseits wieder untergliedert, z.B. *Planen* in Analysieren, Argumentieren und Gliedern. Die Aufgaben sind jeweils auf Karteikarten repräsentiert, die in definierten Schritten abgearbeitet werden. Abschließend stellt der Beitrag Ergebnisse einer empirischen Überprüfung der Wirksamkeit von *escribo* vor.

Sprachliche Routinen können eine Steigbügelfunktion für den Erwerb übernehmen. Weil sie kontextuell gebunden sind und in bestimmten Zusammenhängen in gleicher oder ähnlicher Gestalt wiederkehren, entwickeln Lerner dafür schon im frühen Spracherwerb eine gesteigerte Aufmerksamkeit. Das gilt auch für den Bereich literaler Routine. Die Steigbügelmetapher wirft dabei auch ein Licht auf die Tatsache, dass viele Textroutinen für die Lerner obsolet werden, wenn sie ihre Aufgabe, z.b. den Aufbau bestimmter Gattungs- oder Textsortenmerkmale erfüllt haben. Das zeigt Monika Dannerers längsschnittliche Untersuchung schriftlicher Schülererzählungen über eine achtjährige Schulzeit. Gerade bei den fortgeschrittenen Erzählern des 12. Schuljahres geht die Routine in der Oberfläche – jedenfalls an Anfang und Schluss der Erzählungen – zurück. Das beeinträchtigt die Qualität der Erzählung aber gerade nicht, – vielleicht auch ein Hinweis darauf, dass der Routineausbau sich auf andere Bereiche der Textqualität (z.b. Spannung, Komik etc.) verlagert.

Olaf Gätje, Sara Rezat und Torsten Steinhoff untersuchen theoretisch und empirisch den Ausbau von Textroutinen der Positionsmarkierung in argumentativen Texten von Schülern der 1. Klasse bis hin zu Studierenden. Die Untersuchung zeigt, dass Positionierungsroutinen einen grammatischen Formwechsel von grammatisch eher verbal dominierten Positionierungen zu nominal dominierten Positionierungen durchlaufen *(ich finde* wird zu *meiner Meinung nach).* Pragmatisch rückt damit die Positionierung aus der syntaktisch zentralen verbalen Position heraus und wird mit der Nominalisierung zugleich syntaktisch indirekter, – möglicherweise schon ein Effekt zunehmender Versachlichung oder auch Verfachlichung des Argumentierens. Der Erwerb der Routine stützt die Differenzierung argumentativer Textsorten in verschiedenen Domänen.

Damit ist eine Leistung von Textroutinen angesprochen, die im Beitrag Jörg Josts ins Zentrum der Aufmerksamkeit rückt. Textroutinen spielen pragmatisch eine wichtige Rolle als Kontextualisierungshinweise. Hier liegt der Kern ihrer Leistung als sozialkognitive Ordnungszeichen. Jost stellt einleitend die Anschlusspunkte für den Zusammenhang von Routine und koordinierter Kontexterzeugung in der jüngeren Geschichte der Pragmatik heraus: utterance types (Levinson), Implikaturen (Grice), contextualization cues (Gumperz), Konstruktionsgrammatik (Croft, Tomassello). Den Ansatz zur implikaturbasierten Erklärung von Routinisierungsprozessen bezieht er empirisch auf Material aus einer eigenen Untersuchung zu Textroutinen in Berichtszeugnissen der Grundschule.

Schreiben ist unter zeitlichem Aspekt um das 6- bis 10fache langsamer als das Sprechen. Planungs- und Formulierungsaktivitäten sind aufwändiger als im Sprechen, schon alleine, weil im typischen Fall längere Textäußerungen hervorgebracht werden als im mündlichen Dialog. Es schließt sich die Frage an, die Jan Weisberg seinem Beitrag zugrunde legt. Wie kann überhaupt flüssiges Schreiben gelingen? Schnell wird klar, dass eine Bestimmung des Begriffs nicht möglich ist, ohne auf die schriftlich produzierte Sprache selbst einzugehen, denn rein quantitative und motorische Aspekte des Schreibens greifen zu kurz. Es geht also um Vorschläge zu einem pragmatisch qualifizierten Konzept der Schreibflüssigkeit. Hierfür spielen Schreib- und Textroutinen leicht nachvollziehbar eine zentrale Rolle.

Daniel Perrins Beitrag bildet thematisch wie theoretisch eine Klammer für den Band. Thematisch geht es um das journalistische Schreiben von Profis im Medienalltag. Profis verfügen über ausgebildete Routinen für ihr Handlungsfeld, aber sie haben nicht aufgehört zu lernen. Sie können – verglichen mit Novizen – die Grenzen der Routine am besten einschätzen, zumal wenn sie mit institutionalisierten Begrenzungen z.B. des Formulierens einhergehen. Habitualisierung und Routinen eröffnen einen „Vordergrund für Einfall und Innovation" heißt es in Peter Bergers und Thomas Luckmanns Klassiker *Die gesellschaftliche Konstruktion der Wirklichkeit* (1980, 57). Auf der Grundlage von Routinen und Prozeduren wird die *Emergenz* neuer Qualitäten möglich. Diesen Zusammenhang macht Daniel Perrin in der Analyse der Genese einer Formulierung für einen Fernsehbericht eindrücklich deutlich.

Zum Schluss danken wir allen BeiträgerInnen und dem Verlag für Ihre Geduld mit den Herausgebern. Der Gesellschaft für Angewandte Linguistik danken wir für die Unterstützun g der Publikation, die auf eine Themensektion bei der GAL 2009 in Karlsruhe zurückgeht. Ein besonderer Dank geht an Wolf Stertkamp, der den Band druckfertig gemacht hat.

Gießen, im Oktober 2011   Helmuth Feilke & Katrin Lehnen

Inhaltsverzeichnis

Helmuth Feilke
Was sind Textroutinen? Zur Theorie und Methodik des Forschungsfeldes 1

Katrin Lehnen
Erwerb wissenschaftlicher Textroutinen 33

Martin Steinseifer
Schreiben im Kontroversen-Labor. Konzeption und Realisierung einer
computerbasierten Lernumgebung für das wissenschaftliche Schreiben 61

Antje Proske
Können computerbaiserte Trainingsaufgaben Text- und Schreibroutinen
beim wissenschaftlichen Schreiben fördern? 83

Monika Dannerer
Routiniert vom ersten bis zum letzten Satz? - Die Rolle von Textroutinen
in der Erzählentwicklung von Jugendlichen 101

Olaf Gätje/Sara Rezat/Torsten Steinhoff
Positionierung. Zur Entwicklung des Gebrauchs modalisierender
Prozeduren in argumentativen Texten von Schülern und Studenten 125

Jan Weisberg
IF Routine THEN Fluss ELSE Problem - Überlegungen zu Schreibflüssigkeit
und Schreibroutine 155

Jörg Jost
Textroutinen und Kontextualisierungshinweise 195

Daniel Perrin
„La voie tranquille"
Routine und Emergenz in Formulierungsprozessen als Service public 215

Was sind Textroutinen? - Zur Theorie und Methodik des Forschungsfeldes

Helmuth Feilke

1. Die gesellschaftliche Konstruktion der Routine

Es gibt wenige soziologische Bücher, die eine so nachhaltige Wirkung im Fachverständnis der mit Sprache und Kommunikation beschäftigten Wissenschaften hinterlassen haben wie Peter Bergers und Thomas Luckmanns wissenssoziologischer Klassiker „Die gesellschaftliche Konstruktion der Wirklichkeit" (1966/ 1980). Ein Hauptgrund dafür dürfte neben der anschaulichen Sprache die intensive Beschäftigung der Autoren mit dem Zustandekommen und der sozialen Bedeutung von Typisierungen und Routinisierungen sein. Typisierung beziehen die Autoren auf die Interpretation der Wahrnehmung, Routinisierung auf das Handeln. Den entscheidenden Gewinn sehen sie dabei in der sozialen Prägung (*Institutionalisierung*) von Interpretations- und Handlungsschemata. Routinewissen entsteht zunächst *individuell* aus der *Habitualisierung* erfolgreicher Verfahrensweisen und es entlastet von der Notwendigkeit, Handlungen stets neu komponieren zu müssen: „In der Theorie mag es hundert Möglichkeiten zu geben, ein Boot aus Streichhölzern zu basteln, Gewöhnung verringert sie bis hinunter zu einer einzigen." (Berger/Luckmann 1980, 57). Der dadurch erreichte Konservativismus ist aber nur die eine Seite des Geschehens: „Vor dem Hintergrund der Habitualisierung öffnet sich ein Vordergrund für Einfall und Innovation." (ebd.).

Berger und Luckmann geht es nun aber nicht primär um individuelle, sondern um die soziale Konstruktivität. Was in individualpsychologischen Kategorien als Entlastung durch Routine erscheint, ermöglicht im Bereich *sozialen* Handelns Erwartbarkeit, und es erzeugt legitime Erwartungen und Erwartungserwartungen. Das ist der Unterschied zwischen bloß individueller *Habitualisierung* und sozialer *Institutionalisierung*. Was individuell noch als *Gewöhnung* daherkommt, wird sozial zum *Zeichen* einer bereits erreichten Vorverständigung. Ein Paradebeispiel dafür sind Begrüßungs- und Verabschiedungsroutinen. Solche sozialen Routinen bilden den Bodensatz sozialer Strukturbildung, und das Grundprinzip ihres Funktionierens zieht sich hinein bis in hochgradig ausdifferenzierte und spezialisierte Formen der Kommunikation. Damit Routinen diese Ordnungsleistung erfüllen können, müssen sie in sozialsemiotischer Hinsicht *saliente,* das heißt *formseitig prominente,* signifikante Handlungsmuster sein. Das gilt für ein „Hallo!" ebenso wie für ein lakonisches „q.e.d" am Ende eines wissenschaftlichen Beweises.

Der folgende Beitrag konzentriert sich nach einem forschungsgeschichtlichen Rückblick zu Konzepten sprachlicher Routine auf die Routinebildung im Schreiben und hier speziell auf Textroutinen. Das Beobachtungsfeld dafür sind Wissenschaftstexte und der Erwerb wissenschaftlicher Schreibfähigkeit.

2. Forschungsrückblick - an einem Beispiel

2.1. Routinen als soziale Handlungsmuster

Vor 30 Jahren legte Florian Coulmas (1981) seine Untersuchung zu „Routine im Gespräch" vor. Das Buch ist eine u.a. kultur- und sprachvergleichend angelegte Analyse von Gesprächsroutinen. Institutionelle, handlungs- und sprachbezogene Strukturkategorien werden in einem funktionalen und pragmatisch orientierten Ansatz integriert. Coulmas´ Untersuchung zeigt die enge Verflechtung von Einstellungen und Werten, kulturellem Wissen und Handeln in der sprachlichen Routine. Eindrücklich verdeutlicht die Untersuchung die kulturellen, aber auch sprachlichen Spielräume in der routineförmigen Stabilisierung von Handlungsmustern. Gerade wegen dieser Spielräume fällt der sprachlich idiomatischen Prägung der Handlungsmuster eine wichtige Rolle zu: So ist etwa die Struktur der sozialen Institution „gemeinsames Essen" mit ihrer je nach kulturellem Kontext unterschiedlich differenzierten Binnengliederung eine sprachlich hervorgebrachte und durch die *passenden* Äußerungen immer wieder neu erzeugte soziale Ordnung. Die jeweils idiomatisch bestimmte sprachliche Ausdrucksform der Handlungen – Coulmas spricht von *Routineformeln* – erweist sich dabei als die entscheidende ordnungsstiftende Qualität. Wenn jemand „Guten Appetit!" wünscht, weiß man, wie es weitergeht. Das aber kann kulturell und je nach Kommunikationsgemeinschaft sehr verschieden aussehen. Routinen sind zunächst *Handlungsschemata.* Selbst im institutionellen Muster des Schweigens bei Mahlzeiten liegt, wenn auch nicht sprachliche, so doch kommunikative Routine, bei Bedarf zusätzlich normativ bekräftigt durch eine Routineformel wie „Beim Essen spricht man nicht!"

Sprachliche Routinen sequentieren verlässlich das gemeinsame Handeln und strukturieren die wechselseitigen Erwartungen. Anders als bei einem individuellen Tick, beim routinierten Schuhebinden oder auch beim wiederholten bloßen Aufsagen eines auswendig gelernten Spruchs geht es bei sprachlichen Routinen

Was sind Textroutinen? 3

in diesem Sinn um *soziale* Routinen. Das heißt: Sprachroutinen sind nicht einfach „überlernte", gedächtnismäßig eingeschliffene „Engramme" (Rösler 2003) der Produktion; es sind in erster Linie *semiotische Routinen* komplexer sozialer Handlungen, über die Sprecher und Hörer einen verbindlichen *Handlungszusammenhang* und eine gemeinsame Wirklichkeit hervorbringen. Sprachliche Routinen als die zeichenhaft geprägten Oberflächen sozial sinnvollen Handelns bilden damit eine Schnittstelle zwischen sozialen Ordnungen einerseits und der sprachlichen Kompetenz des Individuums andererseits.

Im Blick auf die soziale Ordnung gilt: Die einzelne Routineäußerung hat ihren Platz in wiederkehrenden Situationen der Verständigung; sprachliche Routinen können „kommunikative Gattungen" (Luckmann 1986) indizieren und instantiieren – etwa den *Klatsch* bei Tischgesprächen (Keppler 1994) – über die Erfahrungen gemeinsam rekonstruiert und bewertet werden. Textsorten oder kommunikative Gattungen als Großformen sprachlichen Handelns können in dieser Perspektive charakterisiert werden als „kommunikative Routinen auf Textebene" (Adamzik 1995, 29). Sie koppeln die sprachliche „Binnenstruktur" und die institutionale soziale „Außenstruktur" (Luckmann 1986) des Handelns: Die individuelle Äußerung qualifiziert sich *durch ihre Routineförmigkeit* als Teil eines Verständigungszusammenhangs, der eingebettet ist in eine institutionale Struktur, etwa der Familie, die sich als soziale Institution wiederum unter anderem durch Tischgespräche erhält und reproduziert.

Dafür ist neben der kommunikativen auch eine kognitive Strukturierungsleistung gefordert. Sprachliche Routinen können in sozialkognitiver Hinsicht als „Kontextualisierungshinweise" (Gumperz 1982, Auer 1986) dienen. Das heißt, sie schaffen einen Kontext für die Kommunikation, indem sie Vorwissen aktivieren und Erwartungen organisieren. So kann über die Familiengespräche bei Mahlzeiten ein „Familiengedächtnis" (Keppler 1994) erzeugt werden. Bestimmte Inhalte können über entsprechend routinierte Hinweise verlässlich aufgerufen werden. Dieser Wirkzusammenhang gilt auch auf gesellschaftlicher Ebene für das kommunikative Gedächtnis einer Gemeinschaft (Assmann 2000, Welzer 2005), das auf der Grundlage einer entsprechenden Kommunikationserfahrung über sprachliche Routinen verlässlich angesprochen werden kann (vgl. Feilke 1994, 213ff.; 2003).

2.2 Routinenkompetenz

Im Blick auf die Kompetenz ist die Affinität zur Routine offenkundig. „Routine" ist selbst ein Attribut der Kompetenz. Das Interesse an sprachlicher Routine geht zurück auf die Frage: Welches sprachliche Wissen brauchen Sprecherinnen und

Sprecher, um kommunikativ kompetent handeln zu können? Coulmas' Untersuchung von 1981 trägt die „Routine" explizit im Titel. Sie reagiert bereits auf eine internationale Diskussion und sie kann für den deutschsprachigen Bereich in vieler Hinsicht als Auftakt zu einer Forschungsentwicklung gelten, die Antos (1989, 13) als theoretische und empirische „Rehabilitierung der sprachlichen Oberfläche" gekennzeichnet hat und die seit den 1990er Jahren die Sprachwissenschaft international breit erfasst hat. Sprachliche Routine in diesem Sinn meint ein *ausdruckseitig bestimmtes* und genau dadurch passendes Verhalten. Der „native speaker" ist in dieser Sicht nicht *von Geburt aus* kompetent, dafür muss er erst ein Repertoire passender Verhaltenskomponenten aufbauen. Charles Fillmore hat deshalb 1979 vorgeschlagen, an die Stelle des *Nativen* das Kriterium des *Sensitiven* zu rücken und die Kompetenz des *sensitive speaker* zu erforschen. Kompetenter Sprachgebrauch setzt ein pragmatisch kontextsensitives Sprachwissen, eine *Common sense-Kompetenz,* voraus (Feilke 1994). Erst diese macht die oben angesprochenen sozialen Koordinationsleistungen möglich.

In dieser Entwicklung kommt es zu einer starken Konvergenz von Forschungsinteressen aus den Bereichen Pragmatik, Textlinguistik, Grammatik und Lexikologie. Dabei ist für alle Bereiche zu beobachten, dass die zuvor randständige idiomatische Analyseperspektive, das heißt, das Interesse an vorgeformten, syntagmatisch geprägten Äußerungskomponenten sprachtheoretisch neue Beachtung findet (z.B. Ágel 2004). Der *sensitive speaker* im Sinne Fillmores verfügt für unterschiedliche Gebrauchskontexte über passende sprachliche Routinen. Seine Kompetenz zeigt sich, wie Pawley und Syder (1983) formuliert haben, sprachlich in der Fähigkeit zu „nativelike selection" und „nativelike fluency". Entscheidend für flüssiges Sprechen ist dabei nicht die Sprechgeschwindigkeit an sich, sondern eine situative und textfunktionale Passung, die geeignet ist, die Kohärenzbildung der Adressaten zu stützen. Die Fähigkeit zur flüssigen Produktion pragmatisch passender, thematisch einschlägiger Äußerungen ist ein wesentliches Kompetenzmerkmal (vgl. Weisberg i.d.Bd.). Pawley und Syder haben haben hierfür sowohl grammatisch als auch lexikalisch eine über entsprechende Routinen strukturierte Kompetenz angenommen. Sie stützt dann vor allem auch „nativelike selection", das heißt die Fähigkeit, aus der Fülle kategorialgrammatisch und merkmalsemantisch möglicher Kollokate eines Worts diejenigen 'auszuwählen', die der Domäne, der Textfunktion, der Textsorte und der Situation *konventionell* angemessen sind. Das Thema prägt die seit Beginn der 1990er Jahre neu erstarkte korpuslinguistische Kollokationsforschung (Sinclair 1991) ebenso wie die seit dem inzwischen klassischen Aufsatz von Fillmore et al. (1988) zu der komplexen Konjunktion „let alone" ungebrochene Forschungskonjunktur zur Konstruktionsgrammatik. Hier wie dort geht es um die Frage, wie die Routineformen des sprachlichen Wissens für bestimmte

Gebrauchskontexte ermittelt und bestimmt werden können und wie umgekehrt durch koordiniertes Routinehandeln Gebrauchskontexte erzeugt und reproduziert werden. Im Rückblick auf die Forschung der vergangenen 30 Jahre erweist sich heute der Aufbau sprachlicher Routine *auf allen sprachlichen Strukturebenen* als ein zentrales Kompetenzmerkmal (vgl. Günthner 2006).

Bis hierher kann die Diskussion wie folgt resümiert werden:

Sprachliche Routine

- ist eingebettet in die institutionale Struktur sozialen Handelns,
- besteht in der Zuordnung von Handlungs- bzw. Gebrauchsschemata zu syntagmatischen Oberflächen-Ausdrucksmustern,
- ist – als soziales Handeln – eine *semiotische* Routine (im Unterschied zu individuellen Verhaltensengrammen)
- stützt eine flüssige und pragmatisch kontextadäquate Sprachproduktion
- ermöglicht durch Kontextualisierungspotentiale die wechselseitige sozialkognitive Koordination der Handelnden und
- betrifft alle sprachlichen Ebenen.

3. Routine im Schriftlichen

3.1 Sprachliche Routine zwischen Mündlichkeit und Schriftlichkeit

Bisher war stets allgemein von *sprachlicher Routine* die Rede, auch wenn bei Coulmas (1981) ausdrücklich von „Routine im *Gespräch*" gehandelt wird. Das ist nicht nur bei Coulmas so. Auch bei den Kommunikativen Gattungen Luckmanns (1986) geht es primär um *Gesprächs*gattungen. Und auch die Aufmerksamkeit, die die Konstruktionsgrammatik in den letzten Jahren in der deutschen Forschung findet, ist unter anderem motiviert durch ein starkes Interesse an der Frage, ob vermeintlich abweichende, aber nichtsdestoweniger für die Interaktion typische sprechgrammatische Formen als genuin *gesprächsgrammatische Konstruktionen* (vgl. z.B. Günthner/Imo 2006) erklärt werden können. Wie ist es um den Zusammenhang von Mündlichkeit, Schriftlichkeit und Routinebildung bestellt?

In der Tat ist etwa ‚formulaic language' als Zeichen von Routinebildungen in der Forschungsgeschichte zu Mündlichkeit und Schriftlichkeit immer wieder und aus verschiedenen Gründen primär mit *Oralität* assoziiert worden. In dieser Sicht fällt die Formel der Mündlichkeit zu, das kreative Formulieren dagegen ist vor allem eine Sache der Schriftlichkeit. In diesem Sinn hatte Antos (1982, 120) in seiner Theorie des Formulierens das kreativ problemlösende Formulieren als typischen Fall der Produktion schriftlicher Texte gesehen. Als Hauptgründe für den bevorzugten Konnex von sprachlicher Routine und Mündlichkeit werden in der Diskussion Ausdrucksökonomie und menomotechnische Funktionen der Formelhaftigkeit (Ong 1987), sprechästhetische Musterbildung (Tannen 1987) und eine in oralen Kulturen weitgehend fehlende symbolgrammatische Analyse des Sprechens (Scheerer 1993) angeführt. Erst durch die Schrift wird danach die Routine des Sprechens in einen grammatisch analysierten und kontrollierten, kompositionellen Sprachgebrauch aufgelöst.

So überzeugend die hierzu geführten Argumentationen im Einzelnen sind, es ist kaum plausibel anzunehmen, dass die durch Routinenbildung ermöglichten Ordnungsleistungen der Mündlichkeit vorbehalten sein sollten. Routinenbildung ist zum einen motiviert durch generelle Bedingungen jeden Sprachgebrauchs, wie sie im vorigen Kapitel entwickelt worden sind, zum anderen gibt es deutliche Hinweise darauf, dass auch die Bedingungen schriftlicher Kommunikation die Bildung spezifischer sprachlicher Routinen motivieren. Schon Stein (1995, 290 ff.) bezieht sein Konzept sprachlicher Formelhaftigkeit deshalb ausdrücklich auch auf den Bereich des Schriftlichen, wenn er Routinenorientierung als eine *Formulierungsstrategie* in der Textproduktion behandelt (vgl. ebd. 301). Allerdings steht bei ihm *Entlastung von Formulierungsarbeit* als Hauptargument im Vordergrund. Das Argument spielt traditionell in der Diskussion um Routine eine zentrale Rolle. So einleuchtend das Argument einerseits ist, so sehr behindert es m.E. die Sicht auf das enorme sozialkonstruktive Potential der Routinenbildung, - als seien Routinen etwas für träge Zeitgenossen. Aus der Produzentenperspektive mag dies noch nachvollziehbar sein, aber leserbezogen ist sehr viel stärker der semiotisch strukturbildende *Kontextualisierungsgewinn* durch Routinebildung in den Vordergrund zu rücken. Wer „Im folgenden soll gezeigt werden ...." formuliert, der mag sich irgendwie entlastet haben, viel entscheidender ist, dass er durch den Routineausdruck dem Leser verlässlich anzeigen kann, was für ein Textmodul im Fortgang zu erwarten ist. Leserseitig strukturieren – und fordern – Routinen ausgesprochen komplexe Verstehensleistungen. Es sei hier nochmal an den soziologischen Einstieg erinnert: Routinebildung, als Institutionalisierung betrachtet, mobilisiert vor allem wechselseitige Erwartungen und macht geteilte Wissensbestände verfügbar.

Schon wenige Überlegungen in diesem Sinn können verdeutlichen, dass es starke Motive für konzeptionell schriftliche Routinebildungen gibt.

- Wenn schriftliche Kommunikation weitgehend dekontextualisierte Kommunikation ist, dann ist zu erwarten, dass in Texten Verfahren der pragmatischen und thematischen *Vororientierung des Lesers* routineförmig ausgebildet werden.
- Wenn in schriftlicher Kommunikation die Möglichkeit zu reaktiven Korrekturen und zu einer Metakommunikation mit dem Adressaten entfällt, dann ist zu erwarten, dass sich in Texten darauf bezogene, verständnissichernde *metatextuelle Routinen* ausbilden.
- Wenn im Schriftlichen intertextuelle und fiktionale Bezüge ein relativ größeres Gewicht erhalten als die im Mündlichen stets virulenten Situationsbezüge, dann ist zu erwarten, dass sich schriftlichkeitstypische *intertextuelle Routinen und Fiktionalisierungsroutinen* – etwa auch in Form spezifischer Genres – ausbilden.
- Wenn in der schriftlichen Distanzkommunikation Produktion und Rezeption auseinanderfallen, dann sind nicht nur im Blick auf die Textstrukturierung, sondern auch im Blick auf die *Organisation und Strukturierung der Schreib- und der Lesesituation* selbst je spezifische Routinebildungen zu erwarten.

Im Duktus dieser Argumentation lässt sich ein ganzes Spektrum erwartbarer Routinebildungen ableiten, die als typisch für das Schreiben und für eine Kommunikation mittels schriftlicher Texte gelten können.

3.2 Literale Kompetenz und Routine

Schreiben ist zunächst wie auch das Sprechen ein raum-zeitlich situierter *Prozess*. Als Prozess ist er von vielfältigen materiellen und konzeptionellen Bedingungen abhängig. Schreibprozesse sind deshalb intra- wie interindividuell hochgradig variabel (Ortner 2000). Der Prozess führt zu einem *Produkt*. Das ist nicht notwendigerweise, aber typischerweise ein Text. Als *Sprachwerke* i.S. Karl Bühlers sind Texte subjekt- und kontextentbunden. So, wie vom Prozess kein bestimmter Weg zum Produkt zu führen scheint, bleibt das Produkt umgekehrt intransparent im Blick auf die Handlungen, durch die es zustande gekommen ist.

Wie viele andere Antinomien auch, provoziert der Gegensatz von Prozess und Produkt deshalb die Suche nach einer dritten, vermittelnden Größe. Dafür bietet sich das Konzept der *Prozedur* an, und im Blick auf die typischen Routinebildungen beim Schreiben spreche ich übergreifend von *literalen Prozeduren*. Es geht dabei um ein näher zu bestimmendes routiniertes Handlungswissen, zu dessen Beschreibung weder die Prozess- noch Produktperspektive alleine etwas beitragen können. Von dieser Größe ist zu erwarten, dass sie nicht nur *erklären* kann, wie aus kontingenten Prozessbedingungen ein jeweils bestimmtes Produkt entsteht, sondern auch, wie es möglich ist, dass Schreiben gelernt und gelehrt werden kann.

Die Routinebildung kann in diesem Feld sehr disparate Fähigkeiten betreffen, die ich begrifflich stärker unterscheiden möchte, als dies bisher üblich ist. Hierfür sind einige Begriffsklärungen notwendig. Ansatzpunkte für eine sinnvolle Unterscheidung finden sich bereits in dem klassischen Schreibentwicklungsmodell Carl Bereiters (1980), wenn er eine Prozessebene, eine Produktebene und eine kommunikative Ebene des Problemlösens im Schreiben unterscheidet. Soweit es um das Schreiben als Textproduktion geht, sollten m.E. wenigstens drei Fähigkeitskomplexe klar unterschieden werden (siehe Grafik 1):

Schreibfähigkeit als sozial-kognitive Kompetenz:
Schreiben fordert als Form raum-zeitlich zerdehnter Kommunikation stärker als das Sprechen die Fähigkeit, eine Wechselseitigkeit von Perspektiven zu erzeugen und Perspektivenwechsel vorzunehmen. Gute Schreiber sind routinierte Perspektivenwechsler. Sie können sich gut vorstellen, wie der entstehende Text auf den Adressaten wirkt und ihre Textproduktion darüber steuern.

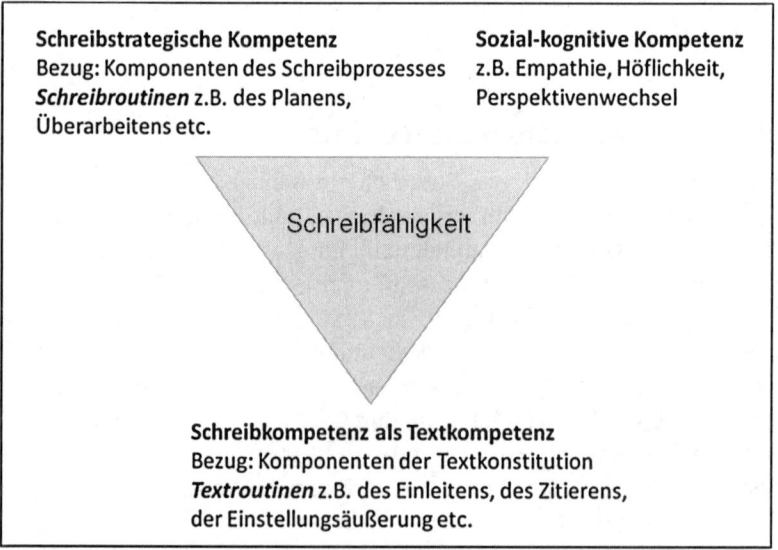

Grafik 1: *Schreibfähigkeit: Schreibroutine und Textroutine*

Diese Fähigkeit kann durch das Schreiben herausgefordert und in besonderer Weise gefördert werden; sie ist aber zunächst als eine eigenständige sozialkognitive Kompetenz zu fassen.

Schreibfähigkeit als schreibstrategische Kompetenz:
Hier geht es um die Fähigkeit, den *Schreibprozess* zu organisieren. In dem Maße, in dem ein geordnetes *prozedurales Metawissen zum Schreibprozess* aufgebaut wird, kann auch von Schreibstrategien gesprochen werden. Sie zeigen sich in relativ stabilen Verfahrensweisen, die als *Schreibroutinen* gefasst werden können, und die die *Schreib*kompetenz i.e.S. ausmachen. Bezugspunkte für die Entwicklung entsprechender Routinen sind hier die Komponenten der Schreibhandlung: *Bereitstellen von Wissen, Planen, Formulieren, Überarbeiten* mit den vielfältigen Subkonzepten, die dazu in der Forschung erarbeitet worden sind. Diese werden auch im Erwerb erst sukzessive als getrennte Handlungskomponenten verfügbar, und zwar unabhängig von der Frage, welche Art von Text jeweils produziert werden soll. Ein kompetenter Schreiber verfügt z.b. für den Bereich des Überarbeitens über *Schreibroutinen*, die den Prozess im Sinne eines bestimmten Verfahrens strukturieren: z.b. Abstand zum Text gewinnen (etwa den Text erst einmal liegen lassen), kontinuierliche Überarbeitung vs. abschließende Überarbeitung, Unterscheidung von Korrekturgang und inhaltlicher Überarbeitung usw. Ein anderer Bereich wären etwa die routineförmigen Verfahren der Annotierung von Texten beim Lesen: das Unterstreichen, das Glossieren und Kommentieren von Textstellen, das Herausschreiben usw. Solche Schreibroutinen können hochgradig individuell sein, sie können empirisch im Sinn von Schreibstrategien (z.B. Ortner 2000) erfasst und typisiert werden. Sie sind lehr- und lernbar. In einem eigenen Projekt der Entwicklung einer elektronischen Lern- und Forschungsumgebung für wissenschaftliches Schreiben modellieren wir Textroutinen so, dass z.b. das Annotieren von Texten und das Ordnen von Zitaten gestützt werden können (vgl. Steinseifer i.d.Bd.). Keseling (2010) zeigt in einer empirisch-lexikologischen Untersuchung, dass routinierte Schreiber über einen differenzierten alltagssprachlichen Wortschatz zur Bezeichnung ihrer Verfahrensweisen verfügen, *z.B. drauflosschreiben, Unterpunkte auffüllen, einen Schlenker machen* etc. Solche Schreibroutinen sind begrifflich sauber zu trennen von dem, was ich *Textroutinen* nenne. Hierfür ist ein dritter Bereich der Schreibfähigkeit zu umreißen.

Schreibfähigkeit als Textkompetenz:

Hier geht es um die *sprachlichen* Voraussetzungen der Textkonstitution: Wie geht das, wenn man etwas schriftlich erzählt oder beschreibt, wenn man berichtet, was jemand gesagt hat oder wenn man ein Gegenargument, das noch gar nicht geäußert wurde, antizipierend entkräften möchte? Während der Bezugspunkt für Routinebildung beim Schreiben die Komponenten der Schreibhandlung sind, geht es bei der Textproduktion um die *Komposition sprachlicher Handlungen*. Die Komponenten der komplexen Texthandlung, sind *Text*komponenten, also Einheiten wie Überschriften und Absätze oder, stärker qualitativ bestimmt, z.B. ein *in-medias-res-Anfang*, ein *Vorwort* oder eine *Einleitung,* die sich ihrerseits wieder durch jeweils *sprachlich* charakteristische Formulierungszusammenhänge auszeichnen. Textproduktion ist durch ein primär sprachhandlungsbezogenes Anforderungsprofil bestimmt. „Ich finde keinen Anfang!", „Das Zitat muss ich unbedingt noch einbauen", „Ich muss nur noch das Vorwort schreiben". Solche Kommentare referieren auf die Textproduktion und auf entsprechende spezifische sprachliche Anforderungen. Wer zum ersten Mal im Leben ein Bewerbungsschreiben zu verfassen hat oder wer im Kontext einer wissenschaftlichen Hausarbeit vor der Aufgabe steht, eine bestimmte Fachposition zu diskutieren, der hat – abgesehen von inhaltlichen Fragen – eine bestimmte textlich- sprachliche Herausforderung zu bewältigen. Er oder sie mag in der bisherigen Schreibbiographie vielleicht viel *Schreibroutine* aufgebaut haben, was in einem solchen Fall aber fehlt, ist *Textroutine*. Im Unterschied zu Schreibroutinen sind Textroutinen also bezogen auf die kommunikativ-funktionale Strukturierung von Texten und die entsprechenden sprachlichen Ordnungsleistungen. Textroutine ist als eine primär sprachliche Kompetenz zu bestimmen. Textkompetenz in diesem Sinn kann gefasst werden als ein *prozedurales Metawissen zur Textkonstitution*, als eine performative Kompetenz. Ein „performative writing" (Bereiter 1980) in diesem Sinn ist zum geringsten Teil an expliziten Normen orientiert, es wird vor allem orientiert durch Gebrauchsschemata und die sprachliche Form sozial geprägter *Textroutinen*. Nach meiner Einschätzung liegt insbesondere in diesem Bereich ein erhebliches Forschungsdesiderat.

Schreibroutinen und Textroutinen umfassen zusammen das prozedurale Schreibwissen (vgl. Grafik 2). Im Unterschied zum je individuellen Schreibprozess, der vielfältigen kontingenten Einflüssen ausgesetzt ist, und ebenso im Unterschied zum je einmaligen Textprodukt sind es die literalen Prozeduren, die das lehr- und lernbare Schreibwissen bilden. Für das Schreiben als Textproduktion sind dabei die Textroutinen die herausragende didaktische Bezugsgröße. Sie bilden die i.e.S. sprachlichen literalen Prozeduren und sind damit auch eine spracherwerbsrelevante Größe.

Prozessebene Schreibprozesse:	situativ und individuell kontingent
Prozedurenebene:	**kompetenzrelevant**
Schreibroutinen:	Komponenten der Schreibhandlung individuell geprägt (Strategien) etwa Planungsroutinen, Überarbeitungsroutinen, etc.
Textroutinen	sprachliche gefasste Textkompetenzen textbildende Verfahren z.B. Positionierungsprozeduren z.B. Gliederungsprozeduren z.B. Intertextuelle Prozeduren
Produktebene Textprodukt:	individuelles Ergebnis, 'Werk' i.S. Bühlers

Grafik 2: Literale Prozeduren: Schreibroutinen und Textroutinen

4. Textroutinen

4.1 Zur begrifflichen Bestimmung von Textroutinen

Im Folgenden werden nach einer zusammenfassenden Definition sechs Bestimmungsmerkmale für Textroutinen vorgeschlagen und erläutert. Dabei beziehen sich die ersten drei auf die funktionale Bestimmung, die dann folgenden drei Merkmale auf die ausdruckseitige Bestimmung. Es ist sinnvoll, von Textroutine im Plural zu sprechen. Wer Textroutine hat, der verfügt über Textroutinen im Sinne von sprachlichen Werkzeugen der Textproduktion. Zusammenfassend möchte ich Textroutinen wie folgt definieren:

Textroutinen sind textkonstituierende sprachlich konfundierte literale Prozeduren, die jeweils ein textliches Handlungsschema (*Gebrauchsschema*) und eine saliente Ausdrucksform (*Routineausdruck*) semiotisch koppeln. Sie können soziale Typen von Sprachhandlungsmotiven indizieren, haben ein genrekonstitutives Potential und sind ausdruckseitig durch rekurrent kookkurrente Ausdruckskomponenten ausgezeichnet. Sie können lexikalisch als Kollokationen, syntaktisch als grammatische Konstruktionen und textlich als Makroroutinen auftreten und in vielfacher Weise ineinander eingebettet sein. Pragmatisch funktionieren sie als Kontextualisierungshinweise, die auf der Grundlage einer pars-pro-toto-Semantik ein reiches Kontextwissen für die Textrezeption und Textproduktion indizieren können.

- **A) Textroutinen** sind **textkonstituierende literale Prozeduren**, die jeweils ein Gebrauchsschema und eine mehr oder weniger typisierte Ausdrucksform im Sinn einer *indem-Relation* koppeln. In eben dieser *semiotischen Kopplung* besteht das prozedurale Wissen.

Ein Beispiel für eine Textroutine mit der entsprechenden Kopplung von Gebrauchsschema und Ausdruck, könnte man wie folgt formulieren.

- Einen Opponenten kann ich widerlegen, *indem* ich ein schlagkräftiges Zitat einbaue.
- Ein Zitat kann ich einbauen, *indem* ich einen entsprechenden lexikogrammatischen Zitations-Routineausdruck verwende.

Textroutinen koppeln in diesem Sinn stets ein pragmatisch kontextualisiertes Gebrauchsschema ausdruckseitig mit texttypischen Kollokationen und Konstruktionen.

Es ist forschungsmethodisch keine triviale Aufgabe, Gebrauchsschemata begrifflich zu identifizieren und voneinander abzugrenzen. Ein Subtext wie etwa eine Einleitung in einen wissenschaftlichen Aufsatz oder eine Seminararbeit ist Kompositionselement des Gesamttextes, ist aber auch seinerseits aufgebaut aus Teilkomponenten, die grob durch folgende Fragen charakterisiert werden können: Was ist das Thema? Welche Forschungsdiskussion hat es dazu bisher gegeben? Was ist die Fragestellung im Blick auf das Thema? Wie soll die Fragestellung bearbeitet werden? Solchen Fragen können Gebrauchsschemata zugeordnet werden, die sich aber nur durch eine adäquate prozedurale Fassung als passend ausweisen. So ist es ein großer Unterschied, ob man ein Thema einführt, *indem* man schreibt: *„In unserm Seminar ging es um Legasthenie, was auch Thema meiner Hausarbeit sein soll"* oder ob man zur Einführung des Themas schreibt: *„Das Konzept Legasthenie wird in der aktuellen Fachdiskussion kontrovers erörtert"*. Die Frage, ob zur Einführung des Themas auf den Seminarkontext oder den Kontext einer Fachdiskussion referiert wird, weist den Schreiber bereits als mehr oder weniger routiniert aus (vgl. Pohl 2007, 230 ff.). Das Gebrauchsschema wiederum kann aber nur passend durchgeführt werden, *indem* eine einschlägige Kollokation dafür gebraucht wird: hier z.B. *ein Konzept kontrovers erörtern*. Gebrauchsschemata und Routineausdrücke sind prozedural im Sinne einer indem-Relation gekoppelt. Aber diese Kopplung ist Ergebnis einer Semiose. Die Komponenten des komplexen Zeichens existieren nicht einfach unabhängig voneinander.

Praktisch kann aber nur der Ausdruck eine Funktion artikulieren und prozedural „hervorbringen". Aus didaktischer Perspektive ist es interessant zu beobachten, dass Ratgeber zum Bereich wissenschaftlichen Schreibens zunehmend „prozeduraler" werden, indem der Bezug auf die Prozeduren der Textkonstitution deutlich stärker wird. Ein Beispiel dafür ist ein Ratgeber von Kühtz (2011) unter dem Titel „Wissenschaftlich formulieren". Nachdem zunächst für verschiedene Bereiche Ratschläge und Maximen zum wissenschaftlichen Formulieren (z.b. zum Gebrauch von Metaphern oder zur Verfasserreferenz) eingeführt und begründet worden sind, werden im eigentlichen Hauptteil dann einschlägige wissenschaftliche Routineausdrücke aufgelistet. Die Listen sind strukturiert über eine intuitiv erstellte Typologie von 19 Gebrauchsschemata (vgl. ebd. 71 ff.), z.B.

„Einleiten"	(z.B. Gegenstand der Untersuchung ist ...),
„Ziele festlegen"	(z.B. im Rahmen dieser Arbeit soll ...),
„Schwerpunkte setzen"	(z.B. den Schwerpunkt legen auf ...),
„Definieren"	(z.B. etwas auffassen als ...),
„Forschungsstand und Entwicklung referieren"	(z.B. Ausgangspunkt sein für ...),
„Forschungslücken aufzeigen"	(z.B. es wäre zu prüfen, ob ...),
„Fokussieren"	(z.B. sich der Frage zuwenden),
„Bezüge herstellen"	(z.B. *in Anlehnung an* ....).

Solche Aufstellungen belegen für die Praxis die auch psycholinguistisch bestätigte Hypothese einer „instructional validity of formulas" (Ellis/Simpson-Vlach 2009, 65).

Ein Beispiel für solche Zuordnungen ist auch die folgende Aufstellung sogenannter *frame-markers* in Wissenschaftstexten aus einer Untersuchung von Hempel/Degand (2007).

Proposal for a categorisation of frame markers

Frame markers		
Sequencers -Spatial -Temporal -Numerical	Introduce a new sequence -Relative to space -Relative to time -Relative to enumeration	*On the one hand ... on the other hand* *First ... then ... finally* *Firstly ... secondly ....*
Topicalisers	Introduce a new subject	*Concerning X ...*
Illocution markers	Indicate the author's illocutionary act	*Before doing X, let us do Y, I will now*
Reviews/previews	Anticipate or repeat a stage in the text	*In section 3, ...* *In this chapter, I have ...*

Grafik 3: Frame Markers (Hempel/Degand 2007, 6)

Hempel/Degand verstehen unter *frame markers* Routineausdrücke unterschiedlicher Art, die auf verschiedene Textstrukturierungshandlungen bzw. Typen solcher Handlungen bezogen sind. Die Tabelle führt in der Spalte links den Routineausdruckstyp an, in der zweiten Spalte dann eine Beschreibung der Handlungsfunktion und in der dritten jeweils Beispiele für entsprechende Routineausdrücke. An dem Beispiel werden weitere Aspekte von Textroutinen exemplarisch deutlich.

- **B) Textroutinen indizieren soziale Typen von Sprachhandlungsmotiven.**

Bereits Jolles (1930/1972) entwickelt in seiner Theorie „einfacher Formen" am Beispiel des Genres „Legende" in aufschlussreicher Weise den Zusammenhang von „Sprachgebärde" und „Geistesbeschäftigung" (ebd. 23 ff.). Letztere ist bei ihm so etwas wie eine kulturell motivierte mentale Sprachhandlungsdisposition, die durch die Sprachgebärde ausgedrückt und angezeigt wird. Entsprechend sind Textroutinen in ihrer Entstehung – auch diachron – motiviert durch übergeordnete pragmatische Handlungsintentionen, die sie mit anzeigen. In dem oben aus Hempel/Degand zitierten Beispiel geht es um eine kollektive Handlungsintention in der Domäne der Wissenschaft, die Ken Hyland (2005) im Anschluss an Halliday als „metadiskursiv" kennzeichnet: Im Handlungsfeld der Wissenschaft besteht wegen des hohen Stellenwerts der Methodizität für wissenschaftlich legitimierte Erkenntnis die Erwartung, stets zu explizieren, wie man zu einer bestimmten Schlussfolgerung und Erkenntnis gekommen ist. Das betrifft auch die wissenschaftliche Textproduktion. Die Autoren verhalten sich deshalb *metadiskursiv* zu dem entstehenden Text; sie explizieren ihr Texthandeln. Die oben gelisteten Textroutinen des Typs „frame marker" sind insofern alle Ausdruck und Zeichen dieses wissenschaftstypischen Sprachhandlungsmotivs.

Ein weiteres Beispiel dazu: In einer historischen Fallstudie rekonstruieren Dorgeloh/Wanner (2009) das Entstehen der sogenannten „paper-construction" in Wissenschaftstexten. Das Phänomen, das in der deutschen Diskussion auch unter dem Terminus „Subjektschub" verhandelt wird, beschreibt ein Verfahren der Deagentivierung, bei dem an die Stelle des Autors als grammatisches Subjekt das Produkt (in diesem Fall das ‚paper') gerückt wird, also „The paper argues... etc." Die beiden Autorinnen zeigen in einer korpusbasierten Analyse, dass die *paper-construction* die ältere *fact-construction* ablöst, in der zwar gleichfalls ein grammatischer Subjektschub vorliegt, die aber den Tatsachenbezug in den Vordergrund rückt und Wissenschaft als Feststellung von Tatsachen sieht. Der Vorläufer der fact-construction wiederum sei die *agent-construction*, die den Autor als Entdecker präsentiert. Die Autorinnen argumentieren im Anschluss an Myers (1989), dieser Wandel hänge mit einer veränderten Einstellung zur Wissenschaft selbst zusammen, die zunehmend stärker als Konstruktion von Hypothesen als als Entdeckung und Feststellung von Tatsachen gesehen werde. Daraus folge pragmatisch das Sprachhandlungsmotiv, die eigene Rolle im Entdeckungs- und Feststellungsprozess von Erkenntnissen zurückzunehmen und den Adressaten vor der Zumutung von Tatsachenbehauptungen zu verschonen. So entstehe in der Domäne Wissenschaft verbreitet das Motiv „to tone down the face-threatening force of the claims" (ebd. 541). Die Paper-construction gebe genau dieser Haltung Ausdruck und indiziere sie pragmatisch. Auffällig sei zudem, so Dorgeloh/Wanner, dass die paper-construction kennzeichnend sei für die Textsorte Abstract. In diachroner Hinsicht stellen sie fest: "it runs parallel to the emergence of the scientific abstract as a genre." (ebd. 537) Die Beobachtung ist keineswegs zufällig und sie führt zum nächsten Merkmal:

- *C) Textroutinen haben aufgrund der Motivtypik ein genre-konstitutives Potential.*

Das zeigt auch die Aufstellung der Routineausdrücke von Hempel/Degand (2007) auf der rechten Seite in Grafik 3. Diese Ausdrücke sind als Gebrauchsformen kohärent unter einem Genregesichtspunkt. Die Autorinnen zeigen in einer korpuslinguistischen Analyse, dass die entsprechenden Routineausdrücke deutlich frequenter in wissenschaftlichen als in journalistischen und literarischen Texten sind. Sie gehören ins Spektrum der Genres wissenschaftlichen Darstellens, wobei im Blick auf ein spezifisches Genre (z.B. Handbuchartikel oder Aufsatz oder Buchpublikation) entsprechend spezifische Routineausdrücke leicht ergänzt werden könnten. Die Routineausdrücke sind es auch, die das jeweilige Genre in der sprachlichen Oberfläche erst konstituieren. Schreiber lernen, einen Genrebezug für ihre Text herzustellen, indem sie genau die hierfür einschlägigen Routineausdrücke gebrauchen. In diesem Sinn stellen Ellis/Simpson-Vlach (2009, 62) fest: „Every genre has its own phraseology, and learning to be effective in the genre involves learning this." Damit ist nicht gesagt, dass dies ein hinreichendes, aber jedenfalls, dass es ein notwendiges Kriterium auch der erwerbsbezogenen Genrekonstitution ist. Für die kompetente Textproduktion ist dabei im Blick zu behalten, dass sich vor dem Hintergrund entsprechender Routinen auch neue Möglichkeiten für die problemlösend kreative Variation der Muster ergeben (vgl. hierzu den Beitrag von Perrin i.d.B.).

- *D) Textroutinen sind salient aufgrund rekurrenter Kookkurrenz.*

Was für soziale Routinen im Allgemeinen gilt, gilt auch für Textroutinen. Sie müssen erkennbar sein, und sie werden in rekurrenten Kontexten erkannt anhand ihrer salienten Ausdrucksgestalt. Die Salienz ergibt sich dabei nicht als Folge bloßer Frequenz des Vorkommens, sondern im Gegenteil durch die Einschlägigkeit von Kookkurrenzen für bestimmte Gebrauchsschemata und Genrekontexte (vgl. Steyer 2002, Feilke 2004, 52 ff.).

Korpusbasierte Forschungen zur psychologischen Realität sprachlicher Formelhaftigkeit bestätigen die wachsende Einsicht in den *sozialsemiotisch intelligiblen* Charakter sprachlicher Routine. Ellis/Simpson-Vlach (2009) zeigen in einer aufwändigen Experimentfolge, dass korpuslinguistisch ermittelte *n-grams* mit drei bis fünf Wörtern nicht als Folge bloßer *Frequenz*, sondern vor allem durch eine *textbezogen kohärente Kookkurrenz* der Komponenten (Parameter: mutual information, MI) von den Testpersonen präferiert werden. Ebenso können sie zeigen, dass diese Präferenzen der Sprecher sich vor allem im leichten und schnellen Zugriff (Parameter: voice onset time, VOT) auf die passenden Formulierungen, nicht aber in der schieren Artikulationsgeschwindigkeit niederschlagen (vgl ebd. 68 ff). Pragmatisch ist genau dieser Befund erwartbar: Es kommt sozialsemiotisch ja nicht darauf an, möglichst schnell zu sprechen oder zu schreiben, sondern leichten Zugriff auf die kontextuell passenden Formulierungen zu haben. Das alte Bild der Routine als durch bloße Frequenz „gebahnter" individuell stereotyper Reproduktion erweist sich damit als einseitig und im Blick auf Textroutinen im Wesentlichen als falsch.

> [...] what makes a formula special is its coherence. High frequency *n*grams occur often, but currency alone does not ensure functional utility. [...] Sequences such as *on the other hand* and *at the same time* are more psycholinguistically salient than sequences such as *to do with the*, or *I think it was*, even though their frequency profiles may put them on equivalent lists. (Ellis/Simpson-Vlach 2009, 63/64)

Sowohl produktions- als auch rezeptionsseitig ist es hier wichtig, auf die Typik der Kookkurrenzen zu achten. Salienz ist stets im Sinn einer abgestuften Typik des Ausdrucks im Verhältnis zum Gebrauchsschema zu verstehen, die ihrerseits wieder kontextbestimmt ist. Unterschiedliche Ausdrücke sind möglich. Salienz ist graduell. Statt *on the other hand* gibt es eben auch *on the other side* oder *on the contrary*.

Granger (1998) hat in einer Untersuchung gezeigt, dass z.B. Kookkurrenzerwartungen zur Gradpartikel *highly*, die als Impuls in einem Ergänzungstest vorgegeben wurde, bei native speakers und bei Lernern des Englischen als Fremdsprache unterschiedlich strukturiert sind. Native Speakers – als sensitive speakers i.S. Fillmores – sind deutlich sicherer in der Typik des Gebrauchs.

Was sind Textroutinen? 17

Signalwort	Native-speaker responses	EFL- Learner responses
highly	*highly significant* (33) *highly reliable* (3) *highly important* (2) *highly aware* (3)	*highly significant* (15) *highly reliable* (7) *highly important* (6) *highly impossible* (6) *highly difficult* (5) *highly essential* (4) *highly different* (2)

Grafik 4: Typik von Kookkurrenzen Granger (1998)

E) Textroutinen sind ein sprachliches Mehrebenen-Phänomen; sie können ausdruckseitig lexikalisch, syntaktisch und rein textuell gebunden sein.

In ihrer Analyse der Konjunktion „let alone" im Englischen haben Fillmore/Kay/O´Connor (1988) gezeigt, dass ein einzelner Ausdruck ein komplexes Handlungsschema regieren kann. Bereits ein einzelnes Lexem wie *zufolge* im Deutschen kann in diesem Sinn eine komplexe intertextuelle Textroutine indizieren, dies freilich nur auf der Grundlage ihres Funktionierens als Konstruktion im Sinn der construction grammar (Feilke 2007). Textroutinen können darüber hinaus auch durch Kollokationen indiziert werden, etwa die Kollokation von *durchsetzen* und *These* in die *These setzt sich durch* (vgl. Ehlich 1995). Schließlich können Textroutinen syntagmatisch ausdruckseitig auch rein textlich integriert, das heißt syntaktisch ungebunden sein. Ein Beispiel hierfür wäre etwa das Handlungsschema eines inneren Monologs in literarischen Texten. In wissenschaftlichen Texten sind etwa Gliederungsroutinen für Argumente, so das hier außerordentlich verbreitete *Dreierschema*, syntaktisch im Regelfall diskontinuierlich und rein textlich makrostrukturell integriert (vgl. hierzu Feilke 2010). So zeigt etwa der folgende Abschnitt aus einem linguistischen Fachaufsatz eine Anwendung des Schemas, die nicht nur die zeitliche Sukzession der Textabschnitte betrifft, sondern bei der der Verfasser über das Dreierschema die methodischen Schritte seiner Argumentation expliziert.

> Gezeigt werden soll **erstens**, dass Grammatikalisierung nicht allein bei grammatischen Kategorien […], sondern durchaus auch bei syntaktischen Relationen vorkommt, und **zweitens**, dass wichtige Kennmerkmale von Grammatikalisierungsprozessen auch bei Präpositionalobjekten in der deutschen Sprache greifbar sind. Dazu werden zunächst die hier relevanten Grundlagen der Grammatikalisierungstheorie (1.) sowie die wichtigsten definierenden Merkmale von Präpositionalobjekten (2.) eingeführt. **In einem dritten Schritt** soll gezeigt werden, inwieweit der

Untersuchungsgegenstand mit den Mitteln der Grammatikalisierungstheorie zu erfassen ist (3.). (ZGL-2001-Hundt)

Passend zu dieser Makroroutine taucht hier rekurrent eingebettet die Textroutine einer Verfahrensexplikation auf, die durch den Routineausdruck „X soll gezeigt werden" indiziert wird.

- **F) Textroutinen sind Kontextualisierungshinweise. Sie funktionieren indexikalisch im Sinn einer pars-pro-toto-Semantik.**

Dies ist vielleicht das in funktionaler Hinsicht wichtigste Merkmal von Textroutinen. Ein Ausdruck wie der zuletzt zitierte „X soll [gezeigt] werden", bei dem das Verb *zeigen* für ein Paradigma von *Methoden*-Verben steht (z.B. *fragen, darstellen, beweisen, überprüfen* etc.), steht zunächst für ein bestimmtes Gebrauchsschema: Im Sinn einer Verfahrensexplikation wird erläutert, welchen methodischen Sinn ein nachfolgender Textabschnitt für die Gesamtdarstellung hat. Z.B: *„Nur im Sinn eines Kontrastbefundes soll kurz auf das Berlinische eingegangen werden."* (Belegbeispiel zit. nach Steinhoff 2007, 257). Die Konstruktion ist in der Zuordnung zu diesem Gebrauchsschema in Wissenschaftstexten außerordentlich verbreitet. Nach den Ergebnissen Steinhoffs (2007, 252 ff.) verdoppelt sich der Gebrauch der Konstruktion in studentischen Hausarbeiten zwischen der Studieneingangsphase (1.-3. Semester) und der Studienabschlussphase (ab 8.Semester). Die Konstruktion ist salient, für Studierende sogar so salient, dass ihr Gebrauch im 8. Semester höher liegt als in Expertentexten. Der Routineausdruck indiziert das Gebrauchsschema in toto.

Ein anderes Beispiel wäre die Kollokation von „These" und „sich durchsetzen". Der Routineausdruck indiziert das Handlungsschema des Berichts über eine fachliche Kontroverse, innerhalb derer Thesen ins Feld geführt werden und sich durchsetzen. Gebrauchsschemata unterschiedlicher Art können ganze Textfunktionsmodule bilden. Nahezu obligatorisch für Wissenschaftstexte ist ein Funktionsmodul, das man *Diskursreferat* nennen könnte. Diskursreferate unterschiedlichen Umfangs stellen – manchmal nur innerhalb eines Absatzes – den Verlauf der Fachdiskussion zu einer kontroversen Frage vor bzw. zeichnen die Kontroverse referierend nach. Der Routineausdruck „die These setzt sich durch" indiziert als „pars" ein solches Funktionsmodul im Ganzen, in dem sehr viel mehr ausgeführt werden muss, als der Ausdruck selbst besagt: Wer waren die Protagonisten? Wer hat sich zuerst geäußert? Was wurde behauptet? Was wurde dagegengesetzt? Welche *These setzte sich durch*? Auch wenn der Routineausdruck unmittelbar nur das Schema der Handlung indizieren kann, die durch ihn artikuliert wird, so reichen die semantischen und pragmatischen Kontextualisierungseffekte darüber weit hinaus. Für den Routineausdruck kann ein kompetenter

Sprecher bzw. Schreiber angeben, welchem Genre er zugehört, welchen kommunikativen Praktiken dieses Genre zurechnen ist und in welche Domäne das Genre gehört. Der Routineausdruck kann damit ein zugleich weitreichendes, aber auch ein spezifisches Spektrum relevanten sprachlichen und enzyklopädischen Wissens als Kontext für das Verstehen wie für die Produktion aufrufen, es also kontextualisieren. Den Zusammenhang versucht Grafik 5 zu illustrieren.

Grafik 5: „Eisberg-Modell" der Textroutine

Die *Textroutine* wird als komplexes Zeichen gebildet durch den semiotischen Zusammenhang von Routineausdruck einerseits und Gebrauchsschema/Funktionsmodul andererseits. Die Beziehung zwischen Zeichenausdruck und Zeichenbedeutung ist indexikalisch vermittelt. In semiotischer Hinsicht schließe ich hier unmittelbar an an Grundannahmen der Kontextualisierungstheorie (Fillmore 1976, Gumperz 1982), deren zeichentheoretischen Kern Peter Auer wie folgt zusammenfasst:

> Kontextualisierung [etabliert] eine zeichenhafte Beziehung zwischen einem (Oberflächen)Merkmal sprachlicher oder nichtsprachlicher Handlungen auf der Ausdrucksebene und einer komplexen semantischen Struktur […], die von der des gewohnten sprachlichen Zeichens mit signifiant und signifié beträchtlich abweicht; während das traditionelle sprachliche Zeichen eine Bedeutungsbeziehung etabliert, indiziert der Kontextualisierungshinweis ein Schema. (Auer 1986, 25)

Ich schlage in diesem Sinn vor, das Funktionieren von Textroutinen in Analogie zur bekannten Eisberg-Metapher zu modellieren. An der Textoberfläche sichtbar sind nur wenige Ausdruckskomponenten, die aber ein komplexes, über mehrere Schichten strukturierbares Textwissen verlässlich ansprechen.

4.2 Zur methodischen Bestimmung von Textroutinen

Die Bestimmung von Textroutinen wirft für eine klassisch strukturlinguistische Analyse erhebliche methodische Probleme auf. Es würde hier zu weit führen, die Ursachen dieser Probleme und die inzwischen relativ gut systematisierbaren Optionen zu ihrer Lösung im Einzelnen zu referieren und zu diskutieren. Wenigstens kurz soll im Folgenden aber der Kern des Problems formuliert werden. Im Anschluss werden überblicksartig vier Methodengruppen unterschieden, die heute im Zusammenwirken in der Lage sind die Ermittlung und Beschreibung von Textroutinen methodisch abzusichern.

Zur Erläuterung der methodischen Probleme klassisch strukturlinguistischer Ansätze im Zugriff auf Textroutinen kann ein einfaches Beispiel wie der bereits diskutierte Routineausdruck „*im folgenden Abschnitt soll gezeigt werden ......*" herangezogen werden. Dieser Ausdruck ist ohne Probleme syntaktisch analysierbar als Kombination einer komplexen Verbalphrase aus Modalverb und einem werden-Passiv des Verbs *zeigen* mit einer als Lokaladverbial fungierenden Präpositionalphrase, die sich wiederum aus Präposition, Partizipialattribut und einem nominalen Kern zusammensetzt. Die Semantik des Gesamtausdrucks ist kompositionell in dem Sinn, dass sie auf der Grundlage morphologischer und syntaktischer Regeln im Wesentlichen aus der Bedeutung der Morpheme und Lexeme aufkonstruiert werden kann. Dies vorausgesetzt, ist der Ausdruck grammatisch und semantisch vollständig analysierbar und regulär. Er kann entsprechend unproblematisch aus den Konstituenten generiert werden. Dass uns der Ausdruck durchaus als ganzer vertraut vorkommt, ist ein leicht erklärbares Epiphänomen des Gebrauchs, aber in dieser Sicht für die linguistische Analyse und Beschreibung nicht relevant. Eine strukturalistische semasiologische Analyse hat die Aufgabe, die nicht weiter reduzierbaren Ausdruckskomponenten zu ermitteln und in Inventarien zusammenzustellen. Dafür sind neben der Orientierung auf die strukturellen Ausdruckskonstituenten auch methodische Maximen verantwortlich, etwa die, dass das Lexikon möglichst *redundanzfrei* zu halten sei: Was semantisch und grammatisch regulär kombiniert werden kann, darf danach nicht zusätzlich noch als Kombination aufgeführt werden. Das würde den Gedanken des Lexikons als eines begrenzten Inventars ad absurdum führen. Aus diesem Grund würde eine strukturlinguistische Analyse polylexikale Ausdrücke oder Formeln nur dann berücksichtigen, wenn und soweit die Kombination irregulär und die Ausdruckssemantik infolgedessen nicht kompositionell und aus den Komponenten prädiktabel ist. Deshalb werden auch strukturlinguistisch Idiome und Phraseologismen klassischer Art problemlos ermittelt und ins Lexikon gezählt, nicht aber ein Routineausdruck wie der hier diskutierte.

Diese klassische Sicht ist durch die Forschung der letzten 30 Jahre erheblich unter Druck geraten. Die Position lässt sich so heute nicht mehr halten. Dafür gibt es folgende Gründe:

Auf den ersten Blick grammatisch reguläre und semantisch kompositionelle Ausdrücke weisen bei genauerer struktureller Analyse dann doch sehr häufig idiomatische Komponenten auf. Im vorliegenden Beispiel etwa wird *sollen* gar nicht als Modalverb gebraucht, sondern tritt in einer epistemisch grammatikalisierten Variante auf: Das im Modalverb nur periphere Merkmal der Zukünftigkeit der Bezugshandlung (hier *zeigen*) ist nun zentral; damit wird aber zugleich eine *epistemische Ungewissheit* bezüglich der Erreichbarkeit des Ziels mitartikuliert, die wie folgt paraphrasiert werden kann: Der Autor wird sich zwar bemühen, aber er kann nicht versprechen, dass er tatsächlich zeigen kann, was er zeigen will, nicht zuletzt, weil das Gelingen auch vom Leser abhängt. Zusichern kann er nur, dass etwas *gezeigt werden soll*.

Darüber hinaus gewinnt *sollen* in der „collostruction" (Stefanowitsch/Gries 2003) mit dem werden-Passiv und textreferentiellen Lexemen (*Abschnitt, Kapitel, Untersuchung* etc.) eine textpragmatische Bedeutungskomponente als *advance organizer*. Solche text- und kontextbezogenen Semantisierungseffekte kann eine klassisch strukturalistische Analyse nur sehr begrenzt erfassen.

Entscheidend für die Argumentation ist dabei, dass die Erkennbarkeit der *konventionellen* epistemischen Variante des Modalverbs im Zusammenhang mit der textpragmatischen Bedeutungskomponente als *advance organize*r abhängig ist von einem deagentivischen Konstruktionstyp (werden-Passiv, Subjektschub) und thematisch textreferentiellen Kollokationen in den Aktantenrollen bzw. Adverbialen. Das entsprechende sprachliche Wissen kann also methodisch nur erfasst werden, wenn die Textroutine als Ganze erfasst wird.

Ein weiteres wesentliches Argument kommt hinzu, das die Grenzen eines klassisch strukturalistischen Ansatzes für das Forschungsfeld belegt. Der Ansatz kann zwar reguläre und kompositionelle Ausdrücke analysieren und auch idiomatische Ausdrücke erfassen, soweit sie eben nicht regulär und nichtkompositionell sind. Er kann aber nicht die ausdruckseitige Konventionalität grammatisch regulärer und semantisch kompositioneller Ausdrücke erfassen, das heißt, er kann nicht vorhersagen, welche der grammatisch und semantisch *möglichen* Kombinationen in einem bestimmten Textkontext sprachlich akzeptabel sind und welche nicht. Eine kompetente Textproduktion setzt aber eine umfangreiche Kenntnis sogenannter „Produktionsidiome" (vgl. Feilke 2004, 53 ff.) voraus. Bestimmte Gebrauchsschemata können nur durch konventionell bestimmte Routineausdrücke verlässlich angesprochen werden. Das Problem wird offenkundig, wenn man Texte von Novizen in einer fremden Domäne liest. Zwei Beispiele aus dem hier infrage stehenden Bereich, die studentischen Hausarbeiten der Anfangssemester entstammen und dem Belegkorpus der Arbeit von Steinhoff (2007, 256) entnommen sind:

- *„Im ersten Teil soll grob über die Geschichte des Humanismus eingegangen werden [...]"*
- *„Nachdem die zwei Freiburger Denkmäler einzeln behandelt worden sind, soll nun eine Gegenüberstellung unternommen werden."*

Die Formulierungen sind misslungen. Das ist die Kehrseite der Tatsache, dass es Formulierungskonventionen gibt. Es heißt *eingehen auf* und nicht *eingehen über*. Präpositionalobjekte sind als grammatische Konstruktionen hochgradig arbiträr und konventionell. Noch deutlicher ist dies beim zweiten Beispiel: Es ist rein semantisch und grammatisch betrachtet ohne Weiteres möglich zu formulieren, dass eine Gegenüberstellung *unternommen* werden soll, typisch aber wäre etwa eine Kollokation von *Gegenüberstellung* und *erfolgen*. Diese für den Gebrauch zentrale Ebene des Sprachwissens kann von einer strukturalistischen Methodik nicht erfasst und modelliert werden. An die Stelle einer morphem- und wortorientierten Analyse sind deshalb methodische Verfahren der Ausdrucksanalyse (vgl. Feilke 1998) zu rücken, die Routineausdrücke erfassen können.

Hierzu liegt inzwischen sehr viel Erfahrung aus unterschiedlichen Forschungsbereichen vor. Grafik 6 unterscheidet vier verschiedene Hauptgruppen von Methoden, die jeweils nochmal verschiedene Untergruppen umfassen. Die beiden oberen Gruppen stehen für Verfahren der Pragmatik und Systemlinguistik. Klassisch sind ausdrucksbezogene Strukturanalysen wie sie die Arbeiten von Stein (1995) und Feilke (1996) bestimmen. Hier wird noch mit den Verfahren des Strukturalismus gezeigt, dass der Bereich sprachlicher Routine über das durch die Phraseologie und Idiomatik abgesteckte Feld hinaus weit in die Struktur der Sprache hineinreicht. Hinzugezogen werden können Ratingverfahren durch Experten, die etwa die Typizität von Ausdrücken beurteilen (vgl. z.B. Steinhoff 2007); eine weitere Quelle sind metalexikographische Analysen zur Bezeichnung von Routinen: Eine Routine, die schon alltagssprachlich bezeichnet wird, bekommt dadurch einen nachweisbar intersubjektiven Status (Keseling 2010).

Jenseits der eher ausdrucksintern zu bestimmenden Formulierungstypik liegt die Frage der typischen Distribution von Textroutinen in Texten. Von dieser Seite her sind Textroutinen zunächst analog zu Ritualen durch Feststellung rekurrenter Positionen typischer Handlungen im Gesamtablauf analysiert worden (Antos 1987). Mit Bezug auf kommunikationsanalytische Verfahren der Textpragmatik verfährt Haß-Zumkehr (1998) in ähnlicher Weise. Ein ebenfalls vielversprechender Zugang zur methodischen Objektivierung von Textroutinen ist die konversationsanalytische Untersuchung von Schreibinteraktionen (Lehnen 2000, Dausendschön-Gay et al. 2007). In der Interaktion zwischen den Partnern bei gemeinsamer Textproduktion werden Textroutinen als Optionen der Textgestaltung reflexiv thematisiert, häufig auch in Nennform zitiert und explizit bewertet.

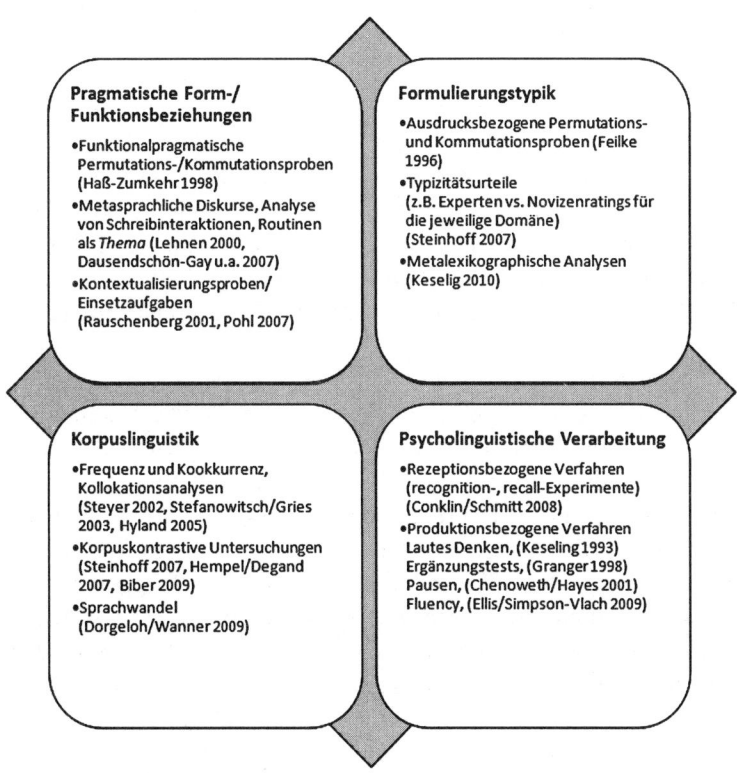

Grafik 6: Methoden der Textroutinen-Forschung

Ein weiteres Verfahren im Bereich der Textpragmatik sind Kontextualisierungsproben. So hat Rauschenberg (2001) Routineausdrücke in Texten analytisch isoliert und dann Probanden in einem Kontextualisierungsexperiment mit der Bitte vorgelegt, Thema und Texthandlungskontext für den Ursprungstext, dem die Textroutinen entnommen waren, zu beschreiben. Mit dem Verfahren kann festgestellt werden, inweit die isolierten Ausdrücke für die Probanden kohärente Kontextualisierungshinweise bilden. Umgekehrt hat Pohl (2007) aus einem gegebenen wissenschaftlichen Text Routineausdrücke gestrichen und überprüft, inwieweit Probanden in der Lage waren die Textlücken gleichsinnig auszufüllen und inwieweit sie hierbei wieder auf Routineausdrücke zurückgreifen.

Seit 20 Jahren gewinnen korpuslinguistische Verfahren enormen Einfluss in der Linguistik, nicht nur für die empirische Erfassung und Beschreibung von Textmengen, sondern auch für die sprachwissenschaftliche Theoriebildung selbst. Die Ausdruckstypik kann als statistisch messbare Kookkurrenz operationalisiert werden, korpuskontrastive Untersuchungen geben Einblick in das Spektrum der Textroutinen verschiedener Domänen, etwa des Journalismus und der Wissenschaft (Hempel/Degand 2007) oder auch in Unterschiede zwischen Routinen der Mündlichkeit und der Schriftlichkeit (Biber 2009). Steinhoff (2007) zeigt durch korpuskontrastive Untersuchungen in seinen Analysen, dass und wie sich das Spektrum verfügbarer Textroutinen im Bereich der Wissenschaft auf dem Weg vom Novizen zum Experten verändert. Dorgeloh/Wanner (2009) nehmen gleichfalls korpusbasiert diachrone Schnitte vor und können historisch rekonstruieren, wie sich Textroutinen im Bereich der Wissenschaft herausbilden. Analog hat Haß-Zumkehr (1998) dies für den Bereich des Journalismus geleistet.

Die Psycholinguistik schließlich untersucht in rezeptions- und produktionsbezogenen Experimenten den Sprachverarbeitungsstatus von Textroutinen. In der Untersuchung von Ellis/Simpson-Vlach (2009) etwa werden korpuslinguistische und psycholinguistisch-experimentelle Verfahren mit großem Gewinn kombiniert. Sehr produktiv für den Fortgang der Diskussion zu Textroutinen in den 1990er Jahren waren die nichtexperimentellen Untersuchungen Keselings et al. (1987, 1993) zum lauten Denken beim Schreiben. Keseling, Wrobel und Rau konnten zeigen, dass in Formulierungsprozessen sogenannte „Rahmenausdrücke" wie *„im Mittelpunkt des Interesses stehen ..."* immer wieder entscheidende Kristallisationspunkte der Textproduktion bilden. Auch die Untersuchung des Pausenverhaltens beim Schreiben gibt Hinweise auf Einheiten, die als Ganze produziert werden (Chenoweth/Hayes 2001) und die Schreibflüssigkeit stützen.

5. Zum Schluss: Beispiele nichtroutinierten und routinierten Schreibens im Vergleich

In unseren Gießener Untersuchungen zum Erwerb von Textroutine im wissenschaftlichen Schreiben spielen Ankerbeispiele sowohl für routinierte Texte als auch für Texte, die als wenig gelungen gelten, eine wichtige Rolle. Abschließend möchte ich Auszüge aus zweien dieser Texte unseres Korpus vorstellen.

Texte wenig routinierter Schreiberinnen und Schreiber realisieren zwar bestimmte Gebrauchsschemata, dies aber eben nicht in der Form, in der ein routinierter Schreiber die Aufgabe erledigen würde (vgl. auch den Beitrag von Lehnen i.d.B. Der folgende Auszug ist der Anfang der Einleitung in eine studentische Hausarbeit zum Thema „Offener Unterricht". Die Arbeit ist die zweite Hausarbeit des Verfassers:

1	Offener Unterricht – man denkt dabei an „freie Arbeit, Wochenplan, Projektarbeit, ..." oder an Begriffe wie Kindzentriertheit. Es wird ein Unterricht gefordert, in dem nicht alle Schüler zur gleichen Zeit dasselbe, von der Lehrerin Vorgegebene, produzieren, sondern ein Unterricht, der schülerorientiert ist.
5	Früher folgte man dem Prinzip alle Kinder werden von einer „Stunde Null" aus schrittweise und gleichzeitig belehrt. Es zählte nicht, wie weit der Einzelne ist, alle bekommen zur gleichen Zeit die gleichen Aufgaben. Natürlich ruft das bei dem einen Schüler Überforderung und bei dem anderen Unterforderung hervor. Man hat herausgefunden, dass sich die Erfahrungen bei Erstklässlern mit
10	der Schrift in einer Breite von drei bis vier Jahren unterscheiden können. Die Unterschiede aufzuarbeiten und auszugleichen kann unmöglich durch einen Lehrgang geschehen. „Die Differenzierung durch verschiedene Arbeitsblätter und Übungen kann allenfalls einige Wochen Entwicklungsunterschied auffangen, aber nicht mehrere Monate/Jahre" (Reader, S. 264).

Beispieltext A

Der Verfasser schafft einleitend einen Kontext für sein Thema, indem er auf ein als evident unterstelltes Alltagswissen dazu referiert, ohne Fachpositionen zu identifizieren. Das zeigt die wiederholte, pauschal diffuse Referenz auf anonyme Einstellungsträger: *man denkt dabei an (1), es wird ein Unterricht gefordert (2), man folgte dem Prinzip (5)* etc. Spezifische Wirkungszusammenhänge werden als evident und offenkundig markiert, ohne sie als Ergebnis einer Fachdiskussion auszuweisen: *natürlich ruft das X hervor (7); kann unmöglich durch X geschehen (11)*. Zwar wird das Thema mit Blick auf eine historisch spannungsreiche Entwicklung situiert. Aber dies ist nicht die Entwicklung einer Fachdiskussion dazu, sondern die der Unterrichtspraxis selbst, deren Realität erzählerisch vorgestellt wird, als liege sie beobachterunabhängig zutage: *früher folgte man dem Prinzip* (5), *es zählte nicht* (6). Wo dann doch auf wissenschaftliche Arbeit Bezug genommen wird, erfolgt die Referenz wiederum pauschal und ohne Nachweis: *man hat herausgefunden* (9). In gleicher Weise unroutiniert wird auch das einzige echte Zitat eingebunden und belegt (12 f).

Der Beispieltext zeichnet sich dadurch aus, dass er zwar Gebrauchsschemata nutzt (historische Situierung des Themas, Bezug auf Widersprüche, intertextuelle Bezüge), die in ähnlicher Weise für Wissenschaftstexte konstitutiv, aber in der routinierten Durchführung davon sehr weit entfernt sind.

Eine routinierte Form zeigt das folgende Beispiel einer Einleitung. Hier handelt es sich ebenfalls um eine Arbeit aus dem ersten Semester im Fach Soziologie. Thema ist die Individualisierungsthese des Soziologen Ulrich Beck.

1	Die Diskussion um die „Individualisierungsthese" wurde 1983 durch den Aufsatz „Jenseits von Klasse und Stand?" von Ulrich Beck angestoßen, in dem dieser angesichts zunehmender Individualisierungstendenzen in den westlichen Gesellschaften den Abschied von traditionellen Klassen- und Schichtkonzeptionen forderte. In der Folge kam es zu heftigen Auseinandersetzungen zwischen Anhängern der Individualisierungsthese, die der traditionellen Soziologie ein Festhalten an veralteten Begrifflichkeiten vorwarfen, und den Gegnern, die die unzureichende theoretische Schlüssigkeit und empirische Belegbarkeit der These bemängelten. Inzwischen hat sich die Individualisierungsthese zumindest als „eine einflussreiche Diagnose der gegenwärtigen Gesellschaft durchgesetzt" (Friedrichs 1998:7), auch wenn sie weiterhin nicht als im wissenschaftlichen Sinn belegt gelten kann. (vgl. Friedrich 1998: 7-11, Sacher 1998:65)
5	
10	

Beispieltext B

Der Text ist syntaktisch außerordentlich komplex. Er besteht aus nur drei komplexen Sätzen. Das hat mit Textroutine zunächst nicht notwendigerweise etwas zu tun. Die außerordentliche Routiniertheit dieses Textabschnitts wird deutlich, wenn man ihn aller konkreten inhaltlichen Referenzen und individuellen Bezüge entledigt, wie dies in der folgenden Textfassung geschehen ist.

1	„Die Diskussion um die X-These wurde [Datum, Jahr] durch den Aufsatz „[Titel]" von [Name] angestoßen, in dem dieser angesichts zunehmender X-Tendenzen den Abschied von traditionellen X-Konzeptionen forderte. [Datum, Jahr] führte er diese Überlegungen in [Titel] weiter aus. In der Folge kam es zu heftigen Auseinandersetzungen zwischen Anhängern der X-These, die der traditionellen [Disziplinname] ein Festhalten an veralteten Begrifflichkeiten vorwarfen, und den Gegnern, die die unzureichende theoretische Schlüssigkeit und empirische Belegbarkeit der These bemängelten. Inzwischen hat sich die X-These als „[positiv wertendes Zitat]" durchgesetzt, auch wenn sie weiterhin nicht als im wissenschaftlichen Sinn belegt gelten kann. (vgl. [bibl.Nachweise])"
5	
10	

Text B (ohne Inhaltsbezüge) Funktionsmodul „Diskursreferat"

In dieser Form könnte der Textabschnitt mustergültig für verschiedene Einleitungen zu unterschiedlichen Themen verwendet werden.

Inhaltlich zeigt sich die Routiniertheit des Textes bereits darin, dass er unmittelbar auf die Fachdiskussion referiert und diese zum Thema macht. Diese wird im historischen Verlauf als Entfaltung und Bearbeitung einer fachlichen Kontroverse vorgestellt. Auf diese Weise wird die eigene Fragestellung unmittelbar auf den Fachdiskurs bezogen. Der Abschnitt ist ein sehr gutes Beispiel für ein in sich kohärentes Funktionsmodul „Diskursreferat" in der Einleitung eines Fachtextes.

Sprachlich ist der Textaufbau in hohem Maß durch einschlägige Textroutinen gestützt. Das wird schon deutlich, wenn man nur den Bereich der Verb-Nomen-Kollokationen herauszieht und sichtbar macht. Die entsprechenden Routineausdrücke – hier rechts herausgestellt - sind gewissermaßen die Ankerpunkte der rhetorischen Struktur des Diskursreferats:

„Die Diskussion um die X-These wurde [Datum, Jahr] durch den Aufsatz „[Titel]" von [Name] angestoßen, in dem dieser angesichts zunehmender X-Tendenzen den Abschied von traditionellen X-Konzeptionen forderte. ⇩	• *eine Diskussion anstoßen* • *den Abschied von X [X=Theorieabstraktum] fordern*
[Datum, Jahr] führte er diese Überlegungen in [Titel] weiter aus. In der Folge kam es zu heftigen Auseinandersetzungen zwischen Anhängern der X-These, die der traditionellen [Disziplinname] ein Festhalten an veralteten Begrifflichkeiten vorwarfen, und den Gegnern, die die unzureichende theoretische Schlüssigkeit und empirische Belegbarkeit der These bemängelten. ⇩	• *eine Überlegung weiter ausführen* • *es kommt zu Auseinandersetzungen*
Inzwischen hat sich die X-These als „[positiv wertendes Zitat]" durchgesetzt, auch wenn sie weiterhin nicht als im wissenschaftlichen Sinn belegt gelten kann. (vgl. [bibl.Nachweise])"	• *eine These setzt sich durch* • *X [X=Theorieabstraktum] kann als belegt gelten*

Grafik 7: Routineausdrücke strukturieren das Textmodul

Was ist der Gewinn und das Ergebnis von Forschungen dieser Art? Abgesehen vom theoretischen Gewinn, der ein besseres Verständnis des Funktionierens der Sprache im Gebrauch und hier speziell der Textproduktion ermöglicht, liegt der praktische Gewinn einer Analyse von Textroutinen unter anderem in der Option, die Textproduktion für Lerner handwerklich durchschaubar zu machen und ihnen semiotische Werkzeuge zur Textgestaltung an die Hand zu geben (vgl. die Beiträge von Gätje et al. und Steinseifer i.d.B.). Erneut sei daran erinnert, dass jeder Routineausdruck pars-pro-toto für ein Handlungsschema steht, zu dessen Aneignung er im Erwerb vielleicht erstmals einen Weg eröffnen kann. Eine entsprechend orientierte Didaktik kann die natürliche Salienz der Textroutinen für die Förderung von Textkompetenz nutzen. Dabei ist im Blick zu behalten, dass – noch einmal mit Berger/Luckmann formuliert – sich vor einem Hintergrund der Routine „ein Vordergrund für Einfall und Innovation" (Berger/Luckmann 1980, 57) eröffnet.

Literatur

Adamzik, Kirsten (1995): Aspekte und Perspektiven der Textsortenlinguistik. In: diess. Textsorten – Texttypologie. Eine kommentierte Bibliographie. Einleitung. Münster, 11-40

Ágel, Vilmos (2004): Phraseologismus als (valenz)syntaktischer Normalfall. In: Steyer, Katrin (Hrsg.): Wortverbindungen – mehr oder weniger fest. Berlin/New York, 65-86

Antos, Gerd (1982): Grundlagen einer Theorie des Formulierens. Textherstellung in geschriebener und gesprochener Sprache. Tübingen

Antos, Gerd (1987): Grußworte in Festschriften als „institutionale Rituale". Zur Geschichte einer Textsorte. In: Zeitschrift für Literaturwissenschaft und Linguistik, 65, 9-40

Antos, Gerd (1989): Textproduktion: Ein einführender Überblick. In: Antos, Gerd/Krings, Hans-Peter (Hrsg.): Textproduktion. Tübingen, 5-57.

Antos, Gerd (1995): Sprachliche Inszenierungen von „Expertenschaft" am Beispiel wissenschaftlicher Abstracts. Vorüberlegungen zu einer systemtheoretischen Textproduktionsforschung. In: Jakobs Eva-Maria/Knorr, Dagmar/Molitor-Lübbert, Sylvie (Hrsg.): Wissenschaftliche Textproduktion. Mit und ohne Computer. Frankfurt: Lang, 113-127

Assmann, Jan (2000): Das kulturelle Gedächtnis. Schrift, Erinnerung und politische Identität in frühen Hochkulturen. 3. Auflg. München

Auer, Peter (1986): Kontextualisierung. In: Studium Linguistik 19, 22-48.

Bereiter, Carl (1980): Development in Writing. In: Gregg, Lee W./Steinberg, Erwin R. (Hrsg.) Cognitive Processes in Writing. Hillsdale, N.J., 73-93.

Berger, Peter/Luckmann, Thomas (1980): Die gesellschaftliche Konstruktion der Wirklichkeit. Eine Theorie der Wissenssoziologie. Frankfurt a.M (Orig. engl.. „The Social Construction of Reality. New York: 1966)

Biber, Douglas (2009): A corpus-driven approach to formulaic language in English. Multiword patterns in speech and writing. In: International Journal of Corpus Linguistics 14:3, 275–311

Chenoweth N. Ann/Hayes, John R (2001): Fluency in Writing. Generating Text in L1 and L2. In: Written Communication 18/1, 80-98.

Conklin, Cathy/Schmitt, Norbert (2008): Formulaic Sequences: Are They Processed More Quickly than Nonformulaic Languageby Native and Nonnative Speakers? In: Applied Linguistics 29/1: 72–89

Corrigan, Roberta, Edith A. Moravcsik, Hamid Ouali and Kathleen M. Wheatley (eds.) (2009): Formulaic Language: Volume 1: Distribution and historical change, Volume 2: Acquisition, loss, psychological reality, and functional explanations.

Coulmas, Florian (1981): Routine im Gespräch. Zur pragmatischen Fundierung der Idiomatik. Wiesbaden.
Dausendschön-Gay, Ulrich/Gülich, Elisabeth/Krafft, Ulrich (2007): Phraseologische/formelhafte Texte. In: Phraseologie 1. Halbband. Hrsg. v. Burger, Harald/Dobrovol'skij, Dimitrij/Kühn, Peter/Norrick, Neal R. Berlin/New York, 469-481
Dorgeloh, Heidrun and Anja Wanner (2009): Formulaic argumentation in scientific discourse. In: Corrigan, Roberta, Edith A. Moravcsik, Hamid Ouali and Kathleen M. Wheatley (eds.) Formulaic Language, Vol. 2, Amsterdam/Philadelphia: John Benjamins. 523 - 544
Ehlich, Konrad (1995): „Die Lehre der deutschen Wissenschaftssprache: sprachliche Strukturen, didaktische Desiderate", In: Weinrich, Harald; Kretzenbacher, Heinz: „Linguistik der Wissenschaftssprache". Berlin, New York: Walter de Gruyter, 325-351.
Ellis, Nick C./Simpson-Vlach, Rita (2009): Formulaic language in native speakers: Triangulating psycholinguistics, corpus linguistics, and education. In: Corpus Linguistics and Linguistic Theory 5–1, 61–78
Feilke, Helmuth (1994): Common sense-Kompetenz. Überlegungen zu einer Theorie des ‚sympathischen' und ‚natürlichen' Meinens und Verstehens. Frankfurt a. M.
Feilke, Helmuth (1996): Sprache als soziale Gestalt. Ausdruck, Prägung und die Ordnung der sprachlichen Typik. Frankfurt a.M.
Feilke, Helmuth (1998): Idiomatische Prägung. In: Barz, Irmhild/Öhlschläger, Günther (Hrsg.): Zwischen Grammatik und Lexikon. Tübingen (Niemeyer), 69-81.
Feilke, Helmuth (2003): Textroutine, Textsemantik und sprachliches Wissen. In: Linke, Angelika/Ortner, Hanspeter/Portmann, Paul R. (Hrsg.): Sprache und mehr. Ansichten einer Linguistik der sprachlichen Praxis. Tübingen, 209-229
Feilke, Helmuth (2004): Kontext – Zeichen – Kompetenz. Wortverbindungen unter sprachtheoretischem Aspekt. In: Steyer, Kathrin (Hrsg.): Wortverbindungen – mehr oder weniger fest. Berlin/New York, 41-64.
Feilke, Helmuth (2007): Syntaktische Aspekte der Phraseologie: Construction grammar und verwandte Ansätze. In: Burger, Harald/Dobrovolskij, Dmitrij/Kühn, Peter/Norrick, Neal R. (Hrsg.). Phraseologie/Phraseology. Bd. 1, Reihe HSK. Berlin/New York, 63-76.
Feilke, Helmuth (2010): „Aller guten Dinge sind drei!" Überlegungen zu Textroutinen und literalen Prozeduren. In: Fest-Platte für Gerd Fritz. Hrsg. und betreut von Iris Bons, Thomas Gloning und Dennis Kaltwasser. Gießen 17.05.2010. URL: http://www.festschrift-gerd-fritz.de/files/feilke_2010_literale-prozeduren-und-textroutinen.pdf. (23 Seiten).
Fillmore, Charles J. (1979): Innocence: A second idealization for linguistics. In: Berkeley Linguistics Society 5, 63-76.
Fillmore, Charles J./Kay, Paul/O'Connor, Mary Catherine (1988): Regularity and idiomaticity in grammatical constructions. The case of ‚let alone'. In: Language 64/3, 501-538.
Fillmore, Charles (1976): Pragmatics and the description of discourse. In: Pragmatik/Pragmatics II. Zur Grundlegung einer expliziten Pragmatik. hrsg. v. Schmidt, S.J., München, 83–104.
Fillmore, Charles/Kay, J. Paul/O'Connor, M.C. (1988): Regularity and Idiomaticity in Grammatical Constructions: The Case of ‚Let Alone'. In: Language 64 (3), 501-538.

Gätje, Olaf/Rezat, Sara/Steinhoff, Torsten (i.d.B.): Modalisierung in argumentativen Texten – zur Ontogenese literaler Positionierungsprozeduren, 125-154.

Granger, Sylviane (1998): Prefabricated Patterns in Advanced EFL Writing: Collocations and Formulae. In: Cowie, Anthony P. (Ed.) Phraseology. Theory, Analysis, and Appliucations. Oxford: 145-160.

Gumperz, John J. (1982): Discourse strategies. Cambridge.

Günthner, Susanne. (2006): Von Konstruktionen zu kommunikativen Gattungen: Zur Relevanz sedimentierter Muster für die Ausführung kommunikativer Aufgaben. In: Deutsche Sprache 34, 1-2, 173-190

Günthner, Susanne/Imo, Wolfgang (Hrsg.) (2006): *Konstruktionen in der Interaktion*. Berlin: de Gruyter.

Günthner, Susanne (2009): Konstruktionen in der kommunikativen Praxis. In: Zeitschrift für Germanistische Linguistik 37.3., 402-426.

Haß-Zumkehr, Ulrike (1998): „Wie glaubwürdige Nachrichten versichert haben" – Formulierungstraditionen in Zeitungsnachrichten des 17. Bis 20. Jahrhunderts. Tübingen.

Hempel, Susanne/Degand, Liesbeth (2008): Sequencers in different text genres: Academic writing, journalese and fiction. In: Journal of Pragmatics 40/4, 676-693.

Hundt, Markus (2001): Grammatikalisierungsphänomene bei Präpositionalobjekten in der deutschen Sprache. In: ZGL 29, 167-191.

Hyland, Ken (2005): Metadiscourse. Exploring Interaction in Writing. London/New York.

Jolles, André (1930/1972): Einfache Formen. Tübingen

Keppler, Angela (1994): Tischgespräche. Über Formen kommunikativer Vergemeinschaftung am Beispiel der Konversation in Familien. Frankfurt a.M.

Keseling, Gisbert/Wrobel, Arne/Rau, Cornelia (1987): Globale und lokale Planung beim Schreiben. In: Unterrichtswissenschaft 4, 349-365

Keseling, Gisbert (1993): Schreibprozeß und Textstruktur. Empirische Untersuchungen zur Produktion von Zusammenfassungen. Tübingen

Keseling, Gisbert (2010): Alltagssprachliche Schreibausdrücke. Wie Autoren ihre Aktivitäten und die dabei erzielten Produkte benennen. In: Zeitschrift für Germanistische Linguistik 38/1, 59-87

Kühtz, Stefan (2011): Wissenschaftlich formulieren. Tipps und Textbausteine für Studium und Schule. Paderborn

Lehnen, Katrin (i.d.B.): Erwerb wissenschaftlicher Textroutinen. Schreibarrangements und Modellierung von Aufgaben am Beispiel von Einleitungen, 33-60.

Lehnen, Katrin (2000): Kooperative Textproduktion. Zur gemeinsamen Herstellung wissenschaftlicher Texte im Vergleich von ungeübten, fortgeschrittenen und sehr geübten SchreiberInnen. Dissertation Bielefeld. http://bieson.ub.uni-bielefeld.de/volltexte/2004/495/.

Luckmann, Thomas (1986): Grundformen der gesellschaftlichen Vermittlung des Wissens: Kommunikative Gattungen. In: Neidhardt, Friedhelm (Hrsg.): Kultur und Gesellschaft. Kölner Zeitschrift für Soziologie und Sozialpsychologie (Sonderheft 27/1986), 191-211

Myers, Greg (1989): The pragmatics of politeness in scientific articles. In: Applied Linguistics, 10: 1-35.

Ong, Walter J. (1987): Oralität und Literalität. Die Technologisierung des Wortes. Opladen.

Ortner, Hanspeter (2000): Schreiben und Denken. Tübingen.
Pawley, Andrew/Syder, Francis H. (1983): Two puzzles for linguistic theory: nativelike selection and nativelike fluency. In: Richards, Jack C./Schmidt, Richard W. (eds.) Language and Communication. London, 191-226
Perrin, Daniel (i.d.B.): „La voie tranquille" - Routine und Emergenz in Formulierungsprozessen als Service public, 215-239.
Pohl, Thorsten (2007): Studien zur Ontogenese wissenschaftlichen Schreibens. Tübingen.
Rauschenberg, Katja (2001): Sprachlicher Common sense und die Konstruktion imaginierter Gemeinschaften. (Unveröffentlichte Examensarbeit, Universität Bielefeld, 143 Seiten)
Rösler, Frank (2003): Auf der Suche nach dem Engramm – Wie und wo speichert das Gehirn Information? In: Jahrbuch 2002 der Deutschen Akademie der Naturforscher Leopoldina (Halle/Saale); Leopoldina (R3) 48/2003, 491-518
Scheerer, Eckart (1993): Orality, literacy, and cognitive modeling. In: Berichte aus dem Institut für Kognitionsforschung, No. 13, Universität Oldenburg.
Sinclair, John (1991): Corpus, Concordance, Collocation. Oxford
Stefanowitsch, Anatol & Stefan Th. Gries (2003): Collostructions: investigating the interaction between words and constructions. *International journal of Corpus Linguistics* 8(2). 209-43.
Stein, Stephan (1995): Formelhafte Sprache. Untersuchungen zu ihren pragmatischen und kognitiven Funktionen im gegenwärtigen Deutsch. Frankfurt a.M.
Steinseifer, Martin (i.d.B.): Schreiben im Kontroveresen-Labor. Konzeption und Realisierung einer computerbasierten Lernumgebung für das wissenschaftliche Schreiben, 61-82.
Steinhoff, Torsten (2007): Wissenschaftliche Textkompetenz. Sprachgebrauch und Schreibentwicklung in wissenschaftlichen Texten von Studenten und Experten. Tübingen.
Steyer, Katrin (2002): Wenn der Schwanz mit dem Hund wedelt. Zum linguistischen Erklärungspotenzial der korpusbasierten Kookkurrenzanalyse. In: Haß-Zumkehr, Ulrike/ Kallmeyer, Werner/Zifonun, Gisela (Hrsg.): Ansichten der deutschen Sprache, FS für Gerhard Stickel zum 65. Geburtstag. Tübingen: 215-236.
Tannen, Deborah (1987): Repetition in Conversation. Towards a Poetics of Talk. In: Language 63/3, 574-605
Weisberg, Jan (i.d.B.): IF Routine THEN Fluss ELSE Problem - Überlegungen zu Schreibflüssigkeit und Schreibroutine, 155-194.
Welzer, Harald (2005): Das kommunikative Gedächtnis. Eine Theorie der Erinnerung. München.

Erwerb wissenschaftlicher Textroutinen

Schreibarrangements und Modellierung von Aufgaben am Beispiel von Einleitungen

Katrin Lehnen

1. Beispielhaft: Die Einleitung einer Seminararbeit

1. Einleitung
Die vorliegende Arbeit entstand im Rahmen des Seminars „Grundfragen der Onomastik". In diesem Seminar beschäftigten wir uns vorrangig mit dem Buch „Die Personennamen im Deutschen" von Wilfried Seibicke. Es entstanden Referate, die einzelne Themenbereiche aus diesem Buch darstellen sollten. Einige dieser Themenbereiche aus Seibickes Buch sollen hier behandelt werden, nämlich die Kapitel 5, 6 und der Abschnitt des Kapitels 4.5, der die jüdische Namengebung betrifft. Dabei wurden, gemäß dem Auftrag zusätzliche Quellen herangezogen, denen ich in Kapitel 4. 1 eigens Raum gegeben habe.
Der Arbeit zugrunde lagen neben dem Buch Seibickes, der Text des gehaltenen Referats sowie zusätzliche Quellen. Die einzelnen Themen werden getrennt behandelt. Dabei halte ich mich im Allgemeinen an die Reihenfolge, wie sie Seibicke auch benutzt.
Natürlich war ich bei den Beispielen auf die Seibickes angewiesen, da sie jedoch zum Allgemeingut gehören, habe ich sie nicht als Zitate kenntlich gemacht. Wörtliche Zitate sind mit Anführungszeichen und Kursivschrift kenntlich gemacht.
Der in Kapitel 4.1 behandelte Aufsatz Leopold von Zunz war sehr komplex. Aus Platz- und Zeitgründen habe ich mich auf eine wirklich knappe Darstellung beschränkt, obwohl die Intentionen des Aufsatzes, Fehlurteile über Juden abzubauen, würdig ist, mehr Raum zu gestanden zu bekommen.
Ich bitte zudem einige Formulierungsschwächen zu entschuldigen, da diese Arbeit zu Beginn meiner studentischen Laufbahn entstanden ist.
[Ansgar] (Autor)
[ORTSANGABE, DATUM]

Beispiel 1: Einleitung einer Seminararbeit, aus Pohl 2007a, 230

Bei dem hier zitierten Beispiel aus den „Studien zur Ontogenese wissenschaftlichen Schreibens" von Thorsten Pohl handelt es sich um die erste Seminararbeit des Studenten Ansgar. Erfahrene LeserInnen erkennen schnell, dass der Text seinen Zweck nur unzureichend erfüllt: Es wird keine Fragestellung entwickelt, es wird kein Forschungskontext entfaltet, Thema, Ziel und Aufbau der Arbeit bleiben vage. Vieles von dem, was Ansgar in der Einleitung anführt, ist überflüssig. Die Art, wie Ansgar sein Anliegen zur Sprache bringt, wirkt unbeholfen und wenig professionell. Dem Schreiber Ansgar fehlen offensichtlich Routinen. Routinen, die einen angemessenen Umgang mit der Fachliteratur, eine sachlich begründete Gliederung des Textes und die sprachlich angemessene Formulierung fachlicher Inhalte ermöglichen. Form und Funktion wissenschaftlicher Einleitungen sind dem Schreiber nicht vertraut.

Dennoch lohnt sich ein genauerer Blick auf das, was Ansgar in der Einleitung tut. Denn bei näherem Hinsehen zeigt sich ein Handlungsschema, das Texthandlungen wissenschaftlichen Einleitens durchscheinen lässt.

1. Ansgar stellt einen **Kontext** her und verortet die Arbeit in einem Gesamtgeschehen. Dieser Kontext ist auf das Seminar gerichtet, in dem die Arbeit entstanden ist („Die vorliegende Arbeit entstand im Rahmen des Seminars X. In diesem Seminar beschäftigten wir uns vorrangig mit X. Es entstanden Referate, die einzelne Themenbereiche aus X darstellen sollten.").
2. Ansgar weist das **Ziel** seiner Arbeit aus („Einige dieser Themenbereiche aus X sollen hier behandelt werden, nämlich X").
3. Ansgar skizziert sein **Vorgehen** („Dabei wurden, gemäß dem Auftrag zusätzliche Quellen herangezogen, denen ich in Kapitel X eigens Raum gegeben habe").
4. Ansgar weist seine **Quellen** aus und kommentiert seine Arbeitsweise; so legt er bspw. **Auszeichnungskonventionen** für Beispiele fest („Der Arbeit zugrunde lagen neben dem Buch X, der Text des gehaltenen Referats sowie zusätzliche Quellen. Die einzelnen Themen werden getrennt behandelt. Dabei halte ich mich im Allgemeinen an die Reihenfolge, wie sie X auch benutzt. Natürlich war ich bei den Beispielen auf X angewiesen, da sie jedoch zum Allgemeingut gehören, habe ich sie nicht als Zitate kenntlich gemacht. Wörtliche Zitate sind mit Anführungszeichen und Kursivschrift kenntlich gemacht.").
5. Ansgar nimmt **Eingrenzungen** und **Einschränkungen** vor und legt offen, was die Arbeit nicht leisten kann („Der in Kapitel 4.1 behandelte Aufsatz X war sehr komplex. Aus Platz- und Zeitgründen habe ich mich auf eine wirklich knappe Darstellung beschränkt, obwohl die Intentionen des Aufsatzes, X, würdig ist, mehr Raum zu gestanden zu bekommen. Ich bitte zudem einige Formulierungsschwächen zu entschuldigen, da diese Arbeit zu Beginn meiner studentischen Laufbahn entstanden ist.").

Die Schritte eins bis fünf weisen Handlungen aus, die – bei Integration in einen entsprechenden wissenschaftlichen Darstellungszusammenhang – auch in Einleitungen professioneller SchreiberInnen vorkommen.[1] So steht auch in professionellen Arbeiten die *Herstellung eines Kontextes* am Anfang – wie die drei folgenden, relativ willkürlich ausgewählten Textanfänge wissenschaftlicher Einleitungen zeigen:

> Bereits in den siebziger Jahren hat Barbara Sandig auf die historische Kontinuität normativ diskriminierter syntaktischer Muster in moderner Sprechsprache aufmerksam gemacht (Hennig 2009, 7).
>
> Form und Struktur der wissenschaftlichen Kommunikation haben sich in den letzten Jahren sehr verändert. Ein Beispiel dafür stellt die Konjunktur wissenschaftlicher Präsentationen dar (Lobin 2009, 11).
>
> Es ist eine gute Zeit, sich wieder verstärkt mit den Problemen beim Schriftspracherwerb und ihrer Überwindung zu befassen. Die PISA-Studie (2001) hat auf Schwächen deutscher Schülerinnen und Schüler im Bereich der Lesekompetenz hingewiesen, einem Bereich, der bisher in der wissenschaftlichen und öffentlichen Diskussion im Vergleich zum Rechtschreiben sehr vernachlässigt wurde (Scheerer-Neumann 2004, 22).

Beispiel 2: Professionelle Einleitungen wissenschaftlicher Texte – Drei Beispiele

Allen drei Beispielen ist gemein, dass sie mit den ersten Sätzen einen Gegenstand etablieren und diskursiv einbetten. Kontextualisierung wird hier über zeitliche Bezüge auf eine spezifische Forschungssituation geleistet: „Bereits in den siebziger Jahren hat X aufmerksam gemacht"; „X haben sich in den letzten Jah-

---

[1] Pohl stellt heraus, dass sich in dem Text von Ansgar bestimmte Funktionen wissenschaftlichen Einleitens zeigen, deutlich werde aber vor allem, dass sich die Textschemata von Vorwort und Einleitung überlappten: „Freilich entfallen trotz der geschilderten Konstellation in Ansgars Einleitung einige Informationen auf Aspekte, die eine Einleitung in der Regel einzulösen hat. Indirekt und rudimentär, so könnte man sagen, leiste Ansgar eine Ankündigung einzelner Abschnitte des Hauptteils sowie eine Erklärung zu seinem ‚methodischen' Vorgehen (Reihenfolge der inhaltlichen Aspekte, Zitierkonventionen). Im Fokus seines Schreibens scheinen diese Funktionen allerdings nicht zu stehen. Wir wissen nicht, ob Ansgar wider besseres Wissen handelt, aber besonders wichtig scheint ihm zu sein, Sinn und Zweck des Unternehmens vor sich, seinem Adressaten und der Institution zu rechtfertigen und sein Schreiben unter den Schutz dieser Rechtfertigung zu stellen. Folgerichtig beginnt er seinen wissenschaftlichen Aufsatz nicht mit dem wissenschaftlichen Gegenstand oder mit den Erwartungen, die das wissenschaftliche Publikum an seinen Text stellen könnte, sondern er beginnt seinen Text mit sich selbst, mit seinem institutionellen Zugang, mit seinen Kenntnissen und mit seinen Möglichkeiten. Unwillkürlich wird Ansgars „Einleitung" in diesem Unterfangen durch ein anderes textuelles Schema kontaminiert: durch das Vorwort, wie die Gestaltung der Druckseite mit Namensnennung, Ort und Datum überdeutlich anzeigt." (Pohl 2007a, 231).

ren sehr verändert"; „Die PISA-Studie (2001) hat auf X hingewiesen". Auch für alle anderen unter eins bis fünf genannten Handlungen lassen sich problemlos Beispiele professioneller Texte anführen, beispielhaft aufgegriffen sei hier die zuletzt bei Ansgar angeführte Handlung, die *Eingrenzung* und *Einschränkung* der zu leistenden Arbeit:

> Die vorliegende Arbeit versteht sich als eine erste Annäherung an den Phänomenbereich der historischen Nähesprachlichkeit. Dabei geht es nicht um eine flächendeckende Aufarbeitung von empirisch relevanten Phänomenen, sondern um eine sprachwandeltheoretische Begründung der Hypothese und um exemplarische empirische Analysen zu zwei Kandidaten historischer Nähesprachlichkeit (Hennig 2009, 10).

Wie Ansgar auch beschreibt die Autorin, was ihre Arbeit nicht leisten wird (keine „flächendeckende Aufarbeitung von X"). Diese Einschränkung ist hier der Eingrenzung des Gegenstandsbereichs bei Formulierung eines übergeordneten Forschungsziels geschuldet. Aus ihm erwachsen methodische Konsequenzen, die Exemplarität begünstigen und nicht-Vollständigkeit bedingen. Die Eingrenzung ist Teil der wissenschaftlichen Argumentation.

Dass Ansgar die oben skizzierten Handlungstypen eher eigenwillig auslegt und mit Inhalten versieht, die dort konventionell nicht erwartbar sind, erscheint an vielen Stellen nachvollziehbar. So ist es bei genauerer Betrachtung plausibel, dass er den Seminarkontext anführt, um seine Arbeit einzubetten und zu motivieren. Das Seminar stellt, wenn man so will, seinen Diskursbezug dar. Denn Ansgar bewegt sich als Studienanfänger nicht in einem Forschungs-, sondern in einem Lerndiskurs, dem Seminar.[2]

Ansgars Kontextualisierungsstrategie ist nicht unüblich, wie zahlreiche andere Beispiele aus Seminararbeiten belegen (vgl. auch Pohl 2007b, 231). Das folgende Beispiel einer Einleitung funktioniert in vergleichbarer Weise wie bei Ansgar als Erlebnisbericht. Der Seminarkontext, insbesondere auch hier ein gehaltenes Referat, motiviert die Ausführungen der Seminararbeit. Das Seminar wird als Diskursangebot und Schreibanlass wahrgenommen.

> *Auf den folgenden Seiten möchten wir unser Referat zum Thema „Chats" verschriftlichen und noch genauer auf einzelne Inhalte eingehen.* Beginnen möchten wir unsere Ausarbeitung mit einer Fragestellung „Was ist chatten überhaupt?" Daraufhin werden wir die Spezifika von Chats vorstellen. Nachdem wir bislang auf den Chat im Allgemeinen eingegangen sind, werden wir uns dann mit der Chatsprache

---

2   Die paradoxe Schreibsituation von Studierenden, die sich in Referaten und Seminararbeiten wie ForscherInnen präsentieren müssen, ohne tatsächlich Teil einer wissenschaftlichen Diskursgemeinschaft zu sein, ist in der Literatur mehrfach beschrieben worden (vgl. Hermanns 1980, Pogner 1992, Pohl 2007a oder b, Steinhoff 2007, auch Steinseifer i.d.B)

und deren Merkmale beschäftigen. *Im Anschluss werden wir die Gruppenarbeit, die wir im Rahmen unseres Referats durchgeführt haben, mit den dazugehörigen Ergebnissen vorstellen.* Nachdem wir uns im ersten Teil der Ausarbeitung hauptsächlich mit „Plauderchats" beschäftigt haben, möchten wir auch zu „Berufchats" Stellung nehmen. *Da wir im Seminar „Schreibdidaktik und neue Medien" viel Wert auf den Aspekt der Didaktik gelegt haben, möchten wir gerne vorstellen, wie man Chats in den Schulalltag einbauen kann.* Im Zusammenhang mit Chats in der Schule spricht man auch von didaktischen Chaträumen. Beenden möchten wir unseren Hauptteil mit einem Vergleich von Vor- und Nachteilen von Chats. Im Anschluss an den Hauptteil folgen noch unsere Quellenangaben, die wir für die Ausarbeitung verwendet haben und die Plagiatserklärungen.

Beispiel 3: Einleitung einer Seminararbeit, Seminar als Diskursbezug (eigene Sammlung)

In dem Text werden erwartbare Handlungen der Einleitung – das Angeben einer Fragestellung, die Gliederung der Arbeit – ebenfalls nur angedeutet und nicht zugunsten einer wissenschaftlichen Argumentation entfaltet. Sprachlich referiert der Text auf ein Schema alltäglichen Berichtens und Erzählens und erzeugt journalistisch anmutende Spannungseffekte – „Was ist chatten überhaupt?" – wo eine kurze Eingrenzung und Erläuterung des Gegenstands angemessener wäre. Ähnlich wie bei Ansgar werden Handlungsfunktionen, z.B. eine Fragestellung präsentieren, unterlaufen. Die angedeutete Gliederung dient kaum dem Gliedern eines fachlichen Zusammenhangs, sondern dem Aufzählen von Elementen des Textes: „Im Anschluss an den Hauptteil folgen noch unsere Quellenangaben, die wir für die Ausarbeitung verwendet haben und die Plagiatserklärungen". Der Hinweis auf die Quellenangaben liefert eine interessante Parallele zum Handlungsschema von Ansgar. Die Thematisierung von Quellen, wenn auch nur als Hinweis auf ihre Existenz realisiert, wird offensichtlich als relevant angesehen: man ist sich bewusst, dass man in einer wissenschaftlichen Arbeit Quellen benutzen muss und weist das als eigene Texthandlung aus („Im Anschluss an X folgen noch unsere Quellenangaben"). So überflüssig dieser Hinweis sein mag, er steht zeichenhaft für die Auseinandersetzung mit der (noch unvertrauten) wissenschaftlichen Arbeitsform. Auch dies lässt sich vergleichbar den Kontextualisierungsstrategien als typisches Erwerbsphänomen deuten.

2. Schreib- und Textroutinen als Schaltstellen im Erwerb

Die zitierten Textbeispiele aus den Seminararbeiten machen Spuren oder Anzeichen von als relevant wahrgenommenen Handlungen wissenschaftlichen Arbeitens und Schreibens sichtbar. Die SchreiberInnen berühren Handlungen, deren

Zweck und Funktion sie nicht durchdringen und für die sie – aus Sicht ausgebauter wissenschaftlicher Textkompetenz – noch keine angemessenen sprachlichen Routinen und Muster entwickelt haben.

> Die Funktion bleibt (bezogen auf die sprachliche Texthandlung als Ganze) für den Lerner stets ein Mysterium. Wer etwa mit weniger begabten Studenten über deren Hausarbeiten erschöpfende Diskussionen geführt hat, wird gemerkt haben, dass es eine Überforderung ist, sich ein Bild von der Funktion (also vom Zweck) machen zu sollen, solange man keinen Begriff von den Werkzeugen dazu hat (Feilke 2010, 7).

Folgt man dem im Zitat ausgedrückten Gedanken, dann führt der Weg erfolgreichen Kompetenzerwerbs über das Zeigen und Verfügbarmachen geeigneter Mittel, über die sich Funktionen wissenschaftlicher Textproduktion erschließen lassen. Solche Mittel betreffen unterschiedliche Dimensionen der Schreib- und Textkompetenz (vgl. auch Grafik 1 in Feilke i.d.B.):

(1) Prozessbezogene Mittel, die das Organisieren und Durchstehen des Schreibprozesses unterstützen. Sie beziehen sich z.B. auf das Entwerfen eines Schreibplans, das Erstellen einer Gliederung oder die Überarbeitung des eigenen Textes. Sie beinhalten beispielsweise auch geeignete Mittel und Strategien im Umgang mit der Lektüre wissenschaftlicher Texte (unterstreichen, exzerpieren, visualisieren, zusammenfassen, kommentieren, etc.). Diese Mittel oder Werkzeuge beziehen sich auf den Erwerb von *Schreibroutinen*. Zu den prozessbezogenen Werkzeugen der Textproduktion lassen sich auch solche Mittel zählen, die den Austausch über den eigenen Text betreffen wie etwa Peerfeedback und Textrückmeldung oder auch Beratung und Coaching. Auch diese stärker interaktionsbezogenen Routinen sind Ausdruck professioneller Textproduktion und Teil der Schreibkompetenz.

(2) Produktbezogene Mittel, die sich die auf die sprachliche Gestaltung des Textes beziehen. Damit sind im engeren Sinne Textkonstitutionsverfahren gemeint, die durch mehr oder weniger feste Ausdrucksgestalten prototypische Texthandlungen anzeigen. Typisch für Einleitungen sind beispielsweise Gliederungsroutinen der Art: „Im Folgenden soll gezeigt werden". Textkonstitutionsverfahren sind nicht auf einzelne Lexeme oder Lexemketten, etwa Kollokationen, beschränkt, sondern beziehen sich auch auf syntaktische Muster und übergeordnete Textmodule[3] (ausführlich Feilke 2010 und i.d.B., insbesondere Grafik 5). Einzelne Ausdrücke, Phrasen, Sätze oder Module sind in diesem Sinne sprachlich-textuell *vorgeformt* (Gülich/Krafft 1998) bzw. als sozial ausdifferenzierte Handlungen der Domäne sprachlich-textuell

---

3 Unter einem Textmodul wäre zum Beispiel das Erläutern der Gliederung in einer Einleitung als eigenständiger Textteil zu verstehen: In Kapitel eins wird zunächst ... Darauf aufbauend wird in Kapitel zwei ... Kapitel drei schließlich widmet sich ...

ausgeformt und *ausgebaut* (Koch/Oesterreicher 1994). Die Kenntnis und der angemessene Gebrauch dieser sprachlichen Mittel im jeweiligen Handlungskontext betreffen den Erwerb von *Textroutinen*. „Im Unterschied zu Schreibroutinen", so Feilke (i.d.B.), „sind Textroutinen also bezogen auf die kommunikativ-funktionale Strukturierung von Texten und die entsprechenden sprachlichen Ordnungsleistungen". Und er führt aus: „Textroutine ist als eine primär sprachliche Kompetenz zu bestimmen. Textkompetenz in diesem Sinn kann gefasst werden als ein *prozedurales Metawissen zur Textkonstitution*, als eine performative Kompetenz" (10, Hervorhebung d. Autors)

Die weiter oben analysierten Beispiele zeigen, dass sich die SchreiberInnen auf eine bestimmte, *wiederkehrende* und *vergleichbare* Weise den Handlungsanforderungen der Domäne nähern. Demnach verläuft der Weg zu einer entfalteten Textkompetenz über spezifische Erwerbsformen. Pohl und Steinhoff (2010, 12) sprechen von „*Ausformungen* einer bestimmten Erwerbsphase":

Je nach vorliegendem Schreibauftrag realisieren die Lerner zwar einen Text, der den Anforderungen einer bestimmten Textsorte gerecht werden soll, was aber je nach Erwerbsstadium nur bedingt gelingt. Die betreffenden Textformen sind *Ausformungen* einer bestimmten Erwerbsphase mit ihren entwicklungsbedingten Auffälligkeiten (und gemessen an der anvisierten Textsorte – u.U. auch Defiziten). (ebd., Hervorhebung der Autoren)

Diese Ausformungen werden auf der sprachlichen Oberfläche durch besondere, wie oben angedeutet wiederkehrende Formulierungen manifest. Dies wird durch verschiedene Erwerbsstudien eindrücklich belegt (Pohl 2007a, Steinhoff 2007, Dannerer i.d.B., Gätje/Rezat/Steinhoff. i.d.B.). Die Untersuchung zu unterschiedlichen Entwicklungsschritten wissenschaftlicher Textkompetenz (Feilke/Steinhoff 2003; Steinhoff 2007) zeigt, dass dieses Schritte ihren Ausdruck in nicht-konventionellen, ‚abweichenden' Formulierungen finden. Gätje/ Rezat/Steinhoff. (i.d.B.) zeichnen dies für den Erwerb, die Entwicklung und Ausdifferenzierung von Meinungsausdrücken im schulischen und hochschulischen Schreibkontext nach. Die Befunde der unterschiedlichen Erwerbsstudien lassen umgekehrt den Schluss zu, dass der Vermittlung von Textroutinen ein besonderer Stellenwert im Lernprozess zukommt (Feilke i.d.B; Steinseifer i.d.B.). Denn wenn sprachlich-textuelle Abweichungen *regelhaft* sind, dann bilden sie zugleich didaktische Interventionspunkte. Die Hinlenkung auf die sprachlichen Werkzeuge und die gezielte Wahrnehmung von Textroutinen, die sich insbesondere auch durch die Lektüre einschlägiger Texte und zunehmende Rezeptionserfahrung im Studienverlauf aufbauen, stellen deshalb eine wichtige Schaltstelle im Lernprozess dar:

Wie in jeder Werkstatt auch mag die Antriebskraft für die Lernprozesse vor allem in der Antizipation des Ziels und des fertigen Produkts liegen. In Hinsicht auf das Lernen selbst und die dafür wahrzunehmenden Aufgaben aber sollte davon nicht zu viel erwartet werden. Hier kommt es vielmehr darauf an, den Umgang mit den Werkzeugen zu lernen, das heißt die prozedurale Kompetenz zu stärken und Texttechniken zu schulen. Damit die Schüler davon überhaupt eine Ahnung bekommen können, muss man die Werkzeuge selbst erst einmal zeigen und die Aufmerksamkeit darauf lenken (Feilke 2010, 10).

Wenn die Prozeduren und Texttechniken, im weiteren Sinn: Schreib- und Textroutinen, einen Schlüssel im Erwerbsprozess darstellen, dann bedingt das die Frage nach geeigneten Wegen der Anbahnung textueller Kompetenzen, also Fragen danach, wie sich die Aufmerksamkeit im Lernprozess auf die sprachlichen Werkzeuge lenken lässt und wie sich die Werkzeuge in geeigneter Weise zeigen lassen. Wie kann der Erwerb von Text- und Schreibroutinen gestützt werden? In der hochschulischen Schreibdidaktik standen in den letzten Jahren vor allem die weiter oben beschriebenen prozessbezogenen Werkzeuge im Mittelpunkt, die sich auf die Unterstützung von Lese- und Schreibstrategien, im Wesentlichen auf die Organisation komplexer wissenschaftlicher Planungs-, Konzeptions-, Formulierungs- und Überarbeitungsprozesse beziehen (z.B. Jakobs/Kruse/Ruhmann 2003). Unter diesen prozessbezogenen Vorzeichen haben auch die ebenfalls oben angesprochenen interaktionsbezogenen Routinen der Textrückmeldung und Schreibberatung erhöhte Aufmerksamkeit erfahren (Bräuer 2007a, 2007b) und methodische Konzepte in Gang gesetzt (z.B. Schreibkonferenz, Textlupe, Wikis, etc.). Textroutinen im engeren Sinn sind weniger stark behandelt.[4]

Die folgenden Ausführungen beleuchten Textroutinen unter der Perspektive geeigneter Aufgaben und Schreibarrangements. Dabei geht es um die Frage, wie Aufgaben konzipiert werden müssen, um eine gezielte Auseinandersetzung mit textkonstitutiven Verfahren anzuregen. In den weiteren Ausführungen wird exemplarisch ein Schreibarrangement vorgestellt, das wir in dem Gießener Projekt „Schreib- und Textroutinen: Kultur-, fach- und medienbezogene Perspektiven" für die Anwendung in der digitalen Schreibumgebung SKOLA (vgl. Steinseifer i.d.B.) entwickelt haben.[5] Das Schreibarrangement ist u.a. deshalb span-

---

4   Allerdings gibt es eine lange Diskussion um die Rolle von Mustern im Erwerbsprozess, insbesondere im didaktischen Kontext der Schule (vgl. Feilke 2004). Hier entstehen in jüngster Zeit Konzepte, die die Rolle sprachlicher Vorbilder auch im Sinne des imitativen Schreibens stärker in den Vordergrund rücken, ohne dabei früheren Ansätzen des pattern drill zu folgen (z.B. Stemmer-Rathenberg 2011).

5   In dem vom Land Hessen geförderten LOEWE-Projekt haben wir insgesamt zwei Schreibarrangements für die Anwendung in SKOLA entwickelt und erprobt. Das in diesem Beitrag nicht weiter ausgeführte Arrangement bezieht sich auf das Schreiben zu

nend, weil wir mit unseren ersten Entwürfen in der Umsetzung auf verschiedene Hürden gestoßen sind und auf diese Weise zu recht interessanten Einblicken in die Steuerungsfeinheiten von Aufgabenszenarios gelangt sind. Sie sind Gegenstand des folgenden Kapitels.

3. Exemplarisches Schreibarrangement: Beurteilen und Schreiben wissenschaftlicher Einleitungen

Am Anfang des Beitrags stand die längere Ausführung zur Einleitung des Studenten Ansgar. Dies ist u.a. damit begründet, dass wir Ansgars Text zum Ausgangspunkt unseres Aufgabenszenarios gemacht haben. Ansgars Text bildet die Grundlage einer mehrschrittigen Kommentierungs- und Überarbeitungsaufgabe für Studierende. Kurz zusammengefasst ist die Idee des Arrangements folgende: Studierende müssen den Text von Ansgar analysieren, eine schriftliche Einschätzung zu seinen Stärken und Schwächen liefern und ihn anschließend selbst überarbeiten. Auf diese Weise soll einerseits die Reflexion einschlägiger Textroutinen angeregt werden (Was zeigt der Text? Was fehlt ihm?) und durch die schriftliche Kommentierung offen gelegt werden. Andererseits soll die Überarbeitung des Textes Einblick in die „performative Kompetenz" geben (ausführlich 3.1).

Was macht die Einleitung wissenschaftlicher Arbeiten für die Untersuchung von Schreib- und Textroutinen interessant?

Einleitungen sind in Bezug auf Textroutinen hochgradig markierte, *ausgestellte* Texte. Sie vereinen wissenschaftliche Schlüsselhandlungen auf engstem Raum. Diese Teilhandlungen beziehen sich auf unterschiedliche Dimensionen wissenschaftlicher Textproduktion. Sie lassen sich mit Pohl (2007a, 246) durch den *Bezug auf einen Gegenstand* (Was ist das Thema/der Gegenstand des Beitrages? Dimension 1), den *Bezug auf einen Diskurs* (Wie verhält sich der Beitrag zum bestehenden Wissensstand? Dimension 2) und den *Bezug auf eine Argumentati-

---

wissenschaftlichen Kontroversen. Studierende haben die Aufgabe, zu verschiedenen kürzeren Texten, die jeweils eine andere Position in einer Kontroverse vertreten (z. B. Rechtschreibreform), ein sog. „Kontroversenreferat" zu verfassen, das die verschiedenen Position innerhalb eines integrierenden Textreferats abbildet (ausführlicher dazu: Feilke/Lehnen 2011; Steinseifer 2010). Einen Einblick in die Lernumgebung SKOLA und die Modellierung solcher Kontroversenreferate liefert ein Videoclip, den Lisa Schüler (Gießen) innerhalb des Projekts produziert hat:
www.kulturtechniken.info/?page_id=48

on (Wie wird das Thema/der Gegenstand im Beitrag behandelt? Dimension 3) kennzeichnen. Pohl differenziert für die genannten Dimensionen verschiedene Teilaspekte bzw. „Realisierungsoptionen", die in folgendem Schema zusammengefasst sind:

Tabelle III-19:
Die Realisierungsoptionen der Dimensionen wissenschaftlichen Einleitens

	Dimension 1	Dimension 2	Dimension 3
a. ORIENTIERUNG	Thema	Referenz/Zitat	Vorhaben
b. KONKRETISIERUNG	Beispiel	Forschungsfeld	Eingrenzung
c. DIFFERENZIERUNG	Erläuterung	Disziplinäre Einordnung	Abschnitte des Hauptteils
d. MOTIVIERUNG	Evaluierung	Relevanz	Begründung des Hauptteils
e. OPERATIONALISIERUNG	Fragestellung	Zielsetzung	Methode

Abb. 1: Dimensionen wissenschaftlichen Einleitens (Pohl 2007a, 252)

Dieses Schema liefert zugleich Anhaltspunkte für die Analyse von Lernertexten. So lässt sich z.B. ein Korpus studentischer Einleitungen mit Blick auf das Vorkommen der in dem Schema aufgeführten Aspekte untersuchen. Der Erwerb wissenschaftlicher Textkompetenz bemisst sich u.a. daran, ob und in welcher Weise „Realisierungsoptionen" von den LernerInnen wahrgenommen werden. Pohl führt an:

> Abgesehen von ihrem relativ geringen Umfang eignen sich Einleitungen insofern besonders [für Untersuchungszwecke zum Erwerb wissenschaftlicher Textkompetenz, K.L.], als man durch sie etwas darüber erfährt, hinsichtlich welcher Kontexte oder Dimensionen studentische Autorinnen und Autoren ihre wissenschaftlichen Texte überhaupt verorten (Pohl 2007b, 218-219).

Einleitungen sind stark auf *metadiskursive* Texthandlungen gerichtet, etwa durch die weiter oben schon angesprochenen Gliederungsprozeduren. Sie stehen damit beispielhaft für wissenschaftliches Darstellen, das, wie Feilke herausstellt, „nicht rein objektsprachlich" funktioniert, „da die Gegenstände der Wissenschaft als solche nicht evident und ‚einfach da' sind, sondern selbst erst methodisch bzw. durch bestimmte Verfahren der Sachverhaltskonstitution erzeugt werden". Er führt aus:

> Wie Wissenschaft im Ganzen, so muss auch wissenschaftliches Darstellen daher ständig bedenken und auch textlich explizieren, was es tut: gliedern, definieren, vergleichen etc. (Feilke 2010, 6).

Einleitungen verdichten diese Texthandlungen und lassen sich didaktisch als wissenschaftliche ‚Miniaturen' begreifen, die sich auf Grund des begrenzten Umfangs in besonderer Weise für die Konzeptualisierung, Rekonstruktion, Reflexion und Analyse von Routinen eignen. Einleitungen repräsentieren darüber hinaus typische Texte im Studienalltag von Studierenden – sowohl für das Schreiben (von Seminararbeiten) wie auch das Lesen wissenschaftlicher Texte.

3.1 Aufgabenszenario „Überarbeitung einer Einleitung"

Das weiter oben skizzierte Schreibarrangement haben wir in mehreren Durchgängen mit Studierenden höherer Semester erprobt und überarbeitet. Die Studierenden befanden sich überwiegend im 3. Studienjahr eines germanistischen Studienfaches (Lehramt, Bachelor, auch Master). Bei ihnen ist von einem fortgeschrittenen Erwerb auszugehen. Bis zum jetzigen Zeitpunkt handelt es sich größtenteils um experimentelle Erhebungen zu Forschungszwecken; das Aufgabenszenario soll zu einem späteren Zeitpunkt in Form von Blended-Learning Szenarien in Seminarkontexte des Lehramt- und Bachelorstudiums integriert werden (vgl. Steinseifer i.d.B., 61-82). Die Erhebungen dienen in diesem Stadium dazu herauszubekommen, inwiefern die Aufgabe geeignet ist, die Aufmerksamkeit der LernerInnen auf ihr Routinewissen und ihre prozedurale Kompetenz zu lenken. Überwiegend wurden die Erhebungen an dafür eingerichteten Computerarbeitsplätzen bei uns am Institut durchgeführt, dreimal haben wir die Aufgabe innerhalb von Seminaren als Hausaufgabe vergeben.

Die Studierenden wurden in der ca. zweistündigen experimentellen Erhebungssituation gebeten,

1. die aus ihrer Sicht problematischen Stellen im Text von Ansgar zu markieren,
2. einen Rückmeldekommentar in Form einer Email an Ansgar zu verfassen,
3. die Einleitung selbst zu überarbeiten.

Diese Arbeitsschritte integrieren systematisch verschiedene kognitive und kommunikative Teilhandlungen in einem kommunikativen Gesamtzusammenhang: Die Analyse und Diagnose eines problematischen Textes (1), die Reflexion und schriftliche Formulierung identifizierter Probleme (2), die Überarbeitung des Textes (3). Die Teilaufgaben sind sukzessive am Computer zu bearbeiten, die jeweils nächste Teilaufgabe ist nicht bekannt, die Konzentration soll sich auf die genannten Teilhandlungen richten.

Maßgeblich für die Lösung dieser Teilaufgaben im Sinne eines Schreibarrangements ist ihre Einbettung in ein übergeordnetes, realitätsnahes Handlungsszenario, das es aus Sicht der LernerInnen sinnvoll erscheinen lässt, die Aufgabe zu lösen, weil mit ihr eine erkennbare Funktion, ein besonderer Erkenntnis- oder Kommunikationsgewinn, im Lernprozess verbunden ist. Das ist u.a. dann der Fall, wenn die Aufgaben weitere kommunikative Handlungen bzw. plausible Anschlusskommunikationen implizieren. Bachmann und Becker-Mrotzek (2010) sprechen hier von „Aufgaben mit Profil" (ebd., 194), das sind Schreibaufgaben, „die so klar konturiert und profiliert sind, dass sie für die Lerner/innen in einem klar erkennbaren und nachvollziehbaren Handlungszusammenhang stehen bzw. einen solchen abbilden". Die Aufgaben waren folgendermaßen eingebettet und formuliert und mit folgenden Annahmen verknüpft:

> 1. **Aufgabe:** Bitte stellen Sie sich folgende Situation vor: Ein guter Freund von Ihnen schreibt gerade eine Hausarbeit. In den letzten Tagen hat er die Einleitung fertiggestellt – und ist irgendwie unsicher mit dem Ergebnis. Er bittet Sie, einen Blick auf die Einleitung zu werfen und ihm eine Rückmeldung zu geben. […] markieren Sie bis zu zehn für Sie problematische Stellen, indem Sie die Schrift rot färben.
>
> **Ziel und Annahmen:** Die Studierenden sollen sich im ersten Schritt auf die Analyse des Textes beschränken und klären, warum Ansgars Text die Funktion einer Einleitung nur unzureichend erfüllt. Die Beschränkung auf eine bestimmte Anzahl problematischer Stellen soll die Studierenden zwingen, sich auf Probleme zu konzentrieren, die ihnen bezogen auf die Einleitung besonders relevant erscheinen und eine Auswahl begünstigen. Das bloße Markieren von Textstellen stellt eine niederschwellige Aufgabe dar, die einen leichten Einstieg in das Aufgabengeschehen impliziert und sich auf die Schreiberfahrung der Lernenden mit Texten dieser Art stützt.
>
> 2. **Aufgabe:** Bitte schreiben Sie Ihrem Freund eine kurze Rückmeldung zu seiner Einleitung [Email]. Formulieren Sie dazu zunächst Ihren Gesamteindruck und kommentieren Sie dann die von Ihnen markierten problematischen Stellen. […]
>
> **Ziel und Annahmen:** Die Studierenden sollen die von ihnen erkannten Probleme verbalisieren und sich durch den schriftlichen Kommunikationszusammenhang (Email) gezwungen sehen, ihre Einschätzungen und Begründungen zu explizieren. Die Aufgabe ist vornehmlich auf die *Reflexion* wissenschaftlicher Textanforderungen und -routinen gerichtet. Der wesentliche Gedanke war für uns, dass die Studierenden durch die Aufgabe und die mit ihr notwendig werdende Explikation ihr Routinewissen offenlegen. Sie müssen erklären und begründen, warum man das, was Ansgar macht, nicht macht, anders macht oder grundlegend anders formulieren muss. Wir sind weiterhin davon ausgegangen, dass die ProbandInnen ihr Routinewissen zu einem großen Teil selbst über Textroutinen verfügbar machen, d.h. Rückmeldungen an Ansgar verfassen, die mit konkreten Formulierungsvorschlägen versehen sind (nach dem Motto: „Das schreibt man so und so"), die es uns erlauben, neben ihrem Wissen

um relevante Texthandlungen bereits eine Einschätzung ihrer darauf bezogenen Textkompetenz zu gewinnen.

Schließlich ist mit der Inszenierung eines spezifischen Kommunikationszusammenhangs (Email an einen Freund) intendiert, eine für das Studium realistische, adressatenbezogene Schreibsituation herzustellen und eine plausible Anschlusskommunikation für den Text von Ansgar zu schaffen. Dabei stellt das Setting der schriftlichen Rückmeldung höhere Ansprüche an die Explizitheit von Rückmeldekommentaren als eine mündliche Feedbacksituation. Das stichwortartige Auflisten von problematischen Textstellen soll tendenziell vermieden werden, das eigene Schreiben muss kontextualisiert werden und zu einem eigenständigen, aus sich heraus verständlichen Text führen.

3. **Aufgabe:** Nachdem Ihr Freund Ihre Rückmeldung bekommen hat, ist er sehr verzweifelt. Er bittet Sie, ihm einige Überarbeitungsvorschläge zu machen.

Ziel und Annahmen: Die Studierenden müssen die von ihnen verbalisierten Einwände in der Überarbeitung umsetzen. Die wesentliche Überlegung ist, dass sie von einem stärker reflexiven Modus in die Produktion eines Textes wechseln, der den spezifischen, von ihnen formulierten Anforderungen einer Einleitung besser gerecht wird als der Text von Ansgar. Die Annahme lautet hier, dass Studierende mit hoher Textkompetenz einen flüssigen Text produzieren, der typische Textroutinen einer Einleitung (z. B. Gliederungsroutinen) zeigt, auch wenn ihnen die hinter der Einleitung stehende Seminararbeit nicht bekannt ist.

Abb.2: Aufgabenszenario und daran geknüpfte Ziele und Annahmen

Im Anschluss an die Bearbeitung der Aufgaben wurden einzelne Studierende von uns interviewt. Die Interviews beziehen sich auf ihren Gesamteindruck zur Aufgabe (Authentizität, Motivation, Lösbarkeit) und auf den Text von Ansgar, zu dem wir sie noch einmal eingehend befragt haben. Im Kontext der drei Seminarerhebungen, bei der die Aufgaben als Hausaufgabe zu bearbeiten waren (s.o.), haben wir anschließend ein Gruppengespräch geführt, von denen zwei per Video aufgezeichnet werden konnten.

Mit den Aufgaben entstehen unterschiedliche Datentypen: mit den Rückmeldekommentaren entsteht ein reflexionsorientiertes Textkorpus, mit den Überarbeitungen ein Korpus wissenschaftlicher Einleitungen, mit den Interviewdaten und Videoaufzeichnungen der Gruppengespräche entstehen verbale Reflexionsdaten. Sie alle erlauben eine andere Annäherung an die Rolle von Schreib- und Textroutinen im Lernprozess.

3.2 Einflussgrößen bei der Modellierung von Schreibaufgaben

Im Folgenden werden verschiedene Einflussgrößen der Aufgabenmodellierung näher betrachtet und an Textbeispielen aus dem erhobenen Korpus diskutiert. Schreibaufgaben werden dabei im Sinne von Baurmann und Feilke (2004) als „modellhaft verdichtete Konstellationen des Schreibens" verstanden, die, so die Autoren weiter, „ – wenn sie gut sind – das notwendige kritische Moment für das Gelingen des Schreibens schaffen". In ähnlicher Weise formulieren Pohl und Steinhoff (2010), dass „Faktoren des Schreibarrangements (…) dafür konstitutiv (sind), ob und in welchem Ausmaß entsprechende Reflexions- und Lernprozesse tatsächlich stattfinden." (ebd., 18; vgl. auch Bräuer/Schindler 2011, 34) Folgt man diesen Annahmen, dann verlangt die Konstruktion dieser Faktoren im Sinne von Gelingensbedingungen besondere Aufmerksamkeit. Bei den ersten Erhebungen haben die ProbandInnen überwiegend Schwierigkeiten bei der Bearbeitung der Aufgaben angegeben, die wir beim Design der Aufgaben nicht absehen konnten und die zu einer Reflexion und Revision unserer Annahmen und schließlich auch zu einer Veränderung einzelner Kontextfaktoren geführt haben. Diese Schwierigkeiten stehen für uns in einem direkten Verhältnis zur Frage der Verfügbarkeit von Routinen und lassen Schlüsse auf den notwendigen Grad der Instruktion und Kontextualisierung von Aufgaben zu.

3.2.1 Ausgangstext

Die erste Schwierigkeit, die sich mit den Pilottests abzeichnete, bezieht sich auf den zu bearbeitenden Ausgangstext des Szenarios: die Einleitung von Ansgar. Eine wichtige Entscheidung bei der Konstruktion von Schreibarrangements betrifft den Umfang und die Authentizität der zu bearbeitenden Texte. Bei kürzeren wissenschaftlichen Schreibaufträgen im Studium, die nicht den Umfang einer Seminararbeit haben, besteht ein grundlegendes Problem in der *Auswahl geeigneter Texte*, die für die Dauer der Aufgabe sinnvoll bearbeitet werden können, ohne dass ihr Kontext eingebüßt, der Textinhalt übermäßig gekürzt oder Texte zu Lernzwecken eigens erfunden werden müssen. Die Einleitung bietet bezogen auf diese Anforderungen einen autonomen Text, der als Teil einer in der Regel umfangreichen, komplexeren Arbeit auch ohne die Lektüre dieser Arbeit nachvollziehbar sein muss. Auch wenn in Lernkontexten zwangsläufig eine Spannung zwischen didaktischer Inszenierung und realitätsnahen Schreibanforderungen entsteht, ist die Arbeit an weitgehend authentischen Texten erstrebenswert (vgl. Bräuer/Schindler 2011), insofern mit ihnen Handlungskontexte gestiftet werden, die ihre Gültigkeit auch über die Schreibaufgabe hinaus behalten. Mit der Auswahl von Ansgars Einleitung als Ausgangstext haben wir einen Text aus dem Studienalltag von Studierenden ausgewählt und in ein Handlungsszenario einzubetten versucht, das ein typisches Problem dieser Zielgruppe nachstellt: die Unsicherheiten mit dem Schreiben und den Normen wissenschaftlicher Texte. Und wenngleich die Einleitung von Ansgar diese Unsicherheiten in vollem Ausmaß repräsentiert, führte gerade das bei den ersten Erhebungen zu folgenden Schwierigkeiten für die ProbandInnen. Sie wenden ein:

- das in der Arbeit behandelte Thema der Onomastik sei ihnen unbekannt; ihnen fehle deshalb das Hintergrundwissen, um die Einleitung nach eigenen Gütekriterien überarbeiten zu können,
- die Einleitung sei als Gesamttext so unangemessen, dass es schwer sei, *singuläre* Schwachstellen des Textes zu identifizieren (Aufgabe 1) und geeignete Ansatzpunkte für eine Überarbeitung zu finden (Aufgabe 3).

Die Einwände sind u.a. deshalb aufschlussreich, weil die Studierenden keine Probleme sehen, Ansgar eine schriftliche Rückmeldung zu seinem Text zu geben (Aufgabe 2) und sich hier offensichtlich nicht mit dem Problem fehlenden Hintergrundwissens konfrontiert sehen: Die Rückmeldeaufgabe wird in den Interviews als gut lösbar bewertet. Daraus lassen sich verschiedene Schlüsse ziehen.

Die Einwände liefern indirekt Aufschluss über den Umgang mit Textroutinen: Im Fokus der Überarbeitungsaufgabe (Aufgabe 3) steht für die Studierenden das inhaltliche Wissen – also die Annahme, dass die Einleitung nur überarbeitet werden kann, wenn ausreichend Wissen über das Thema vorliegt – während bei der Rückmeldeaufgabe (Aufgabe 2) konsequent vom Thema der Einleitung abstrahiert und relativ selbstbewusst Mängel der Formulierung, das Vorkommen überflüssiger und das Fehlen einleitungsrelevanter Inhalte konstatiert werden. Die ProbandInnen konzentrieren sich hier auf Normen und Konventionen wissenschaftlichen Schreibens und machen sie exemplarisch am Textaufbau und dem sprachlichen Ausdruck fest. Das folgende Beispiel eines solchen Rückmeldekommentars zeigt anschaulich, dass die Studentin ein klares Bild von Zielen, Handlungen und Funktion der Einleitung hat und auf dieser Grundlage die Schwächen des vorliegenden Textes beurteilt:

> Insgesamt betrachtet enthält die Einleitung deiner Hausarbeit einige gute Aspekte, vernachlässigt dagegen andere wichtige Kriterien, nach denen sich eine Einleitung bewerten lässt: Am auffälligsten ist, dass du in deiner Einleitung keinerlei Fragestellung entwickelst oder erwähnst, die du in deiner Arbeit zu klären versuchst. Diese ist jedoch der eigentliche Kern einer Einleitung für eine Hausarbeit. Oft sucht man eine Art „Aufhänger", z.B. ein prägnantes Zitat, das die Wichtigkeit deiner Fragestellung herausstellt.

> Du dagegen gehst in deinem Text lediglich auf die Entstehungshintergründe deiner Arbeit (Seminarkontext, Grundlagenliteratur) ein und begründest die Wahl deiner zusätzlichen Quellen nur damit, dass du auf den „Auftrag" durch den/die Dozent/in verweist. [...]
>
> Auf dieser Grundlage [gemeint ist die Forschungsliteratur, K.L.] versuchst du dann die in der Einleitung formulierte Fragestellung oder aufgestellte These zu begründen bzw. zu beantworten. Die Abhandlung verschiedener Teilthemen nach der Reihenfolge in einem einzelnen Buch, das die Grundlage deiner Arbeit darstellt, halte ich dagegen für falsch, da du in einer Hausarbeit selber versuchen sollst, die Teilthemen in einen geeigneten Zusammenhang zu bringen. Damit zeigst du (unter anderem), dass du das Gelesene kritische reflektiert hast.

Beispiel 4: Rückmeldekommentar einer Studentin

Die Studentin bezieht sich in ihrer Rückmeldung auf unterschiedliche, weiter oben bereits skizzierte Dimensionen der Einleitung: Sie konstatiert den fehlenden Bezug auf den Gegenstand („Am auffälligsten ist, dass du in deiner Einleitung keinerlei Fragestellung entwickelst oder erwähnst, die du in deiner Arbeit zu klären versuchst. Diese ist jedoch der eigentliche Kern einer Einleitung für eine Hausarbeit"), den fehlenden Bezug auf einen Diskurs („Du dagegen gehst in deinem Text lediglich auf die Entstehungshintergründe deiner Arbeit (Seminarkontext, Grundlagenliteratur) ein") und den fehlenden Bezug auf eine Argumentation („Die Abhandlung verschiedener Teilthemen nach der Reihenfolge in einem einzelnen Buch, das die Grundlage deiner Arbeit darstellt, halte ich dagegen für falsch, da du in einer Hausarbeit selber versuchen sollst, die Teilthemen in einen geeigneten Zusammenhang zu bringen"). Bei der Rückmeldeaufgabe richten die Studierenden ihre Aufmerksamkeit also vor allem auf ihr *Metawissen* zum Schreiben wissenschaftlicher Texte, so wie es mit reflexionsorientierten Schreibaufgaben bewusst angestoßen wird (vgl. Lehnen 2011). Jedoch wird dieses Metawissen nicht im Sinne einer „performativen Kompetenz" (Feilke i.d.B., vgl. Kap. 2) bei der Überarbeitungsaufgabe verfügbar (gemacht). Dies zeigen die relativ schwachen Leistungen der Textüberarbeitung aus den ersten Erhebungen, die sich nur auf kosmetische Überarbeitungen einzelner Formulierungen beziehen, ohne eine Verbesserung des Textes zu bewirken. Sie bleiben in der Regel weit hinter den in den Kommentaren formulierten Ansprüchen zurück. Unsere vorläufige Annahme, die Studierenden würden bei der Rückmeldeaufgabe zunächst ihr Routinewissen aktivieren und in der Überarbeitung dann ‚zeigen', bestätigt sich nicht bei den Piloterhebungen. Die schwachen Ergebnisse waren Anlass für uns, die Kontextgrößen bei der Aufgabenstellung zu verändern: Infolge des ersten Einwands wurde zunächst das Thema „Onomastik" durch „Textlinguistik" ersetzt, zu einem späteren Zeitpunkt und nach weiteren

Erhebungen wurden Zusatzmaterialien entwickelt, die die Aufgabe stärker rahmen (vgl. 3.2.2).

Das Thema „Textlinguistik" ist Teil eines Moduls des Gießener Germanistikstudiums und mag damit auf den ersten Blick zugänglicher erscheinen. Entsprechende Stellen im Text von Ansgar wurden wie folgt ersetzt (*kursiv* gesetzt):

> Die vorliegende Arbeit entstand im Rahmen des Seminars „*Grundfragen der Pragmatik*". In diesem Seminar beschäftigten wir uns vorrangig mit dem Buch „Textlinguistik" von *Nina Janich*. (...) Einige dieser Themenbereiche aus *Janichs* Buch sollen hier behandelt werden, nämlich die Kapitel 1, 6 und der zweite Abschnitt des Kapitels 13, der die *Textverständlichkeit* betrifft.

Im Fortlauf des Textes erscheint überall „Janich", wo vorher „Seibicke" stand. Die zusätzliche Autorennennung in Ansgars Originaltext wurde ebenfalls geändert und thematisch wie folgt angepasst: „Der in Kapitel 4.1 behandelte Aufsatz *Norbert Groeben* war sehr komplex. Aus Platz- und Zeitgründen habe ich mich auf eine wirklich knappe Darstellung beschränkt, obwohl die Intentionen des Aufsatzes, *Argumentationsmaximen zu begründen*, würdig ist, mehr Raum zu gestanden zu bekommen." Wenngleich der Ausgangstext durch die Änderungen inhaltlich genauso wenig hergibt wie der Originaltext, verbessern sich teilweise die Überarbeitungen der ProbandInnen. Die Studierenden wissen zwar immer noch nicht, worum es in dem Text von Ansgar geht, scheinen durch das neue Thema aber mehr Zutrauen in die Möglichkeiten einer Überarbeitung zu gewinnen, was etwa durch eine präzisere Fassung des Themas und der Fragestellung (im Folgenden *kursiv*) ersichtlich wird:

> Die vorliegende Arbeit entstand im Rahmen des Seminars „Grundfragen der Pragmatik". *Die folgende Hausarbeit wird* sich mit *der Frage beschäftigen, in wie fern Texte durch ihre Textstruktur unser Verstehen leiten. Dabei wird der Schwerpunkt vor allem auf der Diskussion des Zusammenhangs zwischen Textsorten und deren Muster und dem Vorwissen des Lesers liegen, die für die jeweilige Rezeption eines Textes eine grundlegende Bedeutung tragen*. Für diese Untersuchung werde ich mich auf der einen Seite vor allem auf die Ergebnisse von Janich beziehen, *die sich ausführlicher mit der Textlinguistik, mit Textsorten und mit Textstrukturen beschäftigt hat*. Einige der von ihr vorgestellten Beispiele wird Bezug genommen werden, um die Sachverhalte genauer darstellen zu können. *Auf der anderen Seite werde ich auch die kognitionspsychologischen Ansätze von Groeben beachten, die sich vorwiegend mit der Rolle des Vorwissens für den Verstehensprozess auf Seiten des Rezipienten beschäftigen*. Unter Beachtung dieser zwei unterschiedlichen Herangehensweisen möchte ich abschließend ein Resümee ziehen.

Beispiel 5: Überarbeitete Einleitung, Thema des Originaltextes geändert

Das Beispiel verdeutlicht das Bemühen der Probandin, der Einleitung eine präzisere Ausrichtung des Themas und insbesondere auch eine Fragestellung abzuringen. Der Darstellungsmodus ändert sich. Im Gegensatz zu Ansgars Erlebnisbericht wird hier eine wissenschaftliche Erörterung angebahnt. Dieser Wechsel zeigt sich – entsprechend der weiter oben formulierten Annahme zur Schlüsselfunktion von Textroutinen im Erwerb – gerade im Gebrauch einschlägiger Textroutinen, in denen die Handlungen der Einleitung über Rahmenausdrücke signalisiert werden: „X wird sich mit der Frage beschäftigen", „Dabei wird der Schwerpunkt auf X liegen", „Für X werde ich mich vor allem auf X beziehen". Die folgende Gegenüberstellung von Original- und überarbeitetem Text zeigt, wie über diese Textroutinen sukzessive ein anderer, wissenschaftsnaher Darstellungsmodus etabliert wird. Die Schreibperspektive ändert sich: aus der ‚Sicht des Seminars' wird zunehmend die Sicht eines zu untersuchenden Gegenstands:

In diesem Seminar beschäftigten wir uns vorrangig mit dem Buch „Die Personennamen im Deutschen" von Wilfried Seibicke.	*Die folgende Hausarbeit wird* sich mit *der Frage beschäftigen,* in wie fern Text durch ihre Textstruktur unser Verstehen leiten.
Es entstanden Referate, die einzelne Themenbereiche aus diesem Buch darstellen sollten.	Dabei *wird der Schwerpunkt vor allem auf* der Diskussion des Zusammenhangs zwischen Textsorten und deren Muster und dem Vorwissen des Lesers *liegen,* die für die jeweilige Rezeption eines Textes eine grundlegende Bedeutung tragen.
Einige dieser Themenbereiche aus Seibickes Buch sollen hier behandelt werden (…)	*Für diese Untersuchung werde ich mich auf der einen Seite vor allem auf* die Ergebnisse von Janich *beziehen,* die sich ausführlicher mit der Textlinguistik, mit Textsorten und mit Textstrukturen beschäftigt hat.

Beispiel 6: Gegenüberstellung Erzählmodus (Originaltext) – Wiss. Darstellungsmodus (Überarbeitung)

Bei den Erhebungen mit veränderter Themenfassung zeigen sich zudem auch einzelne Versuche, den Text von Ansgar im Sinne eines Problemaufrisses zu kontextualisieren. Dies geschieht im folgenden Beispiel über Fragen, die eine virtuelle Kommunikation mit den AdressatInnen einleiten.

> Texte kommunizieren. Aber wie kommt es, dass wir Texte verstehen? Hängt es primär davon ab, wie ein Text geschrieben oder strukturiert ist oder spielen andere Faktoren ebenso eine grundlegende Rolle? Was sind das für Aspekte? Ergo, wie sieht diese Kommunikation aus und wie entsteht sie?
>
> Wenn man einen Text liest, macht man sich eigentlich keine Gedanken darüber, wie „das Verstehen" funktioniert. In dieser Arbeit steht aber genauer der Aspekt des

Verständnisses im Vordergrund. Die einleitenden Fragen sollen anhand von linguistischen und kognitionspsychologischen Ansätzen thematisiert werden.

Beispiel 7: Überarbeitete Einleitung, Thema des Originaltextes geändert - Kontextualisierung

Insgesamt zeigen die Ergebnisse, dass bereits mit einer vergleichsweise unspektakulären, auf die Oberfläche bezogenen Änderung des Ausgangstextes bei einigen ProbandInnen Effekte in Bezug auf die Textkohärenz erzielt werden können. Allerdings bleibt zu erwähnen, dass diese Effekte nicht flächendeckend eintreten. Die weiter oben zitierte Studentin (Beispiel 4), die in ihrem Rückmeldekommentar eine reflektierte Schwachstellenanalyse liefert, bleibt bei der Überarbeitung des thematisch geänderten Textes von Ansgar weit hinter den von ihr im Kommentar formulierten Kriterien und Normen zurück. Die Gegenüberstellung ihres Textanfangs mit dem Ansgars und ihr steht beispielhaft für diese Art kosmetischer Oberflächenkorrektur, wie sie die Texte vieler Studierender bestimmen.

Die vorliegende Arbeit entstand im Rahmen des Seminars „Grundfragen der Pragmatik". In diesem Seminar beschäftigten wir uns vorrangig mit dem Buch „Textlinguistik" von Nina Janich. Es entstanden Referate, die einzelne Themenbereiche aus diesem Buch darstellen sollten. Einige dieser Themenbereiche aus Janichs Buch sollen hier behandelt werden, nämlich die Kapitel 1, 6 und der zweite Abschnitt des Kapitels 13, der die Textverständlichkeit betrifft. Dabei wurden, gemäß dem Auftrag zusätzliche Quellen herangezogen, denen ich in Kapitel 4. 1 eigens Raum gegeben habe.	Die vorliegende Arbeit entstand im Rahmen des Seminars „Grundfragen der Pragmatik". *Die Grundlage stellte hier Nina Janichs „Textlinguistik" dar.* Es entstanden Referate, die einzelne Themenbereiche aus diesem Buch darstellen sollten. *Daher beziehe ich mich in meinen Ausführungen auf einige dieser Aspekte.* Dabei wurden, gemäß dem Auftrag zusätzliche Quellen herangezogen, denen ich in Kapitel 4. 1 eigens Raum gegeben habe.

Beispiel 8: Gegenüberstellung Originaltext – Überarbeitung: Oberflächenkorrekturen

3.2.2 Inputmaterialen

Ähnlich wie beim ersten Einwand, das Thema des Ausgangstextes sei unbekannt, richtet sich auch der zweite Einwand, der Originaltext liefere kaum Ansatzpunkte für eine Überarbeitung und es sei schwer, singuläre Stellen zu überarbeiten, auf fehlende inhaltliche Informationen.

> und dann bei der dritten aufgabe fand ich sehr problematisch die nochmal so rauszugreifen die textstellen weil ich fand die einleitung das muss man ja sagen die

ist katastrophal find ich also die einleitung ich würd die niemals so schreiben und man hat ja immer das gefühl die ist ja nicht nur an manchen stellen formal falsch sondern vielleicht auch inhaltlich sogar wo einige mängel drin sind wie dass er jetzt die kapitel aufzählt und gar nicht genau sagt was ist denn jetzt meine fragestellung und worum geht's denn überhaupt und so würd man schon mehr verbessern wollen als nur einzelne Sätze die da drinnen sind

Beispiel 9: Retrospektives Interview - Kritik zur Überarbeitungsaufgabe

Eine weitere wichtige Einflussgröße von Schreibarrangements betrifft deshalb die Frage, in welcher Weise sich zusätzliche Hilfen bei der Bewältigung der Aufgabe integrieren lassen und wie man von der Überarbeitung einzelner Stellen zu einer Neufassung des gesamten Textes von Ansgar gelangen kann. Anders: Wenn die Aufgabe das Augenmerk auf den Umgang mit Textroutinen legen soll, aber durch fehlendes inhaltliches Wissen zu stark überlagert wird, dann ist eine *inhaltliche Vorentlastung* sinnvoll. Die beiden oben diskutierten Überarbeitungsbeispiele (5 und 7) haben zwar gezeigt, dass die Aufgabe auch bei bloß oberflächlicher Änderung des Themas die Phantasie hinreichend anzuregen scheint, um aus dem Originaltext einen eigenen Text mit erfundener Fragestellung zu generieren. Dennoch verbleiben die Überarbeitungen dieser Erhebungsphase zu einem großen Teil in eher allgemeinen Ausführungen, die keinen systematischen Argumentationszusammenhang aufbauen, oder lediglich Oberflächenkorrekturen vornehmen (Beispiel 8), bei denen kein eigenständiger Sinnzusammenhang entsteht. Wir haben deshalb in einem zweiten Schritt, Zusatzmaterialien entwickelt, die den Studierenden eine genauere Vorstellung vom Thema der Arbeit geben und sie damit inhaltlich entlasten sollen.

Ähnlich wie für das Problem des Ausgangstextes beschrieben, entsteht auch hier das Problem, eine gute Balance zwischen didaktischer Inszeniertheit und Plausibilität des Schreibarrangements zu finden. Die Zusatzmaterialen sollen sich in den Aufgabenkontext fügen und authentische Schreibbedingungen abbilden. Bezogen auf das eingangs beschriebene Aufgabenszenario bedeutet dies, eine Situation zu konstruieren, die a) von der Überarbeitung einzelner Textstellen auf das Schreiben eines neuen Textes lenkt und b) Informationen zum Text bereitstellt, die ein inhaltliches Gerüst vorgeben. Wir haben das ursprüngliche Szenario der Überarbeitungsaufgabe (vgl. Abb. 1, Aufgabe 3) deshalb folgendermaßen erweitert:

Nachdem Ihr Freund Ihre Rückmeldung bekommen hat, ist er sehr verzweifelt. Er schreibt Ihnen folgende Email:

„Deine Kommentare sind super, aber ich krieg das nicht aufs Papier. Ich habe die letzten zwei Nächte nicht mehr geschlafen wegen der blöden Arbeit, und habe jetzt wahnsinnige Kopfschmerzen. Ich muss die Arbeit aber unbedingt morgen abgeben, denn ohne die Note kann ich mein Studium schmeißen. Wenn du mir ‚das Leben retten' willst, dann versuch doch bitte, aus meiner Einleitung das Beste zu machen. Anders gesagt: Kannst du mir die Einleitung bis morgen so überarbeiten, wie du es vorgeschlagen hast? Das Einzige, was ich dir noch geben kann, ist das Inhaltsverzeichnis der Arbeit und eine Mail von meiner Professorin, die sie mir nach der Vorbesprechung geschickt hat. Vielleicht hilft dir das irgendwie.

Dein A."

Abb.3: Erweitertes Schreibszenario zur Überarbeitungsaufgabe

Die Aufforderung an die Studierenden lautet jetzt, sie mögen dem Wunsch von Ansgar folgen und die Einleitung neu schreiben. Die Erweiterung des Szenarios intendiert eine Verschärfung der Situation. Die in der Email ausgedrückte verzweifelte Lage des Autors soll es plausibel erscheinen lassen, die Einleitung neu zu gestalten. Die Revisionsaufgabe wird in dem neuen Szenario zu einer Produktionsaufgabe, die reine Oberflächenkorrekturen weniger wahrscheinlich werden lässt. Die in der Email erwähnten Inputtexte sind die folgenden:

Betreff: Ihre Arbeit im Seminar Textlinguistik
Von: Sara.Becker@linguistik.uni-wetzlar.de
Datum: Sat, 11 Jul 2009 01:58:39 +0200
An: A.Schneider@stud.uni-wetzlar.de

Sehr geehrter Herr Schneider,
sie haben sich für ein sehr interessantes Thema entschieden. Ich würde es allerdings noch etwas eingrenzen und als Titel für ihre Arbeit vorschlagen „Textverständlichkeit – nur eine Sache der Textstruktur?".
Neben dem Kapitel im Buch von Janich, das Sie im Seminar vorgestellt haben, sollten sie sich dazu die beiden folgenden Texte von Groeben ansehen:
Groeben, Norbert (1982): Leserpsychologie: Textverständnis – Textverständlichkeit. Münster.
Groeben, Norbert und Christmann, Ursula (1989): Textoptimierung unter Verständlichkeitsperspektive. In: Antos, Gerd und Krings, Hans P. (Hrsg.): Textproduktion. Tübingen, S. 165-196.
Groeben vertritt nämlich einen kognitionspsychologischen Ansatz, der anders als viele der linguistischen Ansätze die Rolle des Vorwissens auf Seiten der Rezipienten betont – nicht nur des sprachlichen Wissens, sondern gerade auch des Weltwissens.
Mit freundlichen Grüßen
Sara Becker

Abb.4: Inputtext – Inhaltliche Entlastung durch Eingrenzung des Themas

Inhaltsverzeichnis
1.   Einleitung
2.   Textlinguistik – Texte zwischen Kommunikation und Kognition (Janich: Kapitel 1)
3.   Textsorten und Textstruktur (Janich: Kapitel 6)
4.   Verstehen und Verständlichkeit (Janich Kapitel 13)
4.1   Kognitionsorientierte Ansätze: Das Modell von Groeben
4.2   Textbasierte Ansätze: Das Hamburger Verständlichkeitsmodell
5.   Zusammenfassung
Quellen

Abb.5: Inputtext – Inhaltliche Entlastung durch Gliederung zum Text

Das neue Setting soll den produktiven Umgang mit den oben angesprochenen Textroutinen forcieren und das Nachdenken über einleitungsspezifische Handlungen und ihre sprachliche Realisierung in den Mittelpunkt stellen. Wenngleich wir bisher noch keine umfassende, quantitative Auswertung der erhobenen Texte vornehmen konnten, liefern exemplarische Fallanalysen Einblick in die Folgen des veränderten Settings. Sie legen im Sinne unserer Intention eine stärkere Arbeit mit Textroutinen nahe. Herausgegriffen sei hier der Text einer fortgeschrittenen Studierenden aus dem Masterstudium, die die Arbeit mit solchen Textroutinen in einer Weise *vorführt*, als wäre sie im Vorfeld der Aufgabe eigens instruiert worden. Die Probandin formuliert auf geschickte Weise die Einleitung nicht aus, sondern entwickelt einen Rahmentext mit *Leerstellen*, der wie eine Anleitung zum Schreiben von Einleitungen funktioniert (vgl. auch Feilke i.d.B., 1-31).

> Textverständlichkeit ist ein Qualitätsmerkmal von Gebrauchstexten und damit einer der zentralen Gegenstände der Textlinguistik. Doch was genau macht einen Text verständlich? Ist die Textstruktur ausschlaggebend oder hängt es von den Wissensvoraussetzungen des Lesers ab, ob ein Text für ihn verständlich ist oder nicht? *In der vorliegenden Arbeit sollen unterschiedliche Antworten, die die Textlinguistik auf diese Fragen in den letzten Jahrzehnten gegeben hat, nachgezeichnet und diskutiert werden - insbesondere unter Berücksichtigung von* Janichs „Textlinguistik". **Janich vertritt die Auffassung, dass […], die bereits seit […] in der Textlinguistik eine wichtige Rolle spielt.** Einige der in der Monographie „Textlinguistik" von Janich behandelten Themenbereiche *sind im Zusammenhang mit der Frage nach der* Verständlichkeit von Texten relevant und *sollen deshalb im Folgenden diskutiert werden*: **Zunächst wird in Punkt 2 dieser Arbeit ein Überblick über das Textverständnis in der […] Tradition gegeben.** *Im Anschluss daran werden* in 3. Janichs Auffassungen von Textsorten und Textstruktur *behandelt*, um auf dieser Grundlage in 4. die Kernfrage dieser Arbeit zu diskutieren. *Dabei wird neben* dem textbasierten Hamburger Verständlichkeitsmodell ein kognitionsorientierter Ansatz

berücksichtigt: das Verständlichkeitsmodell von Groeben. **In Abgrenzung zu Janich ist Groeben ein Verfechter der Auffassung, dass [...], und steht damit in der Tradition von [...], die in den [...]-Jahren erste kognitionspsychologische Ansätze entwickelten.** Der in 4.1. behandelte, sehr komplexe Aufsatz von Groeben wurde dabei lediglich in den im Zusammenhang mit dieser Arbeit relevanten Punkten berücksichtigt. *Der Gegenüberstellung der unterschiedlichen* Verständlichkeitsmodelle und ihrer Diskussion *folgt* in 5. ein abrundendes Fazit, dass die Ergebnisse dieser Arbeit zusammenfasst.

Beispiel 10: Überarbeitete Einleitung auf Grundlage von Inputtexten

Mit der Markierung inhaltlicher Leerstellen „[...]" verweist die Schreiberin auf den prototypischen Charakter der Formulierungen (fett). Die einzelnen Texthandlungen werden als inhaltlich variable Bausteine realisiert. Dabei integriert die Studierende souverän die durch die Inputtexte gelieferten Informationen. Die explizite Ausweisung inhaltlicher Leerstellen ist der notwendig grob bleibenden inhaltlichen Spezifikation der Inputtexte geschuldet. Wesentlich für den mit dem Szenario intendierten Fokuswechsel ist der konsequente Bezug auf Textroutinen, mit denen der Status von Texthandlungen jederzeit ausgewiesen wird: der Wechsel von textgliedernden („Zunächst wird in Punkt 2 ein Überblick über ... gegeben. Im Anschluss daran werden in 3... Auffassungen von ... behandelt, um auf dieser Grundlage in 4. ... zu diskutieren") und diskursreferierenden Verfahren („Janich vertritt die Auffassung, dass [...], die bereits seit [...] in der Textlinguistik eine wichtige Rolle spielt. (...) In Abgrenzung zu Janich ist Groeben ein Verfechter der Auffassung, dass [...], und steht damit in der Tradition von [...], die in den [...]-Jahren erste kognitionspsychologische Ansätze entwickelten"). Dies setzt ein hohes Bewusstsein für die mit der Textsorte geforderten Handlungen und den darauf bezogenen Textroutinen voraus. Die Professionalität und „performative Kompetenz" der Schreiberin resultiert aus dem weiter oben mit Bezug auf Feilke (i.d.B., 1-31) so bezeichnetem „prozeduralen Metawissen zur Textkonstitution". Als Masterstudentin verfügt die Probandin über einschlägige Rezeptions- und Produktionserfahrung, die es ihr offenbar ermöglichen, einen domänentypischen und trotz bzw. gerade wegen der Leerstellen flüssigen Text zu produzieren (vgl. Weisberg i.d.B.).

Bezogen auf das Schreibarrangement lässt sich vorsichtig schlussfolgern, dass die modifizierte Aufgabenstellung auf der Grundlage weiterer Inputmaterialien den Umgang mit Textroutinen stärker zu motivieren vermag. Umgekehrt zeigen die über verschiedene Erhebungsetappen und durch Änderungen der Ausgangsbedingungen gewonnenen Daten, in welchem Ausmaß einzelne Faktoren bei der Aufgabenkonstruktion Wirkung entfalten und zur didaktischen Herausforderung werden.

3.2.3 Handlungsszenario und die Expertise der SchreiberInnen

Eine letzte Überlegung zu Einflussgrößen bei der Aufgabenmodellierung gilt der Rekapitulation des Gesamtszenarios. Weiter oben ist bereits erwähnt worden, dass Schreibarrangements notwendig inszeniert sind. Sie lassen sich als „didaktisch gezielte Anordnung von Aufträgen im Umgang mit Texten (Schreiben *und* Lesen)" (Bräuer/Schindler 2011, 34) betrachten. In dem hier skizzierten Schreibarrangement wird versucht, Lern- und Schreibbedingungen zu schaffen, die in hohem Maß an studienbezogenen Tätigkeiten anknüpfen, so etwa die Rückmeldesituation mit dem Kommilitonen. Dabei haben uns die ersten Ergebnisse wie gesehen veranlasst, die eher freie Aufgabenformulierung vom Anfang zugunsten einer immer engeren Instruktion und Strukturierung der Aufgabe zu überarbeiten. Über die Plausibilität eines solchen Szenarios und die Frage, ob mit der Aufgabe Lerngewinn und Schreibmotivation erzielt werden, entscheiden zuletzt die Studierenden selbst. Bezogen auf das Szenario fällt das Feedback der Studierenden hier ganz überwiegend positiv aus. Dem Szenario selbst wird eine hohe Glaubwürdigkeit attestiert:

> okay also das hier fand ich sehr gut diese einleitung [gemeint ist die Instruktion] irgendwie hat einen schon mal so ein bißchen hineinversetzt was man jetzt genau machen muss irgendwie auch schon mal mit der kleinen geschichte vorweg dass das jetzt der freund die hausarbeit geschrieben hat und dass man die jetzt selber korrigieren soll. […] weil das kennt ja auch eigentlich fast jeder es gibt ja immer freundinnen oder freunde die einen mal ansprechen ‚hier kannste mal düber lesen' oder ‚sag doch mal was du dazu meinst' also das hat ja auch jeder schon mal mitgemacht das ist jetzt nicht irgendwas weltfremdes

Beispiel 11: Retrospektives Interview – Eignung des Handlungsszenarios

Ein wesentliches Moment ergibt sich auch aus der Rolle, die den SchreiberInnen in diesem Arrangement zugedacht wird: Die Studierenden werden als *ExpertInnen* für die Beurteilung eines fremden Textes innerhalb einer Peer-to-Peer-Konstellation angesprochen. Daraus erwachsen beim Schreiben Adressierungsstrategien, etwa die direkte Anrede in den Rückmeldekommentaren, die es ggf. erleichtern, Kommentare zu schreiben und Optimierungsvorschläge zu unterbreiten. Dass sich dieses Vorgehen bewährt, zeigen zahlreiche positive Rückmeldungen in den retrospektiven Interviews, in denen sich die ProbandInnen positiv zu dem in dem Aufgabenszenario realisierten Rollenverständnis äußern. Nicht zuletzt besteht die Chance eines solchen Szenarios, wenngleich fiktiv, auch darin, Interaktionsroutinen beim wissenschaftlichen Schreiben zu stärken (vgl. Kap. 2).

4. Ausblick

Die Ausführungen haben gezeigt, dass die Konstruktion von Schreibarrangements verschiedene ‚Steuerungseinheiten' beinhaltet, deren Ausrichtung erhebliche Auswirkungen auf die Qualität der entstehenden Texte haben kann und genau wie in komplexen wissenschaftlichen Schreibprozessen durch den Wechsel von Konzeptions-, Formulierungs-, Rückmelde- und Überarbeitungstätigkeiten geprägt ist. Mit der Aufgabenentwicklung wird ein eigener Forschungsprozess in Gang gesetzt. Die Ergebnisse der Erhebungen liefern Anknüpfungspunkte für den weiteren Ausbau des Schreibarrangements. An erster Stelle steht dabei die Integration der Aufgabe in authentische Seminarkontexte, wie wir es teilweise schon erprobt haben, bzw. in Blended-Learning-Szenarien, bei denen die Aufgabe in der oben bereits erwähnten elektronischen Lernumgebung SKOLA bearbeitet und im Seminarkontext weiter behandelt wird. Dafür sind folgende methodische Erweiterungen denkbar:

1. Wechselseitige Rückmeldung auf entstandene Texte (Rückmeldekommentar, Einleitung)

    Es wäre sinnvoll, die Textrückmeldung nicht auf den fiktiven Text von Ansgar zu beschränken, sondern auch eine gegenseitige Rückmeldung der Studierenden zu den eigenen Texten vorzusehen. Peerfeedbackprozesse würden so systematisch integriert und Interaktionsroutinen ausgebaut (ein Feedback geben, ein Feedback nehmen); Lernprozesse bleiben nicht auf die individuelle Bearbeitung begrenzt, es entstehen Anschlusskommunikationen.

2. Analyse professioneller Einleitungen

    Eine wichtige Perspektive gerade mit Blick auf die von uns fokussierten Textroutinen stellt die gezielte Auseinandersetzung mit guten Textbeispielen dar. Die Analyse professioneller Texte macht Handlungsschemata, Muster und ihre Variation erkennbar wie auch Textroutinen identifizierbar. Texte werden zu sprachlichen Vorbildern. Aus der Analyse erwachsen Kriterien für die eigene Textproduktion. Bei der Auseinandersetzung mit professionellen Einleitungen kann z.B. auch das Schema von Pohl (vgl. Abb.1) herangezogen werden.

3. Überarbeitung der entstandenen Texte (Rückmeldekommentar, Einleitung)

    Die Stärkung performativer Kompetenzen macht die Überarbeitung der eigenen Texte zu einem wesentlichen Schritt. Erst mit der Überarbeitung eigener Texte zeigt sich, ob das Wissen umgesetzt werden kann. Grundlage der

Überarbeitung bilden das Peerfeedback und die Kriterien aus der Analyse professioneller Texte

4. Gruppengespräch: Diskussion unterschiedlicher Dimensionen der Aufgabe im Seminarplenum

Das Gruppengespräch erweist sich in den bisherigen Seminarerhebungen als geeignetes Instrument, um die Sicht der Studierenden auf Bedingungen, Ziele und Funktionen wissenschaftlichen Schreibens zu gewinnen. So ist in beiden von uns aufgezeichneten Gruppengesprächen eine kontroverse Diskussion zwischen den Studierenden über die Frage entbrannt, ob man den Seminarkontext in der Einleitung einer Seminararbeit angeben soll, darf oder gar muss. Dabei ist interessant zu beobachten, wie die Beteiligten unterschiedliche Normen geltend machen und aushandeln. Unter anderem wurde hier herausgestellt, dass der Bezug auf den Seminarkontext („Die folgende Arbeit entstand im Kontext des Seminars …") den Texteinstieg stark erleichtere, weil man sofort einen Rahmen für den weiteren Text habe. In diesem Sinne hat man es hier auf interessante Weise ebenfalls mit einer Textroutine zu tun – einer erwerbsspezifischen Routine, wie es nicht zuletzt die am Anfang dieses Beitrags diskutierten Einleitungsbeispiele zeigen (Beispiele 1, 3).

Aus dem Gruppengespräch ist schließlich noch ein Hinweis hervorgegangen, der die ethische Dimensionen der Aufgabenkonstruktion betrifft. Unsere Idee, die Studierenden durch die Erweiterung des Szenarios zum Schreiben einer neuen Einleitung zu bewegen, führt in ein unvorhergesehenes Dilemma: Es ist die indirekte Aufforderung zum Ghostwriting, mit der nicht erst im Zuge der Guttenberg-Affäre eine wissenschaftlich prekäre Schreibsituation erzeugt wird. In den Gruppengesprächen sprechen die Studierenden von sich aus an, dass sie dem Wunsch von Ansgar in der Realität nicht folgen würden, weil das Einreichen fremder Texte unter eigenem Namen einer seriösen wissenschaftlichen Praxis widerspreche. Dieser Hinweis ist ein gutes Zeichen und steht für die kritische Reflexion von Lernsituation und fachlich-institutionellen Anforderungen. Wie damit allerdings umzugehen ist, bleibt der weiteren Entwicklung des Schreibszenarios vorbehalten.

Literatur

Bachmann, Thomas/Becker-Mrotzek, Michael (2010): Schreibaufgaben situieren und profilieren. In: Pohl, Thorsten/Steinhoff, Torsten (Hrsg.): Textformen als Lernformen. KöBeS (Kölner Beiträge zur Sprachdidaktik, herausgegeben von Hartmut Günther, Ursula Bredel & Michael Becker-Mrotzek). Duisburg: Gilles & Francke, 233-256. Download: www.koebes.uni-koeln.de/pohl_steinhoff.pdf

Baurmann, Jürgen/Feilke, Helmuth (2004): Schreibaufgaben. In: Praxis Deutsch. Zeitschrift für den Deutschunterricht. Sonderheft „Schreibaufgaben", 1.

Bräuer, Gerd (2007a): Das Portfolio in der Ausbildung von Schüler-Schreibberater/innen als Mittel zur Entwicklung von Wissen und Können in der Textproduktion. In: Becker-Mrotzek, Michael (Hrsg.): Texte schreiben. KöBeS (Kölner Beiträge zur Sprachdidaktik, herausgegeben von Hartmut Günther, Ursula Bredel & Michael Becker-Mrotzek). Duisburg: Gilles & Francke, 145-168.

Bräuer, Gerd (2007b): Schüler helfen Schülern. Schreibberatung in der Schule. In: Zeitschrift für den Deutschunterricht in Wissenschaft und Schule 31. Insbruck: StudienVerlag 31, 55-62.

Bräuer, Gerd/Schindler, Kirsten (2011): Authentische Schreibaufgaben – ein Konzept. In: dies. (Hrsg.): Schreibarrangements für Schule, Hochschule, Beruf. Freiburg: Fillibach, 12-65.

Dannerer, Monika (i.d.B.): Routiniert vom ersten bis zum letzten Satz? Die Rolle von Textroutinen in der Erzählentwicklung von Jugendlichen, 101-124.

Feilke, Helmuth (2010): „Aller guten Dinge sind drei" – Überlegungen zu Textroutinen & literalen Prozeduren. In: Fest-Platte für Gerd Fritz. Hrsg. und betreut von Iris Bons, Thomas Gloning und Dennis Kaltwasser. Gießen 17.05.2010. URL: www.festschrift-gerd-fritz.de/index.php?main=articles&article_id=10.

Feilke, Helmuth (i.d.B.): Was sind Textroutinen? – Zur Theorie und Methodik des Forschungsfeldes, 1-31.

Feilke, Helmuth (2004): Schreiben nach Vorgaben – sich orientieren an Mustern. In: Praxis Deutsch. Zeitschrift für den Deutschunterricht. Sonderheft „Schreibaufgaben", 4-5.

Feilke, Helmuth/Lehnen, Katrin (2011, i.Dr.): Positionen wiedergeben und konstruieren – Wissenschaftlich Referieren. In: Der Deutschunterricht 5. Themenheft Wissenschaftlich Schreiben – Anbahnungspotentiale des Deutschunterrichts

Feilke, Helmuth/Steinhoff, Torsten (2003): Zur Modellierung der Entwicklung wissenschaftlicher Schreibfähigkeiten. In: Ehlich, Konrad/Steets, Angelika (Hrsg.): Wissenschaftlich schreiben – lehren und lernen. Berlin: de Gruyter, 112-128.

Gätje, Olaf/Rezat, Sara/Steinhoff, Torsten (i.d.B.): Modalisierung in argumentativen Texten – zur Ontogenese literaler Positionierungsprozeduren, 125-154.

Gülich, Elisabeth/Krafft, Ulrich (1998): Zur Rolle des Vorgeformten in Textproduktionsprozessen. In: Wirrer, Jan (Hrsg.): Phraseologismen in Text und Kontext. Bielefeld: Aisthesis, 11-38.

Hermanns, Fritz (1980): Das ominöse Referat. Forschungsprobleme und Lernschwierigkeiten bei einer deutschen Textsorte. In: Wierlacher, Alois (Hrsg.): Fremdsprache Deutsch. Grundlagen und Verfahren der Germanistik als Fremdsprachenphilologie. München: Fink, 593-608.

Jakobs, Eva-Maria/Kruse, Otto/Ruhmann, Gabriele (Hrsg.) (2003): Schlüsselkompetenz Schreiben. Konzepte, Methoden, Projekte für Schreibberatung und Schreibdidaktik an der Hochschule. Bielefeld: Webler.

Koch, Peter/Oesterreicher, Wulf (1994): Schriftlichkeit und Sprache. In: Günther, Hartmut/Ludwig, Otto (Hrsg.): Schrift und Schriftlichkeit. Writing and Its Use. Berlin: de Gruyter (= Handbücher zur Sprach- und Kommunikationswissenschaft, 11.1), 587-604.

Lehnen, Katrin (2011): Wie sich das Schreiben für die Sprachreflexion in der Schule nutzen lässt – und umgekehrt. Ansätze einer reflexiven Schreibdidaktik. In: Arendt, Birte/ Kiesendahl, Jana (Hrsg.): Sprachkritik in der Schule: Theoretische Grundlagen und ihre praktische Relevanz. Göttingen: V&R unipress, 141-161.

Pogner, Karl-Heinz (1992): Raus aus der Alltagskiste – Erfahrungen mit funktionalen Texten in einer SchreibWerkstatt. In: Börner, Wolfgang/Vogel, Klaus (Hrsg.): Schreiben in der Fremdsprache. Prozeß und Text, Lehren und Lernen. Bochum: AKS Verlag, 244-268.

Pohl, Thorsten (2007a): Studien zur Ontogenese wissenschaftlichen Schreibens. Tübingen: Niemeyer.

Pohl, Thorsten (2007b): Wissenschaftliches Einleiten – systematisch und ontogenetisch. In: Dolescha, Ursula/Gruber, Helmut (Hrsg.): Wissenschaftliches Schreiben abseits des englischen Mainstreams/Academic Writing in Languages Other than English. Sprache im Kontext (Herausgegeben von Ruth Wodak & Martin Stegu). Frankfurt: Peter Lang, 217-251.

Pohl, Thorsten/Steinhoff, Torsten (2010): Textformen als Lernformen. In: dies. (Hrsg): Textformen als Lernformen. KöBeS (Kölner Beiträge zur Sprachdidaktik, herausgegeben von Hartmut Günther, Ursula Bredel & Michael Becker-Mrotzek). Duisburg: Gilles & Francke, 5-27.

Steinhoff, Torsten (2007): Wissenschaftliche Textkompetenz. Sprachgebrauch und Schreibentwicklung in wissenschaftlichen Texten von Studenten und Experten. Tübingen: Niemeyer.

Steinseifer, Martin (2010): Textroutinen im wissenschaftlichen Schreiben Studierender. Eine computerbasierte Lernumgebung als Forschungs- und Lerninstrument. In: Jakobs, Eva-Maria/Lehnen, Katrin/Schindler, Kirsten (Hrsg.): Schreiben und Medien. Schule, Hochschule, Beruf. Frankfurt: Peter Lang, 91-115.

Steinseifer, Martin (i.d.B.): Schreiben im Kontroveresen-Labor. Konzeption und Realisierung einer computerbasierten Lernumgebung für das wissenschaftliche Schreiben, 61-82.

Stemmer-Rathenberg, Anke (2011): Zur Nachahmung empfohlen! Imitatives Scheiben zu Prosatexten. Hohengehren: Schneider

Weisberg, Jan (i.d.B.): IF routine THAN fluss ELSE problem. Einige Überlegungen zur Klärung des Begriffes Routine in Bezug auf Schreibprozesse, 155-194.

Quellen von Beispiel 2

Hennig, Mathilde (2009): Wie normal ist die Norm? Sprachliche Normen im Spannungsfeld von Sprachwissenschaft, Sprachöffentlichkeit und Sprachdidaktik. Kassel: Kassel Univ. Press.

Lobin, Henning (2009): Inszeniertes Reden auf der Medienbühne. Zur Linguistik und Rhetorik der wissenschaftlichen Präsentation. Frankfurt: Campus-Verlag.

Scheerer-Neumann, Gerheid (2004): Lese-Rechtschreib-Schwäche. Wo stehen wir heute? In: Thomé, Günther (Hrsg.): Lese-Rechtschreibschwierigkeiten (LRS) und Legasthenie. Weinheim: Beltz, 22-40.

Schreiben im Kontroversen-Labor. Konzeption und Realisierung einer computerbasierten Lernumgebung für das wissenschaftliche Schreiben

Martin Steinseifer

> Every time a student sits down to write for us, he has to invent the university for the occasion – invent the university […] or a branch of it, like history or anthropology or economics or English. The student has to learn to speak our language, to speak as we do, to try on the peculiar ways of knowing, selecting, evaluating, reporting, concluding, and arguing that define the discourse of our community. […] He must learn to speak our language. Or he must dare to speak it or to carry off the bluff, since speaking and writing will most certainly be required long before the skill is ‚learned'. And this, understandably, causes problems.
> (Bartholomae 1985/1997, 623f.)

David Bartholomae liefert in dieser Passage eine treffend formulierte Begründung, warum das Schreiben eines wissenschaftlichen Textes für Studierende nicht nur eine neuartige Herausforderung beim Eintritt in die Universität ist, sondern warum es für viele über die Jahre des Studiums hinweg eine Überforderung bleibt: Sie müssen im Schreiben immer wieder die ‚Universität erfinden' und sich dabei als Wissenschaftler ausgeben, die sie noch nicht sein können – und in vielen Fällen auch gar nicht werden wollen. Die Probleme, die Studierende dabei haben, sind wahrscheinlich allen Lehrenden aus der universitären Praxis bekannt, und empirische Studien zum Schreiben Studierender belegen zunehmend deutlich, dass es sich nicht um individuelle Schwierigkeiten, sondern um ein Erwerbsproblem handelt, das in hohem Maß durch die Anforderungen des Zielsystems bedingt ist (vgl. für den deutschsprachigen Bereich Reisigl 2006; Pohl 2007; Steinhoff 2007): Der Erwerb wissenschaftlicher Textkompetenz umfasst eine schrittweise Anpassung „an die von der betreffenden Sprach- resp. Diskursgemeinschaft präferierten Ausdrucks- und Strukturmittel" (Pohl 2007, 93) und eine Aneignung der mit ihnen typischerweise realisierten Textfunktionen. Zentral für wissenschaftliche Texte sind dabei insbesondere Verfahren des „dialogisch-kontroversen" Argumentierens, bei dem „alternative Positionen und Argumente in einem virtuellen Dialog in den eigenen Text" integriert werden (Feilke 2010, 218). Diese kontroversenbezogenen Verfahren der Textkonstitution bilden einen besonders schwer zu erwerbenden Bereich von Textroutinen (im Sinne von Feilke i.d.B.). Um den Erwerb systematisch zu stützen sind breit angelegte Lernarrangements notwendig, die über eine individuelle Beratung bei Schreibproblemen hinausgehen, wie sie inzwischen vielerorts von Schreibzentren angeboten wird.

In diesem Beitrag soll mit dem *Schreibkontroversenlabor* (SKOLA), einem im Kern webbasierten E-Learning-Angebot, das an der Universität Gießen entwickelt wurde und das den Kontroversenbezug wissenschaftlicher Texte in den Mittelpunkt stellt,[6] ein Vorschlag für ein solches Lernarrangement vorgestellt werden. Für die Entwicklung und den Einsatz computerbasierter Lernangebote zur Förderung wissenschaftlicher Textkompetenz spricht zunächst einmal, dass die ‚Digitalisierung' von Arbeitsprozessen inzwischen weit über die Manuskripterstellung hinausgeht und alle Phasen wissenschaftlicher Textproduktion umfasst: die Recherche und Annotation von Bezugsmaterial, die Konzeption des eigenen Textes, das Schreiben im engeren Sinn, sowie die Überarbeitung und Publikation. Darüber hinaus bieten die Technologien, die unter dem Schlagwort „Web 2.0" gehandelt werden, neue Möglichkeiten kooperative Formen der Textproduktion in universitäre Lernprozesse einzubinden, selbst wenn die Beteiligten nicht gleichzeitig oder am gleichen Ort arbeiten (vgl. etwa zum Einsatz von Wikis Beißwenger/Storrer 2010). Webbasierte Angebote können das gemeinsame Lernen in einem Raum nicht ersetzen, aber sie können es sinnvoll ergänzen. Das gilt insbesondere, da bei steigenden Studierendenzahlen – und sinkenden Haushaltsmitteln – eine individuelle Betreuung des Erwerbs wissenschaftlicher Textkompetenz in Präsenzveranstaltungen mittelfristig kaum zu gewährleisten ist (vgl. auch Paschke et al. 2010).

Ich werde in einem ersten Schritt die theoretischen und didaktischen Ausgangspunkte der Konzeption des *Schreibkontroversenlabors* erläutern (1), um auf dieser Grundlage die Kernfunktionen der Lernumgebung vorzustellen (2). SKOLA ist darauf ausgelegt, das Verständnis von Schreib- und Textroutinen durch ein Vormodellieren des Textproduktionsprozesses zu fördern (2.1) und das Reflektieren bestimmter Qualitäten der Textprodukte zu unterstützen (2.2). Der ‚digitale' Kern von SKOLA ist aber gerade nicht als isoliertes Trainingsprogramm konzipiert, sondern als Werkzeug, das zusammen mit ‚analogen' Kommunikationsformen im Rahmen von kooperativen *Blended learning*-Szenarien eingesetzt werden kann (3). Den nur im direkten Austausch mit Peers

---

[6] Die Konzeption und Entwicklung erfolgte in einem von den beiden Bandherausgebern Helmuth Feilke und Katrin Lehnen geleiteten Teilprojekt des mit Mitteln des hessischen Exzellenzprogramms LOEWE geförderten Forschungsschwerpunkts „Kulturtechniken und ihre Medialisierung" (www.kulturtechniken.info).

und Experten sind weiterführende Rückmeldungen zu Konzepten und Textprodukten möglich (3.1). Für einen produktiven Einsatz spielt zudem die Motivation für die angebotenen Schreibaufgaben sowie die Vorwissensentlastung eine wichtige Rolle (3.2). Den Beitrag beschließt ein Ausblick auf die Nutzungsmöglichkeiten in Hochschule und Schule, sowie auf eine Nutzung der Lernumgebung als Forschungsinstrument (4).

1. Theoretische Konzept und didaktische Konsequenzen – Kontroversen und Textroutinen

Im Schreibkontroversenlabor stehen Schreib- und Textroutinen im Mittelpunkt, die durch den kontroversen Charakter von Wissenschaft motiviert sind. In diesem Abschnitt werden die entsprechenden Konzepte der Kontroverse und der Textroutine erläutert, sowie die didaktischen Konsequenzen, die sich daraus für die Gestaltung der Lernarrangements und der Entwicklung der Funktionen von SKOLA ergeben.

1.1 Kontroversen

Für die moderne Wissenschaft ist das Prinzip der Kontroverse konstitutiv (vgl. etwa Dascal 1998; Liebert/Weitze 2006; Kneer/Moebius 2010). Auseinandersetzungen zwischen prominenten Vertretern eines Faches, wie in der „Habermas-Luhmann-Diskussion" (vgl. Habermas/Luhmann 1971), in der Kontroverse zwischen Jacques Derrida und John Searle (vgl. Derrida 1988), oder im Historikerstreit (vgl. Augstein 1987), sind dabei nur die in die Medienöffentlichkeit ragenden Spitzen des Eisbergs. Dessen weitaus größeren Teil bilden kontroverse Formen der Wissensproduktion, die unter den öffentlich präsentierten ‚neuesten Erkenntnissen' meistens verborgen bleiben. Sie ergeben sich aus der Orientierung der Wissenschaft an konkurrierenden Leitwerten: Dem Leitwert der Objektivität, die durch ausgewiesene Methodizität der Erkenntnisproduktion intersubjektiv sichergestellt wird, steht der Leitwert der Originalität gegenüber. Wissenschaftliche Originalität ist aber nicht einfach ein Zuwachs an neuen Erkenntnissen, sondern umfasst ebenso einen Ausweis der Plausibilität und Relevanz des theoretischen und methodischen Rahmens, in dem sie Gültigkeit beanspruchen können. Zum im Grunde monologischen Gegenstandsbezug tritt damit die Notwendigkeit eines quasi-dialogischen Bezuges auf den Fachdiskurs hinzu, in den sich ein Beitrag einordnen, und von dem er sich zugleich abheben muss (vgl. Sandig 1997, 29; Pohl 2007, 349ff.; Feilke 2010, 220f.). Wissenschaftliche Texte bestehen daher nicht einfach aus sachbezogenen Aussagen, sondern der ‚assertive' Grundzug verbindet sich mit einem diskursbezogenen Grundzug, den Konrad Ehlich (1993, 28) unter Rückgriff auf die Rhetorik treffend als ‚eristisch' (streit-förmig) bezeichnet hat.

1.2 Textroutinen

Besonders deutlich wird der Diskursbezug an den explizit markierten intertextuellen Bezügen auf andere Texte, die für wissenschaftliche Texte charakteristisch sind (Jakobs 1999; Hyland 2000/2004, Kap. 2). Zitate und Verweise haben nicht nur eine Entlastungsfunktion auf der formulativen Ebene (die eher bei Novizen hervortritt, vgl. Pohl 2007, 315ff.) und eine argumentative Funktion innerhalb eines Textes (etwa das Stützen eines Arguments), sie dienen insbesondere auch dazu, den Wissensstand einer bestimmten Forschungsgemeinschaft zu dokumentieren und sie „positionieren darüber hinaus einen Text innerhalb eines Fachgebiets oder Feldes" (Rheindorf 2006, 145 in Anlehnung an Jakobs 1999). Zur Realisierung dieser Funktionen haben sich spezifische Routineausdrücke herausgebildet, die als mehr oder weniger feststehende Formen geeignet sind, den im Umgang mit wissenschaftlichen Texten geübten Leserinnen und Lesern die entsprechende Funktion anzuzeigen. Die Einheiten aus Formen und Funktion haben Zeichencharakter und können als Textroutinen bezeichnet werden, da sie von erfahrenen Schreibern angemessen und unbewusst eingesetzt werden. Zu den wichtigen Textroutinen der intertextuellen Bezugnahme zählen Formen der Rahmung für die wiedergegebenen bzw. reformulierten Ausdrücke, wie in den folgenden Beispielen:

> *(1) Müller (2007, 85) schreibt, „[...]"*
> *(2) Aus pragmatischer Sicht fordert Meier, dass*
> *(3) Der Pragmatiker Meier fordert: „..."*
> *(4) Im Unterschied zu Meier betont Müller, dass*
> *(5) Meier kritisiert die These von Müller, ...*

Musterhaft sind die Formen nicht nur syntaktisch als Kombinationen aus NAME (oft ergänzt durch einen Verweis auf eine Stelle im Bezugstext), VERB und folgendem Komplementsatz sondern auch hinsichtlich der lexikalischen Füllung dieser Grundpositionen und ihrer Erweiterungen (wie im dritten Beispiel durch eine enge Apposition und im letzten Beispiel durch ein Adverbial). Nicht alle

Ausdrücke, die syntaktisch und semantisch einsetzbar wären, sind auch pragmatisch angemessen.[7]

Bereits diese wenigen (konstruierten) Beispiele können daher verdeutlichen, dass die Textroutinen nicht nur die ‚Formalia' intertextueller Bezugnahmen betreffen. Um einen angemessenen Text zu produzieren, reicht es nicht aus, die verschiedenen Techniken des Zitierens[8] und die Formen des korrekten Verweisens auf den Bezugstext zu beherrschen, auf die sich Ratgeber zum wissenschaftlichen Schreiben oft konzentrieren (vgl. dazu Pohl 2007, 295). Denn Textroutinenausdrücke indizieren Funktionen, die die wiedergegebenen Äußerungen bzw. die in ihnen artikulierten Aussagen in dem Textzusammenhang übernehmen, in dem sie wiedergegeben werden. Die Hauptfunktion ist dabei nicht ein möglichst neutrales *Referieren*, sondern das *Qualifizieren* – oder mit Jakobs (1999, 94) das ‚Perspektivieren' – des Wiedergegebenen. Der Gesichtspunkt, unter dem qualifiziert wird, kann sehr unterschiedlich sein und reicht vom Status der Aussage im Bezugstext (wie in (4) bei *betonen*) über die Handlung des wiedergegebenen Autors (wie in (2) bei *kritisieren*) bis zu einer Bewertung des epistemischen Werts der wiedergegebenen Aussage (wie in manchen Fällen bei der Verwendung von *behaupten*). Die Gesichtspunkte können sich zudem überlagern. Wo auf mehrere Positionen eines Diskurszusammenhangs Bezug genommen wird, kommt als weitere wichtige Funktion ein vergleichendes Referieren und Qualifizieren hinzu, dass man auch als *Diskutieren* bezeichnen kann (wie in (4)) und das den Übergang von Routinen der intertextuellen Bezugnahme zu Routinen vergleichenden Argumentierens bildet.[9]

1.3 Schreibdidaktische Konsequenzen

Das Aufmerksam-Machen und Aufmerksam-Werden auf Textroutinen als produktbezogene Größen bildet im Rahmen der linguistischen Schreibdidaktik ein wichtiges Komplement zur sinnvollen Vormodellierung der verschiedenen Phasen des Produktionsprozesses. Prozessbezogene Schreibprobleme und entsprechende Schreibroutinen stehen seit den 1980er Jahren im Fokus der pädago-

---

7 Hyland 2000/2004, S. 26ff. hat für den englischsprachigen Bereich gezeigt, dass es deutliche disziplinäre Präferenzen nicht nur für bestimmte Techniken – er unterscheidet Quote, Block-Quote, Summary und Generalisation – sondern auch für bestimmte Verben in den Reformulierungsrahmen gibt.

8 Gegenüber den Reinformen des wörtlichen und sinngemäßen Zitats ist eine Mischform aus beiden, das sog. ‚Slipping' (Schuelke 1958; Rath 1996, S. 85) hochfrequent aber linguistisch bisher kaum genauer untersucht worden.

9 Auch syntaktisch wird das Diskutieren nur selten allein über Verben der Reformulierungsrahmung (über Kommunikationsverben bzw. Verba dicendi) angezeigt.

gisch-psychologischen Schreibforschung und einer darauf bezogenen Schreibdidaktik. Die positiven Effekte von prozessbezogenem *Scaffolding* auf die globale Qualität der Produkte sind durch eine Vielzahl von Studien belegt (vgl. für eine vergleichende Meta-Analyse Graham/Perin 2007, für eine Untersuchung von Kontroversentexten zudem Segev-Miller 2007). Über den Zusammenhang von Schreibroutinen mit einzelnen sprachlichen Merkmalen von Texten ist damit aber noch wenig ausgesagt.[10] Aus pragmatischer Sicht sind Textroutinen interessant, weil sie als sprachliche bestimmbare Größen an der Schnittstelle von Schreibprozess und Textprodukt stehen. Ihre über wenige Elemente wiedererkennbare sprachliche Ausdrucksgestalt, die dem erfahrenen Leser pars pro toto und nahezu unbemerkt die Funktion ganzer Textmodule erschließt, ist auch Novizen bereits aus der Rezeption bekannt. Eine Fokussierung des zeichenförmigen Form-Funktions-Zusammenhangs kann so die eigene Formulierungsarbeit unterstützen und Aneignungsprozesse fördern.

2. Fokussierung von Schreib- und Textroutinen in SKOLA durch Prozessmodellierung und Produktreflexion

Als Lernumgebung für das wissenschaftliche Schreiben setzt das *Schreibkontroversenlabor* beim kontroversen Charakter wissenschaftlicher Texte an und unterstützt durch Produktions- und Reflexionsaufgaben die Aneignung darauf bezogener Schreib- und Textroutinen. In vormodellierten Produktionsprozessen und in der Auseinandersetzung mit bestimmten Qualitäten der Textprodukte kann so für die Nutzerinnen und Nutzer die Bedeutung der beiden Formen von Routinen gleichsam unter ‚Laborbedingungen' erfahrbar werden. Eines der Aufgabenszenarien, die im Zentrum der Lernumgebung stehen, ist das Schreiben eines *Kontroversenreferats* (vgl. Steinseifer 2010; zu einem weiteren Szenario Lehnen i.d.B.). Es handelt sich dabei um einen kurzen Text, der auf 2 bis 3

---

10 In einer der ersten Studien zu den Effekten von prozessbezogenem Scaffolding im Rahmen einer computerbasierten Lernumgebung für wissenschaftliches Schreiben können Proske, Narciss und McNamara (2010) in einem zeitnahen Posttest zwar bei der Gruppe mit Scaffolding gegenüber einer Kontrollgruppe eine Verbesserung der allgemeinen Textverständlichkeit nachweisen, aber bei der Genauigkeit im Umgang mit dem Bezugsmaterial zeigen sich keine Unterschiede. Ausgehend von diesem Befund erscheint es für eine didaktisch integrierte Schreibforschung sinnvoll, Produktreflexion und Textanalyse in Schreiblernsituationen erneut größere Aufmerksamkeit zu widmen (vgl. auch entsprechende Forderungen aus der Praxis von Schreibkursen bei Rienecker/Jörgensen 2003).

Druckseiten eine wissenschaftlich relevante Kontroverse darstellt, die in der Lernumgebung in Gestalt mehrerer, ebenfalls kurzer Bezugstexte zur Verfügung gestellt und durch Hintergrundinformationen ergänzt wird. Als Beispiel kann die folgende Aufgabe zur Kontroverse um die Präsentationssoftware *Powerpoint* (vgl. dazu Knoblauch/Schnettler 2007) dienen, die in SKOLA angeboten wird:

> Sie nehmen an einem Seminar zum Thema „Medienkompetenzen im Deutschunterricht" teil und schreiben darin ihre Hausarbeit zum Einsatz von Powerpoint in der Schule. In Kapitel 1 Ihrer Arbeit - nach der Einleitung - wollen Sie die Debatte darstellen, die in mehreren Wellen um die Präsentationssoftware entbrannt ist. Stützen sie sich dafür auf die beiliegenden Texte. Für ihre Darstellung sollten Sie geeignete Streitpunkte auswählen und aufeinander beziehen. Berücksichtigen Sie dabei bitte alle Autoren.

Das Kontroversenreferat ist die Miniaturform – und damit zugleich die didaktische ‚Explizitform' – einer Forschungs- bzw. Theoriediskussion, wie sie sich in Einleitungen größerer Arbeiten, in Handbuchartikeln, in Forschungsberichten oder auch in Sammelrezensionen findet und wie sie in geisteswissenschaftlichen Seminararbeiten typischerweise verlangt wird. Die zentrale Funktion entsprechender Texte oder Textteile ist die argumentative Positionierung einer Forschungsfrage im Rahmen eines Fachdiskurses, der selbst durch eine Mehrzahl unterschiedlicher Zugriffsweisen und bisweilen widersprüchliche Positionen gekennzeichnet ist.[11] Schon die Texte, deren Produktion im Studium verlangt wird – insbesondere die Seminar- und Abschlussarbeiten – bilden allerdings universitäre „Paralleltextsorten" (vgl. Stezano Cotelo 2008, 30ff.) zu wissenschaftlichen Textsorten wie dem (Forschungs-)Artikel oder der Monographie. Im institutionellen Zusammenhang der Universität sind sie Prüfungsleistungen, doch zugleich sollen sie idealerweise Beiträge zum disziplinären Diskurs sein (vgl. Pohl 2009, 13 sowie Bartholomae 1985/1997). In einer Übungsumgebung kommt noch eine zweite Parallelebene bzw. Stufe der Distanzierung hinzu. Denn vormodelliert und geübt werden zwar bestimmte Aspekte wissenschaftlichen Schreibens, aber was die Nutzung einer solchen Lernumgebung motiviert, ist zunächst einmal die Vorbereitung auf die curricular vorgesehenen universitären Schreibaufgaben, auf Seminar- und Abschlussarbeiten. Als Text einer didaktischen Textsorte verlangt das Kontroversenreferat somit eine zweifache Fiktionsleistung der Autorinnen und Autoren.

---

11 Wie in den Texten dieser Textsorten so motiviert auch im Kontroversenreferat das Ziel einer Positionierung im Fachdiskurs die Auswahl und Bewertung von Aussagen und Argumenten aus den Bezugstexten in einer Weise, wie dies beim Exzerpt – der weitaus prominenteren didaktischen Textsorte für das wissenschaftliche Schreiben (vgl. Ehlich 1981; Moll 2002) – nicht, oder jedenfalls nicht in gleicher Weise, der Fall ist.

Die doppelte Fiktion kann zwar in den Aufgabenstellungen transparent gemacht werden, für Lernerinnen und Lerner produktiv wird sie allerdings nur, wenn die Aufgaben zugleich thematisch an das Curriculum rückgebunden sind und die Bearbeitungen im Seminarzusammenhang diskutiert werden. Mit der Situierung und Einbettung steht und fällt die Glaubwürdigkeit und Motiviertheit des Szenarios, das als didaktische Miniatur, betrachtet man es isoliert, nie absolut authentisch sein kann (vgl. zum Problem der Authentizität Herrington/Reeves/Oliver 2010 sowie Feilke/Lehnen i.Dr.). Entsprechend ist SKOLA auch nicht als autonomes digitales ‚Trainingslager' für das wissenschaftliche Schreiben angelegt, in dem ein digitaler Tutor ein automatisches Feedback gibt. Und es ist auch kein Werkzeug für beliebige Textproduktionsprozesse wie ein Textverarbeitungsprogramm oder wie Programme, die auf die Schnittstelle von Literaturverwaltung, Informationsorganisation und Textplanung zielen.[12] Als Lernumgebung ist SKOLA vielmehr auf den Einsatz in universitären Lehrveranstaltungen zugeschnitten, um hier begleitend den Aufbau von Textkompetenz zu unterstützen. Daran orientiert sich die Architektur, die in der folgenden Grafik schematisch dargestellt ist.

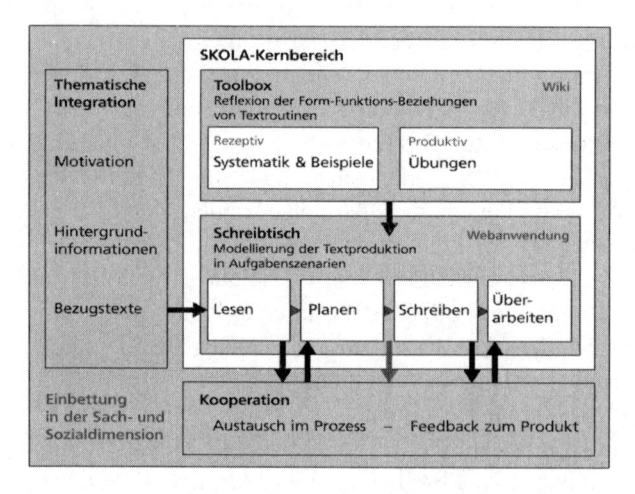

Grafik 1: Die Architektur der Lernumgebung

---

12 Beispiele für dieses Programmformat, das mit aktuellen Webtechnologien auch stärker kooperative Nutzungsformen denkbar macht (Döbeli Honegger 2010) sind das – aus der an der Universität Düsseldorf entwickelten Literaturverwaltung *LiteRat* hervorgegangene – *Citavi* oder das an der ETH Zürich entwickelte *LitLink*. Während es sich bei *Citavi* um eine kommerzielle Software handelt, für die es allerdings inzwischen an vielen Hochschulen in Deutschland, Österreich und der Schweiz Campuslizenzen gibt (www.citavi.com), ist *LitLink* (www.lit-link.ch) kostenfrei nutzbar.

Der Kern von SKOLA umfasst zwei Teile: eine Modellierung des Produktionsprozesses, die sich auf Schreibroutinen des Auswählens, Bewertens und Ordnens konzentriert (der SKOLA-*Schreibtisch*), und ein Angebot an Materialien und Übungen zur Produktreflexion, das die oben erläuterten Textroutinen der intertextuellen Bezugnahme in den Mittelpunkt stellt (die SKOLA-*Toolbox*). Eingebettet sind diese beiden Kernbestandteile in einen Rahmen, der über einen erweiterbaren Pool von Aufgaben und Materialien sowie über verschiedene Möglichkeiten zur Kooperation die Anpassung an die Anforderungen verschiedener Lehrveranstaltungsformate ermöglicht. Technisch ist SKOLA als webbasierte Lernumgebung realisiert, die eine mehrbenutzerfähige Webanwendung mit einem Wiki kombiniert.[13] Die Webanwendung umfasst die Komponenten, die für die Produktion eines Kontroversenreferats notwendig sind. Im Wiki werden neben einem Hilfesystem zur Benutzung die Informationen und Materialien zu Textroutinen der intertextuellen Bezugnahme bereitgestellt.

2.1 Prozessmodellierung

Die Modellierung des Produktionsprozesses in SKOLA hat zwei Ziele: Sie dient einer Entlastung der Produzentinnen und Produzenten durch ‚Entzerrung' des komplexen Prozesses (vgl. Kruse/Ruhmann 2006, 15) und sie dient zugleich einer Fokussierung von Schreibroutinen des *Writing from sources* (vgl. Jakobs 2003) – des Auswählens, Bewertens und Ordnens von relevanten Aussagen und Argumentationen aus einer Mehrzahl von Bezugstexten.

Die ‚Entzerrung' des Produktionsprozesses stützt sich auf die aus der Schreibforschung bekannte Unterscheidung verschiedener Prozessphasen – einer Planungs-, einer Schreib- und einer Überarbeitungsphase. Die Planungsphase dient dabei der Auseinandersetzung mit der Schreibaufgabe, dem Thema der Kontroverse und dem bereitgestellten Material, sowie der Erstellung eines Plans für den zu schreibenden Text. In der Schreibphase wird auf dieser Basis eine erste Fassung des Zieltextes formuliert und diese in der Überarbeitungsphase hinsichtlich bestimmter Kriterien in eine Endfassung transformiert.[14] Wenn die

---

13   Die Webanwendung ist eine Eigenentwicklung auf Basis des ZEND-Frameworks, die in Zusammenarbeit mit Henrik Heil (Frankfurt) realisiert wurde, das Wiki nutzt die MediaWiki-Software.
14   Eine solche Aufteilung wird auch in anderen digitalen Lernumgebungen genutzt. Beispiele sind die ebenfalls als eigenständige Webanwendung realisierte Lernumgebung *escribo*, die von Antje Proske am Lehrstuhl für pädagogische Psychologie der TU Dresden entwickelt wurde (vgl. Proske 2007 sowie Proske i.d.B.) und die auf der Entwicklungsumgebung *Moodle* basierende Lernplattform *SkriPS* (Skills for Scientific Practice

einzelnen Teile als Phasen bezeichnet werden, dann ist das ein Hinweis darauf, dass ihre Abfolge motiviert ist. Entsprechend wird in didaktischen Arrangements oft auch ein sukzessives (Ab-)Arbeiten verlangt. Außerhalb von derart kontrollierten Szenarien werden die Teile des Produktionsprozesses aber meist nicht in einer strikten Reihenfolge bearbeitet, sondern die Arbeit an ihnen überlagert sich: So können etwa bereits beim Sichten der Materialien erste Absätze des zu schreibenden Textes formuliert werden. Und umgekehrt können beim Schreiben Bezugstexte erneut unter einem veränderten Blickwinkel gelesen werden – ganz abgesehen davon, dass sich bei komplexen Schreibaufgaben ein Schreibplan, selbst wenn er vorab in Form einer Gliederung festgehalten wurde, kaum als ganzer umsetzten lässt, sondern immer wieder modifiziert wird. In einer systematischen Perspektive handelt es sich bei den Phasen also um unterschiedliche Dimensionen des Textproduktionsprozesses, die prinzipiell zu jedem Zeitpunkt relevant werden können.

Um das Zugleich von Phasenfolge und Prozessdimension für die Nutzerinnen und Nutzer deutlich zu machen, ist während der Arbeit am SKOLA-*Schreibtisch* im oberen Teil des Bildschirms eine aufgabenspezifische Navigationsleiste zu sehen – die sogenannte *Leporello-Navigation*. Ähnlich wie in einem Foto-Leporello sind hier die unterschiedlichen Prozessteile in einer Reihe von Icons dargestellt und zu größeren Arbeitsbereichen gruppiert (Abb. 1).

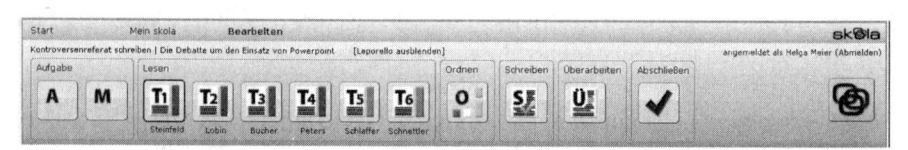

Abb. 1: Die Leporello-Navigation

Links im Leporello steht die *Aufgabe* neben weiteren Materialien. Daran schließt sich nach rechts der Bereich *Lesen* mit den einzelnen Bezugstexten an, die durch Autorenkürzel gekennzeichnet sind. Es folgt ein Bereich für das *Ordnen* der relevanten Aussagen und Argumente, und schließlich Bereiche für das *Schreiben* sowie das *Kommentieren* bzw. *Überarbeiten* bereits geschriebener Texte. Die lineare Anordnung der Icons entspricht der motivierten Abfolge aber zugleich sind die Bereiche als Dimensionen des Produktionsprozesses simultan präsent und auf einen Blick zu erfassen. Die einzelnen Teile sind dabei jederzeit

---

in Plant Sciences), die am Zürich-Basel Plant Science Center entstanden ist (Paschke et al. 2010).

durch einen Klick auf das Leporello-Icon zugänglich. Im Hauptrahmen unter dem Leporello wird dann der entsprechende Teil zur Bearbeitung angeboten. Während die Seiten im Bereich *Aufgabe* neben dem Aufgabentext auch weitere Materialien in Form von Texten und Bildern enthalten können – etwa um Hintergrundwissen zur Kontroverse bereitzustellen oder durch eine Karikatur für das Thema zu motivieren – sind die Funktionen in den Bereichen *Lesen* und *Ordnen* klar an Schreibroutinen orientiert, die für das wissenschaftliche Schreiben als *Writing from sources* wichtig sind. Zu den typischen Verfahrensweisen zählen "selecting, interpreting, and integrating the relevant sources (and their contents) into one's own ideas and text product" (Jakobs 2003, 896f.). Das Auswählen und Interpretieren von relevanten Begriffen, Aussagen und Argumenten der Bezugstexte wird in SKOLA durch vordefinierte Marginalien unterstützt, mit denen im Bereich *Lesen* Textstellen ausgezeichnet werden können.[15] Der Integration der ausgezeichneten Stellen in eine eigene Struktur, die als Planungstext das Schreiben vorbereitet, dient der Bereich *Ordnen*.

Im Bereich *Lesen* (Abb. 2) werden oberhalb des jeweils zu lesenden Texts in einer Auswahlzeile farblich unterschiedene Auszeichnungen wie „Wichtig", „Zitieren" oder „Beispiel" angeboten, die allerdings für jede Aufgabe angepasst werden können. Neben den vordefinierten Auszeichnungen gibt es zudem eine Marginalie, deren Titel die Nutzer bei jeder Vergabe selbst festlegen können. Um eine Marginalie zu setzen, muss – vergleichbar mit den Kommentarfunktionen von Textverarbeitungsprogrammen – im angezeigten Text eine Stelle markiert und dann auf einen der Buttons geklickt werden. Der markierte Text wird dann farblich unterlegt und in einer Spalte auf der rechten Seite erscheint eine in der entsprechenden Farbe gerahmte Box. Im Unterschied zu Kommentarboxen ist sie nicht nur mit dem Marginalientitel versehen sondern enthält zudem den markierten Text. Die Vergabe einer Marginalie stellt bereits eine erste Ebene der Interpretation dar. Um jedoch eine weitergehende Bewertung der ausgewählten Passage zu unterstützen – sei es im Zusammenhang der Argumentation des Bezugstextes oder der Kontroverse oder sei es im Hinblick auf ihre mögliche Rolle im zu schreibenden Text – besteht weiterhin die Möglichkeit zu einer knappen Annotation in einem Feld oberhalb des übernommenen Textes. Die Kombination aus Textübernahme und qualifizierender Rahmung in den Marginalien modelliert damit den Auswahlprozess in einer Weise vor, die auf typische Formen des Zitierens bezogen ist und stützt so die Verbindung von Schreibroutinen mit den Textroutinen der intertextuellen Bezugnahme. Neben den textbezogenen Marginalien können im Bereich *Lesen* zudem in einer eigenen Spalte auch freie

---

15   Marginalien als Möglichkeit zur Textauszeichnung stehen auch im Zentrum der an der TU-Darmstadt entwickelten Software *Emargo* (vgl. Geraskow et al. 2005).

Notizen angelegt werden, um etwa Zusammenhänge zwischen den Bezugstexten oder erste Ideen für den eigenen Text festzuhalten.

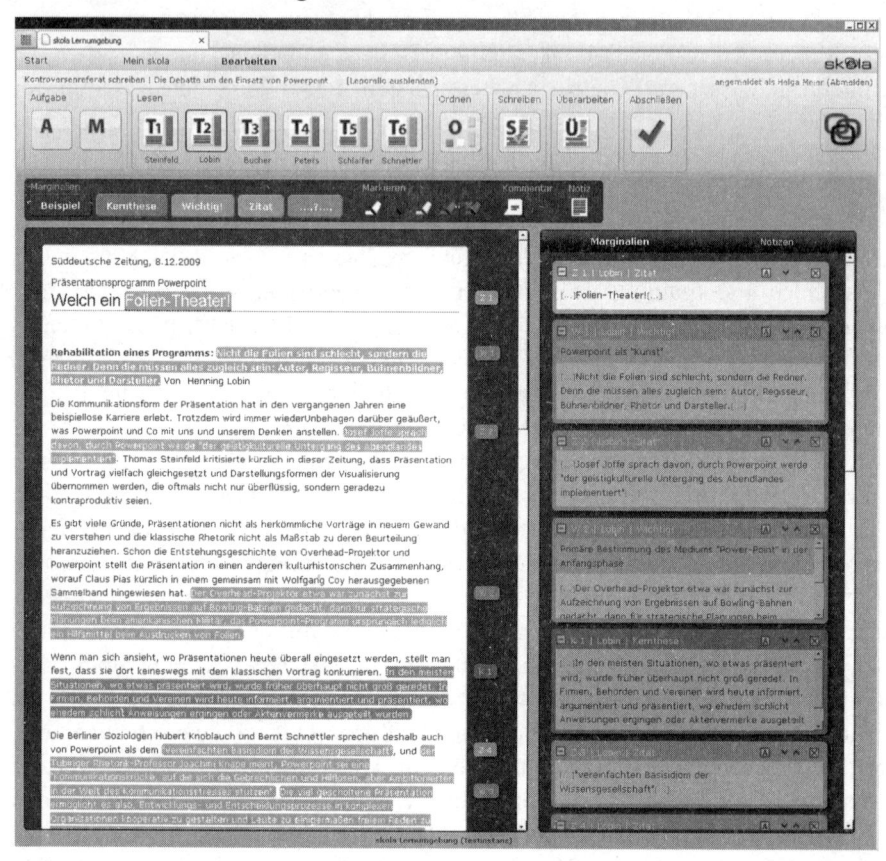

Abb. 2: Der Bereich Lesen

Im Bereich *Ordnen* (Abb. 3) können die zuvor den einzelnen Texten hinzugefügten Annotationen in eine eigene Ordnung gebracht werden. Dafür steht eine Zwei-Spalten-Ansicht zur Verfügung. In der linken Spalte werden die zuvor erstellten Annotationsboxen zu jedem Text angezeigt und können von hier in die zunächst leere rechte Spalte übernommen werden. In der linken Spalte werden sie dann optisch minimiert, um einen Überblick über den Bearbeitungsstand zu ermöglichen. In der textübergreifenden Spalte können die Boxen nicht nur neu angeordnet, sondern zusätzlich auch mit Gliederungshinweisen in Form von Zwischentiteln oder weiteren Boxen mit freien Notizen versehen werden. Diese Notiz-Boxen können genutzt werden, um erste Formulierungsideen fest-

Schreiben im Kontroversen-Labor

zuhalten. Die eigene Ordnung wird so zu einem Zwischen- oder Planungstext, der als Bezugspunkt für das Schreiben dienen kann.

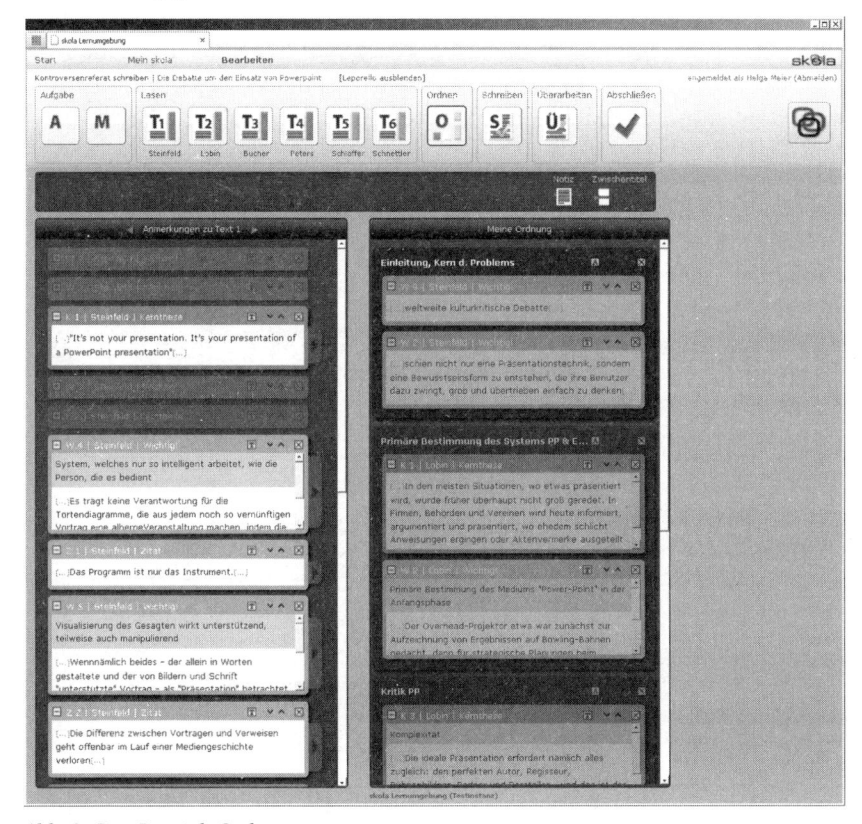

Abb. 3: Der Bereich Ordnen

Im *Schreiben*-Bereich von SKOLA (Abb. 4) wird daher die Ordnungsspalte links neben dem Texteditor angezeigt. Zwar ist ein Zugriff auf die textbezogenen Annotationen über die Leporello-Navigation jederzeit möglich, es können jedoch auch die jeweiligen Annotationsspalten an Stelle der Ordnungsspalte links angezeigt werden. Typisch für das Arbeiten mit eigenen Notizen beim Schreiben ist zudem das Nachschlagen im Bezugstext, um sich erneut den Zusammenhang einer Stelle zu vergegenwärtigen. Um dieses Rückversichern in SKOLA zu erleichtern, kann über einen Button in der Kopfzeile der Kontext der in eine Marginalie übernommenen Stelle in Form eines Popup-Fensters aufgerufen werden.

Mit dem erstmaligen Schreiben eines eigenen Textes ist die Textproduktion in der Regel nicht abgeschlossen. Meist folgen Überarbeitungen und Korrekturen, die gezielt bestimmten Eigenschaften des zuvor geschrieben Textes gelten. Hierfür gibt es in SKOLA die Bereiche *Kommentieren* und *Überarbeiten*, bei denen der eigene Text aus dem Schreiben-Bereich erneut zu einem annotier- oder editierbaren Bezugstext wird. Die verschiedenen Leporello-Bereiche können vom Dozenten beim Anlegen einer Aufgabe aktiviert werden, um so die Textproduktion aufgaben- oder zielgruppenbezogen vorzustrukturieren.

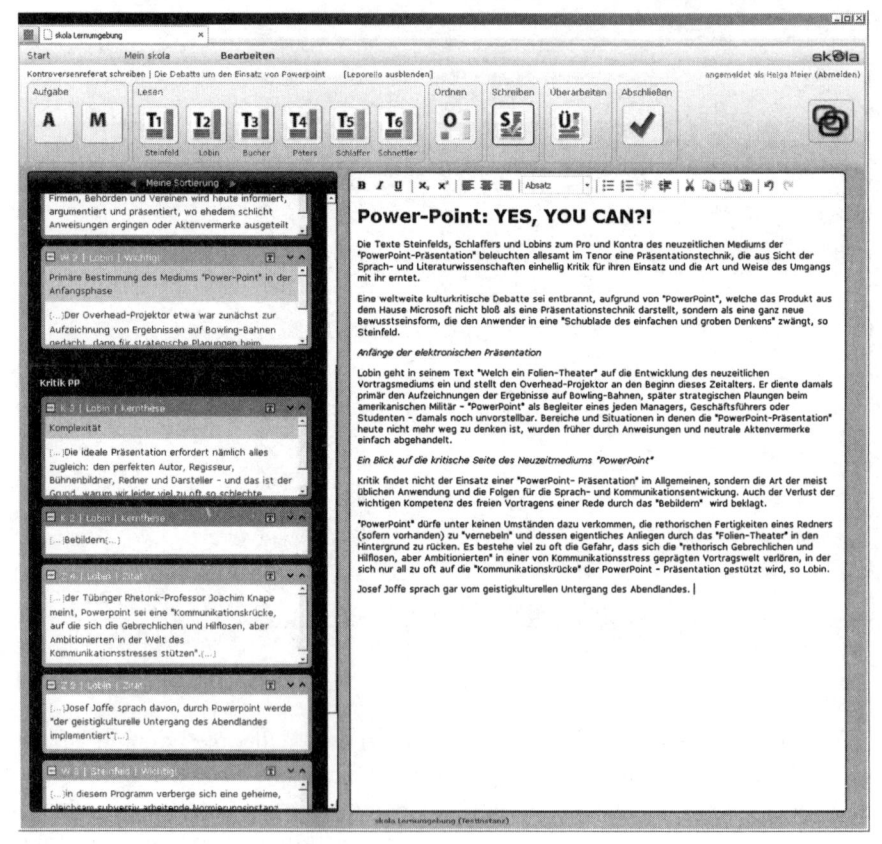

Abb. 4: Der Bereich Schreiben

2.2 Produktreflexion

Die ‚Entzerrung' des Produktionsprozesses in Gestalt der gerade vorgestellten Leporello-Bereiche bietet Einsatzpunkte für die Reflexion einzelner Teilaspekte der wissenschaftlichen Textproduktion. Je weiter nach rechts man sich im Leporello bewegt, desto prominenter werden Eigenschaften des Produkts. Insbesondere beim Übergang vom Ordnen der Annotationen zum Schreiben werden dabei Textroutinen relevant. Denn an dieser Stelle müssen die argumentationslogisch vorstrukturierten Aussagen der Bezugstexte zu einem eigenen Text verbunden werden. Damit dieser stimmig wird, müssen nicht nur relevante Aussagen ausgewählt und Bezüge hergestellt, sondern ebenso diskursiv präferierte sprachliche Formen und Ausdrucksweisen sachlich und textfunktional angemessen eingesetzt werden.

Um diese Textformation, das Schreiben im engeren Sinn, zu unterstützen und um mögliche anschließende Überarbeitungen zu orientieren, bietet die SKOLA-Toolbox eine Kombination aus systematischen Informationen, Beispielen und Übungsaufgaben zu Textroutinen – derzeit konzentriert auf Routinen der intertextuellen Bezugnahme. Sie ist jederzeit über einen Button in der Leporello-Zeile zugänglich.

Wenn man davon ausgeht, dass gerade typische Ausdrucksweisen einen Schlüssel zum Verständnis der Funktion von Textroutinen bieten, weil sie aus der Rezeption von Wissenschaftstexten bekannt sind, noch bevor sie produktiv verfügbar sind, dann kommt der Auseinandersetzung mit Beispielen eine besondere Bedeutung zu. Die Toolbox bietet dabei sowohl einen rezeptiv-reflexiven als auch einen stärker produktiv-reflexiven Zugang. Im Mittelpunkt des rezeptiven Zugangs stehen unter systematischen Gesichtspunkten gestaltete längere Beispieltexte sowie ein Korpus von Einzelbeispielen für intertextuelle Bezugsnahmen aus wissenschaftlichen Aufsätzen. Texte und Einzelbeispiele sind hinsichtlich der verwendeten Formen und ihrer Funktionen kommentiert. Zu den Beispielen gelangt man entweder über die systematische Beschreibung der relevanten Handlungen des *Referierens*, *Qualifizierens* und *Diskutierens* (siehe dazu Abschnitt 1.2) oder über eine Liste typischer Ausdrücke, die diese Handlungen anzeigen. Diese Liste kann das Nachdenken über mögliche Äquivalenzbeziehungen zwischen Ausdrücken (im Sinne eines Thesaurus) ebenso anregen wie der Blick in die verlinkten Beispiele unterschiedliche Akzentuierungen bei vergleichbarer Grundfunktion und damit die pragmatischen Grenzen einer paradigmatischen Austauschbarkeit komplexer Ausdrücke deutlich machen kann.

Demselben Ziel dienen auf der produktiv-reflexiven Seite Aufgaben, bei denen Texte hinsichtlich der redeeinleitenden Verben zu vervollständigen oder zu überarbeiten sind. Hinzu kommen Übungen, bei denen eine oder mehrere kurze Textpassagen in einer bestimmten Perspektive – zustimmend, kritisch, konzedierend – und mit einer bestimmten Technik – als direktes oder indirektes Zitat oder als Paraphrase mit Verweis – wiedergegeben werden sollen. Sie lenken die Aufmerksamkeit auf die typischen Handlungen des *Referierens*, *Qualifizierens* und *Diskutierens* mit ihren Überlagerungen und feineren Nuancierungen und helfen so, die Textroutinen der intertextuellen Bezugnahme von der Funktionsseite her zu erschließen. Diese Funktionsorientierung ist aus didaktischer Sicht ein notwendiges Komplement zur Reflexion der Ausdrucksoptionen. Denn es ist gerade nicht ausreichend, eine bestimmte Menge von Ausdrücken zu kennen. Zu Elementen einer individuellen Textroutinenkompetenz werden sie erst, wenn ihr Funktionspotential begriffen ist und sie funktionsangemessen in einem dialogisch-argumentativen Text verwendet werden können.

3. Einbindung in Lehr-Lern-Szenarien – *Blended learning*

Die webbasiert realisierten Kernfunktionen von SKOLA ermöglichen die Auseinandersetzung mit Textroutinen im Zusammenhang mit einer aufgabenbasierten Textproduktion, doch sind sowohl die Schreibaufgaben als auch die Reflexionsangebote der Toolbox nicht auf ein reines Selbststudium ausgerichtet, sondern auf den Einsatz in *Blended learning*-Szenarien, in denen das Arbeiten in SKOLA sachlich kontextualisiert und sozial situiert wird. Das Schreiben eines Kontroversenreferats ist kaum motivierbar und auch kaum sinnvoll möglich, wenn es nicht in eine weitergehende Beschäftigung mit dem Thema der Kontroverse eingebunden wird, in deren Zusammenhang auch eine qualifizierte und an die Lerner, die Lernsituation und die Komplexität der Aufgabe angepasste Rückmeldung (*adaptive informal feedback* sensu Narciss 2008, 138f.mit Fig. 11.2) zu den produzierten Texten gewährleistet ist. Und auch die Auseinandersetzung mit den Beispielen und Aufgaben der Toolbox wird erst in kooperativen Lernsituationen produktiv, in denen Typikalitätsurteile verglichen werden können: Würdest du das auch so schreiben? Darf man das so schreiben? Wenn SKOLA seminarbegleitend eingesetzt wird, lassen sich diese Fragen diskutieren und die Rückmeldungen von Lehrenden und Peers können miteinander kombiniert werden. Um die Einbindung in Seminarkontexte zu erleichtern, gibt es einführende und motivierende Video-Tutorials (vgl. SKOLA 2011), die Lernumgebung ist über die E-Learning Plattform Stud.IP der Justus-Liebig-Universität Gießen erreichbar und sie umfasst schließlich verschiedene Funktionen zu Feedback und kooperativer Nutzung.

3.1 Einbettung in der Sachdimension – Motivation und Vorwissensentlastung

Die Verwendung einer webbasierten Lernumgebung im Seminarzusammenhang kann aufgrund der Neuheit der eingesetzten Technik zwar als solche motivierend wirken und Video-Tutorials können einem Umschlagen der anfänglichen Attraktivität in Frustration vorbeugen, indem sie den Einstieg in die Benutzung von SKOLA erleichtern. Die Arbeit im Kontroversenlabor ist aber erst dann wirklich lohnend für die Nutzerinnen und Nutzer, wenn die Auseinandersetzung mit dem Thema und den Positionen einer Kontroverse nicht erst in SKOLA beginnt und damit endet, dass die Texte nach ihrer Fertigstellung in einer Datenbank stehen, sondern wenn die Arbeit in einen größeren Diskussionszusammenhang eingebunden ist. In einem Einführungsseminar in die germanistische Linguistik könnte die Einbindung dadurch erreicht werden, dass typische Themen in Form von Kontroversen aufbereitet werden: Stehen Zeichen für Dinge (Semiotik/Sprachtheorie)? Können Wörter Lügen (Semantik/Pragmatik)? Etc. Die Auseinandersetzung mit den Aussagen und Argumenten der Bezugstexte zu diesen Themen kann dann in Gestalt ausgewählter Anordnungen von Marginalien aus dem Ordnen-Bereich oder von Kontroversenreferaten die Grundlage für eine Seminardiskussion bieten. Und eine zusätzliche Motivation für die Textproduktion entsteht, wenn die Kontroversenreferate nach der Diskussion im Seminar zum Einstiegspunkt in umfangreichere schriftliche Arbeiten werden. Sie stellen einen ersten Schritt des Einarbeitens ins den Forschungsstand dar, können helfen, eine Fragestellung zu finden, oder dazu anregen, nach weiterer argumentativer oder empirischer Bestätigung für eine eigene Positionierung zu suchen.

Die Rückbindung der Arbeit in SKOLA an Seminarthemen ist allerdings nicht nur unter dem Gesichtspunkt der Motivation wichtig. Auch im Hinblick auf die Textroutinenorientierung ist sie sinnvoll. Eine Beschäftigung mit dem Thema einer Kontroverse, die der Arbeit in SKOLA vorausgeht, erleichtert die Verarbeitung der angebotenen Texte. Diese Vorwissensentlastung ist allein durch Hintergrundinformationen, wie sie im Aufgabenbereich von SKOLA angeboten werden können, nur schwer zu erreichen. Sie ist aber mitentscheidend, wenn es darum geht, in der Arbeit an einem Kontroversenreferat die Aufmerksamkeit auf die domänenspezifischen, aber eben selbst nicht themenbezogenen, Form-Funktions-Beziehungen der wissenschaftlichen Textroutinen zu lenken.

3.2 Einbettung in der Sozialdimension – Feedback und Kooperation

Neben einer Einbettung von Schreibaufgaben in der Sachdimension durch motivierende Kontextualisierung und durch Vorwissensentlastung gehört zu den Möglichkeiten der Lehr-Lern-Situation des Seminars auch die kooperative Arbeit an und mit Texten. Eine entsprechende Einbettung von SKOLA in der Sozialdimension kann darin bestehen, dass über Anmerkungen zu den Bezugstexten, über Ordnungen oder über die Texte, die individuell in SKOLA produziert wurden unter ausgewählten Gesichtspunkten in der Seminargruppe oder in Kleingruppen diskutiert wird. Auch hierfür bietet SKOLA technische Unterstützung. Um eine Feedback-Diskussion zu verschiedenen Texten zu erleichtern, gibt es für Dozenten die Möglichkeit mehrere Ergebnistexte einer Schreibaufgabe zu Bezugstexten einer Feedback-Aufgabe zu machen. Den Nutzerinnen und Nutzern stehen dann die gleichen Annotations- und Ordnungsmöglichkeiten zur Verfügung, wie beim Schreiben eines Kontroversenreferats. Der zu schreibende Text kann in diesem Fall eine vergleichende Analyse – etwa des Textaufbaus oder der hinsichtlich der vorkommenden Routineausdrücke und ihrer Funktion – oder eine Textbeurteilung sein.

Über diese Feedback-Komponente hinaus bietet sich eine Webanwendung aber auch für die kooperative Textproduktion an. Um zu ermöglichen, dass mehrere Nutzerinnen und Nutzer auch außerhalb des Seminarraums gleichzeitig eine Schreibaufgabe bearbeiten können, ist in SKOLA das Einrichten von Lerngruppen vorgesehen. Deren Mitglieder haben alle Zugriff dieselbe Aufgabe, können den jeweiligen Bearbeitungsstand sehen und sich abwechselnd das Schreibrecht einräumen. Zur Kooperation gehört aber nicht nur die wechselseitige Beobachtung und das abwechselnde Handeln, sondern auch ein sprachlicher Austausch über die aktuellen Handlungen – ihre Gründe und Resultate: Warum ist aus deiner Sicht diese Stelle besonders wichtig? Warum sollte gerade jene Passage zitiert werden? Gehört dieses Argument wirklich an den Anfang? Darf man das so schreiben? Die Diskussion über die Auswahl und Bewertung von Passagen aus den Bezugstexten, über Ordnungs- oder Formulierungshandlungen ist eine didaktisch unverzichtbare Ebene der Metakommunikation. SKOLA selbst stellt diese Ebene zwar nicht zur Verfügung, über eine parallel zur Arbeit in SKOLA laufende Software für Audio- oder Videokonferenzen kann sie aber leicht hinzugefügt werden.

An dieser Stelle wird noch einmal deutlich, dass SKOLA mit seinen Kernfunktionen keine autonome Lernumgebung ist und auch als mehrbenutzerfähiges Webangebot das gemeinsame Lernen im Seminar nicht ersetzen kann. Bei einer sinnvollen didaktischen Einbettung kann jedoch gerade die kooperative Arbeit im ‚Labor' durch die Kombination von Prozessmodellierung und Reflexionsangeboten in neuer Weise die Aufmerksamkeit auf den kontroversen Charakter wissenschaftlichen Argumentierens und auf die darauf bezogenen Schreib-und Textroutinen lenken.

4. Ausblick – Lernen und Forschen mit dem Schreibkontroversenlabor

Nach Abschluss der konzeptuellen und technischen Entwicklung ist eine nachhaltige Verankerung der Lernumgebung in der Lehre, bei der die skizzierten Möglichkeiten der Integration in Lernkontexte genutzt werden, das nächste Ziel. Derzeit wird der Einsatz in den verschiedenen Veranstaltungen des Einführungsmoduls der germanistischen Linguistik an der Justus-Liebig-Universität vorbereitet. Und in einem Gießener Dissertationsprojekt werden Szenarien der wissenschaftspropädeutischen Nutzung des Schreibkontroversenlabors in der gymnasialen Oberstufe entwickelt und erprobt. Die Laborbedingungen sind für die Lernumgebung allerdings nicht nur namensgebend geworden, weil in ihr Textproduktionsprozesse auf eine Weise vormodelliert werden, die es in dieser Form außerhalb von Lernarrangements nicht gibt. Als digitale Lernumgebung kann das Schreibkontroversenlabor zugleich auch als Forschungsinstrument genutzt werden, um Daten über die wissenschaftliche Textkompetenz Studierender und deren Erwerb zu gewinnen. Während der Entwicklung und des Usability-Testing wurden bereits mehrere Erhebungen mit unterschiedlichen Aufgaben durchgeführt. Dabei ist nicht nur ein Korpus vergleichbarer Texte entstanden, sondern es sind zudem prozessbezogene Daten aufgezeichnet worden. Als webbasierte Lernumgebung bietet SKOLA insbesondere die Möglichkeit, ein Protokoll der Nutzeraktionen zu erstellen, das einen strukturierten Zugriff auf die ebenfalls erstellten Videoaufzeichnungen von Bildschirm und Nutzerin bzw. Nutzer erlaubt. Prozess- und Produktdaten können zudem mit Reflexionsdaten verknüpft werden – seien dies Laut-Denken-Protokolle des Prozesses oder retrospektive Interviews, die auf Prozess- oder Produktdaten rekurrieren – um Aussagen über das Verhältnis der produktiven Verfügbarkeit von Routineausdrücken zur reflexiven Zugänglichkeit der mit ihnen verbundenen Funktionen zu treffen. Für die linguistische Forschung bietet der Einsatz des Schreibkontroversenlabors eine neuartige Möglichkeit, vergleichbare Daten zum komplexen Prozess des Erwerbs wissenschaftlicher Textkompetenz zu gewinnen. Darüber hinaus tragen die Analysen dieser Daten im Sinne einer didaktisch-integrierten Forschung dazu bei, das Schreibkontroversenlabor als Lerninstrument weiterzuentwickeln.

Literatur

Augstein, Rudolf (1987): Historikerstreit. Die Dokumentation der Kontroverse um die Einzigartigkeit der nationalsozialistischen Judenvernichtung. München: R. Piper.
Bartholomae, David (1985/1997): Inventing the University. In: Victor Villanueva (Hrsg.): Cross-Talk in Comp Theory: A Reader. Urbana, NCTE, 589-620. Zuerst in: Mike Rose (Hrsg.): Studies in Writers Block and other Composing-process Problems. New York/London: The Guilford Pr., 134–165.
Beißwenger, Michael und Angelika Storrer (2010): Kollaborative Hypertextproduktion mit Wiki-Technologie. Beispiele und Erfahrungen im Bereich Schule und Hochschule. In: Jakobs, Eva-Maria Jakobs, Katrin Lehnen und Kirsten Schindler (Hrsg.): Schreiben und Medien. Schule, Hochschule, Beruf. Frankfurt am Main u.a.: Lang (Textproduktion und Medium, 10), 13-36.
Dascal, Marcelo (1998): The study of controversies and the theory and history of science. In: *Science in Context* 11 (2), 147-154.
Derrida, Jacques (1988): Limited Inc. Evanston, IL: Northwestern University Press.
Döbeli Honegger, Beat (2010): Literaturverwaltung 2.0 als Bindeglied zwischen Forschung und Lehre? In: Schewa Mandel, Manuel Rutishauser und Eva Seiler Schiedt (Hrsg.): Digitale Medien für Lehre und Forschung. Münster: Waxmann (Medien in der Wissenschaft), 39–49.
Ehlich, Konrad (1981): Zur Analyse der Textart „Exzerpt". In: Frier, Wolfgang (Hrsg.): Pragmatik. Theorie und Praxis. Amsterdam (Amsterdamer Beiträge zur neueren Germanistik 13), 379–401.
– (1993): Deutsch als fremde Wissenschaftssprache. In: Jahrbuch Deutsch als Fremdsprache 19, 13–42.
Feilke, Helmuth (2010): Schriftliches Argumentieren zwischen Nähe und Distanz - am Beispiel wissenschaftlichen Schreibens. In: Vilmos Ágel und Mathilde Hennig (Hrsg.): Nähe und Distanz im Kontext variationslinguistischer Forschung. Berlin/New York: de Gruyter (Linguistik - Impulse & Tendenzen, 35), 207–232.
Feilke, Helmuth und Katrin Lehnen (2011): Wie baut man eine Lernumgebung für wissenschaftliches Schreiben? Das Beispiel SKOLA. Erscheint in: Würffel, Nicola/ Schmenk, Barbara (Hrsg.): Drei Schritte vor und manchmal auch sechs zurück. Internationale Perspektiven auf Entwicklungslinien im Bereich Deutsch als Fremdsprache. Tübingen: Narr (Gießener Beiträge zur Fremdsprachendidaktik).
Fix, Gefion und Jürgen Dittmann (2008): Exzerpieren. Eine empirische Studie an Exzerpten von GymnasialschülerInnen der Oberstufe. In: Linguistik online 33/1, 17–71. (Überarbeitete Fassung eines Manuskripts von 2004).
Geraskov, Daniel, Sven Göller, Wilfried Rüsse, Werner Sesink und Thomas Trebing (2005): Weiterentwicklung einer Vorlesung durch ein interaktives Skript. In: Werner Sesink und Karsten Wendland (Hrsg.): Studieren im Cyberspace? Die Ausweitung des Campus in den virtuellen Raum. Münster: Lit (Bildung und Technik, 4), 151-170.
Graham, Steve; Perin, Dolores (2007): A Meta-Analysis of Writing Instruction for Adolescent Students. In: Journal of Educational Psychology 99 (3), 445–476.

Habermas, Jürgen und Niklas Luhmann (1971): Theorie der Gesellschaft oder Sozialtechnologie - was leistet die Systemforschung? Frankfurt am Main: Suhrkamp.

Herrington, Jan/Reeves, Thomas C./Oliver, Ron (2010), A Guide to Authentic E-Learning. New York/London (Routledge)

Hyland, Ken (2004): Disciplinary discourses. Social Interactions in Academic Writing. Ann Arbor: University of Michigan Press. Zuerst: London, Longman 2000.

Jakobs, Eva-Maria (1999): Textvernetzung in den Wissenschaften. Zitat und Verweis als Ergebnis rezeptiven reproduktiven und produktiven Handelns. Tübingen: Niemeyer (Reihe Germanistische Linguistik, 210).

Jakobs, Eva Maria (2003): Reproductive Writing – Writing from Sources. In: Journal of Pragmatics 35, 893–906.

Kneer, Georg und Stephan Moebius (Hrsg.) (2010): Soziologische Kontroversen. Beiträge zu einer anderen Geschichte der Wissenschaft vom Sozialen. Berlin: Suhrkamp (stw, 1948).

Kruse, Otto und Gabriela Ruhmann (2006): Prozessorientierte Schreibdidaktik: Eine Einführung. In: Otto Kruse, Katja, Berger und Marianne Ulmi (Hrsg.): Prozessorientierte Schreibdidaktik. Schreibtraining für Schule, Studium und Beruf. Bern, Stuttgart, Wien: Haupt, 13–35.

Liebert, Wolf-Andreas und Marc-Denis Weitze (Hrsg.) (2006): Kontroversen als Schlüssel zur Wissenschaft? Wissenskulturen in sprachlicher Interaktion. Bielefeld: transcript.

Moll, Melanie (2002): „‚Exzerpieren statt fotokopieren'. Das Exzerpt als zusammenfassende Verschriftlichung eines wissenschaftlichen Textes". In: Angelika Redder (Hrsg.): Effektiv studieren. Duisburg, Gilles & Francke (= OBST-Beiheft 12), 104–126.

Narciss, Susanne (2008): Feedback strategies for interactive learning tasks. In J. Michael Spector, M. David Merrill, Jeroen van Merriënboer und Marcy P. Driscoll (Eds.), Handbook of Research on Educational Communications and Technology. 3. Aufl. Mahaw, NJ: Lawrence Erlbaum Associates, 125–144

Paschke, Melanie; McNamara, Pauline; Frischknecht, Peter; Buchmann, Nina (2010): Die onlinebasierten Schreibplattformen „Wissenschaftliches Schreiben, WiSch" (Bachelorlevel) und „Scientific Writing Practice, SkriPS" (Masterlevel). Vermittlung wissenschaftlicher Schreibkompetenz in der Fachdisziplin. In: Schewa Mandel, Manuel Rutishauser und Eva Seiler Schiedt (Hrsg.): Digitale Medien für Lehre und Forschung. Münster: Waxmann (Medien in der Wissenschaft), 50–60.

Pohl, Thorsten (2007): Studien zur Ontogenese wissenschaftlichen Schreibens. Tübingen: Niemeyer (Reihe Germanistische Linguistik, 271).

Pohl, Thorsten (2009): Die studentische Hausarbeit. Rekonstruktion ihrer ideen- und institutionsgeschichtlichen Entstehung. Heidelberg: Synchron (Wissenschaftskommunikation, 4).

Proske, Antje (2007): Wissenschaftliches Schreiben. Konzeption und Realisierung computerbasierter Trainingsaufgaben. Saarbrücken: VDM-Verl. Dr. Müller.

Proske, Antje; Narciss, Susanne; McNamara, Danielle S. (2010): Computer-based scaffolding to facilitate students' development of expertise in academic writing. In: Journal of Research in Reading. Online Preprint: DOI: 10.1111/j.1467-9817.2010.01450.x.

Rath, Corinna (1996): Zitieren in Zeitungen. Dargestellt am Beispiel portugiesischer und brasilianischer Zeitungstexte. Frankfurt am Main [u.a.], Lang

(Europäische Hochschulschriften/21; 155).

Reisigl, Martin (2006): Argumentation und kausalitätsbezogene Explikation. In: Gruber, Helmut et al.: Genre, Habitus und wissenschaftliches Schreiben. Eine empirische Untersuchung studentischer Texte. Wien: Lit (Wissenschaftlich schreiben, Bd. 1), 175–204.

Rheindorf, Markus: Intertextualität. In: Gruber, Helmut et al. (2006): Genre, Habitus und wissenschaftliches Schreiben. Eine empirische Untersuchung studentischer Texte. Wien: Lit (Wissenschaftlich schreiben, Bd. 1), 141–174.

Rienecker, Lotte und Tina Buchtrup Pipa (2006): Scribo A tool for proactive collaborative teaching. Vortragsmanuskript: Creating Knowledge IV. Empowering the Student through Cross-Institutional Collaboration. International conference at The Royal Library and University of Copenhagen, Copenhagen, August 16–18, 2006. URL: http://www.ck-iv.dk/papers/RieneckerPipa%20Scribo%20A%20tool%20for%20proactive%20collaborative%20teaching.pdf (15.8.2011)

Rienecker, Lotte; Stray Jørgensen, Peter (2003): The Genre in Focus, not the Writer: Using Model Examples en Large-Class Workshops. In: Björk, Lennart, Bräuer, Gerd, Rienecker, Lotte & Stray Jörgensen, Peter: Teaching Academic Writing in European Higher Education. Dordrecht, Kluwer Academic Publishers (= Studies in Writing; 12), 59–74.

Sandig, Barbara (1997): Formulieren und Textmuster. Am Beispiel von Wissenschaftstexten. In: Eva-Maria Jakobs und Dagmar Knorr (Hrsg.): Schreiben in den Wissenschaften. Frankfurt am Main, New York: P. Lang (Textproduktion und Medium, 1), 25–44.

Schnettler, Bernt Knoblauch Hubert (Hrsg.) (2007): Powerpoint-Präsentationen. Neue Formen der gesellschaftlichen Kommunikation von Wissen. Konstanz: UVK.

Schuelke, Gertrude (1958): ‚Slipping' in Indirect Discourse. In: American Speech 33/2, 90–98.

Segev-Miller, Rachel (2007): Cognitive processes in discourse synthesis: The case of intertextual processing strategies. In: Mark Torrance, Luuk van Waes und David Galbraith (Hrsg.): Writing and cognition: research and applications. Amsterdam: Elsevier (Studies in writing, 20), 231–250.

SKOLA (2011): Das Schreibkontroversenlabor. Video-Einführung. Gießen. Online: http://www.kulturtechniken.info/?page_id=48 (15.08.2011)

Steinhoff, Torsten (2007): Wissenschaftliche Textkompetenz. Sprachgebrauch und Schreibentwicklung in wissenschaftlichen Texten von Studenten und Experten. Tübingen: Niemeyer (Reihe Germanistische Linguistik, 280).

Steinseifer, Martin (2010): Textroutinen im wissenschaftlichen Schreiben Studierender. Eine computerbasierte Lernumgebung als Forschungs- und Lerninstrument. In: Jakobs, Eva-Maria Jakobs, Katrin Lehnen und Kirsten Schindler (Hrsg.): Schreiben und Medien. Schule, Hochschule, Beruf. Frankfurt am Main u.a.: Lang (Textproduktion und Medium, 10), 91–114.

Stezano Cotelo, Kristin (2008): Verarbeitung wissenschaftlichen Wissens in Seminararbeiten ausländischer Studierender. Eine empirische Sprachanalyse. München: Iudicium (Studien Deutsch, 39).

Können computerbasierte Trainingsaufgaben Text- und Schreibroutinen beim wissenschaftlichen Schreiben fördern?

Antje Proske

Texte sind ein zentrales Mittel der Darstellung, Speicherung und Kommunikation von Wissen. Ziel eines wissenschaftlichen Schreibprozesses ist es daher, inhaltliches Wissen in ein sprachliches Produkt zu transformieren, das einem spezifischen kommunikativen Ziel entspricht. Um dieses Ziel zu erreichen, sind neben dem (1) inhaltlichen Wissen über das Thema, das im Text kommuniziert werden soll, mindestens drei weitere Arten von Wissen notwendig (Alamargot/Chanquoy 2001b, 3): (2) sprachliches Wissen (z.b. grammatikalische Regeln, Wortelemente); (3) pragmatisches Wissen (erlaubt den Schreibenden, Inhalt und Sprachstil des Textes an den Adressaten anzupassen); sowie (4) prozedurales Wissen (Handlungswissen/Fertigkeit – gestattet, das inhaltliche, sprachliche und pragmatische Wissen zu nutzen und strategisch einzusetzen).

Prozedurales Wissen umfasst also *Regeln*, nach denen inhaltliche, sprachliche und pragmatische Wissensbausteine zu einem Text kombiniert werden, d.h. die Schreibhandlung wird durch das prozedurale Wissen zunehmend mehr automatisch gesteuert. Dabei kann zwischen (1) Schreibroutinen und (2) Textroutinen unterschieden werden. Schreibroutinen umfassen automatisiert eingesetzte, mehr oder weniger komplexe Prozeduren zur Bewältigung der Anforderungen des Schreibprozesses (z.B. Planungs- und Überarbeitungsroutinen). Textroutinen dagegen sind sprachliche Instrumente des Formulierens. Sie dienen dazu, pragmatisch-funktionale Anforderungen schriftsprachlichen Handelns zu erfüllen und sind daher domänen- und textsortengebunden (Feilke 2003, 218).

Erfahrene und weniger erfahrene Schreibende unterscheiden sich in ihrem prozeduralen Wissen. Erfahrene Schreibende verfügen über ein großes Repertoire an Text- und Schreibroutinen, aus dem sie die jeweils angemessene Routine zum richtigen Zeitpunkt auswählen. Weniger erfahrene Schreibende haben ein solches Repertoire noch nicht entwickelt und fühlen sich unter anderem aus diesem Grund beim Schreiben überfordert (Hidi/Boscolo 2006, 149).

Da das prozedurale Wissen auf das inhaltliche, sprachliche und pragmatische Wissen des Schreibenden zugreift, ist ein systematischer Wissenserwerb die Grundlage für die Entwicklung und damit auch den Einsatz von Schreib- und Textroutinen. Vor allem im Bereich des wissenschaftlichen Schreibens wird dieses Wissen jedoch häufig eher implizit erworben anstatt explizit vermittelt und geübt (Kruse 2003; Pospiech 2005).

Eine Möglichkeit, Grundkompetenzen des wissenschaftlichen Schreibens systematisch zu üben, bieten computerbasierte Trainingsaufgaben, die Text- und Schreibroutinen mittels Scaffolding unterstützen (Proske 2007). Computerbasiertes Scaffolding (CBS) unterstützt die Anwendung von Text- und Schreibroutinen während des Schreibprozesses in Form von instruktionalen Anleitungen und interaktiven Hilfsmitteln (Proske/Narciss/McNamara im Druck). Dadurch wird die kognitive Belastung der Schreibenden während des Schreibens reduziert. Weiterhin wird während des Schreibens ein Wissen über Text- und Schreibroutinen vermittelt und geübt. Dem Scaffolding liegt die Annahme zugrunde, dass diese Art der Wissensvermittlung dazu führt, dass die Schreibenden diese Text- und Schreibroutinen später selbständig anwenden (Graham/Perin 2007, 450f).

In diesem Beitrag werden die Konzeption, Realisierung und empirische Überprüfung computerbasierter Trainingsaufgaben, die das wissenschaftliche Schreiben mittels CBS unterstützen, erläutert und diskutiert. Dazu werden zunächst die Teilaufgaben des wissenschaftlichen Schreibprozesses, ihre Anforderungen sowie Routinen zu ihrer Bewältigung beschrieben. Danach wird die computerbasierte Schreibumgebung *escribo* vorgestellt, in der CBS auf der Grundlage des Modells der Teilaufgaben beim wissenschaftlichen Schreiben implementiert wurde. Im Anschluss werden empirische Befunde zu lern- und motivationspsychologischen Wirkungen der Schreibumgebung zusammengefasst.

1. Teilaufgaben beim wissenschaftlichen Schreiben

Die Voraussetzung für die Entwicklung von CBS ist eine Anforderungsanalyse. Ziel einer Anforderungsanalyse ist es, Anforderungen beim wissenschaftlichen Schreiben und typische Routinen zu ihrer Bewältigung zu identifizieren. Damit werden das Wissen expliziert, das Schreibende erwerben und später automatisieren müssen, um Schreib- und Textroutinen entwickeln zu können (van Gog/ Ericsson/Rikers/Paas 2005, 77). Die Anforderungsanalyse basierte daher auf kognitiven Schreibmodellen (z.B. Bereiter/Scardamalia 1987; Hayes 1996; Hayes/Flower 1980) sowie empirischer Forschung zu Schreib- und Textroutinen erfahrener Schreibender (z.B. Kellogg 1987; Kozma 1991b; Van Wijk 1999). Abbildung 1 fasst die Ergebnisse der Anforderungsanalyse zusammen. Sie zeigt die Teilaufgaben, die während des wissenschaftlichen Schreibens bewältigt werden müssen (Proske 2007, 33).

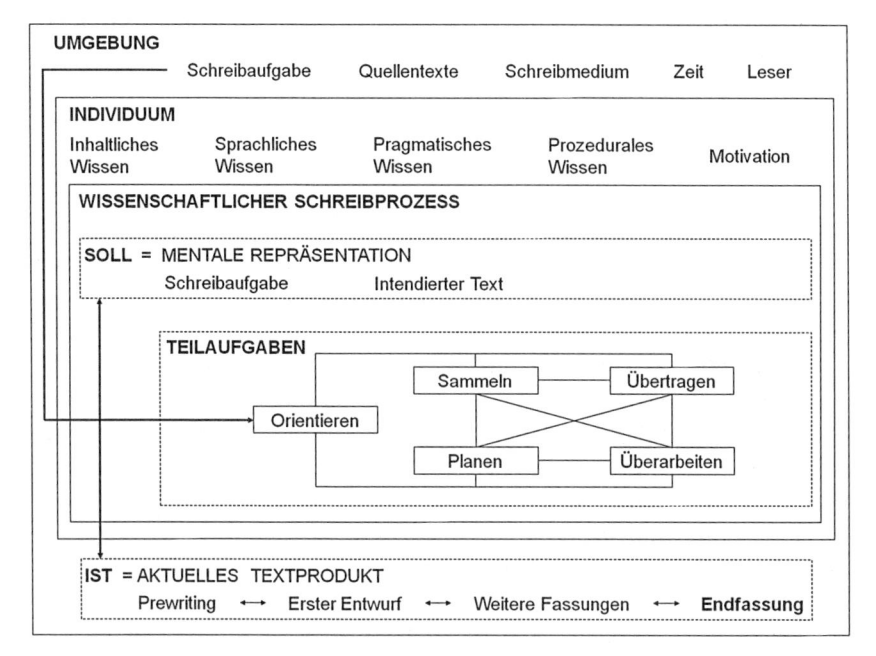

```
┌─────────────────────────────────────────────────────────────────────┐
│ UMGEBUNG                                                            │
│  ┌─── Schreibaufgabe   Quellentexte   Schreibmedium   Zeit   Leser  │
│  │                                                                   │
│  │ INDIVIDUUM                                                        │
│  │ Inhaltliches  Sprachliches  Pragmatisches  Prozedurales           │
│  │ Wissen        Wissen        Wissen         Wissen     Motivation  │
│  │                                                                   │
│  │ WISSENSCHAFTLICHER SCHREIBPROZESS                                 │
│  │   SOLL = MENTALE REPRÄSENTATION                                   │
│  │     Schreibaufgabe       Intendierter Text                        │
│  │                                                                   │
│  │     TEILAUFGABEN                                                  │
│  │                    ┌─ Sammeln ─┐ ┌─ Übertragen ─┐                 │
│  └──→ Orientieren     │           ╳                │                 │
│                       └─ Planen ──┘ └─ Überarbeiten┘                 │
│                                                                      │
│   IST = AKTUELLES TEXTPRODUKT                                        │
│       Prewriting ↔ Erster Entwurf ↔ Weitere Fassungen ↔ Endfassung   │
└──────────────────────────────────────────────────────────────────────┘
```

Abb. 1: Teilaufgaben beim wissenschaftlichen Schreiben (n. Proske, 2007, 33)

Analog zu den kognitiven Schreibmodellen liegt dem Teilaufgabenmodell die Annahme zugrunde, dass ein wissenschaftlicher Schreibprozess von einem Individuum in einer bestimmten Umgebung durchgeführt wird (vgl. Hayes/ Flower 1980, 12). Die *Umgebung* legt z.b. die Anzahl verfügbarer Quellentexte oder den Zeitrahmen für die Textproduktion fest. Die zentrale Komponente der Umgebung ist die Schreibaufgabe. Sie ergibt sich aus der Verknüpfung einer Aufgabenstellung (z.b. beschreiben, analysieren, vergleichen) mit einem bestimmten Inhalt (z.b. Motivationsmodelle). Durch die Schreibaufgabe wird demzufolge definiert, auf welchen Inhalt der Schreibende wie in dem zu verfassenden Text eingehen soll.

Individuelle Voraussetzungen des Schreibenden vermitteln zwischen dem Schreibprozess und der Umgebung (vgl. Hayes 1996, 7ff). Erfahrene Schreibende nutzen ihr umfangreiches inhaltliches, sprachliches, pragmatisches und prozedurales Wissen als Basis für die Koordination ihrer Schreibaktivitäten (z.B. McCutchen 2000; Torrance 1996). Weiterhin stützen sie sich auf motivationale Überzeugungen (intrinsischer Anreiz, Glaube an die eigene Kompetenz), um Hürden im wissenschaftlichen Schreibprozess zu überwinden (Bruning/Horn 2000; Hidi/Boscolo 2006). Somit können sie die Anforderungen der Umgebung in ihrem Schreibprozess systematisch und zielgerichtet bewältigen. Unerfahrene Schreibende verfügen nicht über dieses Wissen und produzieren daher mit hoher Wahrscheinlichkeit Texte von geringerer Qualität (z.B. Ferrari/Bouffard/ Rainville 1998; Ferretti/MacArthur/Dowdy 2000). Misserfolgserlebnisse führen jedoch zu Gefühlen von Inkompetenz und Frustration, was wiederum die Motivation zum Schreiben negativ beeinflusst (z.B. Hidi/Boscolo 2006, 151f).

Ein Textprodukt entsteht in der Regel aus unterschiedlichen Zwischenprodukten (z.B. Notizen, Entwürfen, etc.) Dabei stellt das aktuelle Textprodukt jeweils den *IST-Zustand* des Textes dar. Um den *SOLL-Zustand* des Textproduktes zu identifizieren, muss der Schreibende eine mentale Repräsentation über den intendierten Text entwickeln. Hierzu analysieren erfahrene Schreibende die Schreibaufgabe und aktivieren ihr inhaltliches und pragmatisches Wissen (Bereiter/Scardamalia 1987, 10ff). Im weiteren Schreibprozess wird diese mentale Repräsentation immer weiter ausdifferenziert. Dabei entspricht die aktuelle mentale Repräsentation des intendierten Textes jeweils dem Soll-Zustand des zu verfassenden Textes. Ein ständiger *Ist-Soll-Vergleich* gestattet es, die Textproduktion zu kontrollieren. Wird eine Diskrepanz festgestellt, müssen die Ursachen dafür ermittelt und entschieden werden, wie die Diskrepanz beseitigt werden kann. Der Ist-Soll-Vergleich erfahrener Schreibender basiert auf einer adäquateren mentalen Repräsentation der Schreibaufgabe als bei weniger erfahrenen Schreibenden (z.B. Kozma 1991b, 3). Aus diesem Grund produzieren weniger erfahrene Schreibende Fehler bei der Textproduktion (z.B. Ferretti et al. 2000) oder sie beenden den Schreibprozess, bevor sie den Textinhalt aufgabengerecht ausgearbeitet haben (z.B. Torrance/Fidalgo/García 2007).

Der *wissenschaftliche Schreibprozess* besteht aus den Teilaufgaben Orientieren, Sammeln, Planen, Übertragen und Überarbeiten, in denen jeweils verschiedene kognitive Subprozesse ablaufen (Bereiter/Scardamalia 1987; Hayes 1996; Hayes/Flower 1980; Kellogg 1987). Jede der Teilaufgaben umfasst verschiedene Schreib- und Textroutinen, resultiert in unterschiedlichen Ergebnissen und trägt somit ihren spezifischen Beitrag zum Schreibprozess bei. Das bedeutet, dass der Schreibprozess ohne eine Erfüllung aller Teilaufgaben nicht erfolgreich bewältigt werden kann.

Ziel der Teilaufgabe *Orientieren* ist es, eine erste mentale Repräsentation der Schreibaufgabe aufzubauen. Dazu werden der Themenumfang der Schreibaufgabe sowie die Anforderungen der Schreibaufgabe bestimmt. Unerfahrene Schreibende konstruieren die mentale Repräsentation der Schreibaufgabe oft unvollständig und unpräzise (vgl. Bereiter/Scardamalia 1987; Kozma 1991b). Daher haben sie im Anschluss Probleme, die anderen Teilaufgaben des Schreibprozesses zielgerichtet zu bewältigen.

Die Teilaufgabe *Sammeln* beinhaltet das Suchen von Informationen zu möglichen Textinhalten. Dabei spielt das Bearbeiten externer Informationsquellen eine zentrale Rolle. Der Schreibende muss relevante Texte auswählen, sie lesen und verstehen. Ziel des Sammelns ist es, relevante Informationen, deren Beziehungen untereinander sowie Argumentverknüpfungen zu finden. Erfahrene Schreibende sind auch kompetente Leser (Hayes 1996, 20). Im Gegensatz dazu vereinfachen unerfahrene Schreibende oft den Inhalt der Quellentexte zu sehr oder verstehen ihn falsch (Britt/Aglinskas 2002), was sich wiederum negativ auf die Qualität der produzierten Texte auswirkt, in denen die Quellentexte interpretiert bzw. zusammengefasst werden müssen (Hayes 1996, 18).

Während der Teilaufgabe *Planen* werden die zusammengetragenen Informationen weiter verarbeitet. Es müssen die Textinhalte des eigenen Textes bestimmt, miteinander in Beziehung gesetzt und strukturiert werden. Im Anschluss werden Textbotschaft, Argumentationsverlauf und Gliederung des eigenen Textes festgelegt. Dadurch wird gleichzeitig der Soll-Zustand des zu verfassenden Textes ausdifferenziert. Erfahrene Schreibende planen mehr und investieren mehr Zeit in die Textvorbereitung als unerfahrene Schreibende. Darüber hinaus bereiten sie ihren Text auf einer übergeordneten, konzeptuellen Ebene vor (vgl. Bereiter/Scardamalia 1987; Haas 1996; Kozma 1991a; Kozma 1991b). Unerfahrene Schreibende entwickeln oft nur vage Textziele und verbringen ihre Planungszeit mit Überlegungen zur Textoberfläche wie z.B. Wortwahl oder Satzstruktur (Flower/Hayes 1980, 44).

Das *Übertragen* entspricht dem eigentlichen Formulieren. Ziel dieser Teilaufgabe ist es zunächst, die geplanten Textinhalte in eine lineare Textform zu übertragen. Später spielt vor allem die Feinabstimmung des Textes mit ausgefeilten Formulierungen und stilistischen Mitteln eine Rolle. Die Teilaufgabe Übertragen erfordert die gleichzeitige Kontrolle von vier verschiedenen Informationseinheiten (vgl. Van Wijk 1999, 43): (a) dem Textinhalt, (b) dem lokalen Konzept (z.B. die aktuelle Idee, die in einen Text übertragen werden soll), (c) der globalen Textstruktur, sowie (d) rhetorische Überlegungen. Je mehr dieser vier Informationseinheiten beim Schreiben simultan berücksichtigt werden können, umso höher ist auch die Schreibkompetenz. Wenig erfahrene Schreibende sind daher nicht in der Lage, alle vier Informationseinheiten gleichzeitig zu koordinieren (Van Wijk 1999, 45f).

Während der Teilaufgabe *Überarbeiten* wird der bisher produzierte Text anhand der mentalen Repräsentation des Soll-Zustandes umformuliert, unorganisiert und umgearbeitet. Erfahrene Schreibende überarbeiten während des Schreibprozesses häufig und berücksichtigen dabei nicht nur Wortwahl und Satzstellung, sondern auch die Botschaft und Bedeutung ihres Textes (z.B. McCutchen/Francis/Kerr 1997). Im Gegensatz dazu überarbeiten unerfahrene

Schreibende ihren Text selten bzw. fokussieren bei der Überarbeitung auf Merkmale der Textoberfläche wie z.B. Rechtschreibung und Grammatik (Fitzgerald 1987; Hayes/Flower/Schriver/Stratman/Carey 1987). Darüber hinaus haben unerfahrene Schreibende Schwierigkeiten, Textfehler bzw. Textprobleme zu entdecken und verfügen über zu wenig sprachliches und pragmatisches Wissen, um ihren Text adäquat beurteilen zu können (Hayes 2004; Kozma 1991a).

Die Teilaufgaben Orientieren, Sammeln, Planen, Übertragen und Überarbeiten laufen während eines Schreibprozesses nicht einfach nacheinander ab. Sie sind vielmehr als kognitive und metakognitive Aktivitäten des Schreibenden aufzufassen, die während des gesamten Schreibprozesses immer wieder in Form komplexer Muster auftreten. Metakognitive Kontrolle gestattet es erfahrenen Schreibenden, sich diese Aktivitäten bewusst zu machen und bei Bedarf zu entscheiden, welche Schreib- oder Textroutinen wie und zu welchem Zeitpunkt einzusetzen sind, um die aktuelle kognitive Belastung zu reduzieren (vgl. Kellogg 2006; Scardamalia/Bereiter 1991).

Das Modell der Teilaufgaben beim wissenschaftlichen Schreiben macht deutlich, dass der Einsatz angemessener Schreib- und Textroutinen essentiell für eine effiziente Steuerung des gesamten Schreibprozesses ist (Alamargot/Chanquoy 2001a). Solange weniger erfahrene Schreibende diese Routinen jedoch nicht kennen und üben, können sie diese auch nicht automatisieren, um die Anforderungen des wissenschaftlichen Schreibens routiniert zu bewältigen. Daher sollten unerfahrene Schreibende mit einer Umgebung unterstützt werden, die Schreib- und Textroutinen für sie sichtbar macht und deren Ausführung anleitet. Eine Möglichkeit hierzu – die computerbasierte Schreibumgebung *escribo*, die auf Grundlage des Modells der Teilaufgaben beim wissenschaftlichen Schreiben entwickelt wurde – wird im Folgenden vorgestellt.

2. Die computerbasierte Schreibumgebung escribo

Die Schreibumgebung *escribo* ist eine webbasierte Applikation, die während des gesamten wissenschaftlichen Schreibprozesses die Ausführung von Schreib- und Textroutinen anleitet und unterstützt. Ziel bei der Entwicklung und Umsetzung der Schreibumgebung war es, unerfahrenen Schreibenden ein zielgerichtetes Üben (deliberate practice, vgl. Ericsson/Krampe/Tesch-Römer 1993) dieser Schreib- und Textroutinen zu ermöglichen. Zielgerichtete Übung wird durch Aufgaben ermöglicht, die so gestaltet sind, dass durch ihre Bearbeitung spezifische Aspekte einer Fähigkeit verbessert werden können, d.h. dazugelernt werden kann (Ericsson 2006, 692). Solche Aufgaben sollten immer in den Kontext der gesamten Fähigkeit eingebettet sein. Weiterhin sollten sie einen herausfordernden Schwierigkeitsgrad haben, aber nicht zu schwierig sein. Um eine sukzessive Verbesserung der betreffenden Fähigkeit zu ermöglichen, ist es ferner notwendig, dass solche Aufgaben Raum für Wiederholung und Fehlerkorrektur lassen sowie informative Rückmeldungen an die Lernenden geben (Ericsson et al. 1993, 367f).

Durch zielgerichtetes Üben können somit Schreib- und Textroutinen erworben und ihre Ausführung schrittweise verbessert werden. Fortwährendes zielgerichtetes Üben kann dann dazu beitragen, die neu erworbenen Schreib- und Textroutinen immer stärker zu automatisieren. Damit erfordern sie immer weniger bewusste Aufmerksamkeit des Schreibenden und können immer weniger durch andere, gleichzeitig ausgeführte Handlungen gestört werden (vgl. Ericsson 2006, 694). Dazu ist es jedoch notwendig, dass die zu vermittelnden Schreib- und Textroutinen während des Übens in den gesamten Schreibprozess eingebettet sind. Ein vom Schreibprozess getrenntes Training einzelner Schreib- und Textroutinen würde die Integration der Routinen in den Handlungsablauf beim Schreiben und damit auch ihre Automatisierung erschweren, wenn nicht sogar unmöglich machen.

2.1 Die Bedienoberfläche der Schreibumgebung escribo

Die Schreibaufgabe ist während des Arbeitens mit *escribo* immer im oberen Bildschirmteil verfügbar. Um ein zielgerichtetes Üben zu ermöglichen, zerlegt die Schreibumgebung den komplexen Schreibprozess in seine Teilaufgaben Orientieren, Sammeln, Planen, Übertragen und Überarbeiten (vgl. Abbildung 2).

Jede Teilaufgabe wird durch eine Hauptkarteikarte repräsentiert. Klickt man auf eine der Hauptkarteikarten, werden Unterkarteikarten mit teilaufgabenspezifischen Arbeitsschritten aktiviert. Diese Arbeitsschritte müssen nacheinander absolviert werden. Dadurch werden irrelevante Arbeitsschritte ausgeblendet, die Schreibenden werden beim Setzen von Teilzielen unterstützt.

Auf jeder Unterkarteikarte findet man Instruktionen und interaktive Hilfsmittel, die genau auf den jeweiligen Arbeitsschritt abgestimmt sind. Die Instruktionen erläutern die für den jeweiligen Arbeitsschritt notwendigen Schreib- und Textroutinen, während die interaktiven Hilfsmittel für die Ausführung dieser Schreib- und Textroutinen genutzt werden können.

Ist ein Arbeitsschritt absolviert, wird der Schreibende durch einen Klick auf den Button *Fertig* automatisch zur nächsten Karteikarte weiter geleitet. Wichtige Arbeitsergebnisse von vorhergehenden Karteikarten sind dort verfügbar und können weiter genutzt werden.

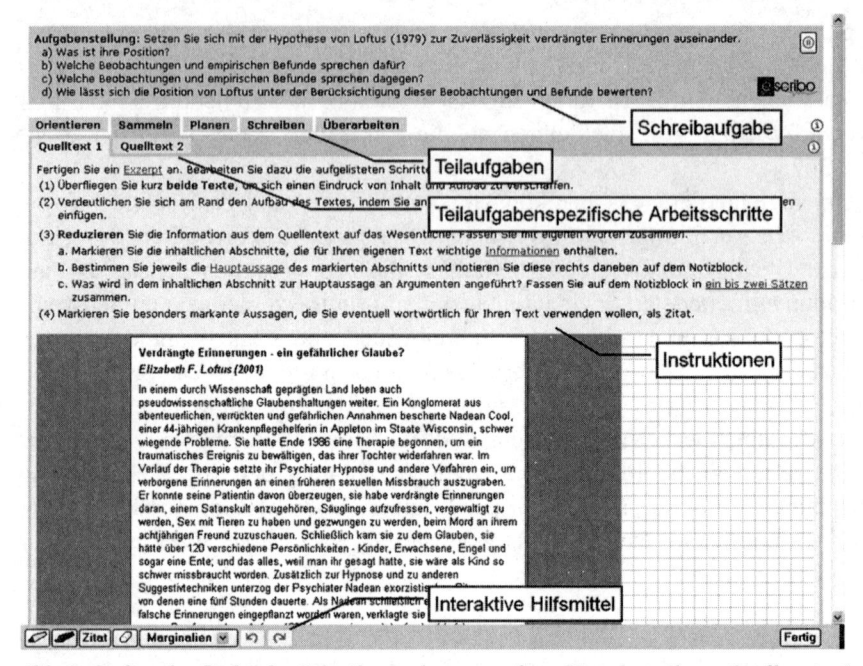

Abb. 2: Bedienoberfläche der Schreibumgebung escribo – Unterkarteikarte Quellentext 1

Bei erstmaliger Bearbeitung kann kein Arbeitsschritt übersprungen werden. Die Schreibenden können jedoch jederzeit zu einer bereits bearbeiteten Karteikarte zurück gehen und die Eingaben auf dieser Karte modifizieren. Weiterhin liefert *escribo* automatisch Hinweise für eine optimale Verteilung der Schreibzeit.

2.2 Die Teilaufgaben des wissenschaftlichen Schreibprozesses in der Schreibumgebung escribo

Tabelle 1 liefert einen Überblick über die Schreib- und Textroutinen, die durch *escribo* unterstützt werden (vgl. auch Proske 2007, 123ff).

Auf der Karteikarte *Orientieren* werden die Schreibenden dazu aufgefordert, die Schreibaufgabe zu analysieren und das eigene Vorwissen hinsichtlich Textsorte und Textinhalt zu aktivieren.

Tab. 1: Der Schreibprozess in der Schreibumgebung escribo

Teilaufgabe	Unterkarteikarte	Unterstützte Schreib- und Textroutinen
Orientieren	Orientieren	Schreibaufgabe analysieren
		Vorwissen aktivieren
		↓
Sammeln	Quellentext 1	Relevante Textabschnitte markieren
		Textinformation in eigenen Worten zusammenfassen
	Quellentext 2	Relevante Textabschnitte markieren
		Textinformation in eigenen Worten zusammenfassen
		↓
Planen	Analysieren	Informationen aus den Quellen strukturieren
		Eigene Position entwickeln
		Begriffe klären und definieren
		↓
	Argumentieren	Kernaussage für den Text formulieren
		Argumentationsverlauf festlegen
		↓
	Gliedern	Thematische Überschriften formulieren
		Argumente zuordnen
		↓
Übertragen	Schreiben	Erstellen eines ersten Entwurfs
		↓
Überarbeiten	Überarbeiten 1	Leserperspektive einnehmen
		Produzierten Text lesen
		Argumentation und Struktur des Textes überarbeiten
		↓
	Überarbeiten 2	Produzierten Text lesen
		Verständlichkeit des Textes überarbeiten
		↓
	Überarbeiten 3	Produzierten Text lesen
		Rechtschreibung, Grammatik überarbeiten
		↓
		Endversion

Die Teilaufgabe *Sammeln* besteht aus den zwei Unterkarteikarten *Quellentext 1* und *Quellentext 2*. Diese müssen nicht nacheinander, sondern können wechselseitig bearbeitet werden. Die Quellentexte sind in die Schreibumgebung integriert (vgl. Abbildung 2). Nutzen Schreibende gezielt Strategien zum Zusammenfassen von Textinformationen, sind sie besser in der Lage, diese Informationen in ihrem eigenen Text präzise und korrekt darzustellen (z.B. Britt/ Aglinskas 2002). Daher sollen sich die Schreibenden zunächst die formale Struktur der Quellentexte mittels Marginalien (z.B. These, Argument, Gegenargument, Beispiel) verdeutlichen. In einem nächsten Schritt müssen die Schreibenden inhaltlich wichtige Textabschnitte des Quellentextes kennzeichnen. Sobald ein Textabschnitt markiert wird, öffnet sich auf der rechten Bildschirmseite ein Notizfenster, in dem die Schreibenden die Informationen aus dem Textabschnitt in eigenen Worten zusammenfassen sollen (vgl. Abbildung 2). Dadurch kann einem oberflächlichen Abschreiben bzw. Kopieren der Informationen aus dem Quellentext entgegengewirkt werden (Proske 2007, 129f).

Die Teilaufgabe *Planen* umfasst die drei Unterkarteikarten Analysieren, Argumentieren und Gliedern. Ziel des Planens ist die Erstellung einer strukturierten Ideenskizze. Empirische Befunde zeigen, dass eine solche strukturierte Ideenskizze (Outline) für weniger erfahrene Schreibende besonders gut zur Textplanung geeignet ist (z.B. Kellogg 1988; Kozma 1991b). Zu diesem Zweck müssen zunächst auf der Unterkarteikarte *Analysieren* die gesammelten Informationen strukturiert, eine eigene Position zum Thema entwickelt sowie relevante Fachbegriffe definiert werden. Klare und spezifische Textziele wirken sich positiv auf die Textqualität aus (Graham/Perin 2007, 464). Daher wird auf der Unterkarteikarte *Argumentieren* die Textbotschaft für den zu verfassenden Text festgelegt. Weiterhin wählen die Schreibenden aus den drei typischen Argumentationsmustern *Kette*, *Waage* und *Rhombus* (Bünting/Bitterlich/Pospiech 2000, 117ff) einen Argumentationsverlauf für ihren Text aus. Die Unterkarteikarte *Gliedern* dient der Fertigstellung der strukturierten Ideenskizze. Hierzu wird der zuvor ausgewählte Argumentationsverlauf automatisch durch die Schreibumgebung visualisiert. Weiterhin wird die zuvor formulierte Textbotschaft als Inhalt des letzten Textteiles, also als eigene Bewertung der theoretischen Position, angezeigt. Die Schreibenden müssen inhaltliche Überschriften für die einzelnen Kapitel formulieren und zu den einzelnen Kapiteln Argumente aus der Materialsammlung von der Unterkarteikarte Analysieren zuordnen.

Die Unterkarteikarte *Schreiben* dient zum *Übertragen* des geplanten Textinhalts in eine erste Rohversion (vgl. Kellogg 1990). Hierzu haben die Schreibenden einen Texteditor mit grundlegenden Editorfunktionen (z.B. Kopieren, Einfügen, Aufzählung, etc.) zur Verfügung. Der Zugang zur zuvor entwickelten Inhalts- und Textstruktur erlaubt es Schreibenden, übergeordnete Textmerkmale wie z.B. den Gang der Argumentation besser zu berücksichtigen und zu kontrollieren (vgl. Sturm/Rankin-Erickson 2002). Daher sind die Überschriften und Textfragmente von der Unterkarteikarte Gliedern auf der linken Seite des Editors verfügbar. Außerdem werden die Überschriften und die Textbotschaft automatisch im Editor angezeigt. Darüber hinaus sind bei Bedarf die auf der Unterkarteikarte Analysieren gesammelten und strukturierten Informationen verfügbar und können weiter verwendet werden (Materialanalyse, vgl. Abbildung 3).

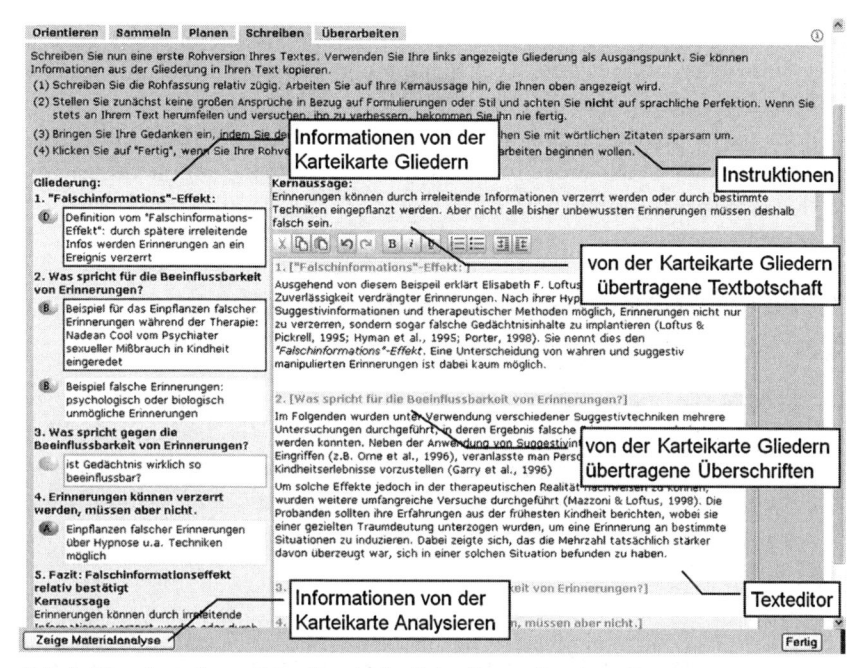

Abb. 3: Unterkarteikarte Schreiben in der Schreibumgebung escribo

Um das für unerfahrene Schreibende typische Überarbeitungsverhalten zu verhindern, das zu sehr auf Textoberflächenmerkmale fokussiert (vgl. Fitzgerald 1987; Hayes et al. 1987), stehen für die Teilaufgabe *Überarbeiten* insgesamt drei Karteikarten zur Verfügung. Auf der Unterkarteikarte *Überarbeiten 1* werden inhaltliche Schlüssigkeit und Struktur des Textes überarbeitet. Um zu prüfen, ob der im Text dargestellte Argumentationsverlauf nachvollziehbar ist, müssen Schreibende zunächst die Leserperspektive einnehmen (vgl. Fitzgerald 1987). Dazu können die Schreibenden ihren produzierten Text von einer Audiodatei anhören. Außerdem werden die Schreibenden aufgefordert, mithilfe von vier verschiedenfarbigen Textmarkierungswerkzeugen anzugeben, wo die theoretische Position, Argumente dafür, Argumente dagegen sowie ihre eigene Position dargestellt sind. In Abhängigkeit dieser Textmarkierungen macht *escribo* Vorschläge, wie der Text umorganisiert werden kann, um die Schreibaufgabe angemessen zu beantworten. Die Verständlichkeit des Textes wird auf der Unterkarteikarte *Überarbeiten 2* überprüft und verbessert. Da unerfahrene Schreibende Schwierigkeiten haben, Textprobleme zu identifizieren, haben sie verschiedene interaktive Hilfsmittel zur Verfügung: (a) ein Werkzeug, das sehr lange Sätze markiert, (b) ein Werkzeug, das mangelnde Kohärenz zwischen Sätzen kennzeichnet und (c) ein Werkzeug, das Nominalstil anzeigt. Außerdem werden die Schreibenden angeleitet, ihre Wortwahl zu überprüfen und z.B. leere Phrasen oder Füllwörter zu streichen. Rechtschreibung, Grammatik und Zeichensetzung werden schließlich auf der Unterkarteikarte *Überarbeiten 3* kontrolliert. Eine automatische Rechtschreibkontrolle unterstützt diesen letzten Überarbeitungsschritt. Danach ist der wissenschaftliche Schreibprozess abgeschlossen, die Endversion des Textes erstellt.

3. Lern- und motivationspsychologische Wirkungen der Schreibumgebung escribo

Um die Effekte des zielgerichteten Übens mit der Schreibumgebung *escribo* empirisch zu überprüfen, wurden mehrere experimentelle Studien durchgeführt, deren zentrale Ergebnisse im Folgenden zusammengefasst werden. Dabei wurden nicht nur die Schreibleistung, sondern auch Merkmale des Schreibprozesses oder Veränderungen in der Schreibmotivation untersucht (vgl. Proske 2007; Proske et al. im Druck).

3.1 Unmittelbare Effekte beim zielgerichteten Üben mit escribo

In einer ersten experimentellen Studie wurde überprüft, wie sich das zielgerichtete Üben mit *escribo* unmittelbar auf die Schreibleistung und Motivation auswirkt (Proske 2007, 140ff). An der Studie nahmen 41 Studierende der TU Dresden teil (33 weiblich, 8 männlich, durchschnittlich 22 Jahre alt). Die Studierenden wurden zufällig zwei Gruppen zugeteilt. Die escribo-Gruppe arbeitete mit der computerbasierten Schreibumgebung, während die Kontrollgruppe ihren Text in einem webbasierten Editor verfasste. Die Studierenden erhielten die Aufgabe, anhand von zwei verschiedenen Quellentexten eine theoretische Position, Argumente für und gegen diese Position sowie abschließend eine eigene Beurteilung der theoretischen Position darzustellen (Proske 2007, 142f). Für die escribo-Gruppe waren die Quellentexte in die Schreibumgebung integriert, die Kontrollgruppe erhielt sie in Papierform.

Die Ergebnisse dieser Studie zeigten, dass Studierende mit Unterstützung durch *escribo* besser verständliche Texte verfassten als ohne CBS. Erfahrene Schreibende sind in der Lage, dem antizipierten Leser die eigene Position klar und präzise zu präsentieren und kohärent und logisch nachvollziehbar zu begründen. Ein verständlicher Text kann diese Anforderung eher erfüllen als ein unverständlicher Text (vgl. Bromme/Jucks/Runde 2005). Daher ist dieses Ergebnis ein Hinweis darauf, dass das CBS der Schreibumgebung den Studierenden die unmittelbare Anwendung von Text- und Schreibroutinen zur Verbesserung der Verständlichkeit ihrer Texte ermöglicht.

Die Ergebnisse dieser Studie zeigen jedoch auch, dass die Kontrollgruppe nach dem Arbeiten motivierter war als die escribo-Gruppe (Proske 2007, 163f). Dieser Unterschied konnte in einer differenzierten Analyse der einzelnen Motivationsskalen auf einen höheren Wert der Kontrollgruppe auf der Skala *Glaube an die eigene Kompetenz* zurückgeführt werden. In den anderen Skalen – *intrinsischer Wert* und *Anstrengung* – unterschieden sich die beiden Gruppen nicht. Dieses Ergebnis könnte ein Hinweis darauf sein, dass den Studierenden der escribo-Gruppe durch das CBS deutlich gemacht wurde, wie viel verschiedene Schreib- und Textroutinen beherrscht werden müssen, um den wissenschaftlichen Schreibprozess erfolgreich zu bewältigen (vgl. Graham/Perin 2007, 450f). Damit verfügten die Studierenden über mehr Informationen als vor dem Arbeiten mit der Schreibumgebung, um ihre eigene Schreibkompetenz einschätzen zu können. Die Studierenden der Kontrollbedingung haben während des Schreibens kein Wissen über Text- und Schreibroutinen vermittelt bekommen und stützten ihre Kompetenzeinschätzung somit genau auf den gleichen Informationsstand wie vor der Textproduktion. Daher ist es nicht erstaunlich, dass sich ihre Einschätzung der Schreibkompetenz durch das einmalige selbständige Verfassen eines Textes nicht veränderte.

Zusammenfassend kann gesagt werden, dass diese Studie erste Hinweise darauf lieferte, dass die Studierenden durch das zielgerichtete Üben mit *escribo* Wissen über Schreib- und Textroutinen erworben haben. Offen blieb jedoch die Frage, ob die Studierenden dieses Wissen in einer Situation ohne CBS auch wieder anwenden würden. Diese Frage ist vor allem deshalb relevant, weil eine Ausführung neu erlernter Routinen von den Schreibenden kognitive Kapazität erfordert. Bei wenig wirksamen Trainingsaufgaben wäre daher zu erwarten, dass die Schreibenden die neu erworbenen Routinen nicht anwenden, um mehr kognitive Kapazität für die Steuerung des komplexen Schreibprozesses verfügbar zu haben.

3.2 Längerfristige Effekte des zielgerichteten Übens mit *escribo*

Eine weitere experimentellen Studie hatte daher die längerfristige Wirkung des zielgerichteten Übens mit *escribo* zum Gegenstand (Proske et al. im Druck). Hier wurden die Effekte eines Übungstermins auf einen Posttest eine Woche später überprüft. An der Studie nahmen 42 Studierende der TU Dresden teil (36 weiblich, 6 männlich, durchschnittlich 22 Jahre alt). Die Studierenden wurden zufällig zwei Gruppen zugeteilt. Die escribo-Gruppe übte am ersten Termin mit CBS, während die Kontrollgruppe einen Text verfasste, ohne dabei unterstützt zu werden. Im Posttest eine Woche später bearbeiteten alle Studierenden eine weitere Schreibaufgabe in einem webbasierten Editor.

Es gab insgesamt zwei Schreibaufgaben, die über die zwei Termine zwischen den Gruppen ausbalanciert wurden. Die Schreibaufgaben erforderten wieder jeweils das Darstellen einer theoretischen Position, von Argumenten dafür und dagegen sowie die Beurteilung der theoretischen Position (Proske 2007, 142f).

In der Studie konnte gezeigt werden, dass sich ein einmaliges zielgerichtetes Üben mit der Schreibumgebung positiv auf die selbständige Ausführung neu erworbener Schreib- und Textroutinen auswirkt (d.h., ohne Anleitung durch das CBS, Proske et al. im Druck). Während des Posttests, in dem kein CBS mehr verfügbar war, plante die escribo-Gruppe länger und arbeitete länger an ihrem Text als die Studierenden der Kontrollgruppe. Weiterhin waren die verfassten Texte der escribo-Gruppe besser verständlich als die der Kontrollgruppe.

Auch erfahrene Schreibende verwenden mehr Zeit auf die Planung ihres Textes (vgl. Bereiter/Scardamalia 1987; Haas 1996; Kozma 1991a; Kozma 1991b). Daher weisen die Ergebnisse dieser Studie darauf hin, dass Studierende durch das zielgerichtete Üben mit *escribo* dazu angeregt werden, in nachfolgenden Situationen selbständig und ohne weitere Anleitung durch das CBS mehr Zeit für das Prewriting aufzuwenden. Darüber hinaus arbeitete die escribo-Gruppe länger an ihren Texten als die Kontrollgruppe. Da es im Posttest keine Zeitbegrenzung gab, kann dieses Ergebnis als ein Indikator für die eigenständige Anwendung der durch das Üben mit *escribo* vermittelten Schreib- und Textroutinen gewertet werden. Die Studierenden benötigten die zusätzliche Zeit wahrscheinlich für die Ausführung der neu erworbenen Routinen. Damit das Potential der Schreib- und Textroutinen wirklich zum Tragen kommen kann, ist daher fortwährendes zielgerichtetes Üben über einen langen Zeitraum notwendig (vgl. Ericsson 2006, 694). So können die Studierenden einerseits die Ausführung der Routinen schrittweise verbessern und andererseits ihre Anwendung automatisieren, so dass sie immer weniger bewusste Aufmerksamkeit erfordern.

4. Schlussfolgerung

Schreib- und Textroutinen sollten nicht einzeln für sich allein, sondern im Kontext des Schreibprozesses zielgerichtet geübt werden (Proske et al. im Druck). Die computerbasierte Schreibumgebung *escribo* vermittelt einerseits Wissen über Schreib- und Textroutinen und unterstützt andererseits ihre Ausführung (Proske 2007, 123ff). Hierzu zerlegt *escribo* den Schreibprozess in seine Teilaufgaben und leitet deren Bewältigung durch spezifische Instruktionen und interaktive Hilfsmittel an. Die in diesem Beitrag zusammengefassten Ergebnisse von zwei Evaluationsstudien zeigen, dass Studierende durch zielgerichtetes Üben mit CBS dazu angeregt werden (a) besser verständliche Texte zu verfassen und (b) mehr und umfangreicher zu planen, auch wenn Sie nicht mehr durch das CBS unterstützt werden. Weiterhin konnte ein Einfluss des Übens mit *escribo* auf die Schreibmotivation Studierender nachgewiesen werden. Ein motivationaler Rückgang durch das Üben mit *escribo* fand sich jedoch nur bei der Einschätzung des Kompetenzerlebens, nicht aber beim intrinsischen Anreiz bzw. der Anstrengung beim wissenschaftlichen Schreiben. Daher wird dieses Ergebnis als ein weiterer Hinweis gewertet, dass CBS den Studierenden umfangreiches Wissen über notwendige Routinen beim wissenschaftlichen Schreiben vermittelt hat, welches in die Einschätzung der eigenen Kompetenz mit einbezogen wurde.

Abschließend ist demzufolge festzuhalten, dass computerbasierte Trainingsaufgaben eine wertvolle instruktionale Unterstützung für den Erwerb, die Ausführung und schrittweise Automatisierung von Schreib- und Textroutinen sein können. Voraussetzung dafür ist jedoch die Implementation von CBS, das systematisch auf Basis einer psychologischen Anforderungsanalyse gestaltet ist.

Literatur

Alamargot, Denis/Chanquoy, Lucile (2001a): Development of expertise in writing. In: Alamargot, Denis/Chanquoy, Lucile (Hrsg.): *Through the models of writing*. Dordrecht: Kluwer (= Studies in Writing. 9.), 185 – 218.

Alamargot, Denis/Chanquoy, Lucile (2001b): General introduction. A definition of writing and a presentation of the main models. In: Alamargot, Denis/Chanquoy, Lucile (Hrsg.): *Through the models of writing*. Dordrecht: Kluwer (= Studies in Writing. 9.), 1-29.

Bereiter, Carl/Scardamalia, Marlene (1987): *The psychology of written composition*. Hillsdale, NJ: Lawrence Erlbaum.

Britt, M. Anne/Aglinskas, Cindy (2002): Improving students' ability to identify and use source information. In: *Cognition and Instruction* 4/2002, 485-522.

Bromme, Rainer/Jucks, Regina/Runde, Anne (2005): Barriers and biases in computer-mediated expert-layperson-communication. In: Bromme, Rainer/Hesse, Friedrich W./Spada, Hans (Hrsg.): *Barriers and biases in computer-mediated knowledge communication*. New York, NY: Springer (= Computer-Supported Collaborative Learning Series. 5.), 89-118.

Bruning, Roger/Horn, Christy (2000): Developing motivation to write. In: *Educational Psychologist* 1/2000, 25-37.

Bünting, Karl-Dieter/Bitterlich, Alex/Pospiech, Ulrike (2000): *Schreiben in Studium: Mit Erfolg*. Berlin: Cornelsen Scriptor.

Ericsson, K. Anders (2006): The influence of experience and deliberate practice on the development of superior expert performance. In: Ericsson, K. Anders/Charness, Neil/Feltovich, Paul J./Hoffman, Robert R. (Hrsg.): *The Cambridge handbook of expertise and expert performance*. New York, NY: Cambridge University Press, 683-703.

Ericsson, K. Anders/Krampe, Ralf T./Tesch-Römer, Clemens (1993): The role of deliberate practice in the acquisition of expert performance. In: *Psychological Review* 3/1993, 363-406.

Feilke, Helmuth (2003): Textroutine, Textsemantik und sprachliches Wissen. In: Linke, Angelika/Ortner, Hanspeter/Portmann-Tselikas, Paul R. (Hrsg.): *Sprache und mehr. Ansichten einer Linguistik der sprachlichen Praxis*. Tübingen: Niemeyer (= Germanistische Linguistik. 245.), 209-229.

Ferrari, Michel/Bouffard, Thérèse/Rainville, Line (1998): What makes a good writer? Differences in good and poor writers' self-regulation of writing. In: *Instructional Science* 6/1998, 473-488.

Ferretti, Ralph P./MacArthur, Charles A./Dowdy, Nancy S. (2000): The effects of an elaborated goal on the persuasive writing of students with learning disabilities and their normally achieving peers. In: *Journal of Educational Psychology* 4/2000, 694-702.

Fitzgerald, Jill (1987): Research on revision in writing. In: *Review of Educational Research* 4/1987, 481-506.

Flower, Linda/Hayes, John R. (1980): The dynamics of composing: Making plans and juggling constraints. In: Gregg, Lee W./Steinberg, Erwin R. (Hrsg.): *Cognitive processes in writing*. Hillsdale, NJ: Lawrence Erlbaum, 31-50.

Graham, Steve/Perin, Dolores (2007): A meta-analysis of writing instruction for adolescent students. In: *Journal of Educational Psychology* 3/2007, 445-476.

Haas, Christina (1996): *Writing technology: Studies on the materiality of literacy*. Hillsdale, NJ: Lawrence Erlbaum.

Hayes, John R. (1996): A new framework for understanding cognition and affect in writing. In: Levy, C. Michael/Ransdell, Sarah (Hrsg.): *The science of writing: Theories, methods, individual differences, and applications*. Hillsdale, NJ: Lawrence Erlbaum, 1-27.

Hayes, John R. (2004): What triggers revision? In: Allal, Linda/Chanquoy, L./Largy, Pierre (Hrsg.): *Revision: Cognitive and instructional processes*. Dordrecht: Kluwer (= Studies in Writing. 13.), 9-20.

Hayes, John R./Flower, Linda S. (1980): Identifying the organization of writing processes. In: Gregg, Lee W./Steinberg, Erwin R. (Hrsg.): *Cognitive processes in writing*. Hillsdale, NJ: Lawrence Erlbaum, 3-30.

Hayes, John R./Flower, Linda/Schriver, Karen A./Stratman, James F./Carey, Linda (1987): Cognitive processes in revision. In: Rosenberg, Sheldon (Hrsg.): *Advances in applied psycholinguistics, Vol. 2: Reading, writing, and language learning*. New York, NY: Cambridge University Press, 176-240.

Hidi, Suzanne/Boscolo, Pietro (2006): Motivation and writing. In: MacArthur, Charles A./ Graham, Steve/Fitzgerald, Jill (Hrsg.): *Handbook of writing research*. New York: Guilford Press, 144-157.

Kellogg, Ronald T. (1987): Effects of topic knowledge on the allocation of processing time and cognitive effort to writing processes. In: *Memory & Cognition* 3/1987, 256-266.

Kellogg, Ronald T. (1988): Attentional overload and writing performance: Effects of rough draft and outline strategies. In: *Journal of Experimental Psychology: Learning, Memory, and Cognition* 2/1988, 355-365.

Kellogg, Ronald T. (1990): Effectiveness of prewriting strategies as a function of task demands. In: *American Journal of Psychology* 3/1990, 327-342.

Kellogg, Ronald T. (2006): Professional writing expertise. In: Ericsson. K. Anders/Charness, Neil/Feltovich, Paul J./Hoffman, Robert R. (Hrsg.): *The Cambridge handbook of expertise and expert performance*. New York, NY: Cambridge University Press, 389-402.

Kozma, Robert B. (1991a): Computer-based writing tools and the cognitive needs of novice writers. In: *Computers and Composition* 2/1991a, 31-45.

Kozma, Robert B. (1991b): The impact of computer-based tools and embedded prompts on writing processes and products of novice and advanced college writers. In: *Cognition and Instruction* 1/1991b, 1-27.

Kruse, Otto (2003): Schreiben lehren an der Hochschule: Aufgaben, Konzepte, Perspektiven. In: Ehlich, Konrad/Steets, Angelika (Hrsg.): *Wissenschaftlich schreiben – lehren und lernen*. Berlin: de Gruyter, 95-111.

McCutchen, Deborah (2000): Knowledge, processing, and working memory: Implications for a theory of writing. In: *Educational Psychologist* 1/2000, 13-23.

McCutchen, Deborah/Francis, Mardean/Kerr, Shannon (1997): Revising for meaning: Effects of knowledge and strategy. In: *Journal of Educational Psychology* 4/1997, 667-676.

Pospiech, Ulrike (2005): *Schreibend schreiben lernen. Über die Schreibhandlung zum Text als Sprachwerk*. Frankfurt/Main: Peter Lang.

Proske, Antje (2007): *Wissenschaftliches Schreiben. Konzeption und Realisierung computerbasierter Trainingsaufgaben*. Saarbrücken: VDM Verlag Dr. Müller.

Proske, Antje/Narciss, Susanne/McNamara, Danielle S. (im Druck): Computer-based scaffolding to facilitate students' development of expertise in academic writing. In: *Journal of Research in Reading*/im Druck.

Scardamalia, Marlene/Bereiter, Carl (1991): Literate expertise. In: Ericsson, K. Anders/Smith, Jacqui (Hrsg.): *Toward a general theory of expertise: Prospects and limits*. New York, NY: Cambridge University Press, 172-194.

Sturm, Janet M./Rankin-Erickson, Joan L. (2002): Effects of hand-drawn and computer-generated concept mapping on the expository writing of middle school students with learning disabilities. In: *Learning Disabilities Research & Practice* 2/2002, 124-139.

Torrance, Mark (1996): Is writing expertise like other kinds of expertise? In: Rijlaarsdam, Gert/van den Bergh, Huub/Couzijn, Michel (Hrsg.): *Theories, models and methodology in writing research*. Amsterdam: Amsterdam University Press (= Studies in Writing. 1.), 3-9.

Torrance, Mark/Fidalgo, Raquel/García, Jesús-Nicasio (2007): The teachability and effectiveness of cognitive self-regulation in sixth-grade writers. In: *Learning and Instruction* 3/2007, 265-285.

van Gog, Tamara/Ericsson, K. Anders/Rikers, Remy M. J. P./Paas, Fred (2005): Instructional design for advanced learners: Establishing connections between the theoretical frameworks of cognitive load and deliberate practice. In: *Educational Technology Research and Development* 3/2005, 73-81.

Van Wijk, Carel (1999): Conceptual processes in argumentation: A developmental perspective. In: Torrance, Mark/Galbraith, David (Hrsg.): *Knowing what to write: Conceptual processes in text production*. Amsterdam: Amsterdam University Press (= Studies in Writing. 4.), 31-50.

Routiniert vom ersten bis zum letzten Satz? - Die Rolle von Textroutinen in der Erzählentwicklung von Jugendlichen

Monika Dannerer

1. Einleitung

Der Beitrag geht der Frage nach, welche Rolle der Erwerb von Textroutinen im mündlichen und schriftlichen Erzählen von Jugendlichen im schulischen Kontext spielt. Die Textsorte der Erzählung eignet sich für diese Fragestellung besonders gut, da sie nicht nur über einen langen Zeitraum hinweg in der Schule „eingeübt" wird, sondern die Entwicklung von sprachlichen Routineformen in einem Spannungsverhältnis zur Forderung nach Individualität und Kreativität in der Narration steht.

Zunächst werden der Begriff der (Text-)Routine und die empirische Fassbarkeit von Routinen diskutiert (Kapitel 1.1. und 1.2.), danach die Relation zwischen Routine, Individualität und Spracherwerb problematisiert (Kapitel 1.3.). Die anschließende empirische Analyse (Kapitel 2) basiert auf einem Datenkorpus von 320 mündlichen und schriftlichen Erzählungen aus der 5.-12. Schulstufe, das in einer Längsschnittstudie auf der Basis von Bildgeschichten erhoben wurde. Textroutinen in den Anfängen und Abschlüssen der Erzählungen werden im Hinblick auf inhaltliche Schwerpunkte und die Häufigkeit von festen Wendungen analysiert. Auch auf die Frage nach individuellen Routinen wird anhand des Längsschnittkorpus eingegangen.

2. Zum Begriff der „Textroutine"

2.1 Annäherung an den Begriff der „(Text-)Routine"

Grundlage dafür, dass Routinen überhaupt entstehen können, ist die Existenz von Formelhaftem, von Mustern, sowie die Fähigkeit, sie „automatisiert" einsetzen zu können. Formelhaftes wie auch Routinen sind jedoch zum einen nicht klar definiert, zum anderen werden sie ambivalent beurteilt.

Anzutreffen sind konventionalisierte sprachliche Mittel und Formelhaftes auf allen sprachlichen Ebenen,[16] und zwar im Gespräch und der Rede ebenso wie im schriftlichten Text: Mimik und Gestik, Prosodie und Artikulation, Laut, Buchstabe, Interpunktion, Phraseologismen, Satzmuster, konkrete Interaktionsformen (z.B. Gesprächseröffnungen und -beendigungen, Anreden und Schlussformeln in Briefen), Text- bzw. Gesprächsstruktur. Sie sind für die Produktion, die Rezeption, die Interaktion gleichermaßen von Bedeutung, zumal sie auch die Erwartungen der KommunikationspartnerInnen an einen Text, einen Redebeitrag, ein Gespräch steuern.[17]

Die Ambivalenz ihrer Beurteilung spiegelt sich in der Art, in der etwa Stein über Formelhaftigkeit in mündlicher Kommunikation urteilt: Er definiert Formelhaftes als

> [...] konventionalisierte Ausdrucksmittel für bestimmte sprachliche Aufgaben und Handlungen in mündlicher Kommunikation, und gegebenenfalls auch konventionalisierte Strukturen für Texte und Textteile in bestimmten Kommunikationsbereichen. [...] mehr oder weniger feste Ausdrucksformen, die man zwar als *Beeinträchtigungen der sprachlichen Individualität auffassen kann*, die sich aber, wenn man das kommunikative Geschehen als Ganzes betrachtet, als *nahezu unverzichtbar* erweisen, weil sie nicht nur *Verhaltenssicherheit* im Rückgriff und im Vertrauen auf Bewährtes garantieren, sondern auch weil sie wesentlich zu einer *Entlastung* der Kommunikationspartner beitragen. (Stein 2004, 263; Hervorh. M.D.)

Formelhafte sprachliche Mittel können also in konkreten (wiederkehrenden) Handlungszusammenhängen bzw. Kontexten eingesetzt werden. Ihre Konventionalisiertheit schränkt einerseits die Individualität der KommunikationsteilnehmerInnen ein, Gleichförmigkeit und Erwartbarkeit werden häufig als „langweilig" bzw. abstoßend empfunden. Andererseits ist die Konventionalisiertheit und Formelhaftigkeit sprachlicher Mittel aber auch wesentliche Voraussetzung für sprachliches Handeln, die Routine, die dadurch möglich ist, bedeutet Entlastung, „befreit" für anderes.

Die Ambivalenz gegenüber Formelhaftem ist auch prägend für den Umgang mit dem Begriff der Routine.[18] Der sicher und gewandt formulierende Routinier

---

16 Vgl. die Feststellung von Hermann Paul: „Erst wo Sprechen und Verstehen auf Reproduktion beruht, ist Sprache da." (zit. nach Feilke 1996b, 7). Für die Linguistik ist die Beschäftigung mit „Routine" zentral, zumal sie zumeist nicht auf den Einzelfall gerichtet wird, sondern auf das Exemplarische, das Muster, die zugrunde liegende Struktur.

17 Die unterschiedlichen Ebenen, auf denen „Vorgeformtes" auftritt, das routiniert eingesetzt wird, wurden u.a. für die mündliche Sprachverwendung auf der Arbeitstagung zur Gesprächsforschung im März 2006 in Mannheim deutlich (vgl. Hormuth 2006).

18 Quasthoff (1993, 45) ortet in dieser Abwertung von „Konstanz in den sprachlichen Formen" durch Rhetorik und Didaktik auch eine grundlegende Ursache für das Forschungsdefizit in diesem Bereich.

wird geschätzt und bewundert und gleichzeitig sind Individualität und Kreativität stark nachgefragt – je nach Kontext, je nach konkreter Situation, je nach Kultur und auch je nach Persönlichkeit ist die Mischung, die erwartet oder bevorzugt wird, eine andere.

Anders als Begriffe wie „Formelhaftes", „Vorgeformtes", „Muster", „Schema" etc. ist der Begriff der *Routine* allerdings an den Prozess der Sprachverwendung bzw. an die SprachbenutzerInnen gebunden. Sie verfügen über Routinen, die sie in der Kommunikation einsetzen. Überdies ist der Begriff der Routine stärker dynamisch auf den Prozess bezogen als die zuvor genannten Begriffe.[19]

Das Musterhafte in der Sprache erlaubt es also, durch unterschiedliche Formen des Lernens bzw. Erwerbens, Routinen zu entwickeln (vgl. Abschnitt 1.3.): der kindliche L1-Erwerb, das schulische Umfeld, der berufliche oder private Kontext erwachsener SprachteilnehmerInnen und nicht zuletzt der Zweit- oder Fremdsprachenerwerb. Routinen werden ungesteuert erworben, gesteuert gelernt, bewusst trainiert. Das Bedürfnis, über Routinen zu verfügen, spiegelt sich am Buchmarkt im Angebot an Sprachratgebern: Gesprächsleitfäden, Sammlungen von Musterreden, Briefsteller, Sammlungen von Textbausteinen und Mustertexten etc. Nicht zuletzt finden sich auch in den Schulbüchern des Erstsprachenunterrichts Anleitungen für Routinen, schließlich wird von SchülerInnen in der Institution Schule erwartet, durch didaktische Anleitung und durch Übung (mehr) sprachliche Routinen auszubilden bzw. bestehende Routinen zu hinterfragen oder zu differenzieren.[20] Neben den von der Schule geförderten „kollektiven Routinen" können auch „individuelle Routinen" entwickelt werden bzw.

---

19 Der Begriff der (Text-)Routine wird im Folgenden als Oberbegriff für Sprech- und Gesprächsroutinen (vgl. z.B. Gülich/Henke 1979/1980; Coulmas 1981) wie auch für Schreib- und Leseroutinen verwendet. Diese Routinen lassen sich wiederum in Teilroutinen zerlegen, die z.T. spezifisch sind, teilweise jedoch für alle Textroutinen gelten: spezifisch mündliche Routinen wären prosodische Routinen, typisch schriftliche z.B. graphomotorische oder orthographischen Routinen. Während Gespräche interaktive Routinen erfordern, ist die Produktion schriftlicher Texte auf monologische, Vertextungsroutinen in einer zerdehnten Kommunikationssituation angewiesen.

20 Mündliche Routinen in der Schule vertiefen und erweitern Gesprächsformen, die den Kindern bereits aus dem Alltag vertraut sind – neue, institutionsspezifische Routinen des turn-takings, Routinen des Erzählens, der Diskussion (in Arbeitsgruppen wie im Plenum), der Argumentation, des Vortrags. Schulbücher verfolgen dabei allerdings nur z.T. die Strategie, Mustertexte bereitzustellen – zumindest keine Texte, die unmittelbar imitiert werden sollten. Eher sind es Phraseologismen, die angeboten werden oder Vorschläge zur Textstrukturierung. Für SchülerInnen, denen diese Anleitungen zu abstrakt sind, die sich lieber enger an Vorgaben halten möchten, stehen ergänzend dazu jedoch auch entsprechende Zusatzmaterialien zur Verfügung, die z.b. von NachhilfelehrerInnen eingesetzt werden.

bestehen, z.B. Lieblingswörter oder bevorzugte Passepartout-Formen (Dausendschön-Gay et al. 2007).

Während die *mündlichen Routinen* in der Schule vertieft und – auch institutionsspezifisch – erweitert werden, werden *schriftliche Routinen* – zumindest was die Produktion betrifft – in der Schule erst aufgebaut. Augst hat bereits 1988 zur Entwicklung von Schreibroutinen festgehalten:

> Schreibfähigkeit erfordert eine *neue* Routine, d.h. durch stetige Übung automatisieren sich bestimmte Teilhandlungen, z.b. die Rechtschreibung oder Zeichensetzung; der Schreibende wird dadurch entlastet, er gewinnt Platz, seine Aufmerksamkeit auf bestimmte Aspekte zu konzentrieren, z.b. die Satzverknüpfungen oder die Korrespondenz zwischen Argumentations- und Textstruktur. (Augst 1988, 53)

Augst betont die Entlastung, die Routinen den geübten SchreiberInnen bieten. Überdies klingt die Unterscheidung von Fähigkeiten und Fertigkeiten an – zwei Aspekte des Könnens, die sich durch den Grad der Automatisierung und durch den der Explizitheit unterscheiden. Auch das ist ein wichtiger Aspekt der Definition von Routinen: Sie sind ein Teil des impliziten, automatisierten prozeduralen Wissens – sie stellen die *automatisierte* Verfügbarkeit über sprachliche (Teil-)Handlungen dar, während sprachliche Fähigkeiten im Gegensatz dazu noch nicht automatisiert sind.[21] Zu heuristischen (und didaktischen) Zwecken lassen sie sich in unterschiedliche Teilfertigkeiten zerlegen.

Wenn Vorgeformtes, Musterhaftes, Formelhaftes aber sowohl aufgrund von Routinen realisiert werden kann, als auch aufgrund von expliziten, bewussten Planungs- bzw. Problemlösungsprozessen, so kann aus Formelhaftem nicht automatisch auf das Vorhandensein von Routinen geschlossen werden.[22] Die empirische Fassbarkeit von Routinen ist damit gesondert zu klären.

2.2 (Wie) sind Routinen empirisch fassbar?

Im Wesentlichen scheinen drei Wege einen Zugang zu sprachlichen Routinen zu ermöglichen: Prozessbeobachtung, Befragung und Analyse von sprachlichen Produkten.[23]

---

21 Die Unterscheidung von Fähigkeiten und Fertigkeiten wird in der (Zweit-)Spracherwerbsforschung schon lange gemacht. Eine sehr ausführliche Diskussion des Begriffs „Fertigkeit" findet sich u.a. bei Portmann (1991, 28-66).

22 Dafür, dass nicht jeder Schreibprozess als „Problemlöseprozess" modelliert wird, sondern dass viele (Teil-)Bereiche des Schreibens routinisiert sind, plädiert Ortner (2000, 104) sehr nachdrücklich. Differenzierungen wie Ossner (2006a) oder Becker-Mrotzek/Schindler (2007) sie vorschlagen, stehen dazu m.E. nicht mehr im Widerspruch.

23 Die Beobachtung von Schreibprozess und -produkt nennen auch Baurmann/Weingarten (1995, 17) um auf „Schreibprozeduren" rückschließen zu können.

a) *Die Beobachtung des Schreibprozesses bzw. des Gesprächs*

Im Hinblick auf den Einsatz von Vorgeformtem und den Aspekt der Automatisierung liegt es nahe, den Begriff der Routine in einen Zusammenhang mit der *Produktionsgeschwindigkeit* zu bringen. Der routinierte Sprecher äußert sich flüssiger, mit weniger Korrekturen (vgl. z.b. Eriksson 2006, 173ff), der routinierte Schreiber verfasst einen Text in kürzerer Zeit und benötigt dabei weniger Änderungen als der nicht-routinierte. So definiert etwa auch Giese das routinierte Schreiben:

> Unter routiniertem Schreiben verstehe ich die Produktion von Texten einer Sorte, die der Autor *sehr häufig produziert* und die er derart schreibt, daß er *sofort die endgültige Fassung* schreibt. Die *Art und der Gegenstand* [...] sind dem Autor so *vertraut*, daß die Vorplanung, die Gliederung, die Entwicklung von Alternativen für bestimmte Textpassagen im Kopf des Autors geschehen. Diese Prozesse sind möglicherweise so *automatisiert*, dass sie dem Autor nicht (mehr) bewußt sind. Entscheidend ist jedoch, dass der Autor *keinerlei schriftliche Vorfassungen oder Schreibhilfen*, wie Notizzettel, und Gliederungsentwürfe, entwickelt. Das routinierte Schreiben hat also eine *gewisse Nähe zum mündlichen Sprechen*: Die Gedanken des Schreibers werden unmittelbar in das zur Kommunikation bestimmte Resultat transformiert. [...] Solches Schreiben zeichnet sich nun durch *eine Fülle von standardisierten, häufig wiederkehrenden Formelementen, Floskeln und Fachlexik* aus. (Giese 1993, 126f; Hervorh. M.D.)

Giese rekurriert hier auf die Häufigkeit der Produktion, die Vertrautheit, d.h. das Wissen um die Textsorte und den Inhalt, die Automatisierung, die Verwendung von „Versatzstücken" auf unterschiedlichen Ebenen und die Linearisierung des Schreibprozesses. Gerade letzteres trifft allerdings auch auf SchülerInnen in herkömmlichen schulischen Schreibsituationen zu: Sie produzieren – anders als die überwiegende Mehrheit der SchriftstellerInnen[24] – vielfach den Text relativ rasch, schreiben sofort die endgültige Fassung, erstellen keine Gliederungsentwürfe, ihr Schreiben ähnelt dem Sprechen. Mit zunehmender Routine wird von den SchülerInnen erwartet, dass sie die spezifischen Vorteile schriftlicher Textproduktion nutzen und eben nicht nur *eine* Fassung niederschreiben, Korrekturen nicht nur – wie beim Sprechen – auf lokaler Ebene durchführen.[25] Damit

---

24   Zu unterschiedlichen Schreibstilen vgl. Ortner (2000).
25   Feilke (1996a, 230) stellt fest, dass ab der 3. Schulstufe textbezogene Planungs- und Überarbeitungsprozesse erkennbar sind. Dies bedeutet, dass offenbar während der Herausbildung von literalen Basisroutinen (z.B. Graphomotorik) noch Versprachlichungs- bzw. Vertextungsroutinen aus der Mündlichkeit herangezogen werden, die dann erst durch die Entwicklung spezifisch literaler Vertextungsroutinen/-prozeduren ersetzt werden.

entsteht das scheinbare Paradoxon, dass der routinierte Schreiber möglicherweise langsamer schreibt, länger für die Produktion eines Textes benötigt, seinen Text grundlegender revidiert.

Das Urteil aufgrund der Produktionsgeschwindigkeit und der Linearisierung des Produktionsprozesses ist also problematisch, weil verkürzend. Es ist zu differenzieren:

- Zur Textproduktion gehört nicht nur das beobachtbare Aufschreiben (wie es von Giese nahegelegt wird), sondern auch die *Planung* im Kopf, sonst entsteht leicht ein verzerrtes Bild. Damit ist Routine nicht nur auf das Produkt, sondern auf den Ablauf des Prozesses zu beziehen.
- Routine hat mit *Erfahrung* zu tun, mit *Übung*, das bedeutet nicht in jedem Fall, dass ein Text deshalb rascher entsteht, jedoch wird er in vergleichbarer Zeit vielleicht mehr unterschiedliche Möglichkeiten ausgelotet haben, „passgenauer" sein (zur Passgenauigkeit vgl. Ortner 1995, 340).
- Routine ist auch in Relation zu setzen zu *Art und Schwierigkeitsgrad der Aufgabe* und zu den *Ansprüchen an den Text* (den Ansprüchen der VerfasserInnen und der von ihnen antizipierten LeserInnen, d.h. eigene bzw. fremde Ansprüche). Literarischer Anspruch und Schreibroutinen passen – zumindest nach dem Bild von LiteratInnen im deutschsprachigen Raum – nicht gut zusammen. Umgekehrt gibt es aber auch zahlreiche Texte, die stark standardisiert sind und deren Produktion daher weitgehend automatisiert bzw. routiniert erfolgen kann (s.u.).
- Schließlich ist im Hinblick auf den Schreibprozess auch noch zu fragen nach dem Verhältnis zwischen Routine und *Motivation*: Wenn man davon ausgeht, dass Routinen automatisierte Prozesse sind, die teilweise auch nicht mehr bewusst sind, so dürfte Motivation für die Anwendung von Textroutinen keine Rolle spielen. Man wird im Normalfall nicht ungelenker schreiben, mehr orthographische oder auch syntaktische Fehler machen; allerdings kann es bei fehlender Motivation vorkommen, dass die Textproduktion nicht so genau kontrolliert wird, dass man seine Möglichkeiten nicht ausschöpft.

b) *Aussagen von Textproduzenten* über ihr Schreiben (vgl. Ortner 2000)

Ein eher selten praktizierter Zugangsweg zu einem Prozess verläuft über die Befragung der ProduzentInnen. Geht man allerdings davon aus, dass der Routine die Automatisierung zugrunde liegt und dass die Prozesse nicht notwendigerweise explizit bewusst sind, so stellt sich die Frage, wieweit tatsächlich Routinen und nicht nur bewusste Fähigkeiten zugänglich sind. Eine Triangulation der Daten aus den Interviews mit den Texten und am besten auch dem Schreibprozess ist in diesem Fall also ein notwendiges Verfahren, um zwischen Problemlösungswissen und Routinen differenzieren zu können.

c) Analyse des Schreibprodukts/der mündlichen Äußerung/des Gesprächs

Neben einer flüssigen Handschrift und wenigen Korrekturen – zwei Anhaltspunkte, die allerdings auch wieder ein Hinweis auf den Schreib*prozess* sind –, legt ein den grammatischen und textsortenspezifischen Normen entsprechender Text einen routinierten Schreiber nahe. Im Mündlichen sind es neben sprachlicher Korrektheit (gemäß den Normen gesprochener Sprache) und Angemessenheit im Hinblick auf den Gesprächstyp flüssiges Formulieren, wenig Korrekturen und eine angemessene Interaktion. Dabei ist zu berücksichtigen, dass einzelne Teiltexte – wie z.B. Anfänge und Beendigungen von Texten wie von Gesprächen – unterschiedlich stark der Formelhaftigkeit bzw. der Routine unterliegen können. Gerade bei Textsorten mit einem Anspruch auf Kreativität oder Individualität ist mit Routineformeln insgesamt eher vorsichtig umzugehen (s.u.).

Insgesamt besteht allerdings kein Text ausschließlich aus aneinandergefügten Textbausteinen oder charakteristischer Phraseologismen, auch wenn deren Kenntnis hilfreich oder sogar unumgänglich sein kann. Sie müssen adäquat verwendet und verbunden werden, d.h. der „Text dazwischen" ist in einer Weise zu gestalten, dass keine Stilbrüche erkennbar sind.[26]

Der Rückschluss vom „gelungenen Text" auf die routinierten TextproduzentInnen ist allerdings insofern nicht ganz zuverlässig, als nicht eindeutig feststellbar ist, ob er das Resultat von Fähigkeiten (d.h. dem expliziten Problemlösungswissen) ist, oder ob bereits automatisierte Fertigkeiten (d.h. Routinen) die Textproduktion gesteuert haben. In diesem Fall ist die Analyse eines größeren Textkorpus aufschlussreich – auffallende lexikalische/phraseologische, syntaktische oder textstrukturelle Übereinstimmungen können auf Vorgeformtes schließen lassen, deren Hervorbringung Textroutinen zugrunde liegen können. Die üblichen Korpora, die im Querschnitt erstellt werden, können hier Auskunft geben über in bestimmten Erwerbsphasen anzutreffende Routinen. Für eine

---

26 Gerade sie können ein Hinweis darauf sein, dass die Routineformeln eben von nichtroutinierten SchreiberInnen verwendet werden. Vgl. dazu die Bemerkungen von Elspaß zur Rolle von Routineformeln in persönlichen Privatbriefen des 19. Jahrhunderts. Er zeigt einerseits, dass sich die Routineformeln, die „[...] von einem großen Teil der unroutinierten Schreibenden im 19. Jahrhundert zur Bewältigung eines gewöhnlichen Privatbriefs herangezogen wurden" (Elspaß 2005, 164), in deren Texten stilistisch und grammatisch vom umgebenden Text abheben und dass sie andererseits auch von Briefstellern für bürgerliche Kreise als (auch sozial) unangemessen abgelehnt wurden (Elspaß 2005, 170f).

Aussage zu individuellen Routinen sind jedoch Längsschnittkorpora unabdingbar.[27]

Darüber hinaus sind es noch vier Aspekte, die m.E. zu berücksichtigen sind:

- Routine und die erwartete *Individualität* der Texte: Eine geschäftliche Mail wird von einem großen Teil von MitarbeiterInnen routiniert geschrieben, eine Werbemail hingegen ev. von SpezialistInnen mit (viel) Erfahrung, die dazu trotzdem verhältnismäßig mehr Zeit benötigt. Dies wirft die Frage nach der Relation zwischen Routine, Norm, Individualität und Textsorte auf.
- Routine und die *erwartete/nötige emotionale Involviertheit* bei der Textproduktion. Eine hohe erwartete emotionale Involviertheit schein routiniertes Schreiben auszuschließen.
- Routine und *Institution*: Institutionen sind gekennzeichnet durch immer wiederkehrende Aufgabenstellungen und scheinen bzw. sind dadurch prädestiniert für die Entwicklung von Textroutinen.[28]
- Routine und *Teiltexte*: Die Erwartungen an die Routiniertheit sind nicht nur zwischen Textsorten/Gesprächstypen unterschiedlich, sondern auch im Hinblick auf unterschiedliche Teiltexte, die unterschiedlich stark konventionalisiert sein können. Kontakteröffnungs- und Beendigungssequenzen etwa sind sowohl im mündlichen als auch im Schriftlichen u.U. stärker formalisiert als die übrigen Sequenzen eines Gesprächs oder eines Briefes (vgl. Gülich/Henke 1979/1980). Dies ist auch im Hinblick auf die Textsorte der Erzählung von Bedeutung.

Generell gilt: Je häufiger eine Aufgabenstellung auftritt, je weniger Individualität dabei gefordert ist, je weniger emotionale Beteiligung, desto eher kann sie mit Routine – eben auch mit Textroutinen – gelöst werden und desto weniger stört es den Rezipienten, wenn er die Routine als solche erkennt. Dies trifft auf die institutionelle Absage auf eine Bewerbung (vgl. Drescher 1994[29]) ebenso zu wie auf den Liebesbrief.

---

27 Eine spezielle Form des „Längsschnittes" weist hier das Korpus von Quasthoffs „Genesis"-Projektes auf, in dem 5, 7, 10 und 14-Jährige einen Zwischenfall an drei aufeinanderfolgenden Tagen erzählt haben und das Tendenzen zum Rückgriff auf einmal gefundene Formulierungen erkennen lässt, die bei den jüngeren Probanden stärker ausgeprägt sind als bei den älteren (Quasthoff 1993).

28 Vgl. Antos (1995, 72): „Ein Großteil unseres öffentlichen Schreibens ist an standardisiertes, ja automatisiertes Schreiben gebunden."

29 Drescher hält dazu fest: „Je individueller Briefe in ihren Formulierungen sind, je mehr die Persönlichkeit des Schreibers durchscheint, desto mehr Respekt gegenüber dem Empfänger bekunden sie." (Drescher 1994, 134).

2.3 Der Erwerb von Routinen – oder die Modellierung des Verhältnisses von Routine und Spracherwerb[30]

Da Schule und gesteuerter Spracherwerb in vielen Bereichen auf eine Ausbildung von Routinen abzielen, spielen Routinen bzw. sprachliche Fertigkeiten auch in Kompetenzmodellen und Standardbeschreibungen eine Rolle, die in den letzten Jahren in der Erst- und Zweitsprachendidaktik entwickelt wurden, sei es das übergreifende Modell von Ossner (2006b) oder die auf literale bzw. orale Fertigkeiten gerichteten Modelle etwa von Becker-Mrotzek/Schindler (2007) oder Eriksson (2006); auch der „Gemeinsame europäische Referenzrahmen" differenziert Fertigkeiten und prozedurales Wissen (GeR, 23).

Auslösend für den Erwerb von Routinen gilt einerseits die Übung, d.h. das mehrfache Lösen ähnlicher Aufgaben bzw. das Lösen von Problemen, die mit ähnlichen Verfahren bearbeitet werden können,[31] und andererseits der Anreiz, dafür neue Lösungsmöglichkeiten zu erproben. Welche Rolle genau Rezeption, Beobachtung und Imitation spielen, wird aus linguistischer wie aus didaktischer Perspektive diskutiert.[32]

In einem Erwerbsprozess werden zunächst Fähigkeiten ausgebildet, die – wenn sie sich bewährt haben, häufig zum Einsatz kommen, erfolgreich sind – zu Fertigkeiten weiterentwickelt bzw. automatisiert werden können, wodurch wiederum kognitive Kapazitäten für neue Lernprozesse frei werden.[33]

---

30 Der Begriff des Spracherwerbs ist hier primär auf den L1-Erwerb gerichtet, vieles gilt jedoch auch für den gesteuerten oder ungesteuerten Erwerb von L2 oder auch für die Ausdifferenzierung des Textsortenwissens – d.h. den sprachlichen Kompetenzerwerb in spezifischen sozialen Situationen und mit spezifischen Äußerungsbedürfnissen (z.B. das Verfassen wissenschaftlicher Arbeiten).

31 Schreiben lernt man v.a. durch „kontinuierliches und kontrolliertes Schreiben" (August 1988, 55). Wie viel Übung in welchen zeitlichen Abständen und mit welchen Rückmeldungen den Lernprozess optimal unterstützen, sind klassische Fragen der Didaktik. Zur Rolle der Reproduktion bzw. Imitation vgl. u.a. Feilke (1996a, 225) und Ortner (1996, 92f).

32 Berman (2004, 13) weist darauf hin, dass nicht ein einziger Mechanismus allein die komplexe Frage, was Veränderung in der kindlichen Sprache auslöst bzw. befördert, beantworten kann. Vgl. dazu auch Wolf (2000). Formelhaftes ermöglicht es den LernerInnen im Erst- und Zweitspracherwerb allerdings auch, Konstruktionen zu verwenden, deren Struktur sie noch nicht erfassen, so dass Spracherwerb nicht nur als Konstruktions- sondern auch als Dekonstruktionsprozess zu sehen ist (vgl. Kostrzewa 2008).

33 Vgl. „Prozedurales Wissen entsteht durch Üben und zeigt sich vor allem im automatisierten Können" (Ossner 2006a, 33). Weder Fähigkeiten noch Routinen müssen dabei

Diese fortschreitende Veränderung führt aber auch dazu, dass im Verlauf des Erwerbsprozesses unterschiedliche Strategien der Textproduktion routinisiert sind. In welcher Phase Routinen in welchen Bereichen erwartbar oder gar typisch sind (oder erst Fähigkeiten ausgebildet sind), ist noch wenig zusammenhängend beschrieben.[34] Fest steht jedenfalls, dass nicht nur der im Sinne eines erwachsenen Sprechers „perfekte", der „standardgemäße" Text auf einen routinierten Schreiber schließen lässt, sondern auch der altersadäquate. So ist die Verknüpfung von Ereignissen mit „und dann", die ein Erzählen ermöglicht, weil sie die Darstellung einer temporalen Sukzession der Ereignisse erlaubt, äußerst erfolgreich und wird daher routinisiert und über einen längeren Entwicklungszeitraum beibehalten. Wenn sie in weiterer Folge durch variiertere, anspruchsvollere Mittel der Verknüpfung ergänzt bzw. ersetzt wird, so wird sie dabei nicht völlig obsolet; dies zeigt ihre (stärkere) Verwendung in mündlichen Erzählungen sowie in komplexen Erzählzusammenhängen bzw. in komplexeren Abschnitten einer Erzählung (vgl. Dannerer demn.).

Auch textsortenspezifische Faktoren sind im Rahmen des Spracherwerbs zu berücksichtigen. Bei Textsorten, die einen Anspruch an Kreativität bzw. Individualität erheben, genügt den weiter entwickelten SchreiberInnen ev. die Anwendung von Textroutinen, die Erfüllung der basalen Textsortennormen nicht mehr, denn diese Routinen erzeugen einen „erwartbaren" Text. Damit stellt nicht die Schreibaufgabe an sich den eigentlichen Schwierigkeitsgrad der Aufgabe dar, sondern der Wunsch, gut, originell, unerwartet etc. zu erzählen.[35] Unter dem Einsatz von Routine kann – bei entsprechender Motivation (sie muss gegeben sein, um nicht nur einen „richtigen" Text zu produzieren, sondern einen „guten") – ein besonderer, ein kreativer Text entstehen. Hier entsteht Individualität nicht aus Unkenntnis der Norm, sondern aus Transzendenz der Norm aus der Routine heraus.

---

immer von Grund auf neu erworben werden. Auch die Übertragung alter Routinen auf neue Situationen kann erfolgreich sein – z.B. die Übertragung von Routinen der Alltagserzählung auf die schulische Erzählung, von Erlebniserzählungen auf Phantasieerzählungen oder Märchen, von mündlichem Erzählen auf das schriftliche (und umgekehrt).

34 Vgl. auch Feilke (2002, 12), der exemplarisch auf die offene Frage verweist, wie sich im Rahmen der Herausbildung der textuellen Kohärenz Lexik, Syntax und Text zueinander verhalten.

35 Vgl. Berman (2004, 15), die eine größere Individualität von Texten aufgrund einer größeren Fähigkeit, kontextsensitiv zu formulieren und persönlichen Stil zu entwickeln, feststellt. Ähnlich auch Feilke (2002, 15), der auf eine „sich postkonventionell ausbildende Normdistanz" hinweist, die überall dort auftrete, „wo das je spezifische Normbewusstsein ausgebildet und die Typik im Prinzip beherrscht ist."

3. Datenkorpus und Analysefokus

Das Datenkorpus umfasst mündliche und schriftliche Erzählungen, die ich in der Sekundarstufe in drei unterschiedlichen Klassen von Gymnasien und Realgymnasien im Längsschnitt erhoben habe. Von 40 SchülerInnen wurden zu jeweils 3 Messzeitpunkten zwischen der 5. bzw. 6. und 8. Schulstufe (SSt.) Daten gewonnen. Von acht von ihnen sowie 10 weiteren Schülerinnen konnten zu einem 4. Messzeitpunkt auch in der 12. SSt. noch einmal Erzählungen elizitiert werden. Somit liegt für 8 Jugendliche ein Längsschnitt über die gesamte achtjährige Gymnasialzeit vor, für die anderen 32 SchülerInnen über die Sekundarstufe I.

Erzählanlass war jeweils eine Bildgeschichte, die mir als Gesprächspartnerin in einem Vieraugen-Setting zunächst mündlich erzählt wurde. Einige Tage später erfolgte während einer Unterrichtsstunde auch die schriftliche Erzählung. Es handelt sich also um Erzählungen, die im schulischen Umfeld und nach dem Muster schulischer Aufgabenstellungen evoziert wurden, ohne aber von den DeutschlehrerInnen eingesehen und in die Beurteilung einbezogen worden zu sein. Aus diesem Grund seien sie als „schul*nahe* Erzählungen" bezeichnet.

Pro Jahrgang wurde eine neue Bildgeschichte gewählt, um Interesse und Motivation der SchülerInnen zu erhalten. Die Bildfolgen stellen zunehmend komplexe Anforderungen an das Erzählen: In der 5. SSt. war es eine „klassische" Vater-und-Sohn-Geschichte von E.O. Plauen,[36] in der 8. und 12. SSt. Cartoons des argentinischen Zeichners Quino.[37]

Der nonverbale Erzählstimulus und die Realisierung der Erzählungen durch mehrere ProbandInnen bieten einen guten Ausgangspunkt für die Analyse von

---

36 Das Original trägt den Titel „Erziehung mit angebrannten Bohnen": Der Sohn weigert sich, das vom Vater Gekochte zu essen, schüttet den Inhalt seines Tellers in den Hundenapf und wird dafür stark gescholten. Nachdem jedoch auch der Hund das Essen verschmäht hat, leert der Vater sogar seine eigene Portion weg und alle drei gehen in eine Konditorei.

37 In der 12. Schulstufe zeigt die Bildfolge die Fehlentscheidung eines Schiedsrichters bei einem Fußballspiel, die den empörten Fan vermuten lässt, dass hier Bestechung vorliegt – ein Gedanke, der ihn so erzürnt, dass er den Schiedsrichter am liebsten eigenhändig erhängen würde. Als er kurz darauf zu seinem Auto zurück kommt und dort einen Polizisten vorfindet, der ihm ein Strafmandat für die Missachtung eines Parkverbots ausstellt, versucht er, selbst zum Mittel der Bestechung zu greifen. Als der Beamte dies jedoch empört zurückweist, stellt sich der Fußballfan abermals vor, einen Menschen, der nicht seinen Erwartungen entsprechend reagiert hat, zu erhängen. Diesmal den Polizisten – allerdings aufgrund seiner Nicht-Bestechlichkeit.

sprachlichen Routinen. Das Längsschnittkorpus lässt auch Fragen nach der Ausbildung persönlicher Präferenzen und Routinen zu.[38]

Im Folgenden werden nur Routinen in den Formulierungen am Anfang und Ende der Erzählungen ausgewertet.

3.1 Routinen für den Erzählanfang

Der Erzählanfang erfüllt u.a. die Funktion, von der Hier-Jetzt-Wir-Origo wegzuführen und eine neue Origo zu etablieren. Dies spiegelt sich auch im Datenkorpus, wo Informationen zu den Protagonisten der Erzählung, zu Zeit und Raum am häufigsten vorkommen. Spannung bzw. Konflikt werden demgegenüber deutlich seltener in den Erzählanfängen thematisiert (vgl. Dannerer demn.).

Da es den meisten SchülerInnen schwer fällt, eine Erzählung zu beginnen, liegt es nahe, dass sie für die Lösung dieses Problems auf Routinen zurückzugreifen versuchen. Im Hinblick auf diese Routinen ist gerade das Vorfeld des ersten Satzes der Erzählungen besonders auffällig[39] und soll daher im Folgenden analysiert werden.[40]

Textsortenspezifische Erzählanfänge, die den SchülerInnen aus dem Märchen bekannt sind („Es war einmal"[41] oder „Vor langer, langer Zeit"), werden von den ProbandInnen nur sehr selten verwendet. Insgesamt sind es fünf unterschiedliche Füllungen des Vorfeldes, die zu beobachten sind:

1. Temporale Referenz: *„einmal"*, *„einst"*, *„eines schönen Tages"*, *„in den Sommerferien,"* ...

---

[38] Wie bei andren Typen von Erzählungen sind auch bei Bildgeschichten die Ergebnisse nur bedingt verallgemeinerbar (zu verschiedenen Erzähltypen vgl. z.B. Becker 2001; Kern/Quasthoff 2005).

[39] Augst et al. (2007, 80f) haben darauf hingewiesen, dass sich die Routine allerdings auch über diesen Anfang hinaus auf den gesamten ersten Satz erstreckt: Nach dem „es war einmal" folgt üblicherweise die Benennung des Protagonisten mit einer näheren Bezeichnung durch ein attributives Adjektiv und einer Zuschreibung des „durativ Normalen als Ausgangspunkt" durch einen relativen Anschluss mit V2-Stellung (z.B. „‚Es war einmal ein reicher Mann, der lebte lange Zeit vergnügt ...'").

[40] D.h. im mündlichen Erzählen werden Mittel der Markierung der Überleitung vom Gespräch zum Erzählen (Erzählaufforderung, gefüllte Pause, Tonhöhensprung, Wechsel der Tonqualität, der Lautstärke oder auch Veränderung der Körperhaltung) nicht einbezogen, im schriftlichen Text bleibt die Überschrift unberücksichtigt, da sie kein Pendant im Mündlichen hat.

[41] Das Vorfeld-es ist hier nicht berücksichtigt.

2. Referenz auf einen der Protagonisten: „*Papa Moll kochte* […]", „*da fritzi↑ der håt si scho immer a tier gwünscht↓*"⁴²
3. Referenz auf die Situation: „*Das Finale der Fußball-Weltmeisterschaft nahte* […]"
4. Referenz auf den Ort: „*ja * da is halt a dOktor↑*"
5. Direkte Rede: „'*Wir kommen Super ohne Mama zurecht.*' *dachte sich Vater Moll.*"

Betrachtet man diese fünf Satzanfänge quantitativ (vgl. Abb. 1 und 2), so zeigt sich, dass im Datenmaterial ganz eindeutig die Referenz auf den Protagonisten und die temporale Referenz überwiegen, allerdings mit einer deutlich unterschiedlichen medialen Präferenz: Während die mündlichen Erzählungen in der 6.-8. Schulstufe deutlich häufiger mit der Referenz auf den Protagonisten beginnen, stellen die SchülerInnen mit Ausnahme der 6. Schulstufe schriftlich überwiegend die temporale Referenz ins Vorfeld.⁴³ In beiden Fällen ist die Veränderung mündlich zwischen der 5. und 8. und der 8. und 12. SSt. signifikant (Chi²>4,402; p<,036), schriftlich hingegen tritt keine signifikante Änderung auf. Das bedeutet, dass die mündlichen Erzählungen zunächst „mündlicher" werden, bevor sie sich in der 12. SSt. wieder stärker literalen Vorbildern annähern, die schriftlichen Erzählungen sind hingegen konstant literal geprägt. Das Absinken der temporalen Referenz wird durch eine stärkere Variation ermöglicht, die das „neue", erst ab der 7. SSt. auftretende Mittel der situationalen Referenz eröffnet. Medial unterschiedlich häufig werden auch lokale Referenz und direkte Rede eingesetzt: Die lokale Referenz – ausschließlich mit dem deiktischen Ausdruck „da" kommt lediglich in den mündlichen Erzählungen vor,⁴⁴ die direkte Rede ist umgekehrt ein Mittel, das fast ausschließlich – wenn auch insgesamt nicht häufig – schriftlich genutzt wird.

---

42 Transkriptionszeichen (in Auswahl): ↑ bzw. ↓ (steigende bzw. fallende Intonation), * (Pause bis zu 1 sec.), dOktor (Betonung), de:r (Dehnung), / (Abbruch), san=s (Enklise). Die Transliteration erfolgt ohne orthographische Korrekturen.
43 Diese Differenz ist noch stärker ausgeprägt, wenn man umgangssprachliche und standardnahe Erzählungen miteinander vergleicht.
44 Fast alle dieser Erzählungen stellen den Protagonisten an den Anfang des Mittelfeldes, stehen also dieser Gruppe der Vorfeldbesetzungen am nächsten.

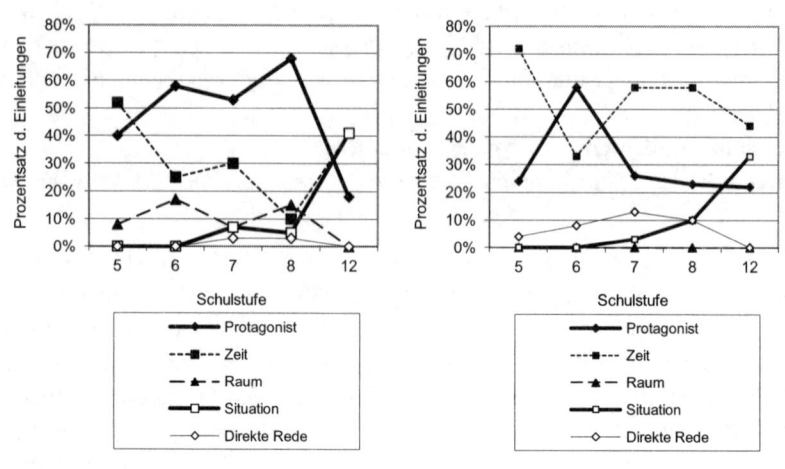

Abb. 1: Vorfeld 1. Satz – mündlich   *Abb. 2: Vorfeld 1. Satz – schriftlich*

Insgesamt weisen mündliche und schriftliche Erzählungen in der 12. SSt. die größte Ähnlichkeit auf.

Betrachtet man die Entwicklung der SchülerInnen im Längsschnitt, so ist im mündlichen Erzählen bei einem Drittel der SchülerInnen, von denen Daten in 3 Schulstufen vorliegen, Konstanz zu beobachten – sie betrifft aufgrund der größeren Häufigkeit fast ausschließlich die Referenz auf den Protagonisten. Schriftlich weisen hingegen nur 23% der SchülerInnen Konstanz auf.

Diese ausgeprägte mediale Differenz bezüglich der Referenz auf den Protagonisten und die Zeit wird noch deutlicher, wenn man umgangssprachlich und standardnah erzählende Kinder miteinander vergleicht. ProbandInnen, die mündlich umgangssprachlich erzählen, beginnen in der 5.-8. SSt.[45] mündlich durchschnittlich 71% der Erzählungen mit der Referenz auf den Protagonisten und nur 11% mit einer Referenz auf die Zeit, schriftlich kehrt sich dieses Verhältnis nahezu um: Nur 20% der Erzählungen nennen den Protagonisten im Vorfeld, hingegen weisen 69% eine temporale Referenz auf. Bei den standardnah erzählenden SchülerInnen zeigt sich diese Tendenz ebenfalls, jedoch wesentlich abgeschwächter – mündlich beginnen 33% der Erzählungen mit einer temporalen Referenz, schriftlich 51%.

Während die Referenz auf den Protagonisten durch die Bilder gestützt ist, ist die temporale Referenz rein imaginativ, zumal keine der Bildgeschichten eine besondere Jahres- oder Tageszeit „vorschreibt" oder nahe legt. Insofern ist bei der

---

45 Da zu wenige ProbandInnen in der 12. SSt. umgangssprachlich erzählen, können hier nur Daten der 5.-8. SSt. ausgewertet werden.

temporalen Referenz auch besonders deutlich die Wirkung von Routinisierung zu sehen. Dass es sich um Routinen handelt, wird nicht nur dann deutlich, wenn temporale Spezifizierungen vorgenommen werden, die in weiterer Folge nicht mehr relevant sind – d.h. für die Erzählung a-funktional sind (z.b. die Nennung einer Jahreszeit oder eines Wochentages oder des Wetters, d.h. von Informationen, die für den Fortgang der Handlung oder auch für die Charakterisierung der Figuren keine Rolle spielen).

Ganz besonders deutlich wird dies aber dann, wenn die temporalen Referenzen nicht nur a-funktional eingesetzt werden, sondern wie im folgenden Beispiel auch Inkonsistenzen erzeugen:

(1) eines morgens↑ * mmh: * zum * an ei/ * *eines sonnigen morgens*↑ * *zu mittag*↑ kochte papa moll↑ * und sein sohn↑ * eine suppe↓ * (5m_RGOOe_Lea)[46]

In Beispiel (1) kombiniert die Schülerin zwei inkompatible temporale Referenzen. Dass es sich dabei nicht um eine Korrektur handelt, zeigt der prosodische Befund.[47]

Ein über die Jahre hinweg wiederholter Einsatz einer bestimmten Formulierung lässt auf eine (*persönliche*) *Routine* schließen: Eine Schülerin lässt beispielsweise ihre Erzählungen generell im Frühsommer spielen – in der 5. SSt. „*in den Ferien*", in der 7. Schulstufe in den Sommerferien bzw. im Juni, in der 8. SSt. „*an einem schönen Sommertag*" (mündlich) bzw. „*an einem herrlichen Sommertag Ende Juni*" (schriftlich).[48] Eine andere Probandin hingegen bevorzugt eine knappe Formulierung, die keine konkreten Anhaltspunkte liefert: „*eines Tages*" (in der 5. SSt. mündlich und in der 7. SSt. mündlich und schriftlich) bzw. „*einmal*" (5. SSt. schriftlich). Nur in der 8. SSt. schriftlich verwendet sie einen temporalen Nebensatz.[49]

Die meisten SchülerInnen zeigen jedoch im Längsschnitt keine persönlichen Präferenzen in der Wahl der angegebenen Zeiten bzw. auch in der Wahl der Formulierungen.

---

46 Die Siglen geben Schulstufe (hier: 5.), Varietät (hier: mündlich), Schule (hier: Realgymnasium in Oberösterreich), Name (anonymisiert) und ggf. Zweisprachigkeit (ZS) an. Transkriptionszeichen s.o. Anm. 42.
47 Kein Tonhöhensprung, keine Veränderung der Lautstärke oder der Sprechgeschwindigkeit, kein Zögern.
48 Die Aufnahmen fanden jeweils im November bzw. Februar statt, d.h. externe Witterungseinflüsse können diese Wahl bestenfalls im Sinne von Wunschvorstellungen befördert haben.
49 In der 8. SSt. mündlich beginnt sie mit der Referenz auf den Protagonisten, erwähnt in der ersten Äußerungseinheit jedoch, dass es „am Abend" ist.

Allerdings lassen sich aus der Gesamtheit der Texte sehr wohl einzelne *Routineformulierungen* erkennen, die über die Jahre hinweg unterschiedlich häufig verwendet werden:

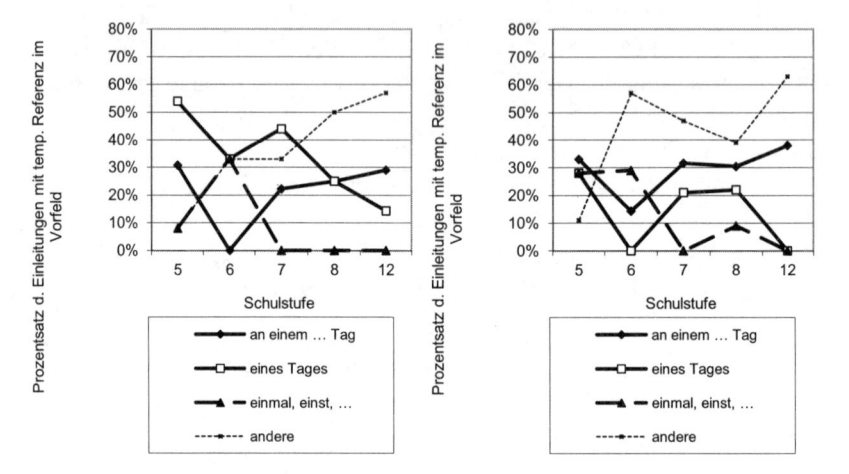

Abb. 3: *Temporale Mittel i. Vorfeld – mündl.*   Abb. 4: *Temporale Mittel i. Vorfeld – schriftl.*

Die Präpositionalphrase „*an einem* .... *Tag/Abend/Morgen/Nachmittag/Vormittag*" (wobei der Tag attributiv näher gekennzeichnet wird) spielt mündlich wie schriftlich (außer in der 6. SSt.) eine verhältnismäßig konstante Rolle. Dass ihre Verwendung auch in der 12. SSt. nicht rückläufig ist, ist wohl auf ihre Flexibilität und die Differenzierbarkeit durch eine attributive Präzisierung zurückzuführen.

Die genitivische Nominalphrase „*eines Tages*" wird ebenfalls teilweise spezifiziert: „*eines Morgens*", „*eines Vormittags*", „*eines Abends*" – einmal auch die ungewöhnliche Formulierung „*eines mittags*" (8m_RGSa_Günther[50]). Eine attributive Erweiterung ist hier bei den einsprachigen SchülerInnen nur einmal zu beobachten („*Eines sonnigen Vormittags*" (8s_RGSa_Jonathan)),[51] etwas häufiger treten Präzisierungen mit einem temporalen Nebensatz oder einer Präpositionalphrase auf:

---

50 Günther ist ein Schüler, der sehr gekonnt erzählt, allerdings oft mit unüblichen Formulierungen sprachliche Normverstöße riskiert.
51 Interessant ist hier, dass die übliche Kollokation „eines schönen Tages" nie auftritt, obwohl „schön" als Attribut sonst sehr häufig ist. Einmal wird – von einem zweisprachigen Schüler „eines wunderschönen Tages" verwendet (6s_RGSa_ZS_Damjan). Ob die SchülerInnen die übliche Kollokation nicht kennen oder aber bewusst meiden und sich um eine Sprachverwendung jenseits des „Üblichen" bemühen, muss hier offen bleiben.

(2) Eines Tages als die Mutter von Franz nicht zu Hause war [...] (5s_RGSa_Günther↓)

Mündlich spielt diese Formulierung eine größere Rolle als im schriftlichen Erzählen, ihre Häufigkeit nimmt jedoch in beiden Varietäten ab. Während die festen Wendungen wie „einmal" oder „einst" bereits ab der 7. SSt. fast nicht mehr vorkommen, steigt die Verwendung „anderer Formulierungen" stark an – schriftlich erfolgt die Zunahme bereits in der 6. SSt. sehr eindrücklich. Es sind dies Präpositionalphrasen („in den Sommerferien", „seit einem Jahr"), deiktische Temporaladverben („heute"), temporale Nebensätze, oder andere temporale Ausdrücke („endlich", „schon wieder").

Das bedeutet insgesamt, dass es nicht nur bei der Füllung des Vorfeldes zu einer größeren Vielfalt kommt, sondern dass auch bei den temporalen Mitteln eine Abwendung von festen Formulierungsroutinen festzustellen ist.

Vergleicht man mit diesen Ergebnissen die Longitudinalstudie von Augst et al. (2007) für die Grundschule, in der auch formelhafte Wendungen am Anfang und Ende der Erzählung hervorgehoben werden (allerdings ohne eine syntaktische Beschränkung auf das Vorfeld), so ist festzustellen, dass der Anteil fester temporaler Wendungen – Augst et al. (2007, 80-84) nennen als Beispiel „eines Tages" –, der von der 2. bis 4. SSt. stark zunimmt, nach der 7. bzw. 8. Schulstufe wieder rückläufig ist.

3.2 Routinen am Schluss der Erzählungen

Auch der Erzählschluss erfüllt unterschiedliche Funktionen: Das Abschließen (im Sinn eines Gestaltschließens), die Zusammenfassung des Geschehens, seine Interpretation durch den/die ErzählerIn, der Vollzug des Origowechsels etc. Auch vom Schluss der Erzählung ist zu erwarten, dass er – zumindest beim schriftlichen Erzählen – mit besonderer Aufmerksamkeit gestaltet wird und dass den SchülerInnen Routinen zur Beendigung der Erzählung zur Verfügung stehen. Aus dem Märchen sind Schlussformeln wie „Und wenn sie nicht gestorben sind, dann leben Sie noch heute" vertraut. Solche formelhaften Elemente sind in den vorliegenden Erzählungen allerdings nicht verbreitet. Davon zu unterscheiden sind explizite Schlussformulierungen, die nicht textsortenspezifisch sind; im mündlichen Erzählen sind das z.B. entsprechende Diskurspartikeln, (z.B. „ja↓" mit fallender Intonation) oder eine explizitere Formulierung („punkt ende↓"; „und ja↓ * des is die geschichte↓"), im schriftlichen sind es explizite Ausdrücke wie „ENDE" (häufig in Versalien) oder die unaufgeforderte Angabe der Wortanzahl oder auch eine Zeichnung.

Augst et al. (2007, 82) haben für die GrundschülerInnen ein selteneres Auftreten formelhafter Schlusswendungen festgestellt; dies setzt sich auch in der Sekundarstufe fort: Insgesamt erweist sich die Markierung des Schlusses als wesentlich vielfältiger als die des Erzählanfangs. Neben temporalen Referenzen (allgemein oder auf Zukünftiges), lokalen Referenzen und Redewiedergaben wie in den Erzählanfängen treten u.a. Bezugnahmen auf die Gefühle der Protagonisten, (generalisierende) Rückverweise auf die Erzählung, Erzählerkommentare und formelhafte Schlusssätze auf. Neben diesen formelhaften Schlusssätzen enthalten auch die temporalen Referenzen auf Zukünftiges sowie die generalisierenden Rückverweise bevorzugt formelhafte Wendungen oder Strukturen.

Formelhaft wirken bestimme Lexeme bzw. Phraseologismen – nicht selten stehen sie im Zusammenhang mit einemVerweis auf Zukünftiges oder auch auf die emotionale Befindlichkeit der Protagonisten – im Sinne des märchenhaften Schlusses „und dann/und so lebten Sie glücklich bis an ihr Lebensende" (3). Diese Emotionen werden häufig in Kontrast zum bisherigen Geschehen (4-6), zum Erwarteten oder zu den Emotionen anderer Protagonisten gesetzt (7, 8). Märchenähnliche Schlussformulierungen sind insgesamt sehr selten (9):

(3) und dånn **san=s ålle fröhlich**↓ (5m_RGOOe_Alexandra)

(4) Da waren alle **wieder zufrieden** [...] (5s_RGOOe_Sandra)

(5) und aller streit war vergessen↓ (5m_RGSa_Guenther)

(6) Von nun an führte der Robotter ein leichtes und erfülltes Leben. (6s_RGSa_Jonathan)

(7) Der Arzt jedoch **fuhr zufrieden** mit seinem Auto **davon**. (8s_GS_Sabrina)

(8) Susi war tot traurig, **aber von nun an** ist der Frieden der Familie zurückgekehrt. (7s_RGOOe_Bettina)

(9) **So** lebten sie in Frieden **bis ans Ende der Welt**!!! ENDE (6s_GS_Ulla)

Auch die Charakterisierung eines künftigen Zeitabschnittes als „schön" wird als Routineformel verwendet (10, 11):

(10) So verbrachten sie **noch einen schonen Nachmitag**. (5s_RGSa_Laurin)

(11) Der Tag nahm doch noch ein schönes Ende. (5s_RGOOe_Karin)

Teilweise wird die Moral für die ZuhörerInnen/LeserInnen (12) bzw. die Lehre für die Protagonisten (13) explizit und abschließend formuliert, wobei die Stimme des Erzählers zu Wort kommt, die generalisierend auf die Erzählung bzw. auf einzelne Elemente daraus zurückweist:

(12) **Die Moral von der Geschicht**: Termiten mag man oder nicht. (7s_RGOOe_Ines)

(13) Das wurde Max **eine** Lehre. Er erfand **nie wieder** einen Roboter. THE END
(6s_RGSa_Reinhard)

Das Beispiel von Reinhard zeigt, dass die "aktuelle Lehre" mit einem Verweis auf zukünftiges Handeln verbunden sein kann.

Auch das Verschwinden eines der Protagonisten kann mit Routineformeln als Ende der Erzählung markiert werden; insgesamt zeigt sich allerdings, dass noch nicht alle Routineformulierungen sicher beherrscht werden (15):

(14) Doch als er den Arzt nach seinem Namen fragen wollte, war der **schon längst über alle Berge** und unauffindbar. (8s_RGOOe_Ines)

(15) Doktor Tutnichtgut **war schon längst hinter aller Berge** als der Polizist erst merkte, dass er gerade veräppelt worden ist (8s_RGSa_Corinna)

(16) **Zurück blieb** ein fassungsloser, kranker Polizist und ein Strafzettel ohne Besitzer. (8s_RGOOe_Alexandra)

Häufig wird „(und) so" abschließend und nicht selten in Verbindung mit (weiteren) Routineformeln eingesetzt (9, 10, 17):

(17) **und so** w=wurden sie dicke freunde [...] (7m_GS_Ludwig)

Quantitativ ist mündlich wie schriftlich eine eindeutige, wenn auch (v.a. im schriftlichen Erzählen) nicht stetige Abnahme der Verwendung von Routineformeln festzustellen (vgl. Abb. 5 und 6). Während in der 5. SSt. 20% bzw. 30% der SchülerInnen in ihrem Erzählschluss eine Routineformel verwenden – der Höhepunkt der Verwendung liegt mit 40% in den schriftlichen Erzählungen der 6. SSt., so werden Routineformeln in der 12. SSt. nicht mehr eingesetzt. Die Häufigkeit der Verwendung von Routineformeln in den mündlichen Erzählungen liegt immer unter der in den schriftlichen. Dies lässt sich u.a. damit begründen, dass die Routineformeln stark literal geprägt sind und in den umgangssprachlichen Erzählungen nahezu nicht vorkommen. Anders verhält es sich mit den expliziten Schlussformulierungen: Im schriftlichen Erzählen nehmen sie zwar ähnlich wie die Routineformeln nach einer Zunahme in der 6. SSt. stark ab, im mündlichen Erzählen jedoch steigen sie stetig an (von 4% in der 5. SSt. auf 33% in der 12. SSt.). Das bedeutet, dass diese Form der Markierung des Erzählabschlusses im Verhältnis zu einem (textsorten-)spezifischen lexikalischen Ausdruck im mündlichen Erzählen zunimmt.[52]

---

[52] Im Schriftlichen nehmen auch diese expliziten Formen der Markierung (z.B. „ENDE") stark ab.

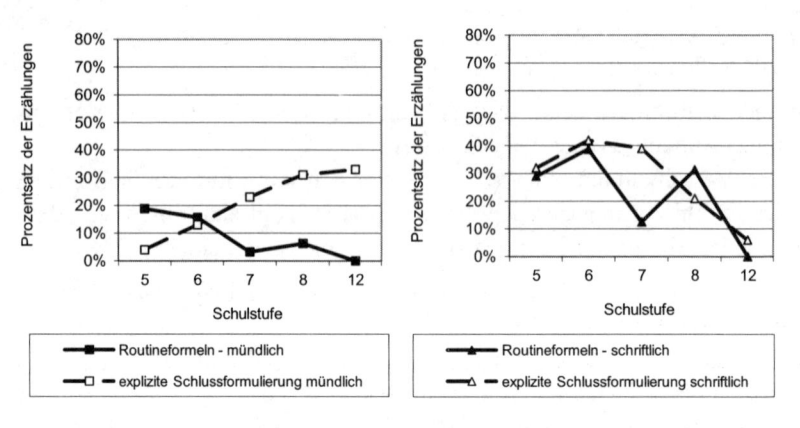

Abb. 5: Erzählschluss mündlich   *Abb. 6: Erzählschluss schriftlich*

Ein im Längsschnitt beobachtbarer individueller Trend zum Einsatz von Routineformeln für den Abschluss von Erzählungen ist nur begrenzt festzustellen: Nur zwei der 48 SchülerInnen verwenden in drei ihrer sechs Erzählungen Routineformeln. Dreizehn SchülerInnen verwenden zweimal (in jeweils unterschiedlichen Jahren) Routineformeln. Auffallend ist dabei v.a. der hohe Anteil bei den zweisprachigen ProbandInnen: 50% von ihnen verwenden zwei- oder dreimal eine Routineformel, von den Einsprachigen sind es hingegen nur 28%.[53] Einerseits ist beachtlich, dass die zweisprachigen ProbandInnen die – zumeist literal geprägten – Routineformeln kennen und verwenden, andererseits ist auffallend, dass sie sie häufiger einsetzen. Ob dies daraus resultiert, dass sie die Formeln länger als „Formulierungsstütze" bzw. als „Steigbügel" für die Strukturierung (Ohlhus 2005) benötigen, oder ob sie darin eine besondere, idiomatische Textqualität sehen, konnte im Rahmen der Datenerhebung nicht festgestellt werden.

Zusammenfassend ist festzuhalten, dass die Variationsbreite für den Erzählschluss größer ist und weniger ausgeprägte Präferenzen für eine der Formen feststellbar sind. Dies kann mit einer geringeren didaktischen Anleitung zu tun haben (der Erzählschluss wird in den Schulbüchern weniger differenziert thematisiert, vgl. Dannerer demn.), mit einer im Verlauf der Textproduktion abnehmenden Aufmerksamkeit, aber v.a. auch mit einer stärkeren kontextuellen Passung des Erzählschlusses, die die Reduktion auf einige wenige Inhalte und die Anwendung von Routineformeln erschwert. Dass die Verwendung textsorten-

---

53 Auch der Anteil der männlichen Probanden liegt mit 31% höher als der der weiblichen (26%).

spezifischer Routineformeln eine deutlich abnehmende Rolle spielt, beweist eine zunehmende Präferenz für individuelle Formulierungen.

4. Zusammenfassung

Betrachtet man für die Beurteilung der Entwicklung von Routinen den *Prozess* des Erzählens, so zeigt sich ein zunehmend routiniertes Erzählen: Mündlich wird flüssiger erzählt, schriftlich verdoppelt sich die mittlere Textlänge von knapp 200 auf ca. 400 Wörter, ohne dass die ProbandInnen mehr als eine Schulstunde für die Textproduktion benötigt hätten (vgl. Dannerer demn.).

Am *Produkt* – der Erzählung – ist feststellbar, dass die SchülerInnen offenbar über Routinen in der Texttiefenstruktur, d.h. im Handlungsmuster der Narration verfügen.

Vorgeformtes ist in Erzählanfängen stärker vertreten als am Erzählschluss, was sich in einer geringeren Varianz der Textanfänge ausdrückt. Bezüglich des Erzählanfangs konnte gezeigt werden, dass das Vorfeld des ersten Satzes während der gesamten Sekundarstufe I überwiegend mit einer Referenz auf den Protagonisten oder mit einer temporalen Referenz besetzt wird. Die Präferenzen für die eine oder andere Form differieren zwischen dem mündlichen (und da v.a. dem umgangssprachlichen) und schriftlichen Erzählen stark. Am Beispiel der temporalen Referenzen wurde ein Rückgang von festen, märchenähnlichen Wendungen zugunsten einer zunehmend größeren Varianz an Formulierungen deutlich.

Am Schluss der Erzählungen, der insgesamt stärker variiert, werden textsortenspezifische Routineformeln in der 12. SSt. sogar gänzlich aufgegeben. Eine deutliche Routine an der Textoberfläche ist offenbar gegen das Ideal des individuellen, schöpferischen Erzählens. Daher ist erklärbar, dass Formulierungsroutinen, sobald sie erreicht und als solche bewusst sind, nach Möglichkeit wieder reduziert werden. Dass dieser Abbau möglich ist, hängt mit der auch in der Sekundarstufe II noch sehr intensiven Erweiterung bzw. Ausdifferenzierung des Wortschatzes zusammen. Eine Zunahme an Variation bzw. ein Abbau von Routinen ist teilweise schon in der 6., teilweise erst in der 8. Schulstufe spürbar. In jedem Fall ist die Veränderung zur 12. Schulstufe hin noch einmal eindrücklich. Das bedeutet, dass sich in der Sekundarstufe II, während das Erzählen in der Schule zumeist nur rezeptiv – in Form von Begegnung mit Literatur – und nicht produktiv angeregt wird, noch einmal eine deutliche Entwicklung in Richtung Individualisierung der Texte ergibt. Dies betrifft sowohl Inhalte als auch sprachliche Mittel.

Wenn Formulierungsroutinen tendenziell wieder aufgegeben werden, soll dies nicht bedeuten, dass ihre Vermittlung überflüssig wäre. Sie helfen denjenigen, die über geringere sprachliche Ressourcen verfügen, dabei, die Textsorte zu entwickeln. Sie vermitteln Sicherheit, weshalb sie gerade auch bei schwächeren SchülerInnen besonders beliebt sind. Das Lernen am Modell und durch explizite Bewusstmachung, aber auch durch Nachahmung bzw. Übernahme von konkreten Formulierungen scheint einem Bedürfnis zu entsprechen. Die Gefahr, mit der Vermittlung von Formelhaftem Stilbrüche zu evozieren, ist in der Didaktik bekannt, die langfristigen Auswirkungen auf die Textproduktion bei SchülerInnen auf unterschiedlichen Leistungsniveaus sind allerdings kaum erforscht – Bewusstmachung oder Ablehnung von Routineformeln scheinen eher dem aktuellen didaktischen Trend zu entspringen. Zur Vertiefung und zur bewussteren Reflexion von Formelhaftem und der Ausbildung von Routinen wäre die Analyse des Spracherwerbs anhand von Längsschnittstudien zu nutzen.

Literatur

Antos, Gerd (1995): Mustertexte und Schreibprozeduren. Die Entwicklung von Textbausteinen als Modell zur Aneignung von Schreibprozeduren. In: Baurmann, Jürgen/Weingarten, Rüdiger (Hrsg.): *Schreiben. Prozesse, Prozeduren, Produkte.* Opladen: Westdeutscher Verlag, 70-84.

Augst, Gerhard (1988): Schreiben als Überarbeiten – Writing is Rewriting. In: *Der Deutschunterricht* 3/1988, 51-62.

Augst, Gerhard/Disselhoff, Katrin/Henrich, Sandra/Pohl, Thorsten/Völzing, Paul-Ludwig (2007): *Text-Sorten-Kompetenz. Eine echte Longitudinalstudie zur Entwicklung der Textkompetenz im Grundschulalter.* Frankfurt a.M.: Lang.

Baurmann, Jürgen/Weingarten, Rüdiger (1995): Prozesse, Prozeduren und Produkte des Schreibens. In: Dies. (Hrsg.): *Schreiben: Prozesse, Prozeduren und Produkte.* Opladen: Westdeutscher Verlag, 7-25.

Becker, Tabea (2001): *Kinder lernen erzählen. Zur Entwicklung der narrativen Fähigkeiten von Kindern unter Berücksichtigung der Erzählform.* Baltmannsweiler: Schneider Verlag Hohengehren.

Becker-Motzek, Michael/Schindler, Kirsten (2007): Schreibkompetenz modellieren. In: Dies (Hrsg.): *Texte schreiben.* Duisburg: Gilles & Francke (= Köbes Kölner Beiträge zur Sprachdidaktik, Reihe A. 5.), 7-26.

Berman, Ruth A. (2004): Between emergence and mastery. The long developmental route of language acquisition. In: Dies. (Hrsg.): *Language Development across Childhood and Adolescence.* Amsterdam, Philadelphia: Benjamins, 9-34.

Coulmas, Florian (1981): *Routine im Gespräch. Zur pragmatischen Fundierung der Idiomatik.* Wiesbaden: Akademische Verlagsgesellschaft Athenaion.

Dannerer, Monika (demn.): *Narrative Fähigkeiten und Individualität. Mündlicher und Schriftlicher Erzählerwerb im Längsschnitt von der 5. bis zur 12. Schulstufe.* Tübingen: Stauffenburg.

Dausendschön-Gay, Ulrich/Gülich, Elisabeth/Krafft, Ulrich (2007): Vorgeformtheit als Ressource im konversationellen Formulierungs- und Verständigungsprozess. In: Hausendorf, Heiko (Hrsg.): *Gespräch als Prozess. Linguistische Aspekte der Zeitlichkeit verbaler Interaktion.* Tübingen: Narr, 181-219.

Drescher, Martina (1994): Für zukünftige Bewerbungen wünschen wir Ihnen mehr Erfolg. Zur Formelhaftigkeit von Absagebriefen. In: *Deutsche Sprache* 22/1994, 117-137.

Elspaß, Stephan (2005): *Sprachgeschichte von unten. Untersuchungen zum geschriebenen Alltagsdeutsch im 19. Jahrhundert.* Tübingen: Niemeyer (= RGL. 263.).

Eriksson, Brigit (2006): *Bildungsstandards im Bereich der gesprochenen Sprache.* Tübingen, Basel: Francke.

Europarat/Rat für kulturelle Zusammenarbeit (2001): *Gemeinsamer europäischer Referenzrahmen für Sprachen: lehren, lernen, beurteilen.* Berlin: Langenscheidt.

Feilke, Helmuth (1996a): Auf dem Weg zum Text. Die Entwicklung der Textkompetenz im Grundschulalter. In: Ulonska, Herbert/Kraschinski, Svea/Bartmann, Theodor (Hrsg.): *Lernforschung in der Grundschule.* Bad Heilbrunn, 219-242.

Feilke, Helmuth (1996b): *Sprache als soziale Gestalt. Ausdruck, Prägung und die Ordnung der sprachlichen Typik.* Frankfurt a. M.: Suhrkamp.

Feilke, Helmuth (2002): *Die Entwicklung literaler Textkompetenz. Ein Forschungsbericht.* Siegen (= Siegener Papiere zur Aneignung Sprachlicher Strukturformen. Heft 10.).

Feilke, Helmuth (2003): Textroutine, Textsemantik und sprachliches Wissen. In: Linke, Angelika et al. (Hrsg.): *Sprache und mehr. Ansichten einer Linguistik der sprachlichen Praxis.* Tübingen: Niemeyer, 209-227.

Giese, Heinz W. (1993): Von der sichtbaren Sprache zur unsichtbaren Schrift. Auswirkungen moderner Sprach-Schrift-Verarbeitungstechnologien auf den alltäglichen Schreibprozeß. In: Baurmann, Jürgen/Günther, Hartmut/Koop, Ulrich (Hrsg.): *Homo scribens. Perspektiven der Schriftlichkeitsforschung.* Tübingen: Niemeyer (=RGL. 134.), 113-139.

Gülich, Elisabeth/Henke, Käthe (1979, 1980): Sprachliche Routine in der Alltagskommunikation. Überlegungen zu „pragmatischen Idiomen" am Beispiel des Englischen und des Französischen. In: *Die Neueren Sprachen* 78/1979, 513-530 und 79/1980, 2-33.

Hormuth, Julia (2006): Bericht über die 12. Arbeitstagung zur Gesprächsforschung vom 29.-31. März 2006 in Mannheim. In: *Gesprächsforschung. Online-Zeitschrift zur verbalen Interaktion.* 7/2006, 85-93. www.gespraechsforschung-osz.de

Kern, Friederike/Quasthoff, Uta M. (2005): Fantasy stories and conversational narratives of personal experience. Genre-specific, interactional and developmental perspectives. In: Quasthoff, Uta M./Becker, Tabea (Hrsg.): *Narrative interaction.* Amsterdam, Philadelphia: Benjamins, 15-56.

Kostrzewa, Frank (2008): Formeln in der Lernersprache. In: *Muttersprache* 4/2008, 322-331.

Ohlhus, Sören (2005): Der Erwerb von Phraseologismen als Teil des Erwerbs von Erzählfähigkeiten. In: *Der Deutschunterricht* 5/2005, 72-80.

Ortner, Hanspeter (1995): Die Sprache als Produktivkraft. Das (epistemisch-heuristische) Schreiben aus der Sicht der Piagetschen Kognitionspsychologie. In: Baurmann, Jürgen/Weingarten, Rüdiger (Hrsg.): *Schreiben. Prozesse, Prozeduren, Produkte.* Opladen: Westdeutscher Verlag, 320–364.

Ortner, Hanspeter (1996): Das Imitationslernen und der Erwerb der Schreibkompetenz. Eine Vermutung über eine zu wenig genutzte Ressource. In: Feilke, Helmuth/Portmann, Paul R. (Hrsg): *Schreiben im Umbruch. Schreibforschung und schulisches Schreiben.* Stuttgart: Klett, 86-95.

Ortner, Hanspeter (2000): *Schreiben und Denken.* Tübingen: Niemeyer (= RGL. 214.).

Ossner, Jakob (2006a): *Sprachdidaktik Deutsch. Eine Einführung.* Paderborn u.a.: Schöningh (= UTB. 2807.).

Ossner, Jakob (2006b): Kompetenzen und Kompetenzmodelle im Deutschunterricht. In: *Didaktik Deutsch* 21/2006, 5-19.

Portmann, Paul R. (1991): *Schreiben und Lernen. Grundlagen der fremdsprachlichen Schreibdidaktik.* Tübingen: Niemeyer (= RGL. 122.).

Quasthoff, Uta M. (1993): Vielfalt oder Konstanz in den sprachlichen Formen des Kindes. In: *Der Deutschunterricht* 6/1993, 44-56.

Stein, Stephan (2004): Formelhaftigkeit und Routinen in mündlicher Kommunikation. In: Steyer, Kathrin (Hrsg.): *Wortverbindungen – mehr oder weniger fest.* Berlin, New York: de Gruyter (= Institut für Deutsche Sprache Jahrbuch 2003), 262-288.

Wolf, Dagmar (2000): *Modellbildung im Forschungsbereich „sprachliche Sozialisation". Zur Systematik des Erwerbs narrativer begrifflicher und literaler Fähigkeiten.* Frankfurt a. M. u.a.: Lang.

Positionierung. Zur Entwicklung des Gebrauchs modalisierender Prozeduren in argumentativen Texten von Schülern und Studenten.

Olaf Gätje/Sara Rezat/Torsten Steinhoff

1. Einleitung

Die *Positionierung*, d.h. die sprachliche Markierung der eigenen Meinung, gehört zu den grundlegenden Merkmalen eines argumentativen Textes. Zu diesem Zweck werden Positionierungsprozeduren wie „ich finde", „meiner Meinung nach" oder „meines Erachtens" verwendet. Das Feld solcher Prozeduren wird in der Entwicklung argumentativer Schreibfähigkeiten nach und nach erschlossen. Ihr Gebrauch kann mithin als ein Indikator der argumentativen Textkompetenz aufgefasst werden, genauer gesagt der Teilkompetenz, eine „reflektiert subjektive" Perspektive zu einem bestimmten Thema einzunehmen und schriftkommunikationsadäquat darzustellen.

In diesem Kontext steht der vorliegende Aufsatz. Er leistet am Beispiel der Positionierung empirische Vorarbeiten zur Beobachtung von Schreiblernprozessen und Beurteilung von Schreibentwicklungsständen in argumentativen Texten. In den Kapiteln 2 und 3 werden die Begriffe *literale Prozedur*, *Positionierung* und *Positionierungsprozedur* erläutert, in Kapitel 4 die Ergebnisse einer Analyse zweier Korpora mit argumentativen Texten von Schülern und Studenten vorgestellt und in Kapitel 5 die empirischen Ergebnisse abschließend zusammengefasst.

2. Literale Prozeduren

(1)
„Meiner Ansicht nach finde ich ihren Vorschlag sehr gut."

Mit diesem Satz eröffnet eine Schülerin der 10. Klasse ihren argumentativen Brief zu dem Vorschlag des Medienwissenschaftlers Neil Postman, das Fernsehen abzuschaffen.[54] Wie es für argumentative Texte typisch ist, wird der Sachverhalt der getroffenen Aussage („Postmans Vorschlag ist sehr gut") durch die in Spitzenposition stehende Formulierung „meiner Ansicht nach finde ich" von der Schreiberin aus ihrer subjektiven Sicht qualifiziert – sie nimmt, m.a.W., eine *Positionierung* vor. Genau genommen beginnt die Schreiberin den Satz mit der idiomatisierten Präpositionalphrase „meiner Ansicht nach" und setzt die so eröffnete Konstruktion entsprechend den syntaktischen Erfordernissen mit der finiten Form des Verbs „finden" fort. Unmittelbar an das Finitum angeschlossen folgt das Personalpronomen in der 1. Person Singular als Satzsubjekt.

Ohne die Analyse an dieser Stelle zu vertiefen, kann vorerst festgehalten werden, dass in der Formulierung „meiner Ansicht nach finde ich" zwei funktional ähnliche sprachliche Ausdrucksmuster interferieren. Daran lässt sich zum einen erkennen, dass sprachliche Handlungen wie Positionieren mittels konventionalisierter Ausdrucksmuster unterschiedlicher Komplexität realisiert werden, dass hier also offenbar eine stabile semiotische Konfundierung von Form und Funktion vorliegt. Zum anderen deutet sich an, dass die Aneignung solcher Form-Funktions-Zusammenhänge in der Entwicklung schriftlich-konzeptueller Fähigkeiten nicht problemlos abläuft.

Wir wollen diese Form-Funktions-Konfundierungen im Weiteren als „literale Prozeduren" bezeichnen. Das Konzept der literalen Prozedur wurde in den vergangenen drei Jahren von einer Forschergruppe um Helmuth Feilke in Gießen erarbeitet.[55] Ausgangspunkt war die Beobachtung, dass Texte rekurrente sprachliche Konstruktionen unterschiedlicher Komplexität aufweisen, die spezifische, aus den Bedingungen des schriftlichen Kommunikationsgeschehens resultierende Funktionen erfüllen. Feilke (2010: 3) definiert literale Prozeduren wie folgt:

> Literale Prozeduren sind Textroutinen. Sie sind funktional bezogen auf rekurrente kommunikative Aufgaben; literal sind diese Routinen, soweit sie typisch oder [...] sogar spezifisch für eine Kommunikation mittels schriftlicher Texte sind. Sie haben eine ausdrucksseitig saliente Gestalt, die mehr oder weniger salient sein kann. Ausdrucksseitig können sie strukturell idiomatische Komponenten enthalten, können aber auch syntaktisch und semantisch völlig regulär sein. Die Salienz setzt gleichwohl eine ausdrucksseitige Typisierung und Musterhaftigkeit voraus, die stets semiotisch pars pro toto auf ein Gebrauchsschema mitverweist, das die Inhaltsseite der Proze-

---

54   Die Schreibaufgabe wurde im Rahmen eines von Sara Rezat geleiteten Seminars zum konzessiven Argumentieren entwickelt.
55   An diesem Projekt sind neben Helmuth Feilke und den Verfassern dieses Beitrags Katrin Lehnen und Martin Steinseifer beteiligt. Ein Bezugspunkt des Projektes war der in Steinhoff (2007a: 118f.) geprägte und zur Beschreibung der Aneignung wissenschaftlicher Schreibfähigkeiten verwendete Begriff „Textprozedur".

dur ausmacht. Dadurch haben literale Prozeduren ein Kontextualisierungspotential. So kann man z. B. schon an der Überschrift oft die Textsorte erkennen. Die Beherrschung literaler Prozeduren ist so etwas wie der sprachliche Bodensatz der Lese- und Schreibfähigkeit. Ihre Aneignung im Erwerb setzt eine entsprechende literale Erfahrung voraus.

Feilke versteht unter literalen Prozeduren also *Textroutinen*, die eine musterhafte semiotische Struktur aufweisen, über ein Kontextualisierungspotential verfügen und für den Erwerb von Schreibkompetenzen bedeutsam sind. In diesem Sinne ist beispielsweise die semiotische Struktur einer Positionierungsprozedur wie „meiner Meinung nach" als Kopplung zwischen der idiomatisierten Mehrwortkonstruktion „meiner Meinung nach:" und dem kommunikativen Handlungsschema *Meinungsäußerung* zu beschreiben. Aus dem Umstand, dass solche Handlungsschemata häufig textsortenspezifisch sind, resultiert das erwähnte Kontextualisierungspotential literaler Prozeduren. Beispielsweise indiziert die Verwendung von Positionierungsprozeduren oder konzessiven Prozeduren wie „zwar..., aber" (vgl. Rezat 2009, Rezat 2011) dem Leser das Vorliegen eines argumentativen bzw. meinungsbetonten Textes und orientiert somit dessen Erwartungen an den Text. Das heißt, dass mit literalen Prozeduren typische Teilhandlungen bestimmter Textsorten realisiert werden, weshalb Feilke (i.d.B.) von einem „genrekonstitutiven Potential" spricht. Die Literalität *literaler Prozeduren* ist darin zu sehen, dass sie historisch und systematisch auf die Entfaltung von Schriftlichkeit und den daraus erwachsenden Anforderungen zurückzuführen sind. Auf die Literalität der hier im Mittelpunkt stehenden Positionierungsprozeduren werden wir im Folgekapitel eingehen.

Weil literale Prozeduren, wie erwähnt, im Verlauf der Entwicklung schriftsprachlicher Fähigkeiten zu Textroutinen werden können, sind sie auch für die Schreibforschung und Schreibdidaktik von besonderem Interesse (vgl. Antos 1995, Abraham et al. 2005, Keseling 1993). Baurmann/Weingarten (1995: 8) beschreiben Prozeduren wie folgt:

> Schreibprozesse beziehen sich [...] auf den singulären Vorgang des Schreibens, wohingegen Prozeduren stabilere Schreibroutinen oder Programme meinen, die in der gesamten Schreibpraxis eine bedeutsame Rolle spielen, vermögen sie den gesamten Vorgang doch wirkungsvoll zu entlasten. Produkte sind Ergebnisse des Schreibens, die in unterschiedlichem Maße abgeschlossen und gültig sein können.

Werden Prozeduren in diesem Zitat noch unspezifisch als „Schreibroutinen oder Programme" beschrieben, sind literale Prozeduren konkret als *schriftsprachliche, häufig textsortenspezifische Routineformeln* zu verstehen, denen im Formulierungsprozess eine kognitive Entlastungsfunktion zukommen kann. Sie sind, m.a.W., als zeichenhaft organisiertes, häufig implizites Handlungswissen aufzufassen, das die Text(sorten)konstitution unterstützt (vgl. Feilke 2010: 3; Feilke i.d.B.). Dies setzt allerdings eine entsprechende Textkompetenz voraus:

> Formulierungsroutinen erleichtern den Schreibprozess, stellen aber gleichzeitig auch eine Norm dar. Insofern wird die Textproduktion nicht nur erleichtert, sondern u.U. auch erschwert. [...] Die Benutzung formelhafter Versatzstücke kann dazu führen, daß der formelhafte Ausdruck nicht adäquat verwendet wird, d.h. daß er nicht zum übrigen Kontext paßt oder daß Fertigteile zusammengesetzt werden, die semantisch und syntaktisch [und man muss ergänzen: *usuell*, Anm. O. G./S. R./T. S.] nicht miteinander verträglich sind. (Gülich 1997: 168)

Die Entlastungsfunktion von Formulierungsroutinen entfaltet sich also im Anschluss an einen – per se nicht problemlos verlaufenden – Lernprozess. Vor diesem Hintergrund kann das oben beschriebene Beispiel „meiner Ansicht nach finde ich" als *Erwerbsphänomen* im Bereich des argumentativen Schreibens interpretiert werden. Die Verfasserin von Beispiel (1) verwendet zwei funktional äquivalente Formulierungsroutinen argumentativen Schreibens, modalisiert ihre Aussage also in zweifacher Weise.

Nach der in diesem Abschnitt erfolgten allgemeinen Bestimmung des Begriffs der literalen Prozedur sollen im folgenden Abschnitt systematische, ontogenetische sowie kulturgeschichtliche Aspekte literaler Positionierungsprozeduren beschrieben werden.

3. Positionierung und Positionierungsprozeduren

Die Positionierung zählt zur semantisch-pragmatischen Kategorie der *Modalität*. Diese Kategorie wird auf eine Vielzahl sprachlicher Phänomene (z.B. Modusformen des Verbs, Modalverben, Modalpartikeln, Modalwörter, Modalsätze) bezogen und ist ex- wie intensional entsprechend vage. Stets geht es jedoch um die „Art und Weise der Stellungnahme des Sprechers zur Geltung des in einer Äußerung denotierten Sachverhaltes" (Fries 2000: 446). Dafür ist die Einsicht grundlegend, dass wir uns in Gesprächen und Texten in aller Regel nicht einfach nur auf die Objektwelt beziehen: „Kein Sprecher gibt sich mit der Aufgabe zufrieden, nur Sachinformationen zu vermitteln, er will diese immer auch beurteilen, kommentieren oder für bestimmte Zwecke instrumentalisieren." (Köller 1995: 42)

Wie diese sprecherseitigen Stellungnahmen klassifiziert werden können, ist eine kontrovers diskutierte Frage. Es gibt zahlreiche Einteilungsversuche und Begrifflichkeiten (vgl. z.B. Gevorgyan-Ninness 2003, Hundt 2003). Wir orientieren uns an einem Konzept von Köller (1995: 42), der zwischen „zwei unterschiedliche[n] Akzentuierungen bei der modalen Spezifikation von Basisaussagen" unterscheidet, der objektorientierten *Modifikation* und der subjektorientierten *Modalisation*:

> Von der Modifikation einer Proposition kann immer dann gesprochen werden, wenn durch eine Modalitätsform eine sachlich ungenaue Basisaussage hinsichtlich ihrer Gültigkeit modal präzisiert wird. Von der Modalisation einer Proposition läßt sich dagegen dann sprechen, wenn der Sprecher mit Hilfe einer Modalitätsform einen Sachverhalt aus seiner subjektiven Sichtweise modal zu spezifizieren und zu qualifizieren versucht.

Köller (ebd.) illustriert diese Begriffe mit Hilfe des Beispiels „Das Flugzeug ist sicher gelandet". In diesem Satz kann das Wort „sicher", abhängig vom konkreten Kontext, entweder als *Modifikator* („Das Flugzeug ist auf sichere Art und Weise gelandet") oder als *Modalisator* („Ich vermute, dass das Flugzeug gelandet ist") verstanden werden. Im ersten Fall spezifiziert der Sprecher satzsemantisch den Wissensstatus der Proposition („so ist es"), im zweiten Fall qualifiziert er deiktisch-pragmatisch, aus seiner subjektiven Perspektive, deren Verbindlichkeitsqualität („ich sage das") (vgl. Zifonun u.a. 1997: 618).

Unser Forschungsinteresse richtet sich auf die *Modalisation*, die wir, um eine Spezifizierung des Modalitätsbegriffs vorzunehmen und zudem den für unsere Untersuchung im Vordergrund stehenden Aspekt der *Performanz*, d.h. des konkreten Gebrauchs literaler Prozeduren in authentischen Texten, zu betonen, als „Positionierung" bezeichnen wollen. Wie lernen Schüler, ihre Meinung in argumentativen Texten explizit und kommunikationsadäquat zu signalisieren? Welche Prozeduren werden zu diesem Zweck erworben?

Um das umfangreiche Spektrum von Positionierungsprozeduren, das im Deutschen zur Verfügung steht, für die Korpusanalyse zu ordnen, trennen wir zunächst zwischen der *sachthematischen* und der *reflexionsthematischen* Ebene einer Äußerung. Auf der sachthematischen Ebene liegt die Basisproposition, z.B. „Fernsehen ist schlecht", auf der reflexionsthematischen Ebene die sprecherseitige Positionierung, z.B. „ich finde". Je nach dem Verhältnis zwischen der sachthematischen und reflexionsthematischen Ebene unterscheiden wir sodann zwischen *impliziten* und *expliziten* Positionierungsprozeduren.

- **Implizite Positionierungsprozeduren**
  Hier sind die sachthematische und die reflexionsthematische Ebene *synthetisch verbunden*. Die Positionierung erfolgt implizit. Im Vordergrund steht die *Evaluation* der Proposition, d.h. die Einstellungs*bekundung*. Es geht dem Schreiber primär darum, dem Leser zu verstehen zu geben, welche *Meinung* er hat. Beispiele: „ich finde + NP + Adj"; „ich bin für/gegen + NP".

- **Explizite Positionierungsprozeduren**
  Hier sind die sachthematische und die reflexionsthematische Ebene *analytisch getrennt*. Die Positionierung erfolgt explizit metakommunikativ, im Vordergrund steht die *Epistemifizierung* der Proposition, d.h. eine Einstellungs*qualifizierung*. Es geht dem Schreiber primär darum dem Leser zu verstehen zu geben, welche Meinung *er* hat. Diese Qualifizierung kann mehr oder weniger literal bzw. domänentypisch geprägt sein. Beispiele: „ich finde, dass"; „ich bin der/Ihrer Meinung (Ansicht/Auffassung), dass"; „meiner Meinung (Ansicht/Auffassung) nach".

Wir nehmen an, dass der Erwerb expliziter Positionierungsprozeduren voraussetzungsreicher ist und später erfolgt als die Aneignung impliziter Positionierungsprozeduren, weil er entsprechende literale Erfahrungen und eine hinreichende Reflexion der eigenen Perspektive erfordert.

Offenkundig ist, dass dem sich hier andeutenden Lernprozess für den Aufbau schriftlicher (aber auch elaborierter mündlicher) argumentativer Kompetenzen große Bedeutung zukommt:

> Die meisten sogenannten ‚Sachverhalte', zu denen wir im Alltag argumentieren, stehen nicht einfach fest. Sie sind objektiv wie subjektiv unsicher. Wir haben hier [...] gar keine Alternative zu Meinungen. Aber diese können eher dogmatisch verfestigt oder eben kommunikativ, sprachlich und gedanklich ausgebildet sein.
> (Feilke 2008: 7)

Eine in dieser Weise „ausgebildete" Meinungsäußerung setzt – neben der Entwicklung des entsprechenden Sachwissens – spezifische kognitive und sprachliche Lernprozesse voraus. Dazu gehört ganz grundlegend die Fähigkeit, Annahmen über *Bewusstseinsvorgänge* bei sich und anderen treffen zu können („theory of mind", vgl. Sodian 2008: 471ff.). Diese Fähigkeit offenbart sich im zweiten Lebensjahr, ist aber zunächst darauf beschränkt, fremde und eigene *Wünsche* und *Absichten* zu erkennen und zu unterscheiden. Das für die Meinungsbildung zentrale Erkennen und Unterscheiden fremder und eigener *Überzeugungen* erfolgt dagegen nicht vor dem vierten Lebensjahr, vermutlich deshalb, weil diese im Unterschied zu Wünschen und Absichten nicht als kausale Verbindungen zwischen mentaler und physikalischer Welt vorstellbar sind, sondern genuin mental repräsentiert werden müssen. Der Wunsch, die Absicht ist in den Augen des Kleinkindes untrennbar an das gewünschte, das beabsichtigte Objekt oder Tun gebunden; die Überzeugung hingegen ist schwerer zu erkennen, weil sie mit abstrakten Wertvorstellungen in Verbindung steht und nicht oder nur bedingt an die Objektwelt geknüpft ist, überdies im Kontrast zu ihr stehen kann, etwa im Falle eines Irrtums. Dieser Kontrast zur Realität oder zur Perspektive eines anderen erschließt sich Vierjährigen in der sprachlichen Interaktion und veranlasst sie dazu, mentale Repräsentationen von fremden und eigenen Überzeugungen zu bilden:

> Beim Verstehen der kommunikativen Absichten des Erwachsenen muß das Kind [...] die geäußerte Meinung des Erwachsenen über seine eigene Ansicht verstehen. Diese Art der Rede über eine vorangegangene Äußerung hat einen sehr besonderen Status, weil das Kind, wenn es sie versteht, veranlaßt wird, sein eigenes Denken aus der Perspektive des anderen zu betrachten. Die Verinnerlichung der anderen Meinung über seine eigene führt das Kind dann zu den dialogischen kognitiven Repräsentationen, an denen Vygotskij so sehr interessiert war, und schließlich, wenn es diesen Prozeß verallgemeinert, zu der Fähigkeit, seine eigenen kognitiven Prozesse zu kontrollieren. (Tomasello 2002: 201)

In diesen und anderen Erwerbszusammenhängen kommt den *sprachlichen Zeichen* eine besondere Bedeutung zu:

- Weil sprachliche Zeichen nicht einfach Abbilder mentaler Zustände sind, sondern intersubjektiv bestätigte, kontext- und intentionsgebundene Perspektiven auf diese Zustände verkörpern, dienen sie einerseits der *Reflexion*. Ihr Gebrauch lenkt die Aufmerksamkeit des Kindes über fremde auf eigene Bewusstseinszustände und deren Relevanz für die Interaktion und initiiert bzw. forciert damit deren Strukturierung und Kontrolle.

- Diese Reflexionsprozesse sind von Beginn an auf die zweite Funktion sprachlicher Zeichen ausgerichtet, die *Kommunikation*, die Rezeption fremder und die Äußerung eigener Bewusstseinszustände. Der Lerner erwirbt diese Zeichen vor dem Hintergrund bestimmter Kontexte und Zwecke und wendet sie in ähnlichen Kontexten zu ähnlichen Zwecken an.

Im Verlauf dieses Aneignungsprozesses zeigen sich bestimmte Tendenzen (vgl. Choi 2006, Papafragou 1998). Mit knapp drei Jahren verwenden Kinder erste mentale Ausdrücke. Diese werden jedoch zunächst – stark kontextgebunden – als Heckenausdrücke gebraucht und zeugen daher nur bedingt von einem Bewusstsein für subjektive Überzeugungen („you know", „I think"). In den Folgejahren wird das Spektrum modalisierender und positionierender sprachlicher Mittel ausgebaut und feiner ausdifferenziert.

Der Erwerb dieses Spektrums erweist sich damit insgesamt gesehen als eine komplexe Herausforderung. Deren kognitive und sprachliche Bewältigung reicht bis in das Erwachsenenalter hinein. Dies lassen z.B. Resultate von Studien zur Entwicklung wissenschaftlicher Schreibfähigkeiten erkennen (vgl. Pohl 2007, Steinhoff 2007a). Sie zeigen, dass der verfasserreferentielle und intertextuelle Gebrauch von verba dicendi mit epistemischer Bedeutung (z.B. „annehmen", „behaupten", „vermuten") schreiberfahrungsabhängig einen deutlichen Ausbau erfährt.

Diese Beobachtung ist darüber hinaus ein aufschlussreiches Indiz für die Annahme, dass der Erwerb von Positionierungsprozeduren maßgeblich durch die *Schreibentwicklung* vorangetrieben wird. Das diesbezügliche Potential des Schreibens lässt sich auf dessen *medial-konzeptionelles Profil* zurückführen (vgl. Steinhoff i.Dr.):

- Das Schreiben wirkt zum einen als *Lernmedium:* Die Produktion eines Textes vollzieht sich deutlich langsamer als die Partizipation an einem Gespräch, ermöglicht eine Vielzahl von Überarbeitungen und wird über den optischen (statt den akustischen) Kanal wahrgenommen, wodurch eine reflexive Haltung zum eigenen Wissen und Lernen gefördert wird und jene metakognitiven und -sprachlichen Kompetenzen geschult werden, die für die Rezeption und Produktion von Positionierungsprozeduren grundlegend sind.

- Zum anderen dient das Schreiben als *Lerngegenstand*: Texte erweisen sich als Ressource zur Aneignung sprachlicher Explizitformen, auf die Schreiber angewiesen sind, um sich unter den Bedingungen der Schriftkommunikation verständlich und kontextuell angemessen zu äußern. Lerner finden bei der Textrezeption ein sozial etabliertes Inventar von Positionierungsprozeduren vor, an das sie bei der eigenen Textproduktion anschließen können. Diese Prozeduren benötigen sie beim Argumentieren v. a. dafür, einen kommunikativen Kontext zu schaffen. Dazu müssen sie lernen, den Dialog zu simulieren und im Zuge dessen mögliche fremde Positionen und die eigene Position aufeinander abgestimmt zu explizieren (vgl. Feilke 1995).

Wie sich diese Fähigkeit in Grundzügen entwickelt, zeigen Ergebnisse der Querschnittsstudie von Augst/Faigel (1986: 157ff.) zur Ontogenese schriftsprachlicher Fähigkeiten. Die Auswertung argumentativer Briefe von Schülern und Studenten lässt einen schreiberfahrungsabhängigen Wandel des Bezugs des schreibenden Subjekts zur Objektwelt, zum Leser sowie zu den dafür eingesetzten Mitteln erkennen, den die Autoren als Aufbau einer „objektiven Schreibperspektive" bezeichnen.

Als Beispiel für eine in dieser Hinsicht frühe Entwicklungsphase führen Augst/Faigel (ebd.: 151) den Text eines Zweitklässlers an, der sich zu der Frage äußert, ob Hausaufgaben abgeschafft werden sollen (*Abb. 1*, zur genauen Aufgabenstellung vgl. Kap. 4.1):

Positionierung 133

(2)

Lieber Herr Professor
Alexander (8 J.) Die Hausaufgaben
sind schön.
Die Schule ist schön,
der Lehrer ist lieb,
Die Diktate sind ❤ alles ist schön
schön. *in der Schule*

Abb. 1: *Text eines Zweitklässlers (Augst/Faigel 1986: 151)*

Augst/Faigel (ebd.: 157) stellen bei diesem Text eine „unstrittig subjektiv[e]" Schreibperspektive fest:

> Hier kreist ein ich um sich selbst, produziert ausdrücklich individuelle Werturteile, bezieht seine Überlegungen ausschließlich aus dem eigenen engen Erfahrungsraum und hält dies ohne jede Anfechtung nicht nur für kongruent mit der Objektwelt, sondern dies ist die Objektwelt für das Kind.

Einen gänzlich anderen Eindruck vermittelt demgegenüber der nachfolgend zitierte, auf dieselbe Aufgabe bezogene Text einer Siebtklässlerin (ebd.: 159, Herv. OG/SR/TS):

(3)
Sehr geehrter Herr Professor Augst!
Ich meine, daß Hausaufgaben nicht in jedem Fach notwendig sind. In Nebenfächern gibt es manchmal Hausaufgaben die doch nicht gemacht werden, z. B. mündliche Hausaufgaben. Oder Hausaufgaben werden erst gemacht wenn es unbedingt nötig ist, z. B. morgens in der Schule. Die Hausaufgaben in den Hauptfächern und besonders in den Sprachen sind **meiner Meinung nach** sehr wichtig, damit sich der am Morgen gelernte Stoff festigt, und die Hauptfächer sind meistens nicht so einfach, daß man sich die Hausaufgaben ersparen kann. **Ich meine** also, daß die mündlichen Hausaufgaben abgeschafft werden können, da sie doch nicht gemacht werden oder höchstens ‚überflogen' werden. Dafür müßten aber mehr Hausaufgaben in den Hauptfächern und Sprachen aufgegeben werden, allerdings keinen mündlichen. **Andererseits finde ich**, daß nicht so viele Hausaufgaben aufgegeben werden dürfen,

daß man keine Freizeit mehr hat. Also: In Hauptfächern und Sprachen Hausaufgaben nach Maß. In Nebenfächern höchstens über einen schwierigen Stoff Hausaufgaben, aber keine mündlichen.

Texte wie dieser zeugen Augst/Faigel (ebd.) zufolge von einer „objektiven" Schreibperspektive:

> Die Schüler wissen um die Objektwelt, die außerhalb von ihnen existiert, und sie wissen im Ansatz um die prinzipielle Subjektivität ihrer Ausführungen. Sie sichern sich deshalb ab und weisen über die eigene Position hinaus, indem sie die aus der Fülle möglicher Fakten, Behauptungen und Begründungen getroffenen Wahlen als persönliche Wertung und Entscheidung deklarieren und diese beiden Aussageebenen zunehmend geschickter aufeinander beziehen und miteinander verschränken.

Die Beispiele und Ausführungen von Augst/Faigel verdeutlichen exemplarisch, dass sich im Verlauf der Schreibentwicklung eine *Epistemifizierung* des Denkens und Sprechens vollzieht. Das lässt sich u.a. am Gebrauch spezifischer Positionierungsprozeduren wie „ich meine", „ich finde" oder „meiner Meinung nach" ablesen. Diese Prozeduren werden beim Lesen und Schreiben entdeckt oder, wenn sie bereits aus der Mündlichkeit bekannt sind, bewusst(er) gemacht und sukzessive in ihren semantisch-pragmatischen Nuancen erfasst.

Zu diesem durch Literalitätserfahrungen beeinflussten Epistemifizierungsprozess gibt es interessanterweise eine kulturhistorische Parallele. Folgt man Vilmos Ágel (1999: 201), so steht die Ausbildung der Epistemik in direktem Zusammenhang mit der gesellschaftlichen Etablierung und Verbreitung der Schriftkommunikation: „Epistemifizierung ist an die zunehmende Literalisierung der Gesamtkultur, ihre Intensivierung an die Herausbildung und Verbreitung der typographischen Kultur gebunden." Zwischen dem 16. und 18. Jahrhundert sei die orale, kontextdependente Kultur des Mittelalters sukzessive durch eine literale, kontextindependente Kultur abgelöst worden. Die Schrifterfahrung habe für eine größere analytische Distanz zum Sprechen und Denken und damit für eine Trennung des Wissenden vom Wissensstoff gesorgt, was schließlich zu einem „kommunikativen Bewußtseinswandel" geführt habe: „Zunehmend wird man (= diejenigen, die professionell mit Schrift/Schreiben zu tun haben) sich dessen bewußt, daß Sprechen (= Schreiben + Sprechen) die Welt und die eigenen Gedanken nicht einfach abbildet, sondern daß es realitäts(mit-)-erzeugend ist." (ebd.: 199) Ágel macht seine These an einer Analyse der Leipziger Drucke fest, die exemplarisch zeigt, wie sich bis zum 18. Jahrhundert in der schriftlichen Kommunikation ein zunehmend breiteres Repertoire modalisierender sprachlicher Mittel herausgebildet hat. Dabei seien vorhandene Sprachmittel (z. B. Modalverben) epistemifiziert, neue Sprachmittel (z.B. „vermutlich", „wahrscheinlich", „meiner Meinung nach") geprägt sowie Sprechereinstellung und Proposition erstmals auch syntaktisch, durch performative Obersätze, getrennt worden (z.B. „Ich glaube, dass...").

Wir werden im Weiteren der Frage nachgehen, ob sich die Ausbildung eines spezifischen Repertoires von Positionierungsprozeduren auch in *ontogenetischer* Hinsicht nachweisen lässt, ob sich also die Entwicklung einer „objektiven" Schreibperspektive, die man vielleicht besser als „reflektiert subjektive" Perspektive bezeichnen sollte, in der Aneignung eines Inventars sprachlicher Mittel zur expliziten Markierung der eigenen Meinung niederschlägt.

4. Entwicklung von Positionierungsprozeduren

4.1 Datengrundlage und Methode

Die Datengrundlage der empirischen Erhebung bilden das Textkorpus der Querschnittsstudie von Augst/Faigel (1986) und das Korpus der Längsschnittstudie von Steinhoff (2007a). Das „Augst-Faigel-Korpus" (kurz: AFK) bietet sich deshalb für unsere Untersuchung an, weil es das einzige Korpus ist, das argumentative Texte von Schülern der 1. Klasse bis hin zu Texten von Studenten zur gleichen Schreibaufgabe umfasst. Das „Steinhoff-Korpus" (kurz: SK) wird zusätzlich herangezogen, um die Ontogenese von Positionierungsprozeduren auch im Hinblick auf domänentypische Aspekte zu beurteilen. Da die Texte der beiden Korpora aufgrund der unterschiedlichen Erhebungskontexte und Schreibanlässe keinen direkten quantitativen Vergleich zulassen, werden die Ergebnisse getrennt voneinander dargestellt.

Das AFK besteht aus insgesamt 215 argumentativen Briefen, die Schüler der 1., 2., 3., 4., 6., 7., 10. und 12. Klasse sowie Studenten geschrieben haben. Ausgangspunkt war die folgende Aufgabe:

> An der Universität hier in Siegen hat sich Prof. Gerhard Augst dagegen ausgesprochen, daß Hausaufgaben aufgegeben werden. Schreibt dem Professor einen Brief, in dem Ihr ihn entweder in seiner Meinung unterstützt oder in dem Ihr das eine oder andere zu bedenken gebt. (Augst/Faigel 1986: 17)

Ein Teil der Texte (2., 4., 7., 10., 12. Klasse und Studenten) ist im Anhang der Studie von Augst/Faigel (ebd.) abgedruckt, ein weiterer Teil der Texte (1., 3. und 6. Klasse) wurde zwischen 1988 und 1990 mit dem gleichen Ansatz nacherhoben (vgl. Feilke 1996).

Tab. 1: Augst-Faigel-Korpus (AFK)

Kl.	1	2	3	4	6	7	10	12	Stud.
Anzahl Briefe	15	40	30	40	25	30	30	30	30

Das Korpus von Steinhoff (2007a) ist der Domäne der Wissenschaftskommunikation zuzuordnen und umfasst insgesamt 297 Hausarbeiten von 72 Studenten sowie 99 Expertenaufsätze, die mehrheitlich aus den Disziplinen Linguistik, Literaturwissenschaft und Geschichtswissenschaft stammen.

Wir haben die Korpora quantitativ hinsichtlich relativer Häufigkeiten (durchschnittliche Anzahl von Positionierungsprozeduren pro Text und Klasse) ausgewertet. Dabei sind wir „corpus-driven" vorgegangen, haben die Daten also aus dem Textkorpus abgeleitet, statt von einer zuvor angelegten Taxonomie auszugehen („corpus-based") (vgl. Bubenhofer 2009). Die qualitative Beschreibung der Daten erfolgt beispielgestützt. Trotz der für Entwicklungsstudien dieser Art relativ breiten Datengrundlage wird kein Anspruch auf Repräsentativität erhoben.

4.2 Überblick

Modellen zur Schreibentwicklung liegt die Grundidee zugrunde, dass sich schriftlich-konzeptionelle Fähigkeiten nicht willkürlich entwickeln, sondern überindividuellen Regularitäten der Ausdifferenzierung folgen (vgl. Feilke 2003). Wir nehmen an, dass sich diese Ausdifferenzierung nicht nur gesamthaft in Schreibentwicklungsphasen zeigt, sondern auch auf der Ebene literaler Prozeduren.

Unser Forschungsinteresse richtet sich zum einen auf das *Spektrum aller Prozeduren*, die in den Texten verwendet werden, um Meinungen als solche zu kennzeichnen. Zum anderen interessieren wir uns für das *erstmalige Auftreten* einer spezifischen Positionierungsprozedur im Erwerb, um auf diese Weise Hinweise auf den Verlauf der Literalisierung und Epistemifizierung zu gewinnen.

Um die relevanten Prozeduren identifizieren zu können, ist zunächst die Frage zu klären, wie deren *Formseite* zu erfassen ist. Wir verstehen Positionierungsprozeduren zum einen als *konventionalisierte Mehrwortausdrücke*, deren Elemente adjazent stehen (z.B. „ich finde"). Zum anderen begreifen wir sie als *syntaktische Konstruktionen unterschiedlicher Komplexität*: Literale Prozeduren aktivieren verschiedene syntaktische Muster, deren Gebrauch mit der Schreibentwicklung korrespondiert (z.B. „ich finde" + HS, „ich finde, dass").

Positionierung 137

Abb.2 gibt einen Überblick über den *Erwerb der Positionierungsprozeduren im AFK.* Sie zeigt, dass das Inventar der Prozeduren mit zunehmender Schreiberfahrung ausgebaut wird:

[Diagramm: Balkendiagramm mit Werten von 0 bis 1, x-Achse: 1.Kl., 2.Kl., 3.Kl., 4.Kl., 6.Kl., 7.Kl., 10.Kl., 12.Kl., Stud.]

- ich finde
- ich bin (da)für/(da)gegen
- ich bin der/Ihrer Meinung (Ansicht, Auffassung), dass
- ich meine, dass
- ich halte + NP + für + Adj.
- meiner Meinung (Auffassung/ Ansicht) nach
- meines Erachtens
- m. E.

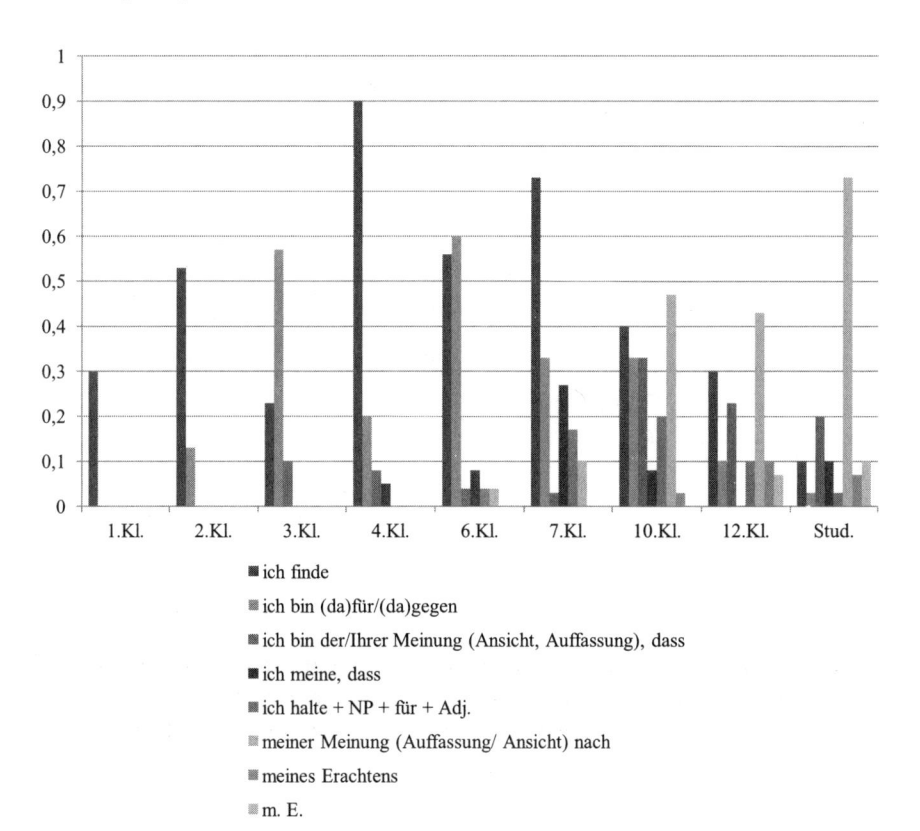

Abb. 2: Gebrauch von Positionierungsprozeduren (1. Kl. – Stud.) (durchschn. Anzahl/Text) (AFK)

In der 1. Klasse findet sich allein die Positionierungsprozedur „ich finde + NP + Adj". In den Klassen 2, 3 und 4 kommen drei weitere Prozeduren hinzu:

- „ich bin (da)für/(da)gegen + NP" bzw. „ich bin (da)für/(da)gegen, dass"
- „ich bin der/Ihrer Meinung (Auffassung/Ansicht), (dass)"
- „ich meine, dass".

In den Texten der 6. Klasse werden dann erstmals die Prozeduren „ich halte + NP + für + Adj" und „meiner Meinung (Auffassung/Ansicht) nach" verwendet. Die Prozedur „meines Erachtens" wird zum ersten Mal in der 10. Klasse gebraucht, in abgekürzter Form („m.E.") erstmals in der 12. Klasse. Die Prozeduren, die bereits früh erworben werden, werden in der Ontogenese jedoch nicht durch neue Prozeduren „ersetzt", sondern weiterhin verwendet, wenn auch in anderer Frequenz.

Dieser Ausdifferenzierungsprozess wird noch einmal deutlicher, wenn man den *erstmaligen Gebrauch* von Positionierungsprozeduren im AFK in den Blick nimmt. *Tab.2* zeigt, wie die Prozeduren nach und nach entdeckt werden:

Tab. 2: Erstmaliger Gebrauch von Positionierungsprozeduren (1. Kl. – Stud.) (AFK)

Kl.	ich finde +NP +Adj	ich finde, dass	ich finde +HS	ich bin für/gegen +NP	ich bin dafür/dagegen, dass	Ich bin der/Ihrer Meinung	ich bin der/Ihrer Meinung, dass	ich meine, dass	ich halte +NP +für +Adj	meiner Meinung (Auffassung, Ansicht) nach	meines Erachtens	m.E.
1	X											
2		X	X	X	X							
3						X						
4							X	X				
6									X	X		
7												
10											X	
12												X
S[56]												

Der hier nur angedeutete Entwicklungsprozess wird in den Abschnitten 4.3 bis 4.6 an Beispielen aus dem AFK-Korpus konkretisiert. Die Ergebnisse zur Aneignung von Positionierungsprozeduren in der Wissenschaftsdomäne (SK) werden in Abschnitt 4.7 gesondert dargestellt.

4.3 Grundschule (1.- 4. Klasse): Verbale Positionierungsprozeduren

In den Klassen 1 bis 4 finden insgesamt sieben verschiedene Positionierungsprozeduren Verwendung (*Tab. 3*).

Die in diesem Erwerbsabschnitt gebrauchten Prozeduren unterscheiden sich in ihrer syntaktischen Komplexität. So ist z.B. die „ich finde"-Prozedur in drei verschiedenen Varianten anzutreffen:

---

56   „S" steht für „Studenten".

Positionierung 139

- „ich finde + NP + Adj"
- „ich finde, dass"
- „ich finde + HS".

Tab. 3: Erstmaliger Gebrauch von Positionierungsprozeduren (1. – 4. Kl.) (AFK)

Kl.	ich finde + NP + Adj	ich finde, dass	ich finde + HS	ich bin für/gegen + NP	ich bin dafür/ dagegen, dass	ich bin der/Ihrer Meinung	ich bin der/Ihrer Meinung, dass	ich meine, dass
1	X							
2		X	X	X	X			
3						X		
4							X	X

In den Texten der 1. Klasse wird ausschließlich die Prozedur „ich finde + NP + Adj" verwendet:

(4)
Lieber Herr Professor
ich finde Hausaufgaben nicht schön kleine ja große nicht
Viele Grüße Marietta Pelek
(1. Kl.)

Mit dieser Prozedur wird eine subjektive Qualifizierung i.S. einer *Evaluierung* vorgenommen. Es findet syntaktisch keine Trennung von Sprechereinstellung und Proposition statt, weshalb man hier von einer *impliziten Positionierung* sprechen kann. Der ausschließliche Gebrauch eben dieser Form in der 1. Klasse ist nicht verwunderlich, da sie zum einen aus Alltagsgesprächen bekannt ist und zum anderen keine syntaktische Integration erfordert, d.h. in dieser Hinsicht wenig anspruchsvoll ist.

Etwas anders verhält es sich bei den ab der 2. Klasse anzutreffenden Konstruktionen „ich finde, dass" und „ich finde + HS". Hier liegt syntaktisch eine Trennung von Sprechereinstellung und Proposition vor. Es handelt sich mithin um erste *explizite*, ausdrucksseitig komplexe Positionierungsprozeduren:

(5)
Herr Professor Augst
Ich finde das Hausaufgaben sehr gut sind. Weil das macht Spaß und da kammann auch lernen.
(2. Kl.)

(6)
Lieber Herr Professor Augst
ich finde die Hausaufgabe sind blöd. Weil ich spielen will. Und wenn ich weck muß.
(2. Kl.)

Insgesamt betrachtet dominiert in den Grundschultexten die implizit-verbale „ich finde + NP + Adj"-Prozedur. Die Verwendung der explizit-verbalen „ich finde, dass"-Prozedur ist hingegen deutlich seltener anzutreffen. Am seltensten wird die explizit-verbale „ich finde + HS"-Prozedur gebraucht.

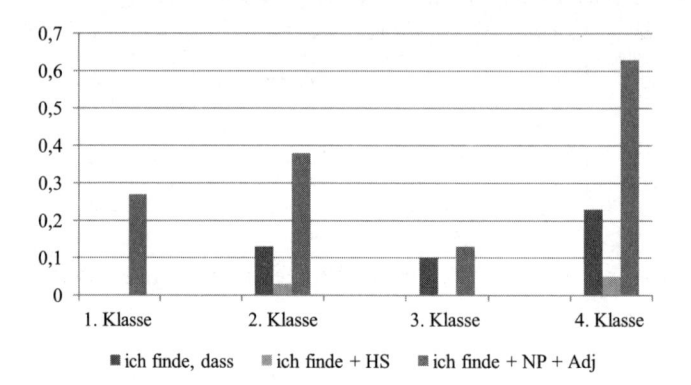

Abb. 3: Gebrauch der „ich finde"-Prozeduren (1. – 4. Kl.) (durchschn. Anzahl/Text) (AFK)

Neben den verschiedenen „ich finde"-Prozeduren werden ab der 2. Klasse auch die Prozeduren „ich bin für/gegen + NP" und „ich bin dafür/dagegen, dass" verwendet:

(7)
Lieber Herr Professor Augst!
Ich bin für Hausaufgabe, nemlich mir gefelt die Schule. Mir griegen nich zufiel auf.
(2. Kl.)

(8)
Sehr geärter Herr Professor Augst
Ich bin dafür das die Hausaufgaben gestrichen werden. Weil ich am Nachmittag spielen will und weil es mir keinen Spaß macht. Oder es sollen nur noch wennig Hausaufgaben aufgegeben werden.
(2. Kl.)

Die Prozedur „ich bin für/gegen + NP" ist mit der Prozedur „ich finde + NP + Adj" strukturell vergleichbar, da auch hier syntaktisch keine Trennung von Sprechereinstellung und Proposition vorgenommen wird, sondern lediglich eine Einstellungsbekundung vorliegt. Es handelt sich also um eine *implizite*, stärker kontextgebundene Positionierungsprozedur. Bei der Prozedur „ich bin dafür/dagegen, dass" liegt indes – wie im Falle von „ich finde, dass" – eine *explizite*, epistemisch modalisierte Positionierung vor.

Die Positionierungsprozedur „ich bin der/Ihrer Meinung" wird erstmals in der 3. Klasse verwendet:

(9)
Lieber Herr Professor Augst!
Ich bin ganz ihrrer meinung. Weil wegen der Haus aufgaben mir die halbe Freizeit wegenommen wird. Wegen den hausaufgaben bin ich beiner einmal zuspät auf einen Geburzdag gekommen.
Niklas Imse
(3. Kl.)

Diese Form aus 1. Ps. Sg. + Kopulativverb + Prädikatsnomen ist als *implizit* einzustufen. Es findet zwar eine Positionierung statt, aber es fehlt der explizite Bezug zum Inhalt. Auffällig ist auch hier die Nähe zur Mündlichkeit. Der Dialog wird nicht, wie es die schriftliche Kommunikation erfordert, kontextualisiert, die Position des Professors nicht explizit aufgenommen. Stattdessen führt der Schreiber den Dialog, wie er es aus der mündlichen Kommunikation kennt, mit der Formulierung „ich bin ganz ihrrer meinung" lediglich fort.

Einige Schüler der 4. Klasse sind diesbezüglich einen Schritt weiter, da sie die *explizite* Positionierungsprozedur „ich bin der/Ihrer Meinung, dass" kennen, die im „dass"-Satz die Erwähnung der Position des Argumentationspartners und damit eine schriftkommunikativ adäquate Kontextualisierung des Dialogs ermöglicht:

(10)
Sehr geehrter Professor Augst!
Ich bin auch ihrer Meinung, das die Hausaufgaben abgeschafft werden müßten. Denn dann kann man gleich nach dem Essen zum Tennis gehen und verpaßt nicht die ersten Spiele.
(4. Kl.)

Ebenfalls in der 4. Klasse trifft man zum ersten Mal auf eine Variante der „ich finde, dass"-Prozedur. Das Verb „finden" wird durch das bedeutungsähnliche Verb „meinen" ersetzt:

(11)
Herr Professor Augst!
Ich meine das es keine Hausaufgaben mehr geben soll, weil wenn man z.b. Mathehausaufgaben aufhat, die man nicht kann und man sitzt ungefähr eine Stunde oder den ganzen Nachmittag an einer Aufgabe dann hat man aber keine Freizeit mehr und vielleicht kann man sich am nächsten Tag nicht mehr konzentrieren Das finde ich nicht richtig!!!!
(4. Kl.)

Vor dem Hintergrund dieser Ergebnisse lässt sich Folgendes festhalten:

1. In den Grundschultexten dominieren *implizite* Positionierungsprozeduren, in denen syntaktisch keine Trennung von Sprechereinstellung und Proposition vorliegt. Diese nicht integrierten Formen sind stark durch den *konzeptionell mündlichen* Spracherwerb geprägt. Es liegt demnach eine *Transposition* (vgl. Steinhoff 2007a: 139) vor, eine Sprachübertragung: Die Lerner versuchen Schreibprobleme mit sprachlichen Mitteln zu lösen, die sie aus vergleichbaren, in diesem Falle konzeptionell mündlichen Kontexten kennen.
2. Es dominieren *verbale* Positionierungsprozeduren in Kombination mit dem Personalpronomen „ich" (1. Ps. Sg. + V + NP oder 1. Ps. Sg. + V + NS/HS). Zu einem ähnlichen Ergebnis kommt die Longitudinalstudie von Augst u. a. (2007: 213) zur Entwicklung der argumentativen Textkompetenz im Grundschulalter: „Besonders auffällig, aber nicht verwunderlich ist die sehr häufige Verwendung des Personalpronomens ‚ich'. Dieses ‚ich' tritt in den meisten Texten in der Einleitungsphrase auf (‚Ich finde, dass...', ‚ich meine...', ‚ich bin auch der Meinung...' etc.)".

Der in diesem Erwerbsabschnitt stattfindende Eintritt in die mediale Schriftlichkeit führt, abschließend gesagt, zu einer lediglich ansatzweisen Restrukturierung des Positionierungsrepertoires. Das Feld dieser Prozeduren ist weit davon entfernt, als erschlossen gelten zu können. Die den schriftlichen Sprachgebrauch kennzeichnenden komplexeren nominalen Prozeduren tauchen nur in Einzelfällen auf. Deren Gebrauch setzt offenbar ein deutlich größeres Maß an literalen Erfahrungen voraus.

4.4 Sekundarstufe I (6.-7. Klasse): Erste nominale Positionierungsprozeduren

Die Texte der 6. und 7. Klasse bilden eine Schnittstelle im Erwerb von Positionierungsprozeduren. Neben den weiterhin dominierenden verbalen Prozeduren wie „ich finde" oder „ich bin (da)für/(da)gegen, (dass)" werden nun weitere Prozeduren verwendet, zu denen erstmals eine explizite nominale Konstruktion zählt. Eine klare Zunahme und Ausdifferenzierung nominaler Prozeduren findet allerdings erst im nachfolgenden Erwerbsabschnitt statt (vgl. 4. 5).

Bei den verbalen Prozeduren wird in der 6. Klasse zum ersten Mal die „ich halte + NP + für + Adj"-Prozedur gebraucht:

(12)
Ich für meinen Teil, halte es für stumpfsinnig die Hausaufgaben abzuschaffen.
(6. Kl.)

Dass diese Prozedur spezifisch literal ist, lässt sich nicht nur daran ablesen, dass sie erst in der Sekundarstufe I erstmals auftaucht, sondern auch daran, dass sie in der Wissenschaftsdomäne der Prozedur „ich finde + NP + Adj" eindeutig vorgezogen wird (vgl. Steinhoff 2007a: 177).

Bei der in diesem Erwerbsabschnitt erstmalig anzutreffenden nominalen Positionierungsprozedur handelt es sich um „meiner Meinung nach". Mit dieser Prozedur wird der Sachverhalt an Stelle einer verbalen Konstruktion durch ein modales Adverbial spezifiziert:

> (13)
> Sehr geehrter Herr Professor,
> ich finde, daß die Hausaufgaben zwar nicht ganz abgeschafft werden sollten, aber besser eingeteilt werden sollten. Durch die Hausaufgaben kommt die Freizeit meiner Meinung nach oft zu kurz.
> (6. Kl.)

Dieses Beispiel steht exemplarisch für den in der Sekundarstufe I festzustellenden Trend zu stärker *integrierten* syntaktischen Konstruktionen. Die Verwendung entsprechender Nominalkonstruktionen („meiner Meinung nach" statt „ich meine, dass") ist ein eindeutiges Indiz für einen konzeptionell schriftlichen Sprachgebrauch:

> Die gesprochene Sprache/die mündliche Kommunikation ist mehr sequentiell, d.h. parataktisch; die geschriebene Sprache/schriftliche Kommunikation ist mehr integrativ. In ihr wird der Satz zum entscheidenden Baustein auf der Mikroebene. Man kann von einer ‚Syntaktisierung' der Information sprechen. Innerhalb des Satzes werden um Verben zentrierte elementare Propositionen in einer hierarchischen Struktur zu komplexeren Propositionen geordnet. Dabei geht es durchaus nicht nur um mehr Hypotaxe, sondern auch um den verbalen Ausbau von Satzteilen als Partizipialsätzen, Nominalphrasen, Substantivierungen und attributiven Linkserweiterungen. (Augst/Faigel 1986: 80ff.)

In diesem Erwerbsabschnitt ist mithin eine *Transformation* (vgl. Steinhoff 2007a: 146) des Prozedurenrepertoires festzustellen: Das Bewusstsein für die literale Spezifik der Modalisation wächst; das Ausdrucksspektrum wird ausgebaut. Diese Transformation setzt sich im weiteren Erwerbsverlauf fort.

4.5 Sekundarstufe II (10. - 12. Klasse)/Studium: Ausdifferenzierung nominaler Positionierungsprozeduren

Die bereits in der 7. Klasse beobachtete Zunahme nominaler Konstruktionen erfährt in der 10. Klasse nochmals eine deutliche Steigerung:

```
0,5
0,4
0,3
0,2
0,1
0
      6. Klasse    7. Klasse    10. Klasse    12. Klasse    Studenten
```
■ meiner Meinung nach
■ meiner Ansicht/Auffassung nach (nach meiner Ansicht/Auffassung)
■ meines Erachtens
■ m.E.

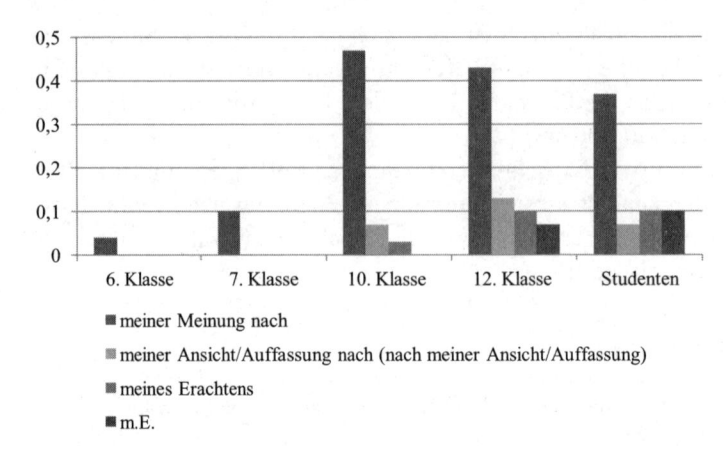

Abb. 4: *Gebrauch nominaler Prozeduren (6. Kl. – Stud.) (durchschn. Anzahl/Text) (AFK)*

Das Diagramm lässt einen eindeutigen Anstieg des Gebrauchs der Prozedur „meiner Meinung nach" zwischen der 7. und 10. Klasse erkennen. Gleichzeitig wird deutlich, dass diese Prozedur lexikalisch ausdifferenziert wird, denn es finden sich nun auch vermehrt die funktional ähnlichen Prozeduren „meiner Ansicht nach" bzw. „meiner Auffassung nach".

Die Prozedur „meines Erachtens" wird zum ersten Mal in einem Text eines Zehntklässlers gebraucht:

(14)
Hausaufgaben sollen meines Erachtens nicht nach ‚Schema F' gemacht werden, sondern sollten dem Schüler aspectbezogenen kreativen Raum lassen.
(Kl. 10)

Während in den Texten der 10. Klasse noch die ausgeschriebene Form der Prozedur verwendet wird, findet sich die abgekürzte Form erstmals in der 12. Klasse (Bsp. 15). Der Einsatz der Interpunktion verdeutlicht, dass es sich hier um eine genuin literale Form handelt. Für deren Literalität spricht auch deren häufiger Gebrauch in der Wissenschaftsdomäne (vgl. Kap. 4. 7).

(15)
Grundsätzlich könnten HA m.E. nur dann überflüssig sein, wenn die Schüler sich im Unterricht anstrengten.
(Kl. 12)

Die Ausdifferenzierung nominaler Prozeduren ist als wesentliches Charakteristikum dieser Erwerbsphase anzusehen. Dennoch werden weiterhin auch verbale Positionierungsprozeduren verwendet. Auffällig ist, dass bei nominalen wie verbalen Prozeduren in den meisten Fällen nun eine „kontextuelle Passung" (vgl.

Steinhoff 2007a: 148) zu beobachten ist: Die Prozeduren werden in Form und Funktion kontextadäquat verwendet. Dieses Entwicklungsniveau wird also erst in der späten Schreibentwicklung erreicht. Es setzt mithin einen langjährigen Aneignungsprozess voraus. Dies lässt sich besonders gut an sogenannten „Lernerformen" ablesen.

4.6 Lernerformen

Literale Prozeduren sind sozial etablierte Mittel zur Lösung von Problemen des schriftlichen Kommunizierens und werden im Zuge der Schreibentwicklung routinisiert. Für ihren Erwerb ist das Auftreten von Lernerformen i.S. *nicht adäquater Verwendungen* kennzeichnend (vgl. Kap. 2). Diese Verwendungen sind zum einen Indizien dafür, dass die Schreiber im Erwerbsprozess noch auf der Suche nach der *Norm* sind, zum anderen lassen sie erkennen, dass bestimmte Positionierungsprozeduren als *literale* Prozeduren angeeignet werden. Die Schreiber lernen diese Prozeduren bei der Rezeption von Texten kennen und erproben sie bei der Produktion eigener Texte, was bisweilen auf Anhieb gelingt, manchmal aber auch scheitert, weil ihnen die Prozeduren in Form und/oder Funktion noch nicht hinreichend vertraut sind:

> Erwerbsprobleme sind ebenso wie die Geheimnisse der kognitiven Vorgänge an Fehlern ablesbar. Fehler verweisen auf Probleme. Besonders deutlich sichtbar werden Erwerbsprobleme in Situationen der Überforderung. Dann regrediert der/die Überforderte auf eine frühere Stufe und die Regression zeigt an, über welche Stufen der Erwerb verlaufen ist. Selbst ‚bloße' Anwendungs-, also Reproduktionsfehler, sind geologische Fenster. Sie zeigen, worauf ein Schreiber in einer konkreten Situation und angesichts einer konkreten Herausforderung regrediert. (Ortner 2006: 12)

Die Lernerformen in den Texten der Grundschüler zeigen, dass sich die Schreiber in dieser Phase noch stark an Mustern des mündlichen Sprachgebrauchs orientieren (Parataxe):

> (16)
> Herr Professor Augst
> Ich habe die Meinung Hausaufgaben sind eigendlich sehr nützlich weil in der Schule schon gelernt wird und wenn Hausaufgaben aufgegeben werden hat mann sehr wenig Freizeit und wenn man keine Freizeit hat frag ich mich wo für es Spielplätze gibt.
> (Kl. 4)

In den Texten der 7. Klasse bis hin zu den Texten von Studierenden finden sich vermehrt Prozeduren, in denen sich Versatzstücke von zwei verschiedenen Positionierungsprozeduren überlagern. Dabei greifen Schreiber auf bereits erworbe-

ne Muster bzw. literale Prozeduren zurück und verbinden diese fehlerhaft mit „neuen" Positionierungsprozeduren, so dass „Formulierungsbrüche" entstehen.
Diese Lernerformen bezeichnen wir mit dem aus der Sprachkontaktforschung und Fremdsprachdidaktik bekannten Begriff der *Interferenz* (vgl. Juhász 1980). Interferenzen liegen dann vor, wenn lexikalische Elemente, grammatische Strukturgesetze oder orthographische Regeln der einen Sprache, in den meisten Fällen der Muttersprache, zu nicht konventionsgemäßen Performanzen innerhalb einer Fremdsprache führen. Interferenzen sind demnach primär als interlinguales Phänomen zu beschreiben. Jedoch können auch intralinguale Phänomene als Interferenzen interpretiert werden, beispielsweise im Fall interdialektaler Störungen (ebd.: 647).

Eine konventionsinadäquate Formulierung wie „meiner Ansicht nach finde ich" (vgl. Kap. 2) wird von uns als Interferenzphänomen interpretiert, weil hier eine Interferenz zweier Positionierungsprozeduren vorliegt, die unterschiedlichen Stufen in der Entwicklung von Schreibkompetenzen zuzuordnen sind. Die „ich finde"-Prozedur ist der Schreiberin vermutlich schon länger bekannt; sie wird mit einem passenden syntaktischen Muster (+ NP + Adj.) fortgesetzt. Die „meiner Ansicht nach"-Prozedur hingegen hat sie wahrscheinlich erst vor kurzem entdeckt; sie wird syntaktisch nicht angemessen integriert. Als Folge des Aneignungsprozesses kommt es (vorübergehend) zu einer „Verschmelzung" der beiden Prozeduren und damit zu einer konventionsinadäquaten „doppelten" Positionierung.

In Bsp. 17 etwa werden Versatzstücke der Positionierungsprozeduren „ich finde + NP + Adj" und „ich halte + NP + für" kombiniert, in Bsp. 18 Versatzstücke der Prozeduren „meines Erachtens" und „meiner Meinung nach":

(17)
Sehr geehrter Herr Augst!
Ich finde Hausaufgaben für sinnvoll, da die Lehrer überprüfen können, ob die einzelnen Schüler den Stoff, der gerade durchgenommen wird, verstanden haben.
(Kl. 7)

(18)
Meines Erachtens nach, ist es nicht möglich, ganz und gar auf Hausaufgaben zu verzichten.
(Kl. 12)

Eine ähnliche Lernerform wie in Bsp. 18 findet sich im nachfolgend zitierten Auszug aus einem studentischen Text. Hier wird die Abkürzung „m.A." verwendet. Diese ist vermutlich analog zur literalen Prozedur „m.E." gebildet worden und soll die Bedeutung „meiner Ansicht nach" tragen; durch die fehlende Präposition ist sie allerdings nicht syntaktisch integriert – zweifellos ein interessantes Beispiel für eine eigenaktive, kreative, aber eben nicht konventionsgemäße Problemlösung:

(19) Trotzdem sollte man m. A. die Hausaufgaben nicht generell abschaffen. (Stud.)

Dass es sich hier tatsächlich um Spracherwerbsphänomene handelt, ist auch daran zu erkennen, dass Prozedureninterferenzen im Korpus immer dann zu beobachten sind, wenn die Prozedur, gemessen am Entwicklungsstand, noch relativ „neu" ist. Der Gebrauch der gerade erst für das eigene Schreiben entdeckten Prozedur ist zu diesem Zeitpunkt offenbar noch nicht hinreichend gefestigt. Dafür sind weitere literale Erfahrungen erforderlich.

4.7 Studium: Domänentypische nominale Positionierungsprozeduren

Der Ausdifferenzierungsprozess von Positionierungsprozeduren ist mit dem Ende der Schulzeit keineswegs abgeschlossen. Er währt, wie die Entwicklung schriftlich-konzeptualer Fähigkeiten im Allgemeinen, lebenslang. Dies setzt jedoch neue Schreibaufgaben in neuen Domänen voraus. Eine solche Domäne ist die Wissenschaftskommunikation. Wie Pohl (2007) und Steinhoff (2007a) in ihren empirischen Studien gezeigt haben, erwerben Studenten im Laufe ihrer akademischen Sozialisation eine „wissenschaftliche Textkompetenz", eine Kompetenz zum Gebrauch fachübergreifender und fachspezifischer Ausdrücke. Ehlich (1993) spricht diesbezüglich von einer „alltäglichen Wissenschaftssprache". Dazu gehören verschiedenste literale Prozeduren, z.B. Kollokationen (z. B. „einer Frage nachgehen") oder grammatische Konstruktionen (z.B. „lassen + sich + Inf.").

Dieser domänentypische Sprachgebrauch ist durch die wissenschaftsspezifische Form der Argumentation geprägt, die zum einen, der maximalen Kontextentbundenheit von Fachtexten Rechnung tragend, in besonderer Weise *explizit* ist, zum anderen, den spezifischen Anforderungen der Domäne folgend, *intersubjektive Geltung* beansprucht. Der Schreiber steht mithin vor der schwierigen Aufgabe, den Dialog mit dem Leser zu simulieren, dies aber in sachbezogener, „unpersönlicher" Weise. Die eigene Position muss, m.a.W., *domänentypisch kontextualisiert* werden.

Die empirische Auswertung wissenschaftlicher Fachaufsätze lässt erkennen, dass dieses Problem durch die Verwendung spezifischer „ich"-Konstruktionen (vgl. Steinhoff 2007b) und Passiv-Konstruktionen, verschiedentlich aber auch durch den Gebrauch *eines bestimmten* Meinungsausdrucks gelöst wird, und zwar durch den Ausdruck „m.E.", die abgekürzte Form von „meines Erachtens". Diese „domänenprototypische", eindeutig literal geprägte Prozedur wird von den Experten mehr als 50 Mal so häufig verwendet wie andere, bedeutungsähnliche Prozeduren („meiner Meinung nach", „meiner Ansicht nach", „meines Erachtens"):

> Prototypisch ist der Gebrauch von ‚m. E.', das offenbar mehr ist als eine schlichte Abkürzung von ‚meines Erachtens'. Das Streben der Wissenschaft nach Intersubjektivität ist hier wie bei einer Münze eingeprägt: Die Meinung des Wissenschaftlers wird im Text auf zwei Buchstaben und zwei Punkte und damit auf ein Mindestmaß an ‚Sichtbarkeit' reduziert. (Steinhoff 2007a: 245)

Aufschlussreich ist nun, dass die Studenten sich dieser domänentypischen Praxis mit zunehmender wissenschaftlicher Schreiberfahrung sukzessive annähern. Dabei wiederholt sich die bereits in der Schulzeit beobachtete Erwerbsfolge (Transposition – Transformation – kontextuelle Passung). So wie sich die Schüler ein *literales* Spektrum von Positionierungsprozeduren aufbauen, bauen die Studenten nach ähnlichen Gesetzmäßigkeiten ein *domänentypisch-literales* Spektrum positionierender Prozeduren auf.

Zu Beginn ihrer universitären Laufbahn präferieren die Studenten domänenuntypische, aus der Schulzeit oder anderen, z.B. Alltags- oder journalistischen Kontexten bekannte Meinungsausdrücke wie „meiner Meinung nach" oder „meiner Ansicht nach" (*Transposition*):

> (20)
> Eine Empfehlung, die meiner Meinung nach überflüssig ist, die an dieser Stelle aber sehr gut verdeutlicht, mit welcher Hilflosigkeit man dem Problem eines attraktiven und motivierenden Grammatikunterrichts gegenübersteht."
> [...]
> Meiner Meinung nach wird dem Grammatikunterricht durch die Richtlinien der Stellenwert genommen, der ihm eigentlich zukommen müsste.
> [...]
> Dass der Grammatikunterricht solche Probleme bereitet, liegt meiner Meinung nach nicht an den Inhalten selbst.
> (Stud., 3. Hausarbeit im Studium, 3. Semester)

In den nachfolgenden Semestern entdecken die studentischen Schreiber bei der Lektüre einschlägiger Fachtexte, dass solche Prozeduren in der Domäne unüblich sind und dass stattdessen die Verwendung von „m.E." prototypisch ist. Der Gebrauch von „meiner Meinung nach" geht zurück, der Gebrauch von „meines Erachtens" und besonders „m.E." nimmt zu (*Transformation*). Als Spuren dieses Aneignungsprozesses können, wie bei den Schülertexten, charakteristische Lernerformen aufgefasst werden, die in Nuancen von der domänentypischen Form abweichen:

(21)
Durch die Widersprüchlichkeit untereinander kann m.E. nach keine konkrete Aussage gemacht werden.[57]
(Stud., 5. Hausarbeit im Studium, 6. Semester)

Als entfaltet ist die wissenschaftliche Textkompetenz in diesem Bereich dann zu bezeichnen, wenn der Gebrauch des Ausdrucks „m.E." an den sprachlichen Usus der Experten anschließt. Dies geschieht zumeist in Hausarbeiten, die in den letzten Semestern geschrieben werden (*kontextuelle Passung*):

(22)
Zwar wurden diese Pläne nicht mehr in die Tat umgesetzt, nachdem de Gaulle an die Macht zurückgekehrt war, doch auch als theoretisches Konstrukt sind sie m. E. außergewöhnlich.
(Stud., 11. Hausarbeit im Studium, 11. Semester)

Es ist im Übrigen auffällig, dass die „m.E."-Prozedur in Texten schreiberfahrener Studenten in spezifischer Weise *funktionalisiert* wird: Positionierungen erfolgen nun nicht mehr, wie noch zu Beginn des Studiums, vornehmlich im Zusammenhang der Darstellung der persönlichen Motivation zur Themenwahl in der Einleitung oder, an die schulische Praxis der Erörterung anschließend, im Kontext der resümierenden Reflexion und Evaluation individueller Schreib- und Lernerfahrungen im Schlussteil, sondern an passenden Stellen im laufenden Text oder in Fußnoten, eben dort, wo, im Kontext der Darstellung verschiedener theoretischer oder methodischer Perspektiven, die „eigene Meinung" in einem wissenschaftlichen Text ihren angestammten Platz hat. Das bedeutet, dass nicht nur die Form als solche angeeignet wird, sondern mit ihr und durch sie auch das wissenschaftliche Denken und Handeln beeinflusst wird. Die kleine Formel „m.E." erweist sich also als Kristallisationspunkt einer wissenschaftlichen Erkenntnisgewinnungs- und Erkenntnisdarstellungsmethodizität.

Es zeigt sich mithin, dass der Gebrauch von Positionierungsprozeduren der ehemaligen Schüler in der für sie zunächst neuen und fremden Wissenschaftskommunikation eine domänentypische Spezifizierung erfährt. Die Studenten lernen, ihre Meinung wissenschaftstypisch zu kennzeichnen, und geben sich damit in ihren Texten als Forscher zu erkennen.

Den beschriebenen Entwicklungsverlauf in der Domäne führt abschließend das folgende Diagramm vor Augen:

---

[57] Es ist eine interessante Anekdote, dass diese Lernerform (in der ausgeschriebenen Variante) bereits vor bald 100 Jahren von dem Greifswalder Geschichtswissenschaftler Ernst Bernheim in dessen Aufsatz „Die ungenügende Ausdrucksfähigkeit der Studierenden" (1912) als für studentische Hausarbeiten typischer Fehler angeführt wurde (vgl. Pohl 2009: 150).

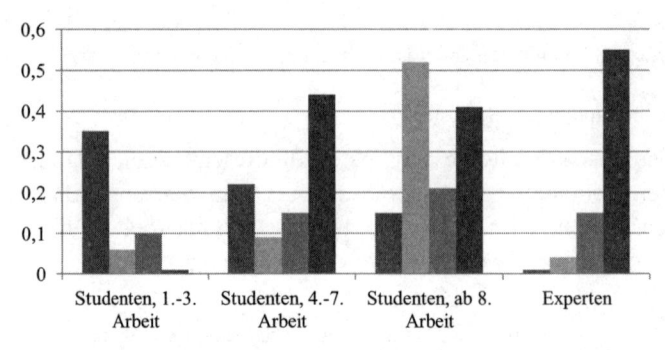

Abb. 5: *Gebrauch von Positionierungsprozeduren (Meinungsausdrücke) (Stud.) (durchschn. Anzahl/Text) (SK) (Steinhoff 2007a: 242ff.)*

5. Zusammenfassung

Wir haben gezeigt, dass das Spektrum von Positionierungsprozeduren in argumentativen Texten von Schülern und Studenten im Zuge der Schreibentwicklung zunächst *literal* und anschließend *domänentypisch-literal* ausdifferenziert wird. *Abb. 6* verdeutlicht die wesentlichen Ergebnisse für das AFK-Korpus:

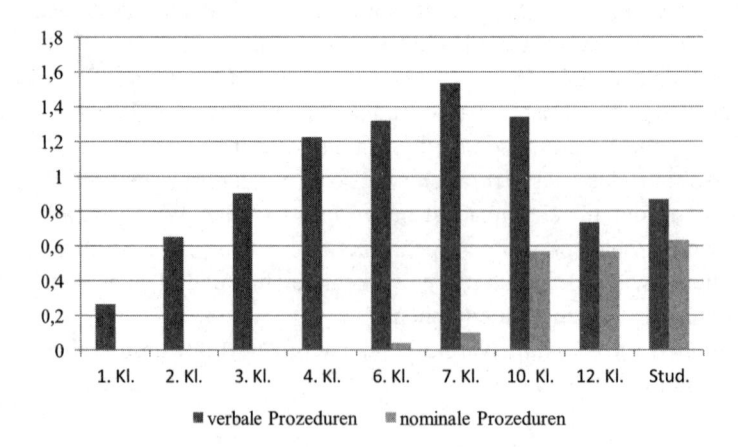

Abb. 6: *Gebrauch verbaler und nominaler Positionierungsprozeduren (1. Kl. – Stud.) (durchschn. Anzahl/Text) (AFK)*

- Zu Beginn des Erwerbs, zwischen der 1. und 4. Klasse, dominieren konzeptionell mündlich geprägte, implizit-verbale Positionierungsprozeduren (*Transposition*).
- In der 6. und 7. Klasse werden vermehrt konzeptionell schriftlich geprägte, explizit-verbale und darüber hinaus erstmals explizit-nominale Prozeduren verwendet; in der 10. Klasse nimmt der Anteil dieser nominalen Prozeduren deutlich zu (*Transformation*).
- Ab der 12. Klasse werden explizit-nominale Prozeduren fast so häufig wie explizit-verbale Prozeduren verwendet, und zwar vermehrt in konventionsadäquater Weise (*kontextuelle Passung*).

Mit dieser Ausdifferenzierung auf verbaler und nominaler Ebene geht eine funktionale Erweiterung von einer *evaluativen* zu einer *epistemischen* Positionierung einher. Im weiteren Erwerbsverlauf, beim Schreiben wissenschaftlicher Texte, findet eine domänentypische Engführung statt. Die Lerner machen nun nur noch von wenigen, in der Domäne üblichen Prozeduren Gebrauch. Gegen Ende des Studiums dominiert die domänenprototypische Positionierungsprozedur „m.E.".

Literatur

Abraham, Ulf/Kupfer-Schreiner, Claudia/Maiwald, Klaus (2005): Im Spannungsfeld von Didaktik und Pädagogik: Schreibförderung und Schreiberziehung. In: Dies. (Hrsg.): Schreibförderung und Schreiberziehung. Eine Einführung für Schule und Hochschule. Donauwörth. 5-11.

Ágel, Vilmos (1999): Grammatik und Kulturgeschichte. Die *raison graphique* am Beispiel der Epistemik. In: Gardt, Andreas/Haß-Zumkehr, Ulrike/Roelcke, Thorsten (Hrsg.): Sprachgeschichte als Kulturgeschichte. Berlin/New York. 171-223.

Antos, Gerd (1995): Mustertexte und Schreibprozeduren. Die Entwicklung von Textbausteinen als Modell zur Aneignung von Schreibprozeduren. In: Baurmann, J./Weingarten, R. (Hrsg.): Schreiben. Prozesse, Prozeduren, Produkte. Opladen. 70-84.

Augst, Gerhard/Faigel, Peter (1986): Von der Reihung zur Gestaltung. Untersuchungen zur Ontogenese der schriftsprachlichen Fähigkeiten von 13-23 Jahren. Frankfurt/Main.

Augst, Gerhard/Disselhoff, Katrin/Henrich, Alexandra/Pohl, Thorsten/Völzing, Paul-L. (2007): Text-Sorten-Kompetenz. Eine echte Longitudinalstudie zur Entwicklung der Textkompetenz im Grundschulalter. Frankfurt/Main.

Baurmann, Jürgen/Weingarten, Rüdiger (1995): Prozesse, Prozeduren und Produkte des Schreibens. In: Dies. (Hrsg.): Schreiben. Prozesse, Prozeduren und Produkte. Opladen. 7-25.

Bubenhofer, Noah (2009): Sprachgebrauchsmuster. Korpuslinguistik als Methode der Diskurs- und Kulturanalyse. Berlin/New York.

Choi, Soonja (2006): Acquisition of Modality. In: Frawley, William (Hrsg.): The Expression of Modality. Berlin/New York. 141-172.

Ehlich, Konrad (1993): Deutsch als fremde Wissenschaftssprache. In: Jahrbuch Deutsch als Fremdsprache 19. 13-42.
Feilke, Helmuth (1995): Auf dem Weg zum Text. Die Entwicklung der Textkompetenz im Grundschulalter. In: Augst, Gerhard (Hrsg.): Frühes Schreiben. Studien zur Ontogenese der Literalität. Essen. 69-89.
Feilke, Helmuth (1996): „Weil"-Verknüpfungen in der Schreibentwicklung. Zur Bedeutung ‚lernersensitiver' empirischer Struktur-Begriffe. In: Feilke, Helmuth/Portmann, Paul (Hrsg.): Schreiben im Umbruch. Schreibforschung und schulisches Schreiben. Stuttgart. 40-54.
Feilke, Helmuth (2003): Entwicklung schriftlich-konzeptualer Fähigkeiten. In: Bredel, U. u. a. (Hrsg.): Didaktik der deutschen Sprache. Band 1. Paderborn u. a. 178-192.
Feilke, Helmuth (2008): Meinungen bilden. In: Praxis Deutsch 211. 6-13.
Feilke, Helmuth (2010): „Aller guten Dinge sind drei" – Überlegungen zu Textroutinen & literalen Prozeduren. In: Bons, Iris/Kaltwasser, Dennis/Gloning, Thomas (Hrsg.): Fest-Platte für Gerd Fritz. (Online-Publikation) [http://www.festschrift-gerd-fritz.de/files/feilke_ 2010_literale-prozeduren-und-textroutinen.pdf]
Feilke, Helmuth (i.d.B.): Was sind Textroutinen? – Zur Theorie und Methodik des Forschungsfeldes, 1-31.
Fries, Norbert (2000): Modalität. In: Glück, Helmut (Hrsg.): Metzler-Lexikon Sprache. 2., erweiterte Auflage. Stuttgart. 446.
Gevorgyan-Ninness, Stella (2003): Die nicht-epistemische Modalität mit weitem Skopus und ihr grammatischer Kontext im Russischen und Armenischen. In: Jezikoslovlje 4/2. 205-224.
Gülich, Elisabeth (1997): Routineformeln und Formulierungsroutinen. Ein Beitrag zur Beschreibung formelhafter Texte. In: Wimmer, Rainer/Berens, FranzbJ. (Hrsg.): Wortbildung und Phraseologie. Tübingen. 131-175.
Hundt, Markus (2003): Zum Verhältnis von epistemischer und nicht-epistemischer Modalität im Deutschen. Forschungspositionen und Vorschlag zur Neuorientierung. In: Zeitschrift für germanistische Linguistik 31. 343-381.
Juhász, János. (1980): Interferenzlinguistik. In: Althaus, Hans P./Wiegand, Herbert E./Henne, Helmut (Hrsg.): Lexikon der Germanistischen Linguistik. Tübingen. 646-652.
Keseling, Gisbert (1993): Schreibprozeß und Textstruktur. Empirische Untersuchungen zur Produktion von Zusammenfassungen. Tübingen.
Köller, Wilhelm (1995): Modalität als sprachliches Grundphänomen. In: Der Deutschunterricht 4. 37-50.
Ortner, Hanspeter (2006): Einige kognitive Probleme mit der Bildungssprache. In: Tribüne 1. 12-27.
Papafragou, Anna (1998): The Acquisition of Modality: Implications for Theories of Semantic Representation. In: Mind & Language 13/3. 370-399.
Pohl, Thorsten (2007): Studien zur Ontogenese wissenschaftlichen Schreibens. Tübingen.
Pohl, Thorsten (2009): Die studentische Hausarbeit. Rekonstruktion ihrer ideen- und institutionsgeschichtlichen Entstehung. Heidelberg.
Rezat, Sara (2009): Konzessive Konstruktionen. Ein Verfahren zur Rekonstruktion von Konzessionen. In: Zeitschrift für germanistische Linguistik 37.3. 469-489.

Rezat, Sara (2011): Schriftliches Argumentieren. Zur Ontogenese konzessiver Argumentationskompetenz. In: Didaktik Deutsch 31. 50-67.

Sodian, Beate (2008): Entwicklung des Denkens. In: Oerter, Rolf/Montada, Leo (Hrsg.): Entwicklungspsychologie. 6., vollständig überarbeitete Auflage. Weinheim/Basel. 436-479.

Steinhoff, Torsten (2007a): Wissenschaftliche Textkompetenz. Sprachgebrauch und Schreibentwicklung in wissenschaftlichen Texten von Studenten und Experten. Tübingen.

Steinhoff, Torsten (2007b): Zum *ich*-Gebrauch in Wissenschaftstexten. In: Zeitschrift für germanistische Linguistik 35. 1-26.

Steinhoff, Torsten (i.Dr.): Lernen durch Schreiben. Erscheint in: Feilke, Helmuth/Pohl, THorsten (Hrsg.): Schriftlicher Sprachgebrauch/Texte verfassen. Baltmannsweiler.

Tomasello, Michael (2002): Die kulturelle Entwicklung des menschlichen Denkens. Zur Evolution der Kognition. Frankfurt/Main.

Zifonun, Gisela/Hoffmann, Ludger/Strecker, Bruno (1997): Grammatik der deutschen Sprache. Band 1. Berlin/New York.

IF Routine THEN Fluss ELSE Problem - Überlegungen zu Schreibflüssigkeit und Schreibroutine

Jan Weisberg

Auch Urlaubspostkarten können [...] zum Problem werden[...], oder Romane zur Routine.
(Wrobel 1995, 23)

1. Einleitung

Der Titel greift den basalen konditionalen Verzweigungsbefehl vieler Programmiersprachen auf: IF – THEN - ELSE (vgl. http://en.wikipedia.org/wiki/Conditional_(programming)#If-then.28-else.29, 03.01.2011). Dieser Befehl ist ein „wenn–dann–sonst"-Gefüge, welches wesentlich einem Konditionalsatz entspricht. Die Konstruktion im Titel besteht strukturell aus einem festen Code, der flexibel zu füllende „Leerstellen" bzw. Variablen enthält. Der erste Teil des Codes (IF) definiert eine Bedingung (das Antezedens), für die hier „Routine" gesetzt ist. In Abhängigkeit vom Wahrheitswert dieser Bedingung werden durch den Code zwei Folgeprozeduren (Konsequenzen) definiert (THEN; ELSE). Für den ersten Fall (Routine = wahr) ist als Folge „Fluss" gesetzt, für den zweiten Fall (Routine = unwahr) „Problem". Der Programmiercode stellt einen Befehl an eine Maschine dar. Er ist das definierte Mittel, um einen bestimmten Zweck zu erreichen (hier: eine logische Verzweigung oder: eine an ein Parameter geknüpfte „Entscheidung"). Der Code ist maximal standardisiert, d.h. er lässt keine Abweichung zu. Nur durch diese Eindeutigkeit der Zweck-Mittel-Relation funktioniert die Mensch-Maschine-Kommunikation.

Im Blick auf die Konditionalsätze der Mensch-Mensch-Kommunikation wird im Gegensatz zum starren Programmiercode eine große semiotische Flexibilität deutlich (vgl. Eisenberg 1999, 331 ff.). Erstens stehen als Konditionalmarker mehrere Lexeme zur Verfügung (u.a.: wenn, falls, sofern, vorausgesetzt, angenommen - dann, so). Zweitens kann die syntaktische Position dieser Marker stark variieren. Drittens können Konditionalsätze unter Verzicht auf Antezedens- und/oder Konsequenz-Marker realisiert werden. Die zweite, alternative Konsequenz (sonst) wird oftmals nicht oder anstatt der ersten formuliert. Obwohl die beschriebenen Mittel zur Realisierung von Konditional-Relationen nicht eingesetzt werden müssen, stehen sie als konventionelle, standardisierte, allgemein verständliche und gewissermaßen prototypische Mittel zur Verfügung. Der Blick auf solche Sequenzen als Mittel des sprachlichen Handelns offenbart eine Ebene des Sprachgebrauchs und des Sprachwissens, die durch grammatische Konstruktionsregeln nicht hinreichend erklärt werden kann. Bestimmte „formelhafte Sequenzen" werden hochfrequent und routinehaft verwendet und spielen eine wichtige Rolle in Spracherwerb und Sprachproduktion (vgl. Wood 2010, 38 ff.). Coulmas (1981) nennt solche Sequenzen „Routineformeln" und betont damit ihren hohen Gebrauchswert als Bausteine sprachlicher Äußerungen. Der Programmcode und die Konditionalmarker können als solche Routine-Bausteine oder Konstruktionsroutinen verstanden werden und stehen damit sinnbildlich für das Thema dieses Artikels.

Gleichzeitig stellt der Titel eine für das Thema zentrale Hypothese vor. Dass aus Routine Flüssigkeit des Handelns folgt, ist gewissermaßen banal. Diese Annahme findet sich in mehr oder weniger impliziter Form in vielen Argumentationen. Die Hypothese entspricht der Alltagserfahrung in so hohem Maße, dass sie kaum hinterfragt oder begründet wird - ihre Untersuchung erscheint überflüssig. Die Idee (bzw. die Erfahrung), dass Routinen jedwede Art von Tätigkeiten erleichtern, ist dem Routinebegriff inhärent. Warum also eine Betrachtung dieses Zusammenhangs?

1. Aufgrund von Alltagserfahrungen ist das Routinekonzept so selbstverständlich und konsensfähig, dass es meiner Einsicht nach in der Schreibforschung noch nicht angemessen dargestellt und diskutiert worden ist[58]. Aus diesem Grund beginnt der folgende Beitrag mit der Beschreibung einiger allgemeiner Annahmen. Dabei geht es darum, einiges darzustellen, was bis dato weitgehend implizit geblieben ist.
2. In der Schreibforschung hat sich der kognitions-psychologische Ansatz des Problemlösens etabliert. Dieser Ansatz ist zwar bereits grundsätzlich kritisiert worden (vgl. Ortner 2000, 105 f.), doch dies ist bisher vor allem hinsichtlich der ihm zugrunde liegenden Zweckorientierung geschehen. Diese Kritik ist mit Blick auf bestimmte Schreibanlässe berechtigt, mit Blick auf die Mehrzahl der Schreibanlässe in den Handlungsfeldern Schule, Hochschule und Beruf jedoch nicht. In diesen Feldern ist das Schreiben i.d.R. funktional motiviert. In eben solchen funktional motivierten Schreibsituationen hat sich die Betrachtung des Schreibens in einer Pro-

---

58 Diese Darstellungslücke steht im Gegensatz zu der Forschungssituation im Bereich der Mündlichkeit (vgl. bspw. Wood 2010, Wray 2008, Conklin/ Schmitt 2008, Coulmas 1981).

blemlöseperspektive didaktisch als fruchtbar erwiesen. Nun gehört zu Problemen immer die Frage nach der Lösung. Unlösbare Probleme sind nur schwer erträglich und verlangen, wie im Fall des Gordischen Knotens, ggfs. radikal-pragmatische Lösungen. – Ein bei wiederkehrenden Problemen wiederholt erfolgreicher Lösungsweg kann, wie darzulegen sein wird, als Routine verstanden werden. Die Lösung stellt gewissermaßen einen Zwischenschritt dar – die erste erfolgreiche Bewältigung. Doch erst mit der beliebig wiederholbaren Bewältigung ohne Reibungsverluste kann von einer Auflösung des Problems gesprochen werden. Mit der Identifizierung von Problemen ist darum didaktisch nur der erste Schritt vollzogen. Als zweiter muss das Finden einer Lösung und als dritter die Routinisierung derselben stehen. Der eigentliche Gegenpol des Problems ist nicht die Lösung, sondern die Routine. In diesem Sinne ist die aufgestellte Hypothese zu verstehen: Erst wenn eine schreibende Person in einem bestimmten Anforderungsbereich über Routinen verfügt, ist zu erwarten, dass sie flüssig voranschreitet. Andernfalls löst sie Probleme. – Folglich ist die Untersuchung des Erwerbs und Gebrauchs von Routinen didaktisch hochrelevant. In diesem Beitrag nehmen darum die Fragen des Kompetenzerwerbs und die Identifizierung von für die Routinebildung relevanten Dimensionen des Schreibens eine zentrale Stellung ein.
3. Am Anfang steht also die Erwartung, dass Routinen Produktionsprozesse im Sinne von Flüssigkeit befördern können. Es stellt sich jedoch die Frage, ob dies für alle Fälle gilt? Aus diesem Grund schließt dieser Beitrag mit einer vorsichtigen Aufstellung von Fällen, in denen bestehende Routinen mutmaßlich zu unangemessenem Verhalten führen können.

Dieser Artikel ist ein Versuch, zentrale Probleme des Schreibens vom Begriff der Routine her zu beschreiben. Das Ziel ist also weder das Aufstellen einer zusammenhängenden Theorie, noch die umfassende Darstellung einer Diskursgeschichte, sondern vor allem die Explizierung von bisher impliziten Annahmen. Im Zentrum der Darstellung steht die Frage, was unter dem Begriff Routine in Bezug auf Schreibprozesse verstanden werden kann. Dazu ist zunächst der Begriff selbst zu klären (Kapitel 1), sowie die Dimensionen seines Gebrauchs (Kapitel 2 und 3). Sodann wird der Erwerb vorgenommen (Kapitel 4) und das theoretische Konzept entfaltet (Kapitel 5 bis 7). Schließlich folgen eine Einschätzung des Forschungsstandes zur Flüssigkeitshypothese (Kapitel 8) und eine Argumentation wider die Trivialität derselben (Kapitel 9).

2. Routinen

Als Routine wird umgangssprachlich eine „durch längere Erfahrung erworbene Fähigkeit, eine bestimmte Tätigkeit sehr sicher, schnell u. überlegen auszuführen" verstanden (Duden 2007, 1196). Mit Routine gleichgesetzt wird „handwerksmäßige Gewandtheit, Übung, Fertigkeit, Erfahrung[...] gewohnheitsmäßige [technisch perfekte] Ausführung einer Tätigkeit ohne persönlichen Einsatz" (ebd.).

Damit ist Routine als eine Art des Handelns bestimmt, welches auf Erfahrung beruht, d.h. individuell erworben werden muss. Die Routinehandlung zeichnet sich aus durch „Gewandtheit", d.i. Geschicklichkeit, und „gewohnheitsmäßige Ausführung", d.i. Geübtheit. Zentral für den hier definierten Begriff der Routine ist das Handeln einer Person. Eine routiniert handelnde Person agiert souverän. Alltagssprachlich wird Routine sowohl auf Personen, als auch auf Handlungen bezogen. Im ersten Fall wird Routine als Eigenschaft einer Person oder einer Personengruppe gebraucht: „Routine haben (nur singular, ohne Artikel), routiniert sein, Routinier(s) sein". In diesem Gebrauch bedeutet Routine, dass der/den betreffenden Person(en) Erfahrung zugeschrieben wird. Im zweiten Fall kann Routine als Bezeichnung oder Eigenschaft einer Handlung gebraucht werden: „Routinehandlung, Routine sein, routiniert sein". In diesem Sinn bedeutet Routine ein (etabliertes, nicht etabliertes oder zu etablierendes) Handlungsprogramm, welches durch wiederholt erfolgreichen Einsatz verfestigt und so zu einer Standardlösung für wiederkehrende Aufgaben oder Probleme wird. In dieser sehr allgemeinen (und mit Vorsicht: auf alle Kulturtechniken übertragbaren) Annäherung sind drei wesentliche Aspekte des usuellen Routine-Konzeptes formuliert:

1. Routinen sind das Ergebnis von Erfahrung. Bezogen auf einen bestimmten Bereich erfahrene und unerfahrene Personen unterscheiden sich durch das Verfügen bzw. Nichtverfügen über Routinen.
2. Routinen sind Handlungsprogramme, welche als Standardlösungen für wiederkehrende Aufgaben bzw. Probleme verstanden werden können.
3. Routinen werden durch Wiederholung erworben.

Alle drei Aspekte finden sich in der Schreibforschung und Schreibdidaktik wieder. Ortner (2003, 70) unterscheidet bspw. zwischen „Routiniers" und „Novizen" (vgl. 1). Molitor (1984, 9) erklärt: „Schreiben kann [...] als ein Abwechseln zwischen Routinen und Problemlöseprozessen aufgefaßt werden" (vgl. 2). Und Feilke (1996, 1181) stellt fest:

> In der Spannung zwischen kreativer Aneignung einerseits und einer kontinuierlichen Routinisierung im Schreiben andererseits liegt die Voraussetzung für die Fortent-

wicklung der Schreibkompetenz; nur sie gewährleistet das ständige Entstehen neuer Probleme für die SchreiberInnen und sichert zugleich den Lernfortschritt [...] (vgl. 3).

Aus einer didaktischen Perspektive dreht sich die gegebene phänomenologische Aufstellung um: Routinen sind durch Wiederholung von Handlungen erworbenes Erfahrungswissen, welches durch fortgesetzten Gebrauch zu konkreten verfügbaren Handlungsprogrammen wird, die im Ergebnis als Kompetenz verstanden und beschrieben werden können.

Die drei angerissenen Aspekte sollen nun in den folgenden drei Kapiteln genauer betrachtet werden. Dabei wird es immer wieder notwendig sein, Kategorien des Handelns auf Sprache zu beziehen. Um diese Übertragungen zu ermöglichen, wird hier mit Bezug auf Ehlich (1991, 128) Sprache allgemein als wesentliches Mittel, d.h. als „spezifische Form" und „wesentliche Erscheinungsweise menschlicher Handlungen" verstanden (vgl. auch Onea Gaspar 2006, 44). Dabei ist es (mit Blick auf die oben zitierte Kritik Ortners) zunächst unerheblich, ob konkrete sprachliche Äußerungen zweckrational oder autotelisch motiviert sind, d.h. ob sie „Bedeutung haben oder Bedeutung sind" (Onea Gaspar 2006, 69).

3. Routiniers und Novizen

Routiniers und Novizen müssen in der Gegenüberstellung als dichotome Typen verstanden werden. Sie markieren als Prototypen die Endpunkte eines ideellen Kontinuums, auf dem jeder Schreiber, gemessen am Grad seiner Erfahrung, zu verorten wäre. In vielen Texten der Schreibforschung spielt ein ideelles Leit- und Vorbild von einem erfahrenen Schreiber eine wichtige Rolle (vgl. Portmann 1996, 158). Manche der Bezeichnungen wie „Routinierte Schreiber" (Keseling 1995, 201), und „proficient writers" (Schoonen et al. 2003, 170) verweisen direkt auf die Erfahrung bzw. Routiniertheit als entscheidendes Merkmal. An anderen Stellen wird dieser Zusammenhang im Kontext hergestellt: „good writers have developed whole series of programs that operate almost automatically" (Benton et al. 1984, 831).

Ortners Unterscheidung basiert auf der Betrachtung der Strategien, mit denen Schreiber ihre Produktionsprozesse organisieren. Dabei geht Ortner davon aus, dass Schreibstrategien sowohl von der Persönlichkeit des Schreibenden, als auch in ihrer aktuellen Erscheinung von Aufgabe und Kontext abhängig sind. „Eine Schreibstrategie ist somit das Verfahren einer Schreiberin, mit dem sie bestimmte Verfahrensabschnitte und/oder bestimmte Prozesskomponenten kontrolliert; und zwar im Hinblick auf das zu schaffende Produkt oder ein zu schaffendes Teilprodukt." (Ortner 2003, 66) Schreibstrategien sind „proteusartig" (ebd., 65), d.h. sie sind schwer zu erfassen, da sie von erfahrenen Schreibern immer wieder der aktuellen Situation angepasst werden.

Ortner zeigt (ebd.), im Vergleich eines 6-jähren Jungen mit einem „angehenden Wissenschaftler", wie sich das Schreibverhalten von Novizen und Routiniers unterscheiden kann: Der Junge reiht assoziativ, ohne zu segmentieren zwei Sätze aneinander. Er schreibt, im Sinne von Bereiters (1980) „Associative Writing", solange, wie ihm etwas einfällt. Er tut dies vermutlich entsprechend seinen Möglichkeiten und aus Mangel an Alternativen. Der angehende Wissenschaftler in Ortners Beispiel zeigt demgegenüber eine deutlich komplexere Strategie. Er bereitet seinen Schreibprozess aufwendig vor: Er recherchiert, wählt aus, sortiert, ordnet und entwickelt eine Gliederung - bevor er mit der eigentlichen Formulierungsarbeit beginnt. Dabei wandert seine Aufmerksamkeit zwischen den verschiedenen Themenfeldern seines zukünftigen Textes. Dieses komplexe Planungsverhalten erfordert Routine (bzw. eine Vielzahl von Routinen):

> Bei Novizen befindet sich die jeweilige Aktivitätszone nur am Ende des gerade niedergeschriebenen Satzes; dem Einfall wird nur dieser Ort in der Linearität des Fortschreibens als Geburtsstätte angeboten. Doch irgendwann im Lauf der individuellen Entwicklung und unter dem Druck der Aufgabenspezifik wird auch sie beweglich, die Aktivitätszone. Bei vielen Routiniers ist sie beliebig verlegbar. Der Routinier eröffnet seine Aktivitätszone dort, wo er sie braucht. (Ortner 2003, 70)

Ortners Darstellung konzentriert sich auf die strategische Organisation des Schreibprozesses und im Besonderen auf den Umgang mit Einfällen. Die Unterscheidung zwischen Routiniers und Novizen ist bei ihm nur en passant gegeben. Der Kontrast zwischen beiden Beispielschreibern ist so stark, dass sich Unterschiede nicht nur hinsichtlich der Beweglichkeit ihrer „Aktivitätszone", sondern in allen denkbaren Kompetenz- und Verhaltensdimensionen annehmen lassen. An dieser Stelle soll ein grober Aufriss des Problems genügen. Eine systematische Darstellung muss die Dimensionen des Schreibens berücksichtigen, in denen Routinebildung eine wichtige Rolle spielen kann (s.u.). Doch zunächst soll im folgenden Kapitel das routinierte Handeln näher bestimmt werden.

4. Routinehandeln und Problemlösen

Um Molitors Aussage zu verstehen, Schreiben könne als „Abwechseln zwischen Routinen und Problemlöseprozessen aufgefasst werden", muss sie vor dem Hintergrund des kognitionspsychologischen Problemlöseparadigma gesehen werden. In diesem Kontext werden zweckmotivierte bzw. zielorientierte Handlungen, wie bspw. Formulierungshandlungen, als Problemlöseprozesse betrachtet. „Mit einem Problem hat man es dann zu tun, wenn ein Individuum ein Ziel hat, aber nicht bzw. nicht sofort weiß, wie es dieses Ziel erreichen soll". (Steinhoff 2007, 132) Beim Formulieren erscheint dies vor allem dann plausibel, wenn es mit vielen Überlegungen verbunden, d.h. kognitiv aufwändig ist. Aus der von Steinhoff vorgenommenen Setzung des Zieles als wesentliches Kriterium für das Bestehen eines Problems folgt eine Engführung des Handlungsbegriffes auf das zweckrationale Handeln (Techne) im Unterschied zum autotelischen Handeln (Praxis) (s.o.; vgl. Onea Gaspar 2006, 69 ff.).

Nun stellen viele Schreib-, Text- und Formulierungshandlungen für erfahrene Schreiber gar keine Probleme dar, weil sie auf bereits etablierte, „konventionelle[...] Lösungen von Schreibproblemen" (Wrobel 1997, 20) zurückgreifen können. Zu diesen etablierten Problemlösungen gehören Text- und Formulierungsmuster, aber auch die grammatischen und orthographischen Regelwerke. „Sie liegen als gesellschaftlich erarbeitete und abgesicherte Formen der Verständnissicherung vor und werden von Schreibern benutzt, nicht aber [...] jedesmal individuell neu erfunden." (Wrobel 1997, 20)

> Die Fähigkeit, neue Texte zu formulieren, scheint - ganz im Gegensatz zu der populären Dichotomie ‚Kreativität versus Imitation' - von der Art und dem Umfang von (repetierbaren) Mustern und dem Grad der Habitualisierung dieser Muster abhängig zu sein. Anders als dies die Chomskysche Linguistik suggeriert, setzt daher gezieltes kreatives Handeln die Verfügbarkeit über ein möglichst großes Repertoire an entsprechenden Mustern voraus. (Antos 1995, 75 f.)

Die von Antos formulierte Einsicht hat sich erst seit den 70er Jahren des 20. Jahrhunderts im Zuge der pragmatischen Wende und der Relativierung der Generativen Grammatik langsam durchgesetzt (vgl. dazu Coulmas 1981, 7 ff.), obwohl das sprachwissenschaftliche Interesse an Formulierungsmustern nachweislich bis ins 19. Jahrhundert zurückreicht (vgl. Cortes 2004, 398 f.). Conklin und Schmitt (2008, 72) schätzen den Anteil formelhafter Elemente am Gesamtgebrauch der (englischen) Sprache in Abhängigkeit von Genre und Modus auf ein Drittel bis ein Halb. In Teilen wissenschaftlicher Texte scheint der Anteil formelhafter Sprache noch höher zu sein: Nach der Analyse eines Textabschnittes aus der Einleitung eines sprachwissenschaftlichen Artikels kommt Sandig (1997, 42) zu dem Schluss: „Die überwiegende Mehrzahl der Formulierungen beruht auf Formulierungsvorgaben; das Individuelle ist demgegenüber gering."

Durch den routinierten Gebrauch von (bspw.) formelhaften Elementen können übliche Sprechakte und soziale Gesten, aber auch Standardoperationen zur Erzeugung von Struktur, Kohärenz, Intertextualität, Leserführung usw. realisiert werden. Muster und formelhafte Elemente haben immer eine soziale Funktion: Sie sichern die Verständigung (Feilke 2003, 1), bieten Verhaltenssicherheit und sind Zeichen der Zugehörigkeit zur Diskursgemeinschaft (vgl. Coulmas 1981, 94 ff.). Notwendig dazu ist allerdings sowohl die Kenntnis des Musters, als auch die Kenntnis seines Gebrauchszusammenhangs.

Nicht zuletzt, und das wird immer wieder betont, entlastet der Gebrauch von Mustern, formelhaften Elementen und Routineformeln den Schreiber und seine Leser kognitiv (vgl. Wood 2010, 59). Diese Freisetzung von Ressourcen durch Bildung und Gebrauch von Routinen, ist m.E. der Kern des Routinekonzeptes.

> Je größer der Grad der Automatisierung, d.h. je mehr Handlungen zu eingeschliffenen Operationen werden, um so leichter fällt subjektiv das Formulieren (bei gleichen Anforderungen) bzw. ein anspruchsvolleres, weil von Routinen entlastetes Formulieren (auf 'höherer' Ebene). (Antos 1988, 7)

Bemerkenswert an dieser Stelle ist, dass Antos den Vorgang des Erwerbs von Routinen, die Routinisierung von Handlungen, als Automatisierung bezeichnet. Der Begriff Automatisierung wird bspw. von Shiffrin und Schneider (1977) konzeptionalisiert. Die Autoren beschreiben automatisierte im Unterschied zu kontrollierten kognitiven Prozessen. Zwischen beiden Prozessmodi besteht konzeptionell eine Dichotomie, die Schmidt folgendermaßen darstellt:

> The most important properties of automatic processing are generally considered to be that it is (a) fast and efficient, (b) effortless, (c) not limited by short-term memory capacity, (d) not under voluntary control, (e) difficult to modify or inhibit, and (f) unavailable to introspection. Automatic processes typically occur in well practiced tasks and are held to be responsible for skilled performance and most of the details of cognitive processing. In contrast, controlled processing is (a) slow and inefficient, (b) effortful, (c) limited by the capacity of short-term memory, (d) largely under subject control, (e) flexible, and (f) at least partly accessible to introspection. Controlled processing serves such functions as maintaining goals in working memory and applying general procedures to new circumstances, and it typically occurs in novel and inconsistent processing tasks. The development of skilled behavior involves a shift with practice from controlled to automatic processing. Novices of all kinds, including beginning L2 learners, must pay careful attention to every step in the procedure, whereas experts do not. (Schmidt 1992, 360)

Eine interessante Ableitung aus der Theorie von Shiffrin und Schneider mit explizitem Bezug auf Schreibprozesse bietet ein Konzept von Uppstad und Wagner (2006, 179 ff.). Uppstad und Wagner verstehen Schreiben als Fertigkeit (Skill). Im Unterschied zu Shiffrin und Schneider nehmen sie an, dass Automatizität und Aufmerksamkeit in einem steten Wechselverhältnis stehen. Im Erwerb und Gebrauch von Fertigkeiten spiegelt nun das wechselhafte Mischungsverhältnis von Automatizität und Aufmerksamkeit den kognitiven Aufwand der jeweils gegenwärtigen Handlung wieder. Ein hohes Maß an Automatizität bedeutet ein geringes Maß an notwendiger Aufmerksamkeit, während ein geringes Maß an Automatizität ein hohes Maß an Aufmerksamkeit erfordert. Uppstad und Wagner (2006, 180) unterscheiden entsprechend zwischen „monitoring"[59] (wenig Aufmerksamkeit) und „steering" (viel Aufmerksamkeit).

Der didaktische Gebrauch des Skill-Konzeptes erfordert jedoch einige Umsicht:

1. Aufmerksamkeit ist ein kontrovers diskutiertes Konzept. Vor allem umgangssprachlich stellt sich Aufmerksamkeit als Sammelbegriff dar, mit dem verschiedene kognitive Prozesse bezeichnet werden (vgl. Rummer 2003). Ein wissenschaftlich-reflektierter Gebrauch erfordert daher unbedingt Präzisierungen. Mit Bezug auf Rummer (ebd., 245 f.) wird im Folgenden Aufmerksamkeit als „handlungsbezogene Aufmerksamkeit" verstanden.
2. Hayes et al. (1987, 184) dämpfen die didaktischen Erwartungen an die Automatisierung, in dem sie erklären, vermutlich seien bestimmte „high-level-processes" niemals vollständig automatisierbar, weil für ihre Ausführung immer ein gewisses, relativ hohes Niveau von Aufmerksamkeit erforderlich sei. So erfordert bspw. das Schreiben einer Zusammenfassung die Auswahl von relevanten Inhalten.
3. Es ist zu fragen, wie und unter welchen Umständen Automatisierungen von Handlungsabläufen geschehen. Portmann-Tselikas (2003) argumentiert, Automatisierung sei eine „Frucht der Praxis", nicht das Ergebnis von didaktischen Eingriffen (ebd., 27). Der Autor wendet sich entschieden gegen eine stumpfe und unreflektierte Reproduktion sprachlicher Oberflächen und tritt für einen semantisch sensiblen, Produktion und Rezeption integrierenden Grammatikunterricht ein.

Aus diesen Einschränkungen ergibt sich die Notwendigkeit, das Skill-Konzept reflektiert und differenzierend zu gebrauchen. Nun kann, mit aller Vorsicht, durch das Wechselspiel von Aufmerksamkeit und Automatisierung die eingangs aufgestellte These, das Gegenteil von Problem sei nicht Lösung sondern Routine, für die Mehrzahl der Fälle erklärt werden: In Abgrenzung von Steinhoff (s.o.) muss m.E. ein Unterschied zwischen dem Lösen und dem Auflösen bzw. Verschwinden eines Problems gemacht werden. Erst durch die Automatisierung des Lösungsverhaltens wird die Aufmerksamkeit des Handelnden von dem Problem entbunden. Erst in diesem Moment löst sich das Problem für den Handelnden praktisch auf.

---

59 Hier besteht ein Unterschied zur Terminologie von Hayes und Flower (1980, 19), welche die Steuerungs- bzw. Kontrolleinheit als „monitor" bezeichnen.

Im Rahmen der Überlegungen zu Routinen in Sprachproduktionsprozessen bietet das Skill-Konzept eine interessante methodische Möglichkeit: Aufmerksamkeit kann als Problemindikator verstanden werden (vgl. Wrobel 2003, 88 f.). Dadurch könnte, ex negativo, ein empirisches Erfassen von Routinen und Routiniertheit möglich werden. Eine Kreuzung von Schreibprozessdaten mit dazugehörigen selbstreferenziellen Äußerungen der Schreiber sollte als diagnostische Methode den relativen kognitiven Aufwand von Teilprozessen (im Vergleich zu Methoden der „eingreifender Beobachtung" (vgl. Piolat/Olivie/Kellogg 2005; Bonnardel/Piolat 2003)) verhältnismäßig leicht bestimmbar machen. Auf dieser Grundlage sollten die von Antos (s. o.) angedeuteten routinierbaren Teilprozesse und Grade der Automatisierung beschreib- und modellierbar sein.

Nachdem in diesem Kapitel die Funktion und Wirkung von Routinehandlungen im Allgemeinen beschrieben wurde, wird im nächsten Kapitel die Frage ihres Erwerbs behandelt.

5. Routinebildung und Kompetenzerwerb

In den bis hierher vorgestellten Überlegungen scheint immer wieder die Annahme auf, dass Routinisierung ein wesentlicher Bestandteil von Lernprozessen sei. Die allgemeine Notwendigkeit von Routinebildung in Schreiberwerbsprozessen stellt bereits Ludwig dar. Er beschreibt Schreibprozesse als komplexe Prozesse, in denen eine Vielzahl von Teilaktivitäten „multilevel", „sukzessiv[e]", „interaktiv", „iterativ", „rekursiv" und „teilweise zumindest routinisiert bzw. sogar automatisiert" ablaufen (Ludwig 1983, 47). Dies stelle hohe Anforderungen an jeden Schreiber:

> Für einen Schüler dürfte die größte Schwierigkeit darin bestehen, die vielen Prozesse und Aktivitäten, aus denen sich ein Schreibakt zusammensetzt, gleichzeitig und koordiniert zu vollziehen. Für Erwachsene, vor allem geübte Schreiber, ist eine derart komplexe Handlung durchführbar, weil viele Teilaktivitäten routinisiert oder automatisiert ablaufen. Solche Automatismen können aber bei einem Schüler in der Regel nicht vorausgesetzt werden. Für ihn müssen die Schwierigkeiten beim Schreiben immens sein. (Ludwig 1983, 70 f.)

In der eingangs zitierten Aussage Feilkes (1996, 1181), „die Voraussetzung für die Fortentwicklung der Schreibkompetenz" liege in „der Spannung zwischen kreativer Aneignung einerseits und einer kontinuierlichen Routinisierung im Schreiben andererseits", deutet sich ein Stufenmodell des Erwerbs von Schreibkompetenzen an. In diesem impliziten Modell wechseln die lernenden Schreiber ständig zwischen zwei Tätigkeiten: Dem Erwerb (allgemein gesprochen:) neuer Bewegungen und der Routinisierung oder Automatisierung derselben. Für

Feilke sind beide Situationen gleichermaßen wichtig: Probleme nötigen die Lernenden dazu Lösungen zu entwickeln. Wiederkehrende Probleme führen durch die Wiederholung des problemlösenden Verhaltens zur Routinisierung. Das Verfügen über routinisierte Problemlösungen führt dazu, dass vormalige Probleme keine Probleme mehr sind (s.o.). Die Lernenden können ihre Aufmerksamkeit neuen Problemen zuwenden, neue Lösungen entwickeln, diese routinisieren und so ihre Kompetenzen erweitern. Probleme sind mit Feilke als Anlässe zum Lernen zu verstehen.

Zur Modellierung des Erwerbsprozesses unterscheiden Feilke und Augst (1989, 301 ff.) zwischen drei kognitiven Strukturen, die beim Erwerb von Schreibkompetenz eine wichtige Rolle spielen: Konzeptionswissen, Realisierungswissen und Routinewissen. Das Konzeptionswissen umfasst das allgemeine Weltwissen des Kommunizierenden. Es beinhaltet Wissen um Kommunikationsprinzipien und –Normen, sowie Wissen über die situationsbedingte Angemessenheit. Das Realisierungswissen umfasst vor allem das linguistische Makro- und Mikrostrukturwissen. Es beinhaltet Wissen über Pläne, Techniken, Muster, Prinzipien und Formulierungen. Das Routinewissen umfasst die praktisch habitualisierten Wissenselemente des Konzeptions- und Realisierungswissens.

Wenn nun ein Schreibender auf ein Schreibproblem stößt, so bedeutet dies zunächst, dass ihm keine Routinelösung zur Verfügung steht. Möglicherweise besitzt er bereits Konzeptions- und Realisierungswissen und kann daraus relativ zügig eine Lösung konstruieren. Durch den wiederholten Gebrauch desselben Realisierungswissens wird dieses zu Routinewissen (zu Konzepten zur Modellierung dieses Vorgangs vgl. Schmidt 1992). Fehlt dem Schreibenden jedoch das Realisierungswissen, ist eine höhere kognitive Leistung erforderlich. Er muss aus seinem vorhandenem Konzeptions- und Realisierungswissen neues Realisierungswissen generieren, welches, durch wiederholte Anwendung wieder zu Routinewissen werden kann.

Feilke (1996, 1181) unterscheidet im Routinewissen allgemein „motorische Routinen, graphematische Routinen und literale Routinen der Formulierung und Textbildung". In dieser Aufstellung kann zwischen primär und sekundär zu erwerbenden Routinen unterschieden werden: Ohne basale motorische und graphematische Routinen ist die schriftsprachliche Produktion von typischen schriftsprachlichen Formulierungsroutinen nur in Ausnahmefällen denkbar. In dem, was Feilke den „Aufbau einer entfalteten Schreibkompetenz" (ebd.) nennt, ist diese Unterscheidung zwischen Fundamentalem und Aufbauendem jedoch vermutlich nur in konkreten Verhältnissen bestimmter Kompetenzen möglich (zur Diskussion des Problems vgl. Feilke und Augst 1989, 298 f.). Gegen ein allgemeingültiges, linear abzuarbeitendes Modell der Entfaltung von Schreibkompetenzen sprechen die individuell unterschiedlichen ökologischen und kognitiven Bedingtheiten der Lernenden (vgl. Ossner 1996).

Eine Erweiterung zu Feilke und Augsts Modell bietet Ossner an. In dem von ihm in die Diskussion eingebrachten Kompetenzmodell geht er, ähnlich wie Feilke und August, von einem weiten Wissens-Begriff aus, der „Wissen, Können und Bewusstheit" vereint (Ossner 2006, 10). Ossner unterscheidet vier Arten des Wissens: „Deklaratives Wissen" („Wissen von Sachverhalten"), „Problemlösungswissen" („Methodisches Wissen zur Erkenntnisgewinnung"), „Prozedurales Wissen" („Zu Prozeduren und Routinen verdichtetes Wissen") und „Metakognitives Wissen" („Bewusstheit des Tuns in einem Gegenstandsfeld und der eigenen Stellung zu diesem Gegenstandsfeld und zu diesem Tun") (Ossner 2006, 10). Ossner erklärt zur Unterscheidung von Problemlöse- und Prozedurenwissen:

> Der Übergang von Methoden zu Prozeduren ist fließend. Das, was Methoden Schritt für Schritt bewerkstelligen, ist in Prozeduren verdichtet. Im motorischen und orthographischen Schreiben erwartet man, dass nicht nur Methoden der Problembewältigung beherrscht werden, sondern im Laufe der Zeit Prozeduren, die sicherstellen, dass mehr Aufmerksamkeit für Inhalte frei wird. Prozedurales Wissen ist meistens das Ergebnis von Üben. Problemlösungswissen und prozedurales Wissen machen das spezifische Können in einem Inhaltsbereich aus. (Ossner 2006, 11)

Wie Feilke und August weist auch Ossner dem handlungsbezogenen Wissen die zentrale Stellung in seinem Modell zu. In seiner Erklärung klingen sowohl Antos' Postulat der durch Routinisierung freisetzbaren Aufmerksamkeit, als auch Feilkes Konzept der sukzessiven Erschließung und Routinisierung immer weiterer Kompetenzbereiche an. Die ersten drei von Ossner unterschiedenen Wissensbereiche entsprechen im Wesentlichen jenen von Feilke und August – der vierte hingegen bedeutet eine Erweiterung. Mit der „Bewusstheit des Tuns" ergänzt Ossner eine Größe, welche die von Feilke und August für ihr Modell beschriebene top-down-Bewegung (vom Konzeptionswissen über das Realisierungswissen zum Routinewissen) umzukehren erlaubt. Handlungen, die nicht planvoll vollzogen werden und nicht von Beginn an zweckrational bestimmt sind, sondern unintentional, zufällig, probierend oder spielerisch entwickelt werden, können sich durch Wiederholung zu Praktiken und Routinen verfestigen. Wenn sich der Schreibende ihrer Wirkung bewusst wird, können solche Praktiken bottom-up auf Realisierungs- und Konzeptionswissen zurückwirken und dieses aktualisieren.

Ein weiterführendes Problem besteht in der Messbarkeit von Schreibkompetenzen. Dass ein Schreiber ein bestimmtes kompetentes Verhalten in einer konkreten Situation nicht zeigt, heißt nicht notwendig, dass es außerhalb seines Kompetenzhorizontes liegt. Bereits Scardamalia und Bereiter (1983, 68 f.)

reflektieren das Problem und erheben die Aufmerksamkeit zu einer Schlüsselgröße: „Attention to one thing means neglect of another and so one can never be sure, that the child's failure to do something in writing indicates a lack of competence. It may merely reflect an inability to direct cognitive ressources [...]." Vor dem Hintergrund des Fertigkeitskonzeptes von Uppstad und Wagner (s.o.) kann die Notwendigkeit, Aufmerksamkeit für die kompetente Realisierung bestimmter Ziele aufzuwenden, als noch nicht hinreichende Routinisierung in diesem Problembereich bzw. als Arbeit am Kompetenzhorizont interpretiert werden. Befunde aus der L2-Erwerbsforschung weisen in dieselbe Richtung:

> The L2 writer may be so much involved in these kind of ‚lower order' problems of word finding and grammatical structures that it may require too much conscious attention, leaving little or no working memory capacity free to attend to higher level or strategic aspects of writing, such as organizing the text properly or trying to convince the reader of the validity of a certain view. The discourse and metacognitive knowledge that L2 writers are able to exploit in their L1 writing may remain unused, or underused, in their L2 writing [...]. (Schoonen et al. 2003, 171)

Im beschriebenen Fall bringen Schreiber Kompetenzen, über die sie in ihrer L1 bereits verfügen, in L2-Schreibprozessen nicht zur Anwendung. Die von Schoonen et al. vorgenommene Unterscheidung von „‚lower order' problems" und „higher level or strategic aspects" erklärt nicht nur, dass die Entfaltung aufbauender Kompetenzen durch fundamentale Schreibprobleme behindert werden kann (s.o.), sie legt auch nahe, dass Scheibende eine (von Umfeld, Persönlichkeit, Situation und Aufgabe abhängige) individuelle Priorisierung ihrer Schreibprobleme vornehmen (ob dies nun bewusst geschieht, oder nicht). Die Autoren erklären ihren Befund selbst mit der begrenzten kognitiven Kapazität und dem Fehlen von Routinen für die fundamentalen Schreibprobleme in der L2:

> If writers have reached a high level of fluency in, for example, word retrieval or sentence construction, these components of writing will not hinder higher level processes such as content generation or monitoring pragmatic appropriateness of the text. All of these processes are concurrent to the limited attentional ressources. The more component processes are automatized or fluent, the more resources will be available for other component processes that are less automatized or, by their nature, cannot become automatized. So-called lower order processes such as transcribing, spelling, and, possibly, lexical retrieval or sentence construction are candidates for automatizing or to become more fluent. (Schoonen et al. 2011, 6)

In den Befunden von Schoonen et al. wird die oben bereits als zentral markierte Funktion der Routinisierung zur kognitiven Entlastung deutlich. Die Rolle der Routinenbildung im Erwerb von Schreibkompetenzen besteht folglich vor allem darin, dass durch die Routinisierung basaler Aspekte des Schreibens die notwendige Voraussetzung zur Beschäftigung mit weiterführenden Problemen geschaffen wird. Mit Bezug auf die von Feilke und Augst unterschiedenen kognitiven Strukturen lässt sich nun formulieren: Konzeptions- und Realisierungswissen alleine ermöglichen noch kein kompetentes Handeln in Situationen mit komplexen Anforderungen. Ohne Übung, d.h. ohne routinierte Reproduktion basaler Muster ist der Handelnde regelmäßig überfordert. Bereiter unterscheidet in diesem Zusammenhang zwischen Routiniertheit und Meisterschaft.

> If mastery of one kind of writing had to be achieved before progress to a higher level kind of writing, then development would be impossible. Automaticity does not imply mastery but only proficiency such that the behavior in question requires little or no conscious attention. (Bereiter 1980, 89)

Routiniertheit ist mit Bereiter also im Unterschied zur Meisterschaft als zum Zwecke des Erschließens neuer Kompetenzdimensionen hinreichende Schreibkompetenz zu verstehen. Aus der Problemperspektive heißt das, dass bestimmte Probleme souverän und ohne Reibungsverluste so gelöst werden, dass Aufmerksamkeit „übrig bleibt" und neue Probleme in den Blick genommen werden können, für welche neue Lösungen zunächst erarbeitet und sodann routinisiert werden können. Die hier interpretierten Aussagen Bereiters und Feilkes beziehen sich auf die bekannten, von Bereiter unterschiedenen sechs Kompetenzkomplexe und fünf Stufen der Aneignung (Bereiter 1980, 84). Bereiter (ebd., 89) betont selbst, sein Modell beschreibe keine „natural order of writing development, in the sense of a fixed sequence that all writers go through". Stattdessen kommt den Schreibproblemen die beschriebene katalytische Funktion im Kompetenzerwerbsprozess zu.

Die im Erwerbsprozess relevanten kommunikativen Handlungsprobleme sind von Feilke und Augst (1989, 306 ff.) modelliert worden. Sie unterscheiden, im Anschluss an und als Erweiterung zu Bühlers Organon-Modell vier Problembereiche: den Autor, den Gegenstand der Betrachtung, den Leser und den Text. Die Gestaltung des Textes ist nach Einsicht von Feilke und Augst die komplexeste Aufgabe, da sie eine funktionale Integration aller anderen Problemebenen erfordert. Die Autoren betonen:

> 1. Jedes Problem stellt eigene Anforderungen, die sich bei der Lösung auch gegenüber den Anforderungen der anderen in den Vordergrund drängen können.
>
> 2. Fast jeder Lösungsversuch in einem Problembereich erzeugt neue Probleme für einen der anderen Bereiche.
>
> 3. Soll die Kommunikation glücken, so müssen die Lösungsversuche für die unterschiedlichen Probleme funktional integriert werden und je nach den Anforderungen der Situation ausbalanciert werden. (Feilke/Augst 1989, 312)

In 2 wird eine Art „Unschärferelation" beschrieben: Probleme können miteinander konkurrierende Anforderungen stellen. Jeder Lösungsversuch verändert die

Gesamtproblemlage (das Problemfeld), in dem neue Probleme entstehen, wenn alte gelöst sind. Es ist nicht zu erwarten, dass für alle Probleme gleichermaßen ideale oder wenigstens befriedigende Lösungen gefunden werden können. Stattdessen gilt es im Hinblick auf das Problemfeld ein Gleichgewicht zwischen konkurrierenden Anforderungen zu schaffen. D.h. (zunächst theoretisch):

Routinen als bereits bearbeitete Standardlösungen können i.d.R. nicht gedankenlos angewendet werden, sondern müssen jedes Mal der Situation und dem Problemfeld angemessen werden. Das Routinewissen kommt augenscheinlich nur unter Abgleich mit dem Konzeptions- und Realisierungswissen zur Anwendung. Routinen sind folglich Bausteine des Handelns, die in einem gewissen Maß flexibel und anpassungsfähig sein müssen. Sie erfordern ein vermittelndes Abstraktionsniveau und ein Mindestmaß an Aufmerksamkeit.

Dies bedeutet nicht, dass nicht Standardsituationen unter Standardbedingungen ohne Anpassungen zu bewältigen wären – z.B. Texteingaberoutinen mit dem gewohnten Gerät usw. Doch neben der Wiederholung derselben Lösung für dasselbe Problem muss auch mit der Übertragung und Anpassung einer bestimmten Lösung auf eine Vielzahl neuer, ähnlicher Probleme gerechnet werden. In diesem Sinne sollten theoretisch Grade der Spezialisierung bzw. Generalisierung von Routinen unterschieden werden können, und zwar nach der Anzahl und Art der Ziel- bzw. Problembereiche, in die diese Lösungen erfolgreich übertragen werden können. Andersherum könnte man diese Grade der Spezialität auch zur Kategorisierung von Problemen anwenden. Bspw. werden für das Kommunikationsproblem, die eigene Meinung als solche kenntlich zu machen, konventionell unterschiedliche Textroutinen verwendet. Die Funktion kann sowohl mit „ich finde", „ich meine", „meiner Meinung nach", „meines Erachtens" und „m.E." (u.a.) realisiert werden. Die genannten Textroutinen sind domänentypisch im Sinne der Feldtypizität der Prototypentheorie: so wird im wissenschaftlichen Bereich vor allem „m.E." verwendet, im Journalismus hingegen „meiner Meinung nach" (vgl. Steinhoff 2007, 39 ff., 244 f.).

Nachdem nun in den beiden vorigen Kapiteln das Routinehandeln und der Erwerb von Routinen dargestellt worden sind, folgt im nächsten Kapitel eine Aufstellung jener Dimensionen von Schreibprozessen, in denen Routinebildungen zu erwarten sind.

6. Routinierbare Dimensionen in Schreibprozessen

Der in diesem Ansatz bewusst weit gefasste Routine-Begriff führt zu einem entsprechend weiten Feld der routinierbaren Schreibhandlungen. Der kleinste gemeinsamer Nenner aller Routinen kann vor dem Hintergrund der bisherigen Ausführungen und mit Gültigkeit für den Handlungsbereich Techne auf folgende Formel gebracht werden:

Routine ist ein weitgehend automatisiertes Handeln zur Bewältigung wiederkehrender Aufgaben bzw. zur Lösung ähnlicher Probleme. Routinehandlungen zeichnen sich durch einen vergleichsweise geringen kognitiven Aufwand und eine große Verfahrenssicherheit aus.

Anhand dieser Kriterien kann eine erste theoriegeleitete Aufstellung von routinierbaren Dimensionen des Schreibens versucht werden. Eine solche Aufstellung kann von verschiedenen Ansatzpunkten aus erfolgen, wobei die Begriffe Handeln, Automatisierung, Aufgabe bzw. Problem und Lösung bzw. Bewältigung eine zentrale Rolle spielen. Im Kontext dieser Darstellung erscheint es folgerichtig, zunächst vom Begriff des Handelns auszugehen und Bezug auf ein Modell des Schreibprozesses zu nehmen. Hier wird das Modell Ludwigs (1983) herangezogen, in welchem das klassische kognitionspsychologische Modell von Hayes und Flower (1980) aufgenommen und erweitert worden ist. Wenn man von dem in Ludwigs Ausführungen nach eigener Aussage enthaltenem „gerüttelt Maß an Spekulationen" (Ludwig 1983, 60) absieht, eignet sich sein Modell des Schreibens für den hier verfolgten Zweck besonders gut, weil es einen Brückenschlag zwischen den zuvor von Hayes und Flower (1980) beschriebenen mentalen Prozessen einerseits und den hernach von Wrobel (1995, 27 ff.) beschriebenen Aktivitäten und Handlungen andererseits anbietet. In Ludwigs Modell sind beide Ebenen angelegt (wenn auch noch nicht hinreichend differenziert).

Ludwig unterscheidet wie Hayes, Flower und Wrobel allgemein zwischen Planen, Formulieren und Überarbeiten. Ludwig und Wrobel unterscheiden allerdings im Unterschied zu Hayes und Flower im Formulieren zwischen kognitiven und motorischen Prozessen. Darüber hinaus berücksichtigt Ludwig, im Unterschied zu den anderen Autoren, sogenannte „Vorbereitungshandlungen". Die im Modell aufgeführte „motivationale Basis"[60] stellt ein Problem dar: Wenn Motivation als Prozess bzw. als Tätigkeit begriffen wird, kann Motivation als Routinedimension verstanden werden (in diesem Sinne kann es hier bspw. durch Techniken der Willensanstrengung und Konzentration oder in Bezug auf Selbstansprachen, den Einsatz eines Belohnungssystems u.ä. zu Routinenbildungen

---

60 „Researchers need to pay more attention to motivation than they have in the past. We need to understand better how to engage students in writing tasks." (Hayes/ Nash 1996, 53)

kommen). Wenn Motivation dagegen als seelischer Zustand verstanden wird, muss die „motivationale Basis" bis auf weiteres zu den im Folgenden genannten und von den Prozesskategorien unterschiedenen wesentlichen Einflussgrößen gezählt werden. Zu den wesentlichen Einflussgrößen gehören in Ludwigs Modell das „Langzeitgedächtnis" (das sprachliche Wissen, Schreibpläne und die motorischen Fähigkeiten), die „situativen Bedingungen" (wie Ort, Zeit, Anlass, Leser, u.a. – hierzu wäre m.E. der Gebrauchskontext mit Aufgabe, Domäne und Konventionen zu ergänzen) und der „entstehende Text", welcher auf den Schreibprozess zurückwirkt.

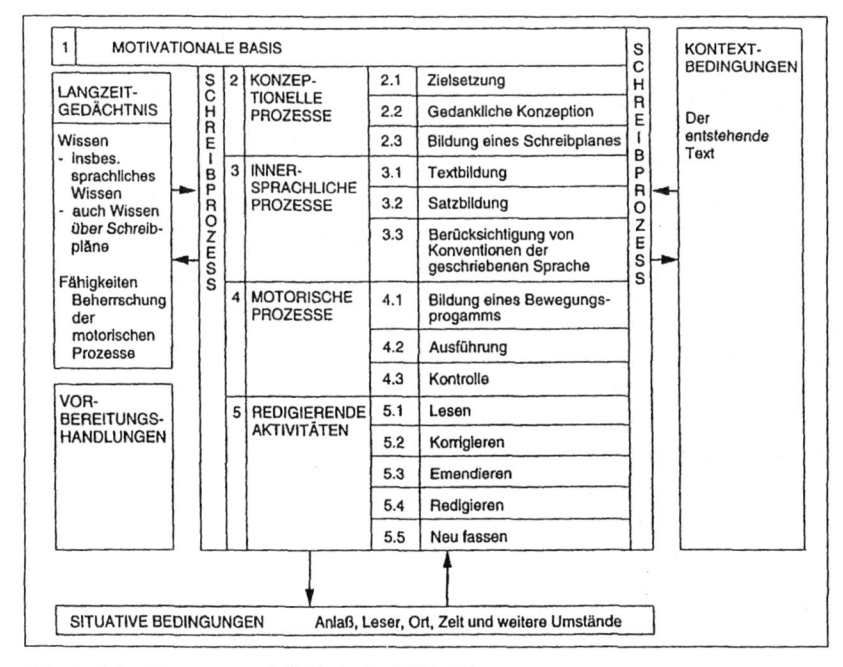

1	MOTIVATIONALE BASIS				S C H R E I B P R O Z E S S E	KONTEXT-BEDINGUNGEN
LANGZEIT-GEDÄCHTNIS	S C H R E I B P R O Z E S S E	2	KONZEP-TIONELLE PROZESSE	2.1	Zielsetzung		Der entstehende Text
Wissen - insbes. sprachliches Wissen - auch Wissen über Schreibpläne Fähigkeiten Beherrschung der motorischen Prozesse				2.2	Gedankliche Konzeption		
				2.3	Bildung eines Schreibplanes		
		3	INNER-SPRACHLICHE PROZESSE	3.1	Textbildung		
				3.2	Satzbildung		
				3.3	Berücksichtigung von Konventionen der geschriebenen Sprache		
		4	MOTORISCHE PROZESSE	4.1	Bildung eines Bewegungs-progamms		
				4.2	Ausführung		
				4.3	Kontrolle		
VOR-BEREITUNGS-HANDLUNGEN		5	REDIGIERENDE AKTIVITÄTEN	5.1	Lesen		
				5.2	Korrigieren		
				5.3	Emendieren		
				5.4	Redigieren		
				5.5	Neu fassen		
SITUATIVE BEDINGUNGEN	Anlaß, Leser, Ort, Zeit und weitere Umstände						

Abb. 1: Schreibprozessmodell (Ludwig 1983, 46)

Die Wahl von Ludwigs Modell als Ausgangspunkt für die folgende Aufstellung lässt sich weiter durch den Bezug auf Rehbein stützen. Dieser unterscheidet acht Stadien von Handlungen, die sich weitgehend mit Ludwigs Kategorien decken: „Handlungskontext", „Einschätzen" bzw. „Sich-Orientieren", „Motivation", „Zielsetzung", „Planen", „Ausführung", „Resultat" und „Nachgeschichte" (Rehbein 1977, 141 ff.). Wie Ludwig sieht auch Rehbein den Kontext eher als Bedingung. Als Ergänzung zu Ludwig nennt Rehbein die Nachgeschichte, welche mit Blick auf Schreibprodukte bspw. als Geschichte von Veröffentlichung, Rezeption und Gebrauch verstanden werden kann. Rehbein und Ludwig unterscheiden beide zwischen Motivation, Zielsetzen, Planen (Ludwig fasst die Zielsetzung systematisch als Teil der Planungsprozesse) und Ausführen (hier differenziert Ludwig stärker als Rehbein, der Formulieren, Inskribieren und Redigieren in eins fasst). Anders als Rehbein führt Ludwig Vorbereitungshandlungen an, die in Rehbeins Schema allenfalls als Teile der Ausführung Platz finden und dort nicht explizit genannt werden. Ein weiterer Unterschied zwischen beiden Modellen besteht im Stellenwert der Situation. Während Ludwig diese als Einflussgröße für die Überarbeitung auffasst, begreift Rehbein Einschätzung und Orientierung innerhalb der Situation als erste Handlungsphase. Dies ist auch in Bezug auf Schreibprozesse für die von Ludwig selbst genannten Aspekte („Anlaß, Leser, Ort, Zeit und weitere Umstände") sinnvoll. Mit Blick auf die im wissenschaftlichen Schreiben oftmals zur Vorbereitung notwendigen umfangreichen Recherchehandlungen wird m.E. sehr deutlich, dass die Orientierung in der gegebenen Situation ein relevantes Handlungsfeld darstellt. Es empfiehlt sich also an dieser Stelle eine Umdeutung dieser Kategorie in Ludwigs Modell.

In allen bisher genannten Prozesskategorien ist nun m.E. Routinenbildung sowohl möglich, als auch im Erwerbsprozess notwendig. Aus der Handlungs- bzw. Prozessperspektive können also wenigstens folgende Arten von Routinen unterschieden werden:

- Vorbereitungsroutinen
- Orientierungsroutinen
- Motivationsroutinen
- Planungsroutinen
- Formulierungsroutinen
- Moto- oder Inskriptionsroutinen
- Überarbeitungsroutinen

Nun können diese Kategorien auf unterschiedlichen Betrachtungsebenen identifiziert werden (vgl. Ludwig 1983, 47; Wrobel 1995, 31 f.): In der Makroperspektive bilden sie relevante Teilprozesse und einflussnehmende Größen von Schreibprozessen im Allgemeinen ab. In der Mesoperspektive können die Kategorien aber auch auf die Arbeit an einem einzelnen Satz, Absatz usw. bezogen werden. Auch hier bilden sie wesentliche Teilprozesse und Einflussgrößen ab. In der Mikroperspektive können sie schließlich auf die Arbeit an einem einzelnen Wort bezogen werden.

Neben der Darstellung von Routinekategorien auf der Grundlage von Handlungsdimensionen, können auch Aufgaben, Probleme, Zweck und Funktion von Handlungen im Gebrauchskontext, sowie der Gebrauchskontext selbst als Grundlage für eine Aufstellung dienen. Bspw. könnten mit Blick auf das von Bereiter sogenannte „communicative writing" (1980, 86), die von Perrin (2003) beschriebenen „journalistischen Schreibstrategien" und den von Hyland und Tse (2004) untersuchten „metadiscourse" so etwas wie „Kommunikationsroutinen" hinzugenommen werden. Zwar lassen sich diese m.E. ohne Schwierigkeiten in die oben vorgenommene Aufstellung als Sonderfall der Formulierungs- oder/ und Planungsroutinen integrieren. Doch könnte sich diese spezielle Schnittmenge der Planungs- und Formulierungsroutinen (im Hinblick auf Bereiters Entwicklungsmodell) aus didaktischer Perspektive als besonders wertvoll erweisen. An diesem Fall wird deutlich, dass die vorgenommene Differenzierung durch die ihr zugrunde liegende Perspektive (hier: die Zusammenschau wesentlicher Aktivitäten in Schreibprozessen) funktional eingeschränkt ist; aus didaktischer Perspektive sind die hier aufgestellten Kategorien um weitere zu ergänzen oder durch andere ersetzen. Diese Ergänzungen sind zunächst abhängig von gegebenen Notwendigkeiten aufzustellen (d.h. im konkreten Fall abhängig von Ort, Zeit, Werkzeug, bestehenden Kompetenzen, den gegenwärtigen Zwecken, aktuellen Problemen, zu bewältigender Aufgabe, zu produzierender Textsorte usw.). In diesem Sinne unterscheidet bspw. Kruse in einem Studienratgeber sieben für das Erlernen des wissenschaftlichen Schreibens relevante Routinebereiche: *„Routinen in der formalen Gestaltung von Seminararbeiten"*, *„Routinen in Umgang mit fremder Literatur und im Zitieren und Verweisen"*, *„Routinen im Auffinden und Verarbeiten von Literatur"*, *„Routinen in der Verwendung von Wissenschaftssprache"*, *„Routinen in der Verwendung von Fachbegriffen"*, *„Routinen darin, einen Text kommunikativ und verständlich zu gestalten"* und *„Routinen darin, eine konsistente Autorenrolle zu finden"* (Hervorhebung im Original; Kruse 2010, 159 ff.) Ein anderes Beispiel ist das Gießener Forschungsprojekt „Schreib- und Textroutinen: Kultur-, fach- und medienbezogene Perspektiven" (vgl. http://www.kulturtechniken.info/?page_id=48, 03.01.2011), in dem zurzeit u.a. die Rolle von „Intertextualisierungsroutinen" beim Erwerb wissenschaftlicher Schreibkompetenz untersucht wird.

Doch anstatt weitere funktional-pragmatische Kategorien aufzustellen, werden im folgenden Kapitel die aus dem Handlungsmodell gewonnenen Kategorien für sprachwissenschaftliche Analysen operationalisiert.

7. Schreib- und Textroutinen

Die Unterscheidung zwischen Textroutinen und Schreibroutinen erscheint auf den ersten Blick trivial. Knüpft man an die Dichotomie von Produkt und Prozess an, lassen sich Textroutinen (im Unterschied zu Schreibroutinen) als zeichenhaft sedimentierte Schemata bestimmen. In diesem Moment zeichnen sich Textroutinen also vor allem durch eine enge Wechselbeziehung zwischen mentalem Programm und einer oder mehreren sprachlichen Formen aus. Die konkrete Routinehandlung ist semiotisch kristallisiert; es besteht ein enger und i.d.R. konventionell eindeutiger Form-Funktions-Zusammenhang. Überzeugend ist die so verstandene Kategorie Textroutinen vor allem im Hinblick auf konkrete Formulierungsroutinen, wie sie bspw. von Feilke (2010, 2003) beschrieben worden sind. Demgegenüber zeichnen sich Schreibroutinen durch ihre fehlende oder schwerer erkennbare Materialisierung in sprachlichen Zeichen aus. Setzt man einen weiten Begriff des Schreibens an (vgl. Ludwig 1983, 1995), so können Vorbereitungsroutinen (wie bspw. das Lüften des Arbeitszimmers, Aufräumen des Schreibtisches oder das Kochen von Kaffee) als Beispiele für Schreibroutinen dienen. Dasselbe gilt für Motivationsroutinen. Solche Routinehandlungen hinterlassen kaum erkennbare, eindeutige Spuren im Text.

Problematisch an dieser Unterscheidung ist nun, dass alle Routinen per Definition prozessuale Einheiten sind und darüber hinaus nahezu alle der genannten Kategorien tendenziell auch semiotisch sedimentierte Elemente enthalten oder entsprechende Spuren hinterlassen. Eine Planungsroutine kann bspw. die Handlungen der Textproduktion strukturieren, indem sie Textsortenmuster realisiert, oder auch, indem sie Rahmenausdrücke (Keselings 1987) oder Routineformeln (wie die Konditionalmarker „wenn" – „dann" – „sonst") in den Planungsprozess integriert. Es ist, wie Feilke argumentiert, den Routinen wesentlich, dass sie zwischen den dichotomen Extremen eine Mittel-, eine Vermittlungsposition einnehmen: „Prozeduren sind das Dritte zwischen Prozess und Produkt: Sie sind stabile und wiederkehrende Elemente in Schreibprozessen, und sie sind kompositionelle und flexible Elemente in Texten als Produkten. [...]" (Feilke 2010, 1) Aus diesem Grund schlägt Feilke (i.d.B.) vor, Schreib- und Textroutinen hinsichtlich ihrer Bezugshandlungen zu unterscheiden. Die Autoren definieren einerseits Textroutinen als kommunikations- bzw. diskursfunktionale Routinen und andererseits Schreibroutinen als Routinen mit Funktionen für die Schreibhandlung (vgl. ebd.). Diese funktional-bestimmte Definition bedeutet eine leichte, doch folgenschwere Verschiebung zum oben vorgestellten semiotisch-bestimmten Vorschlag. Die Bestimmung einer routinierten Handlung als Schreib- oder Textroutine erfordert in der Folge die Beschreibung ihrer Funktion für entweder die Handlung des Schreibens, oder für die zerdehnte Kommunikation mit den Rezipienten.

Die oben genannten Beispiele, Lüften, Aufräumen und Kaffeekochen, müssen nun neu bewertet werden. Das Lüften und die Zubereitung von Kaffee beziehen sich nur sehr indirekt auf die konkreten Handlungen des Schreibens (auch im integrierten Sinn, s.o.). Beide Handlungen stellen sich eher als physiologische Vorbereitungen dar. Das Aufräumen des Schreibtisches hingegen stellt in dem Moment eine Schreibroutine dar, in dem es die Schreibgeräte und das

Textmaterial ordnet und so entweder als direkte Vorbereitung, oder bereits als Teil der Schreibhandlungen interpretiert werden kann. Hier besteht ein fließender Übergang zur Planung des Schreibens. Einzelne Elemente, die dem Feld der Textroutinen zugerechnet werden können, sind bereits länger Gegenstand der Forschung, auch wenn sie bisher kaum oder nicht einheitlich als Routinen begriffen werden. Zu diesen Elementen gehören bspw. alle Formulierungsroutinen und „formelhaften Sequenzen", sofern sie die geforderten Diskursfunktionen erfüllen. Die Begriffe und Konzepte im Forschungsfeld sind extrem heterogen. Wray und Perkins (2000, 3) zählen über 40 unterschiedliche Bezeichnungen, darunter: „Routine Formulae", „Formulae", „Formulaic Sequences", „Lexical Phrases", „Lexical Bundles" u.a. (vgl.: Coulmas 1981; Pawley/Syder 1983; Nattinger/DeCarrico 1992; Wray/Perkins 2000; Wray 2008; Conklin/Schmitt 2008; Wood 2010). Dieses heterogene Feld versuchen Wray und Perkins zu strukturieren und geben eine integrative und in der Folge weithin akzeptierte Definition (vgl. Wood 2010, 38) für „formulaic sequences":

> a sequence, continuous or discontinuous, of words or other meaning elements, which is, or appears to be, prefabricated: that is, stored and retrieved whole from memory at the time of use, rather than being subject to generation or analysis by the language grammar. (Wray/Perkins 2000, 1)

Die hier wesentliche Bestimmung von formelhaften Sequenzen als "Elemente, die ‚präfabriziert' sind oder erscheinen" und „ganzheitlich gespeichert und erinnert werden", trifft (vermutlich) auf alle (Text-)Routinen zu, geht jedoch am Kern von Feilkes Bestimmung vorbei. Dieser Unterschied erklärt sich dadurch, dass in der bisherigen Forschung formelhafte Sequenzen entweder aus phraseologischer Perspektive mit Blick auf grammatische oder semantische Kriterien, oder aber aus korpus-analytischer Perspektive mit Blick auf die Frequenz untersucht und sortiert werden (vgl. Wood 2010, 40). Im Unterschied dazu steht bei Textroutinen die Funktionalität im Vordergrund. „Sie sind funktional bezogen auf rekurrente kommunikative Aufgaben […]." (Feilke 2010, 4) Conklin und Schmitt (2008, 73) erklären dazu: „Formulaic sequences […] realize a variety of conversational routines". Anhand dieser Bestimmung lassen sich Textroutinen von frequenten Kollokationen unterscheiden:

> Ausdrucksseitig können sie strukturell idiomatische Komponenten enthalten, können aber auch syntaktisch und semantisch völlig regulär sein. Die Salienz setzt gleichwohl eine ausdrucksseitige Typisierung und Musterhaftigkeit voraus, die stets semiotisch pars pro toto auf ein Gebrauchsschema mitverweist, das die Inhaltsseite der Prozedur ausmacht. Dadurch haben literale Prozeduren ein Kontextualisierungspotential. So kann man z.B. schon an der Überschrift oft die Textsorte erkennen. (Feilke 2010, 4)

Dieser zeichenhafte Zusammenhang von Ausdruck, Inhalt (bzw. Funktion oder Handlungsschema) und Gebrauchszusammenhang ist konstituierend für Routinen im Allgemeinen und Textroutinen im Besonderen. Zwar treten Textroutinen aus der Menge aller Routinen durch ihre auffällige graphematische Ausdrucksseite hervor und sind aus diesem Grund prominent. Doch auch Schreibroutinen sedimentieren tendenziell zeichenhaft, wenn auch weniger auffällig und ggfs. eindeutig, wie oben argumentiert wurde. Eine systematische Untersuchung hat alle drei Kategorien zu berücksichtigen: Form, Funktion und Kontext. Eine didaktische Aufbereitung muss von diesen Kategorien ausgehen.

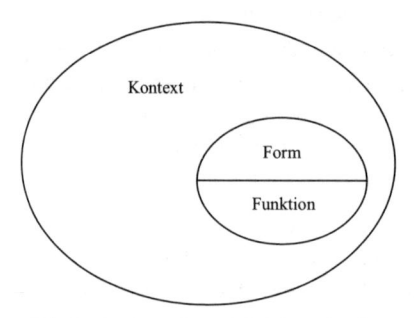

Abb. 2: Analytisch und didaktisch relevante Kategorien der Routinen

Feilke füllt diese Kategorien im Hinblick auf Textroutinen folgendermaßen:

- als Kontext die kulturellen Handlungsdomänen Wissenschaft, Journalismus und Literatur, sowie die zugehörigen Genres und Textsorten und Textfunktionsmodule
- als Inhalt die Texthandlungstypen Erzählen, Beschreiben, Instruieren, Erklären, Argumentieren
- als Ausdruck lexikalische Inventarien und syntaktische Muster
  (vgl. Feilke 2010, 13 f.).

In einem konkreten Fall kann der diskontinuierliche Ausdruck *zwar ... aber ...* eine argumentative, konzessive Texthandlung in einem schriftsprachlichen wissenschaftlichen Text realisieren. Im Zentrum der Analyse muss die Texthandlung (hier die argumentative Konzession) stehen. Diese kann i.d.R. durch unterschiedliche Ausdrücke (z.B. *wohl ... jedoch ...*, u.a.) (vgl. Rezat 2009, 476) und in unterschiedlichen Kontexten (z.B. parlamentarische Reden, Beschwerdebriefen u.a.) realisiert werden. Man kann vor diesem Hintergrund von Routinen als kontextsensitiven, standardisierten Zweck-Mittel-Relationen sprechen, die im

Fall der Textroutinen semiotisch sedimentieren und zwar oftmals in konventionellen Formen.

In einem etwas weiteren Sinn können den Textroutinen auch „Textmuster" („Textsorten", „Textformen" u.a.: vgl. bspw. Antos 1995; Sandig 1997; Haueis 2003, Pohl/Steinhoff 2010) und „Textfunktionsmodule", „Textsegmente", „Moves" (vgl. auch: „Grundformen thematischer Entfaltung") u.a. (vgl.: Steinseifer 2010, 5; Wrobel 1995, 57; Swales/Najjar 1987, 178 ff.; Brinker 2005, 61 ff.) zugerechnet werden. Textfunktionsmodule bzw. Textsegmente sind als *Bausteine* mittlerer Größe zu verstehen, z.B. das Referat einer Kontroverse innerhalb eines wissenschaftlichen Aufsatzes. Beide, Textmuster und Textfunktionsmodule können im Anschluss an Brinker als komplexe Textroutinen interpretiert werden, als „konventionell geltende Muster für komplexe sprachliche Handlungen" (Brinker 2005, 144). Diese größeren funktionalen Einheiten finden ihren Ausdruck nicht in einem konkreten lexikalischen Verbund, sondern in Ensembles typischer lexikalisch-syntaktischer Zeichen. Das bedeutet, dass zwischen Textmustern, Textsegmenten und Routineausdrücken eine verbindliche modulare Beziehung in dem Sinn besteht, dass die jeweils umfassenden Einheiten als Kontexte für die kleineren stehen und umgekehrt die kleineren pars pro toto auf die größeren verweisen. Im Fall einer Erzählung kann sich das Textmuster bspw. in einer Kombination aus allgemeinen Textmusterattributen wie Präteritum und wörtlicher Rede, einem Textsegment wie der Exposition und typischen Routineausdrücken wie „Es war einmal", „Eines Tages", „Plötzlich" usw. realisieren.

Im folgenden Kapitel wird zum Routinebegriff der Begriff der Prozedur hinzugenommen. Dazu wird das Verhältnis der beiden ähnlichen und oft synonym gebrauchten Begriffe bestimmt und ein Vorschlag zur weiteren Verwendung gemacht.

8. Routinen und Prozeduren

Auffällig ist, dass Feilke neben dem Begriff Textroutinen auch den Begriff „literale Prozeduren" benutzt. In dem hier wiederholt zitierten Artikel, dessen Thema Textroutinen sind, verwendet er beide Begriffe augenscheinlich synonym: „Literale Prozeduren sind Textroutinen." (Feilke 2010, 4). Diese Gleichung liegt nah, doch erscheint die Auslegung des Attributes mit Blick auf die Schreibroutinen als etwas eng. Man könnte aus diesem Grund den Begriff literale Prozeduren kategorial und die Begriffe Schreib- und Textroutinen differenzierend gebrauchen (vgl. Feilke i.d.B.).

Ein Versuch, den Begriff Prozedur genauer zu bestimmen, zeigt, dass er im Allgemeinen uneinheitlich gebraucht wird. Wissenschaftlich etabliert ist die Prägung Ehlichs, die sich jedoch in entscheidenden Aspekten von Feilkes Verwendung unterscheidet. Im Metzler Lexikon Sprache definiert Ehlich den Begriff Prozedur als eine „[s]prachl. Handlungseinheit unterhalb der Stufe des [...] Sprechakts, aus der sich die Akte zusammensetzen, die aber z.T. auch für sich realisiert werden kann [...]" (Ehlich 2005, 520). Ehlichs Konzept beschreibt sprachliche Elementarhandlungen, die durch Lexeme, Morphologie, Wortstellung und Intonation realisiert werden können. „Durch P. bewirkt der Sprecher beim Hörer jeweils spezif. mentale Aktivitäten; dabei ist die Eingriffsintensität unterschiedlich." (ebd.) Ehlich unterscheidet fünf Prozeduren-Typen nach unterschiedlichen Handlungszwecken: „die nennende P.", „die deiktische P.", „die expeditive P." „die malende P." und „die operative P." (ebd.). Zu diesen Prozeduren gehören „Ausdrucksklassen" die Ehlich im Anschluss an Bühler (1934) zu „sprachlichen Feldern" zusammenfasst. Einzelne Prozeduren können auf komplexe Weise mit einander kombiniert oder zu größeren Einheiten integriert werden (Ehlich 2005, 521). Ehlich (ebd.) nennt folgendes Beispiel: *„Der braune Bär brummte"* - und zählt folgende Prozeduren auf: drei nennende [JW: das Attribut {braun}; das Subjekt {Bär}; das Prädikat {brummte}], zwei operative [JW: der Bezug auf etwas Bekanntes durch den bestimmten Artikel {Der}; die Proposition {BRUMMEN(BÄR)}] und eine (temporal-)deiktische [JW: das Präteritum-Morphem].

Zum Vergleich ist zunächst zu sagen, dass Ehlich, anders als Feilke, nicht literale, sondern orale Prozeduren untersucht (auch wenn diese, wie Ehlichs Beispiel zeigt, notwendig auch in der bzw. für die medial schriftliche Sprache beschreibbar sind). Sodann untersuchen beide vor allem unterschiedliche Größen. Während Ehlich einzelne Lexeme, ihre Morphologie, Intonation und syntaktischer Position als handlungstragende Elemente betrachtet, nimmt Feilke vor allem (diskurs-) funktionale Kollokationen in den Blick. Schließlich bestimmt Ehlich als allgemeinen Zweck der von ihm beschriebenen Einheiten das Auslösen von bestimmten mentalen Aktivitäten des Rezipienten, während die literalen Prozeduren (im kategorialen Sinn) zunächst als textkonstituierende Elemente betrachtet werden. Alles in Allem erweist sich Ehlichs Definition als zu stark eingeschränkt, um die Konzepte Schreib- und Textroutinen integrieren zu können.

Eine interessante Möglichkeit zur Präzisierung des Prozeduren-Begriffs bieten Baurmann und Weingarten an. Sie stellen Prozeduren als dritte, zwischen Prozess und Produkt vermittelnde Größe zur Diskussion (vgl. o.), und verstehen Prozeduren als mentale Einheiten:

Prozeduren sind die mehr oder weniger stabilen kognitiven Gegebenheiten (das Schreibwissen), die einzelne Schreibprozesse hervorbringen. Diese Schreibprozesse wiederum münden in Schreibprodukte ein. (Baurmann/Weingarten 1995, 14)

Diese Konzeption von Prozeduren als Wissen knüpft an Feilke und Augsts Schreibmodell an und geht in Ossners Kompetenzmodell auf (s.o.). In demselben Aufsatz bezeichnen die Autoren Prozeduren als „Programme" (Baurmann/ Weingarten 1995, 8). Diese Analogie basiert auf der fachsprachlichen Verwendung des Begriffes im Kontext der Informatik: „Zusammenfassung mehrerer Befehle zu einem einheitlichen, selbstständigen kleineren Programm" (Duden 2007, 1115). Damit nutzen die Autoren ein Phänomen der Informationstechnologie als Metapher für Schemata und Muster (vgl. dazu mit Einschränkung: Ehlich 1991, 132). In einem ähnlichen Sinn kann auch Routine verwendet werden: „zu einem größeren Programmkomplex gehörendes Teilprogramm" (Duden 2007, 1196). Der Bedeutungsunterschied liegt hier auf der Ebene der Teil-Ganzes-Relation: Routine wird als Teil eines größeren Ganzen definiert, Prozedur als Zusammenfassung mehrerer Teile. In der alltagssprachlichen Bedeutung sind Routinen durch ihre Bestimmung als auf Erfahrung beruhende Fähigkeiten (vgl. ebd.) stets auf individuelle Personen bezogen; Prozeduren, kurz bestimmt als „Verfahren, [schwierige, unangenehme] Behandlungsweise[n]" (ebd., 1115), verweisen auf etwas Überindividuelles. Man kann nun in der Folge Routinen als die individuellen Ausprägungen sozial etablierter Prozeduren begreifen.[61] Die so vollzogene Unterscheidung mag sich vor allem für soziolinguistische und sozialpsychologische Fragestellungen als fruchtbar erweisen.

Im Hinblick auf individuell zu fördernde Erwerbsprozesse kann man jedoch Routinen und Prozeduren auch derart unterscheiden, dass Routinen die geübten Handlungen bezeichnen und Prozeduren die dazugehörigen kognitiven Programme. Dies erweist sich vor allem mit Blick auf die oben unterschiedenen Aspekte Ausdruck und Inhalt als sinnvoll. Ein Routineausdruck kann demnach als konkrete Realisierungsform einer allgemeineren Prozedur verstanden werden. Dies hat weiterführende Konsequenzen: In der Folge können konkrete Realisierungen nach dem Grad ihrer Prototypizität beurteilt werden: Man kann zwischen typischen Formeln, relativ üblichen Formen und eigenartigen Formulierungen unterscheiden. D.h., dieselbe Prozedur kann sowohl prototypisch durch einen Routineausdruck als auch eigenwillig durch eine „kreative" Konstruktion realisiert werden. Eine wichtige Intertextualisierungshandlung wie die Angabe des zitierten Autors, kann bspw. (konventionell) durch ein Verbum Dicendi (z.B. *Müller schreibt: ...*), aber auch (etwas weniger üblich), durch ein Adverbial (z.B. *..., so Müller.*), oder aber eigenwillig durch eine eher unübliche Kon-

---

61 Auf diese Möglichkeit hat mich Martin Steinseifer aufmerksam gemacht.

struktion (z.B. *In Müllers Worten:* ...) erfolgen. In allen drei Fällen steht hinter den konkreten Realisierungsformen (zwei konventionelle Textroutinen und eine individuelle Konstruktion) dieselbe Prozedur. In diesem Sinne können Prozeduren als Ideen von Zweck-Mittel-Relationen in Kombination mit typischen Ablauf-Schemata und Realisierungsmustern verstanden werden. Routinen erscheinen demgegenüber als Musterrealisierungen. Diese Konzeption ermöglicht wenigstens zwei interessante Ableitungen.

1. Auf die überragende didaktische Bedeutung des (jetzt einheitlich:) Routine- und Prozeduren-Konzeptes wurde bereits mehrfach hingewiesen. Dazu noch einmal Feilke:

> Die Beherrschung literaler Prozeduren ist so etwas wie der sprachliche Bodensatz der Lese- und Schreibfähigkeit. Ihre Aneignung im Erwerb setzt eine entsprechende literale Erfahrung voraus. (Feilke 2010, 4)

Mit der vorgestellten Konzeption kann nun der Erwerb von Routinen und Prozeduren als Induktions- bzw. als Deduktionsprozess modelliert werden. Im Fall der Induktion (dies entspricht der gängigen impliziten Vermittlungspraxis) erschließt ein Schreiber im Erwerbsprozess von konkreten wiederkehrenden Formationen auf eine dahinterliegende Zweck-Mittel-Idee. Aus der Reproduktion von konventionellen oder üblichen Formen entsteht ein Verständnis von ihren Zwecken. In einem Abstraktionsprozess wird so aus konkreten Routinen eine allgemeine Prozedur entwickelt (vgl. Antos 1995, 77). Im Fall der Deduktion kann für die Idee eines Zweckes ein Mittel zur Realisierung gefunden werden oder aber für eine bestehende Prozedur eine neue Realisierungsform. Didaktisch ist m.E. die Unterstützung beider Wege sinnvoll: die Vermittlung von konkreten Mitteln und von Zwecken bzw. Ideen.

2. Mit dieser Konzeption wird die oben aufgestellte Schlussfolgerung, Routinen stellten keine erstarrten Handlungen dar, sondern seien im Gegenteil anpassungsfähig, theoretisch begreifbar. In Abhängigkeit vom Grad ihrer Spezialisierung auf Zweck, Kontext, Domäne usw. kann eine konkrete Routine in einem begrenzten Feld unterschiedlicher Situationen eingesetzt werden. Soll nun eine vergleichbare Handlung in einem ähnlichen, doch unterscheidbarem Feld ausgeführt werden, so kann entweder eine bestehende Routine oder eine bestehende Prozedur in die veränderten Feldbedingungen übernommen und ggfs. angepasst werden. Führt beides zu keinem befriedigenden Ergebnis, müssen eine neue Handlung und Prozedur methodisch[62] entwickelt werden. „Der Übergang von Methoden zu Prozeduren ist fließend." (s.o., Ossner 2006, 11) Die Vorgänge des Übertragens und Anpassens von Routinen und Prozeduren können m.E. wie die

---

62 Dies kann bspw. durch eine Schleife aus „Versuch und Irrtum" erfolgen, oder durch die Anwendung eines anderen allgemeinen Schemas zum Lösen von Problemen.

von Piaget beschriebenen Prozesse der Akkommodation und Assimilation modelliert werden (vgl. Piaget 1972, 283 ff.; Steinhoff 2007, 135-137; Ortner 1995; vgl. dazu auch Schmidt 1992, Rummer/Grabowski/Vorwerk 1995). M.E. ist anzunehmen, dass die drei genannten Vorgänge unterschiedlich aufwändig und zeitintensiv sind. Vermutlich sind Übernahme und Anpassung einer konkreten Routine relativ schnell vollzogen. Die bestehende Automatisierung von Teilhandlungen beinhaltet jedoch das Problem, im richtigen Moment den Automatismus zu unterbrechen, um die Variation zu gestalten. Der aufmerksam Handelnde muss (möglicherweise mehrfach) vom Monitoring zur aktiven Kontrolle des Prozesses wechseln und wieder zurück. Die Anpassung der Prozedur ist vermutlich etwas aufwändiger und geschieht mutmaßlich vor allem bewusster. Vor der Veränderung der Handlung steht hier die Veränderung des Handlungsplans. Das Hauptproblem bleibt jedoch dasselbe wie zuvor. Die Entwicklung einer neuen Handlung und Prozedur ist vermutlich das aufwändigste Unterfangen – im extremen Fall muss der gesamte Prozess kontrolliert werden.

Im folgenden Kapitel wird die bereits vorgestellte Flüssigkeits-Hypothese vorgenommen. Es wird gezeigt, dass diese keineswegs trivial ist und eingehender Untersuchungen bedarf.

9. Routinen und Flüssigkeit

Die bisherigen Ausführungen legen nahe, dass Routinen kognitiv entlasten. Die daraus resultierende Erwartung an Routiniers formuliert Keseling (1995, 201) folgendermaßen: „Routinierte Schreiber sind bekanntlich in der Lage, in vergleichsweise kurzer Zeit eine relativ große Textmenge zu Papier zu bringen." In Anlehnung an Steinhoff (2007, 37) könnte man in diesem Zusammenhang Routinebildung als wesentliches Mittel der „Schreibökonomie" bezeichnen. Bezogen auf Textroutinen bedeutet diese Erwartung, dass Routineausdrücke schneller und sicherer[63] produziert werden, als individuelle Konstruktionen mit einer vergleichbaren Funktion. Bezogen auf Schreibroutinen ist zu erwarten, dass die betreffenden Teilprozesse schneller und sicherer durchgeführt werden.

Der Begriff Flüssigkeit wird in unterschiedlichen sprachwissenschaftlichen Forschungsfeldern gebraucht, darunter mündliche und schriftliche Sprachproduktion, Schriftrezeption, sowie L1- und L2-Spracherwerb (in beiden Modalitäten). In allen genannten Feldern wird Flüssigkeit als mögliche Prozessqualität verstanden, die als wichtige didaktische Zielgröße gilt. Bei Keseling tritt wie-

---

63 Bspw. in Bezug auf die Ziele der Kommunikation, die Konventionen innerhalb der Domäne, die Anpassung an die Adressaten usw.

derholt die Flüssigkeit als allgemeine Bezeichnung für eine positive Prozessqualität neben die Güte als allgemeine Bezeichnung für eine positive Produktqualität: „gut und flüssig schreiben" (1997, 227) und „flüssiger und besser schreiben" (2004, 30).

Sowohl in der Sprachproduktionsforschung als auch in der Spracherwerbsforschung wird der Begriff Flüssigkeit sehr unterschiedlich verwendet. „,Fluency' may be the term with the most varied definitions in writing research." (Abdel Latif 2009, 532) Bis dato gibt es kein allgemein akzeptiertes theoretisches „Framework" (vgl. Segalowitz 2010, 7). Den kleinsten gemeinsamen Nenner aller Konzepte formulieren Segalowitz und Lightbrown (1999, 51): „[…] however, fluency refers to performance in speaking or reading that is rapid and smooth." Eine frühe Beschreibung unterschiedlicher Verwendungsweisen des Begriffs stammt von Fillmore. An ihr wird bereits die Spannbreite der assoziierten Konzepte deutlich. Fillmore nennt

1. die Fähigkeit, über längere Zeit ohne Pause zu sprechen,
2. die Fähigkeit, in kohärenten, „vernünftigen", semantisch dichten Sätzen zu sprechen,
3. die Fähigkeit, in verschiedenen sozialen Situationen und Kontexten hinsichtlich der kommunikativen Anforderungen angemessen zu sprechen und
4. die Fähigkeit, Sprache kreativ und einfallsreich zu benutzen, bspw. durch den Gebrauch von Humor, Wortspielen und Metaphern, oder das Ausdrücken von Ideen auf neue Arten.
(vgl. Fillmore 1979, 51)[64]

Bemerkenswert an Fillmores Aufstellung ist zunächst, dass die Konzepte nach dem Grad ihrer quantitativen Operationalisierbarkeit geordnet zu sein scheinen. Während Konzept 1 leicht zu quantifizieren ist (ununterbrochene Sprachproduktionszeit), erfordern die Konzepte 2 bis 4 zunehmend stärkere qualitative Entscheidungen (semantische Dichte, Angemessenheit von Kommunikation, Kreativität). Die gegenwärtige Forschung zur Flüssigkeit in Schreibprozessen konzentriert sich auf die messbaren Konzeptionen (vgl. Abdel Latif 2009, 534). In einem Überblick listet Kormos (2006, 163) für Untersuchungen zur mündlichen Sprachproduktion nicht weniger als zehn unterschiedliche Messgrößen auf, darunter „Silben oder Worte pro Minute" (Gesamtzeit gemessen mit oder ohne Pausen), das Verhältnis von Artikulationszeit (bzw. Inskriptionszeit) zur Gesamtproduktionszeit, die durchschnittliche Länge von Zügen (Anzahl von Silben zwischen Pausen), die durchschnittliche Länge aller Pausen, sog. „Disfluenzen"

---

64 Die Seitenzahlen beziehen sich auf einen Nachdruck: 2000.

(Wiederholungen, Neuanfänge, Reparaturen) pro Minute u.ä. Als kleinster gemeinsamer Nenner dieser Messungen kann der von Keseling eingangs beschriebene Quotient aus produzierter Textmenge und Produktionszeit angesehen werden. Ein generelles Problem solcher Messungen, welches vor allem beim Untersuchungsgegenstand schriftliche Sprache besteht, ist, dass mit den beschriebenen Quotienten nicht der gesamte Schreibprozess erfasst wird. Genau genommen können mit den beschriebenen Methoden nur Inskriptionsprozesse direkt in den Blick genommen werden. Aus der Interpretation der Inskriptionsprozesse können Teile motorischer Prozesse, sowie Teile von Überarbeitungs-, Planungs- und auch Formulierungsprozessen beschrieben werden. Weitere Teile können indirekt als Inhalt von Pausen erschlossen werden. Alle nicht direkt oder indirekt mit Inskriptionen verknüpften Schreibhandlungen (darunter Vorbereitung, Orientierung, Motivation, sowie weitere Teile der Planung, Formulierung und Überarbeitung) können mit rein quantitativen Messungen von Sprachmenge-Zeit-Relationen nicht erfasst werden. Kurz: Dieser Begriff von Flüssigkeit erfasst den Bereich der Schreibroutinen nur unvollständig. Es erscheint an dieser Stelle sinnvoll, in Anlehnung an Ludwig (1995) einen engen und weiten Flüssigkeitsbegriff zu unterscheiden.

Bemerkenswert an Fillmores Aufstellung ist weiterhin, dass Fillmore Flüssigkeit als Fähigkeit („ability") bezeichnet. Dieses Verständnis steht im Gegensatz zu den vergleichsweise einfacheren Konzeptionen von Flüssigkeit als Qualität eines Prozesses. Fillmore (1979, 51) bezieht Flüssigkeit direkt auf die sprachproduzierende Person („A person who is fluent [...]"), nicht auf die gegenwärtige Performanz derselben. Diese von Fillmore bewusst im Bezug auf Sprachgebrauch als Techne nicht vorgenommene Unterscheidung zwischen Fähigkeit und Performanz muss als Hinweis auf die äußerst enge, direkte Verbindung von Fähigkeit und Performanz interpretiert werden. In Fillmores Begriff von Flüssigkeit fallen Kompetenz und ihr Ausdruck in eins zusammen. Ähnlich wird der Begriff Flüssigkeit von Schmidt gebraucht:

> My own preferred label for fluency in speech production is *automatic procedural skill* (Carlson, Sullivan, & Schneider, 1989). Fluent speech is automatic, not requiring much attention or effort, and is characterized by the fact that the ‚psycholinguistic processes of speech planning and speech production are functioning easily and efficiently' (Lennon, 1990, p. 391). Nonfluent speech is effortful and requires a great deal of attention, so that nonfluent speakers exhibit many hesitations and other manifestations of groping for words and attempting to combine them into utterances. Fluency depends on procedural knowledge [...], or knowing how to do something, rather than declarative knowledge, or knowledge about something. (Schmidt 1992, 358, Hervorhebung im Original)

Schmidt gebraucht zwar zunächst Flüssigkeit als Eigenschaft von Sprachproduktion („fluency in speech production") doch erklärt er sie im selben Augenblick durch die Substitution („is") als automatische, prozedurale Fähigkeit. Er nennt Automatizität und Prozeduralität als wesentliche Bestimmungen dieser Fähigkeit und stellt so explizit die kausale Verbindung zum Routinekonzept her. Die generelle Gültigkeit dieser kausalen Verbindung ist nach meiner Einsicht bisher jedoch noch nicht systematisch nachgewiesen worden. Trotzdem scheint im Diskurs um die formelhaften Sequenzen weithin Einigkeit über die Gültigkeit dieser kausalen Relation zu herrschen:

> The consensus among those who have studied formulas in language production seems to be that their prime value is in lightening the attentional and processing burdens of utterance construction and allowing for fast and fluid communication. (Wood 2010, 59)

Doch dieser Konsens ist, nach Wood, bezogen auf die mündliche Sprachproduktion nach wie vor spekulativ und theoretischer Natur:

> Until now, the research on formulaic sequences and their relation to language production, particularly fluency, has been largely speculative and theoretical in nature. While the nature of fluency as measured by temporal variables has been established, the role of formulaic language in fluency has not been empirically tested to any great extent. (Wood 2010, 177)

Gleichwohl ergibt Woods eigene Studie Indizien für die Gültigkeit der Hypothese. So kommt Wood zu dem Schluss: „speech fluency development in English as a second language is related to and facilitated by the use of formulaic language." (Wood 2010, 171) In der Leseforschung besteht offenbar dasselbe Problem. So konstatieren Conklin und Schmitt: „It is generally accepted that formulaic sequences like *take the bull by the horns* serve an important function in discourse and are widespread in language. It is also generally believed that these sequences are processed more efficiently […]". (Conklin/Schmitt 2008, 72)

Die Autoren legen eine Studie vor, welche die vorgestellte Hypothese untersucht und zeigen einen „signifikanten Verarbeitungsvorteil für formelhafte Sequenzen gegenüber nicht formelhafter Sprache" (vgl. Conklin/Schmitt 2008, 85). Die beiden genannten Studien stützen also die Hypothese; Conklin und Schmitt sprechen von einem „slowly growing body of evidence" (ebd.). Für die Modalität Schreiben und für die Routine-Perspektive bleibt der Zusammenhang von prozeduralem Wissen und Flüssigkeit jedoch weiterhin unbewiesen. Hier besteht ein Desiderat. Ein besonderes konzeptionelles Problem besteht dabei für den Bereich der Schreibroutinen.

Ein Grund für dieses Forschungsdefizit könnte möglicherweise darin liegen, dass der Zusammenhang zwischen Routinen und Flüssigkeit keineswegs eindeutig und trivial ist. Einerseits können neben bestehenden bzw. fehlenden Routinen weitere Einflussgrößen (darunter Motivation, Interesse, Konzentrationsfähigkeit, Fitness, Emotionen usw.) die Messungen erschweren. Andererseits können auch bestehende Routinen sich ungünstig auswirken, wie im folgenden Kapitel argumentiert wird.

10. Dialektik der Routinisierung

Bisher wurden Routinen ausnahmslos als etwas Erstrebenswertes dargestellt, als wesentlicher Teil der sich entfaltenden Schreibkompetenz, als etwas, was professionelle von laienhaften Schreibern unterscheidet. Das obengenannte Beispiel, die routinierte Texteingabe mit einem gewohnten Gerät, weist jedoch auch auf mögliche Schwierigkeiten hin, die durch Routine(n) entstehen können. Beim Benutzen einer fremden Tastatur häufen sich erfahrungsgemäß Tippfehler, die einem auf einer bekannten Tastatur i.d.R. nicht unterlaufen. Das motorisch routinisierte Realisierungswissen, dass ein bestimmtes Zeichen durch eine bestimmte Taste zu realisieren ist, führt in der neuen Situation (bspw. die verkehrte Anordnung von „y" und „z" als Unterschied deutscher und amerikanischer Tastaturen), entgegen dem aktualisierten Realisierungswissen zur wiederholten Reproduktion desselben Fehlers. Im konstruierten Fall lässt sich das Routinewissen nur langsam an die veränderte Situation anpassen.

Im beschriebenen Beispiel führen die veränderten Kontextbedingungen zu offensichtlichen Fehlern. Dasselbe gilt für den Gebrauch einer Routineformel oder Produktionsstrategie, die im gewohnten Kontext konventionell und angemessen, im neuen Kontext jedoch als unangemessen gilt (z.B. „meiner Meinung nach" in Schule oder in der Universität, (vgl. Steinhoff 2007, 244), oder „Associative Writing" zur Produktion von einfachen expressiven oder komplexen argumentativen Texten usw.). Pospiech (2005, 34) résumiert: „Die Bildung von Routinen entlastet den Schreibenden, kann aber auch dazu führen, dass in die Darstellungsart unangemessene Formen einfließen."

Perrin geht darüber noch hinaus und erklärt (2003, 31): „Schreibende können sich steigern (und damit zu Experten entwickeln), indem sie sich ihr Schreibhandeln bewusst machen, die Routinen aufbrechen und Alternativen testen." Perrin formuliert hier keine Antithese zu Feilkes Modell. Denn während Feilke (mit Blick auf den schulischen Schreibunterricht) allgemein die Notwendigkeit zur Routinenbildung in Erwerbsprozessen erklärt, weist Perrin, mit Blick auf das Coaching von erwachsenen Schreibern, auf das Potential von Routinen zur Behinderung von „Fortbildungsprozessen" hin. Dies ist kein absoluter Widerspruch: Im einen Fall hat ein Schreiber für ein bestimmtes, wiederkehrendes

Schreibproblem noch keine Lösungen routinisiert. Die Routinenbildung bedeutet zunächst eine Standardisierung seines Lösungsverhaltens und setzt Ressourcen für die Bearbeitung weiterer Probleme (in diesem Fall: Erwerbsdimensionen) frei. Im andern Fall führen bereits standardisierte „Lösungen" zu unbefriedigenden Ergebnissen. Das standardisierte (und in der Folge etwas starre, schematische) Verhalten muss wieder flexibilisiert werden, indem es als solches bewusst gemacht wird und neue Möglichkeiten in den Blick genommen werden. Routinisierung muss also differenziert und dialektisch betrachtet werden. Es stellt sich die Frage, welche Routinen bzw. in welchen Fällen Routinen hinderlich sein können?

1. Einen Fall stellen Textroutinen dar, die in Bezug auf die Kommunikationssituation konventionell unangemessen sind, welche der Schreiber oder Sprecher selbst aber für angemessen hält (oder zumindest nicht im Bewusstsein ihrer Unangemessenheit verwendet). Ein Beispiel (u.a.) ist die Verwendung des Routineausdrucks „ich finde" in einer wissenschaftlichen Hausarbeit (s.o.; vgl. Steinhoff 2007, 39 ff., 244 f.)
2. Ein weiterer Fall besteht, wenn ein Schreiber in Bezug auf die gegebene Schreibsituation oder die gestellte Schreibaufgabe hinderliche Schreibroutinen entwickelt hat, welche er selbst für angemessen hält (oder zumindest nicht im Bewusstsein ihrer Unangemessenheit verwendet). Ein Beispiel (u.a.) ist die ausschließliche Verwendung der Strategie des „assoziativen Schreibens" zum Verfassen einer wissenschaftlichen Abschlussarbeit (s.o.; vgl. Ortner 2003).
3. Ein ähnlicher Fall besteht, wenn die routinierte Produktionsweise des Schreibers *(von außen betrachtet: vermutlich hilfreiche)* mögliche Schritte oder Teilhandlungen nicht berücksichtigt, und dies im bestimmten Fall zu einem selbst und intersubjektiv wahrgenommenen unbefriedigenden Prozess und/oder Ergebnis führt. Ein Beispiel (u.a.) ist ein „Drauflosschreiben ohne ausreichende Vorüberlegungen" (Keseling 2004, 62), ein anderes der Verzicht auf Überarbeitungen.

Die Fälle 1-3 können aus linguistischer Perspektive erfasst werden. Sie beschreiben den von Perrin aufgerissenen Problembereich. In allen drei Fällen ist die Frage nach der Messbarkeit des Kriteriums „Angemessenheit" zu stellen. Zwei weitere Fälle sind zwar nicht sprachwissenschaftlich begreifbar, doch sprachdidaktisch m.E. trotzdem sehr interessant:

4. Ein weiterer Fall besteht, wenn hohe Routiniertheit zu Langeweile führt. Die kognitive Entlastung kann zu Abschweifungen führen, die Fähigkeit zur Aufmerksamkeitssteuerung, die Wachsamkeit und Leistung nehmen

ab. Ein günstiges Maß an Herausforderung hält wach, motiviert und beeinflusst das Zeiterleben (vgl. Larson 1995, 171).
5. In einem weiteren Fall kann Routine zum intuitiven holistischen Erfassen einer Situation führen (vgl. Fuchs 2003, 77). Dies führt i.d.R. zu einer beschleunigten und sicheren Handlungsfähigkeit, kann aber m.E. in bestimmten Situationen auch den Blick verstellen auf das, was besonders bemerkenswert wäre.

Alle fünf Fälle unterstreichen m.E., dass die Untersuchung des Routine-Konzeptes und der Flüssigkeits-Hypothese keinesfalls so trivial ist, wie es zunächst den Anschein hatte. Im Gegenteil: Didaktisch ist beides gerade vor dem Hintergrund der soeben skizzierten Kehrseite des prozeduralen Wissens hochrelevant.

11. Zusammenfassung

In diesem Artikel wurde eine Annäherung an ein in der Schreibforschung etabliertes, doch bisher theoretisch nicht expliziertes Konzept versucht. Dabei wurden verstreut gegebene Hinweise zusammengeführt und bestehende Theorien mit einem in Bezug auf das Routinekonzept veränderten Blickwinkel neu gelesen. Der Begriff konnte klar bestimmt und ein passendes theoretisches Konzept in der Erwerbs- und Gebrauchsdimension dargestellt werden. Routinen können als zweckrationale Handlungsmuster verstanden werden, die durch Wiederholung erworben werden. Sie werden wesentlich durch ihre Funktion innerhalb eines Kontexts bestimmt. Diese Funktion kann sich in unterschiedlichen Formen ausdrücken, darunter standardisierte, konventionelle und individuelle.

Im Hinblick auf Schreibprozesse können Routinen nach dem Grad ihrer zeichenhaften Sedimentierung unterschieden werden. Textroutinen sedimentieren stärker semiotisch als Schreibroutinen, die weniger oder keine zeichenhaften Spuren hinterlassen. Einen wesentlichen Teilbereich der Textroutinen stellen die bereits bekannten „formelhaften Sequenzen" dar. Der Unterschied zwischen beiden Konzepten liegt im Fokus: Textroutinen stellen die pragmatische Funktion in den Vordergrund, formelhafte Sequenzen den sprachlichen Ausdruck. Die Unterscheidung zwischen Text- und Schreibroutinen ist nicht trennscharf. Sie lenkt jedoch den Blick auf spezifische Eigenschaften von Schreibprozessen im Unterschied zu Produktionsprozessen der mündlichen Sprache. Im Fall der Schreibroutinen besteht m.E. ein besonderer Forschungsbedarf. Sie sind wegen ihrer geringen Sedimentierung in Zeichen schwerer zu erfassen.

Ein Schwerpunkt der Darstellung lag auf den Dimensionen Erwerb und Performanz. Beide sind unter Hinzunahme von psychologischen Konzepten bereits gut beschreibbar. Als Kern des Routinekonzeptes wurde die Entlastung der

Aufmerksamkeit bei wiederkehrenden Aufgaben bestimmt und beschrieben. In dieser Entlastung liegt die entscheidende Bedeutung des Phänomens. Durch sie können komplexe Fähigkeiten sukzessive erworben werden. Auf diese Alltagserfahrung gründet sich die theoretische Annahme, dass das Verfügen über Routinen im Schreiben die Schreibflüssigkeit steigern müsse. Mit Blick auf den Forschungsstand zur Flüssigkeitshypothese wurde jedoch gezeigt, dass diese Hypothese zz. keinesfalls als empirisch bewiesen gelten kann. Hier besteht besonders in der Schreibforschung ein Desiderat.

Schließlich wurden einige Überlegungen vorgestellt, welche die Flüssigkeitshypothese als keineswegs trivial erscheinen lassen. Es besteht m.E. die deutliche Notwendigkeit vor allem den Gebrauch von Routinen differenziert zu betrachten und genau zu untersuchen. Folgende Thesen erscheinen mir vor dem Hintergrund der hier dargelegten Überlegungen weiterzuführen:

1. Routineformeln als Realisierung von Textroutinen können vermutlich „flüssiger" als individuelle Konstruktionen realisiert werden.
2. Routinehandlungen als Realisierung von Schreibroutinen können vermutlich „flüssiger" als neu entwickelte Handlungen realisiert werden.
3. Text- und Schreibroutinen können zu Problemen führen, wenn sie nicht zum Kontext und im Besonderen zur Aufgabe passen - und der Schreiber sie nicht anpasst.

Diese Fälle sollten m.E. gezeigt und untersucht werden. Mit didaktischer Relevanz ist vor allem zu klären, welche Routinen für Lerner und Profis besonders hilfreich sind und darum bevorzugt vermittelt werden sollten. Einen Vorstoß in diese Richtung unternimmt zz. das Gießener Loewe-A2-Projekt mit der Konstruktion einer virtuellen Lernumgebung, in der Lösungen für wiederkehrende Probleme angeboten werden und von den Lernenden erfolgreich nachgeahmt und sodann geübt werden können (vgl. Steinseifer i.d.B.; Steinseifer 2010).

Ähnlich, wie um den Routinebegriff, ist es um den Begriff Erfahrung bestellt. Beide Begriffe sind aufs Engste miteinander verknüpft (s.o.). Anzunehmen ist, dass beide aus ähnlichen Gründen bisher vernachlässigt wurden. Diese Gründe sind mir bisher unklar. Die Notwendigkeit aber, mit einem reflektierten Begriff der Erfahrung zu arbeiten, ist schon an manchen Stellen zu Tage getreten, etwa im Begriff des Schreibalters (vgl. Feilke 1996, 1181; Pospiech 2005, 25). Die Methoden und Erkenntnisse der Prozessforschung bieten m.E. ein breites Angebot an Möglichkeiten, Erfahrungsdimensionen zu beschreiben und didaktisch zu operationalisieren. Die eingangs aufgestellte These gilt m.E. auch für die prozessanalytische Arbeit: Der eigentliche Gegenpol des Problems ist nicht die Lösung, sondern die Routine.

Literatur

Abdel Latif, Muhammad M. (2009): Toward a New Process-Based Indicator for Measuring Writing Fluency: Evidence from L2 Writers' Think-Aloud Protocols. In: The Canadian Modern Language Review Nr. 65, 4/2009, 531-558.

Antos, Gerd (1988): Eigene Texte herstellen! Schriftliches Formulieren in der Schule. Argumente aus der Sicht der Schreibforschung. In: Der Deutschunterricht 3/1988, 37-47.

Antos, Gerd (1995): Mustertexte und Schreibprozeduren. Die Entwicklung von Textbausteinen als Modell zur Aneignung von Schreibprozeduren. In: Baurmann, Jürgen/Weingarten, Rüdiger (Hrsg.): Schreiben. Prozesse, Prozeduren, Produkte. (Westdeutscher Verlag) Opladen, 70-84.

Baurmann, Jürgen/Weingarten, Rüdiger (1995): Prozesse, Prozeduren und Produkte des Schreibens. In: Baurmann, Jürgen/Weingarten, Rüdiger (Hrsg.): Schreiben. Prozesse, Prozeduren, Produkte. (Westdeutscher Verlag) Opladen, 7-25.

Benton, Stephen L./Kraft, Robert G./Glover, John A./Plake, Barbara S. (1984): Cognitive Capacity Differences Among Writers. In: Journal of Educational Psychology Nr.76, 820-834.

Bereiter, Carl (1980): Development in Writing. In: Gregg, Lee W./Steinberg, Erwin R. (Hrsg.): Cognitive Processes in Writing.(Erlbaum) Hillsdale, 73-93.

Bonnardel, Nathalie/Piolat, Annie (2003): Design activities: how to analyze cognitive effort associated to cognitive treatments? In: International Journal of Cognitive Technology, Nr.8, 1/2003, 4-13.

Brinker, Klaus (2005): Linguistische Textanalyse. 6., überarbeitete und erweiterte Auflage. (Schmidt) Berlin.

Bühler, Karl (1934 (1965)): Sprachtheorie: Die Darstellungsfunktion der Sprache. 2., unveränderte Auflage. (Fischer) Stuttgart.

Carlson, Richard A./Sullivan, Mark/Schneider, Walter (1989): Practice and working memory effects in building procedural skill. In: Journal of Experimental Psychology. Learning, Memory, Cognition Nr.15, 517-526.

Conklin, Kathy/Schmitt, Norbert (2008): Formulaic Sequences: Are They Processed More Quickly than Nonformulaic Language by Native and Nonnative Speakers? In: Applied Linguistics Nr.29, 1/2008, 72–89.

Cortes, Viviana (2004): Lexical bundles in published and student disciplinary writing: Examples from history and biology. In: English for Specific Purposes Nr.23, 397–423.

Coulmas, Florian (1981): Routine im Gespräch. Zur pragmatischen Fundierung der Idiomatik. (Athenaion) Wiesbaden.

Duden (2007): Das große Fremdwörterbuch. Herkunft und Bedeutung der Fremdwörter. 4., aktualisierte Auflage. (Dudenverlag) Mannheim, Leipzig, Wien, Zürich.

Eisenberg, Peter (1999): Grundriß der deutschen Grammatik. Band 2: Der Satz. (Metzler) Stuttgart, Weimar.

Ehlich, Konrad (1991): Funktional-pragmatische Kommunikationsanalyse. Ziele und Verfahren. In: Flader, Dieter (Hrsg.): Verbale Interaktion. Studien zur Empirie und Methodologie der Pragmatik. (Metzlersche Verlagsbuchhandlung) Stuttgart, 127-143.

Ehlich, Konrad (2005): Prozedur. In: Glück, Helmuth (Hrsg.): Metzler Lexikon Sprache. 3., neubearbeitete Auflage. (Metzler) Stuttgart, Weimar, 520-521.

Feilke, Helmuth (1996): Die Entwicklung der Schreibfähigkeiten. In: Günther, Hartmut/ Ludwig, Otto (Hrsg.): Schrift und Schriftlichkeit. Ein Handbuch internationaler Forschung. (de Gruyter) Berlin. 2. Halbband, 1178-1191.

Feilke, Helmuth (2003): Entwicklung schriftlich konzeptualer Fähigkeiten. In: Bredel, Ursula/ Günther, Hartmut/Klotz, Peter/Ossner, Jakob/Siebert-Ott, Gesa (Hrsg.): Didaktik der deutschen Sprache. Teilband 1/2 (Schöningh) Paderborn, Wien, München, Zürich, 178-192.

Feilke, Helmuth (2010): „Aller guten Dinge sind drei" – Überlegungen zu Textroutinen & literalen Prozeduren. In: Bons, Iris/Gloning, Thomas/Kaltwasser, Dennis (Hrsg.): Fest-Platte für Gerd Fritz. http://www.festschrift-gerd-fritz.de/files/feilke_2010_literale-prozeduren-und-textroutinen.pdf (25.02.2011).

Feilke, Helmuth/Augst, Gerhard (1989): Zur Ontogenese der Schreibkompetenz. In: Antos, Gert/Krings, Hans Peter (Hrsg.): Textproduktion. Ein interdisziplinärer Überblick. (Niemeyer) Tübingen, 297-327.

Fillmore, Charles J. (1979): On Fluency. In: Riggenbach, Heidi (Hrsg.): Perspectives on Fluency. Nachdruck. (University of Michigan Press) Michigan, 43-60.

Forschungsprojekt Loewe A2: Projekt A2: Schreib- und Textroutinen: Kultur-, fach- und medienbezogene Perspektiven. http://www.kulturtechniken.info/?page_id=48 (03.01.2011).

Fuchs, Thomas (2003): Was ist Erfahrung? In: Hauskeller, Michael (Hrsg.): Die Kunst der Wahrnehmung; Beiträge zu einer Philosophie der sinnlichen Erkenntnis. (Die graue Edition) Zug, 69-87.

Haueis, Eduard (2003): Formen schriftlicher Texte. In: Bredel, Ursula/Günther, Hartmut/ Klotz, Peter/Ossner, Jakob/Siebert-Ott, Gesa (Hrsg.): Didaktik der deutschen Sprache. Teilband 1/2 (Schöningh) Paderborn, München, Wien, Zürich, 224-236.

Hayes John R./Flower, Linda S. (1980): Identifying the Organization of Writing Processes. In: Gregg, Lee W./Steinberg, Erwin R. (Hrsg.): Cognitive Processes in Writing. (Erlbaum) Hillsdale, 3-30.

Hayes John R./Flower, Linda S./Schriver, Karen A./Stratman, James F./Carey, Linda (1987): Cognitive processes in revision. In: Rosenberg, Sheldon (Hrsg.): Advances in applied psycholinguistics. Volume 2: Reading, writing and language teaching. (Cambridge University Press) New York, New Rochelle, Melbourne, Sydney, 176-240.

Hayes, John R./Nash, Jane Gradwohl (1996): On the nature of planning in writing. In: Levi, Michael C./Ransdell, Sarah (Hrsg.): The science of writing. Theories, methods, individual differences, and applications. (Lawrence Erlbaum Associates) New York, Oxford, 29-55.

Hyland, Ken/Tse, Polly (2004): Metadiscourse in Academic Writing: A Reappraisal. In: Applied Linguistics Nr.25, 2/2004, 156-177.

Keseling, Gisbert (1987): Zur Produktion syntaktischer Strukturen in schriftlichen Texten, am Beispiel von Summaries und Wegbeschreibungen. In: Rosengren, Inger (1987): Sprache und Pragmatik. Lunder Symposium 1986. (Almqvist & Wiksell International) Stockholm.

Keseling, Gisbert (1995): Pausen und Pausenorte in schriftlichen Wegbeschreibungen. In: Baurmann, Jürgen/Weingarten, Rüdiger (Hrsg.): Schreiben. Prozesse, Prozeduren und Produkte. (Westdeutscher Verlag) Opladen, 201-219.

Keseling, Gisbert (1997): Schreibstörungen. In: Jakobs, Eva-Maria/Knorr, Dagmar (Hrsg.): Schreiben in den Wissenschaften. (Lang) Frankfurt am Main, 223-237.

Keseling, Gisbert (2004): Die Einsamkeit des Schreibers; Wie Schreibblockaden entstehen und erfolgreich bearbeitet werden können. (VS Verlag für Sozialwissenschaften) Wiesbaden.

Kormos, Judit (2006): Speech production and second language acquisition. (Lawrence Erlbaum Associates) Mahwah, London.

Kruse, Otto (2010): Lesen und Schreiben. (UVK) Konstanz.

Larson, Reed (1995): flow und das Abfassen eines Textes. In: Csikszentmihalyi, Mihaly/ Csikszentmihalyi, Isabella S. (Hrsg.): Die außergewöhnliche Erfahrung im Alltag. Die Psychologie des flow-Erlebnisses. 2., veränderte Auflage. (Klett-Cotta) Stuttgart, 161-185.

Lennon, Paul (1990): Investigating Fluency in EFL: A quantitative approach. Language Learning Nr.40, 387-417.

Ludwig, Otto (1983): Einige Gedanken zu einer Theorie des Schreibens. In: Grosse, Siegfried (Hrsg.): Schriftsprachlichkeit. (Schwann) Düsseldorf, 37-73.

Ludwig, Otto (1995): Integriertes und nicht-integriertes Schreiben. Zu einer Theorie des Schreibens: eine Skizze. In: Baurmann, Jürgen/Weingarten, Rüdiger (Hrsg.): Schreiben. Prozesse, Prozeduren und Produkte. (Westdeutscher Verlag) Opladen, 273-287.

Molitor, Sylvie (1984): Kognitive Prozesse beim Schreiben. (Deutsches Institut für Fernstudien, Universität Tübingen) Tübingen.

Nattinger, James R./DeCarrico, Jeanette S. (1992): Formulaic sequences and language teaching. (Oxford University Press) Oxford.

Onea Gaspar, Edgar (2006): Sprache und Schrift aus handlungstheoretischer Perspektive. (de Gruyter) Berlin, New York.

Ortner, Hanspeter (1995): Die Sprache als Produktivkraft. Das (epistemisch-heuristische) Schreiben aus der Sicht der Piagetschen Kognitionspsychologie. In: Baurmann, Jürgen/Weingarten, Rüdiger (Hrsg.): Schreiben. Prozesse, Prozeduren und Produkte. (Westdeutscher Verlag) Opladen, 320-342.

Ortner, Hanspeter (2000): Schreiben und Denken. (Niemeyer) Tübingen.

Ortner, Hanspeter (2003): Schreiben und Wissen; Einfälle fördern und Aufmerksamkeit staffeln. In: Perrin, Daniel/Böttcher, Ingrid/Kruse, Otto/Wrobel, Arne (Hrsg.): Schreiben. Von intuitiven zu professionellen Schreibstrategien. 2., überarbeitete Auflage. (Westdeutscher Verlag) Wiesbaden, 63-82.

Ossner, Jakob (1996): Gibt es Entwicklungsstufen beim Aufsatzschreiben? In: Feilke, Helmuth/Portmann, Paul (Hrsg.): Schreiben im Umbruch. Schreibforschung und schulisches Schreiben. (Klett) Stuttgart, München, Düsseldorf, Leipzig, 74-85.

Ossner, Jakob (2006): Kompetenzen und Kompetenzmodelle im Deutschunterricht. In: Didaktik Deutsch 21/2006, 5-19.

Pawley, Andrew/Syder, Francis Hodgetts (1983): Two puzzles for linguistic theory: Nativelike selection and nativelike fluency. In: Richards, Jack C./Schmitt, Richard W. (Hrsg.): Language and communication. (Longman) New York, 191-226.

Perrin, Daniel (2003): Schreiben erforschen, überdenken, verbessern. Ein exemplarischer Einstieg. in: Perrin, Daniel/Böttcher/Ingrid/Kruse, Otto/Wrobel, Arne (Hrsg.): Schreiben. Von intuitiven zu professionellen Schreibstrategien. 2., überarbeitete Auflage. (Westdeutscher Verlag) Wiesbaden, 15-31.

Piaget, Jean (1972): Theorien und Methoden der modernen Erziehung. (Molden) Wien, München, Zürich.

Piolat, Annie/Olive, Thierry/Kellogg, Ronald T. (2005): Cognitive Effort during Note Taking. In: Applied Cognitive Psychology Nr. 19, 291–312.

Pohl, Thorsten/Steinhoff, Torsten (2010): Textformen als Lernformen. In: Pohl, Thorsten/Steinhoff, Torsten (Hrsg.): Textformen als Lernformen. In der Reihe KöBeS, Band 7 (Gilles & Francke) Duisburg, 5-26.

Portmann, Paul R. (1996): Arbeit am Text. In: Feilke, Helmuth/Portmann, Paul (Hrsg.): Schreiben im Umbruch. Schreibforschung und schulisches Schreiben. (Klett Verlag) Stuttgart, München, Düsseldorf, Leipzig, 158-171.

Portmann-Tselikas, Paul R. (2003): Aufmerksamkeit statt Automatisierung. Überlegungen zur Rolle des Wissens im Grammatikunterricht. In: GFL-Journal, 2/2003, 1-30. (28.05 http://www.gfl-journal.de/2-2003/portmann-tselikas.pdf.2011).

Pospiech, Ulrike (2005): Schreibend schreiben lernen. Über die Schreibhandlung zum Text als Sprachwerk. Zur Begründung und Umsetzung eines feedbackorientierten Lehrgangs zur Einführung in das wissenschaftliche Schreiben. (Lang) Frankfurt am Main.

Rehbein, Jochen (1977): Komplexes Handeln. Elemente einer Handlungstheorie der Sprache. (Metzler) Stuttgart.

Rezat, Sara (2009): Konzessive Konstruktionen. Ein Verfahren zur Rekonstruktion von Konzessionen. In: Zeitschrift für Germanistische Linguistik Nr.37, 469–489.

Rummer, Ralf (2003): Aufmerksamkeitssteuerung. In: Rickheit, Gert/Herrmann, Theo/Deutsch, Werner (Hrsg.): Psycholinguistik: Ein internationales Handbuch. (de Gruyter) Berlin, New York, 244-251.

Rummer, Ralf/Grabowski, Joachim/Vorwerk, Constanze (1995): Kontrollprozesse beim Sprechen: Flexibilität und Determination der ereignisbezogenen Äußerungsplanung. In: Zeitschrift für Psychologie Nr. 203, 25-51.

Sandig, Barbara (1997): Formulieren und Textmuster. Am Beispiel von Wissenschaftstexten. In: Jakobs, Eva-Maria/Knorr, Dagmar (Hrsg.): Schreiben in den Wissenschaften. (Lang) Frankfurt am Main, 25-44.

Scardamalia, Marlene/Bereiter, Carl (1983): The development of evaluative, diagnostic, and remedial capabilities in children composing. In: Martlew, Margareth (Hrsg,) The Psychology of Written Language: A Developmental Approach. (Wiley) New York, 67-95.

Schmidt, Richard (1992): Psychological Mechanisms Underlying Second Language Fluency. In: Studies in Second Language Acquisition Nr.14, 357-385.

Schoonen, Rob/van Geldern, Amos/de Glopper, Kees/Hulstijn, Jan/Simis, Annegien/Snellings, Patrick/Stevenson, Marie (2003): First Language and Second Language Writing: The Role of Linguistic Knowledge, Speed of Processing and Metakognitive Knowledge. In: Language Learning Nr.53, 1/2003, 165-202.

Schoonen, Rob/van Gelderen, Amos/Stoel, Reinoud D./Hulstijn, Jan/de Glopper, Kees (2011): Modeling the Development of L1 and EFL Writing Proficiency of Secondary School Students. In: Language Learning Nr.61, 1/2011, 31–79.

Segalowitz, Norman/Lightbown, Patsy M. (1999): Psycholinguistic Approaches to SLA. In: Annual Review of Applied Linguistics Nr.19, 43–63.

Segalowitz, Norman (2010): Cognitive Bases of Second Language Fluency. (Routledge) New York, London.

Shiffrin, Richard M./Schneider, Walter (1977): Controlled and Automatic Human Information Processing: II. Perceptual Learning, Automatic Attending, and a General Theory. In: Psychological Review Nr.84, 2/1977, 127-190.

Steinhoff, Torsten (2007): Wissenschaftliche Textkompetenz: Sprachgebrauch und Schreibentwicklung in wissenschaftlichen Texten von Studenten und Experten. (Niemeyer) Tübingen.

Steinseifer, Martin (2010): Textroutinen im wissenschaftlichen Schreiben Studierender. Eine computerbasierte Lernumgebung als Forschungs- und Lerninstrument. In: Jakobs, Eva-Maria/Lehnen, Katrin/Schindler, Kirsten (Hrsg.): Schreiben und Medien. Schule, Hochschule, Beruf. (Lang) Frankfurt am Main u.a., 91-114.

Swales, John/Najjar, Hazem (1987): The Writing of Research Article Introductions. In: Written Communication Nr. 4, 2/1987, 175-191.

Uppstad, Per Henning/Wagner, Åse Kari Hansen (2006): Approaching the Skills of Writing. In: van Waes, Luuk/Leijten, Marielle/Neuwirth, Christine M. (Hrsg.): Writing and digital media. (Elsevier) Amsterdam u.a., 173-193.

Wikipedia (2011): Conditional (programming). http://en.wikipedia.org/wiki/Conditional_(programming)#If-then.28-else.29 (03.01.2011).

Wood, David (2010): Formulaic Language and Second Language Speech Fluency. Background, Evidence and Classroom Applications. (Continuum) London, New York.

Wray, Alison (2008): Formulaic Language: Pushing the Boundaries. (Oxford University Press) Oxford, New York.

Wray, Alison/Perkins, Michael R. (2000): The functions of formulaic language: An integrated Model. In: Language and Communication Nr.20, 1-28.

Wrobel, Arne (1995): Schreiben als Handlung. Überlegungen und Untersuchungen zur Theorie der Textproduktion. (Niemeyer) Tübingen.

Wrobel, Arne (1997): Zur Modellierung von Formulierungsprozessen. In: Jakobs, Eva-Maria/Knorr, Dagmar (Hrsg.): Schreiben in den Wissenschaften. (Lang) Frankfurt am Main, 15-24.

Wrobel, Arne (2003): Schreiben und Formulieren. Prätext als Problemindikator und Lösung. In: Perrin, Daniel/Böttcher, Ingrid/Kruse, Otto/Wrobel, Arne (Hrsg.): Schreiben. Von intuitiven zu Professionellen Schreibstrategien. 2., überarbeitete Auflage. (Westdeutscher Verlag) Wiesbaden, 83-96.

Textroutinen und Kontextualisierungshinweise

Jörg Jost

1. Einleitung

Untersucht wird, wie Textroutinen über die linguistische Struktur (Formaspekt) Kontextualisierungen (Funktionsaspekt) erzeugen. Textroutinen werden zunächst mit einem Seitenblick auf konstruktionsgrammatische Gedanken als Korrelationen aus Form und Funktion dargestellt. Mit Levinson (1995, 2000) werden sie als *Äußerungsformen* und damit als Satzbedeutung und Sprecherabsicht zwischenlagernde, an ihrem Gebrauch orientierte *Typen* verortet. Als solche operieren sie im Verständigungsprozess auf der Ebene von *contextual cues* (Gumperz). Mit ihnen signalisieren Schreiber ihre Absichten, damit diese von Lesern erkannt und pragmatisch inferiert werden können (Abschnitt 2). Wie Textroutinen Kontextualisierungen schaffen, wie sie entsprechende *Hinweise geben* (signalisieren), wird exemplarisch für wissenschaftliche Texte und für Beurteilungszeugnisse in der Grundschule dargelegt: Es wird zunächst am Beispiel „*m.E.*" gezeigt, wie pragmatische Informationen in die sprachliche Struktur sedimentieren (Grammatikalisierung) und welche Auskunft der Gebrauch des Ausdrucks „*m.E.*" in wissenschaftlichen Texten über die Fähigkeiten bzw. den Fähigkeitsstand von Lernern im Laufe des Textkompetenzerwerbs geben kann. Am Beispiel von Beurteilungsroutinen in Berichtszeugnissen der Grundschule wird gezeigt, wie Textroutinen, die als generalisierte konversationale Implikaturen nachgezeichnet werden, die Entscheidungen von Schreibern über die Wahl sprachlicher Mittel ebenso leiten wie die Interpretationen der Leser (Abschnitt 3). Die Beispielbetrachtungen machen deutlich, dass die Fähigkeit zur Kontextualisierung produktiv (als Fähigkeit des Anzeigens, Signalisierens) wie rezeptiv (als Fähigkeit, das Angezeigte als solches zu erkennen und inferenziell verarbeiten zu können) Voraussetzung ist für ein kompetentes Handeln mit Texten (Abschnitt 4). Welche Möglichkeiten der so gerichtete Blick auf den Umgang von Lernern mit sprachlichen Form/Funktions-Einheiten und ihre Fähigkeiten zu Kontextualisierungen eröffnen kann, wird abschließend und als Anregung für die zukünftige Forschung mit Blick auf die Sprachdidaktik gefragt (Abschnitt 5).

2. Form und Funktion von Textroutinen

Routineformeln sind sprachliche Einheiten, die in mündlicher und schriftlicher Kommunikation Kontextualisierungen (Auer/Di Luzio 1992; Duranti/Goodwin 1992) erzeugen. Sie geben Hinweise auf Thema, Textsorte und Kontext sprachlicher Ausdrücke (Feilke 2003, 213). Wie erzeugen Textroutinen solche Kontexthinweise, wie spielt die sprachliche Struktur ihre pragmatische Rolle?

Mit Lüger (1992, 20) können Routinen beschrieben werden als „sprachliche Prozeduren, die sich für die Bewältigung bestimmter kommunikativer Aufgaben eingespielt haben und für die Sprecher als relativ feste Muster abrufbar sind". Als sprachliche Prozeduren sind Textroutinen in Domänen konventionalisiert und gehören zum Textmusterwissen (Sandig 1997; Heinemann 2000) der Sprachhandelnden. Damit man von Routinen sprechen kann, müssen sprachliche Ausdrücke wiederholt in bestimmten Kontexten gebraucht werden und sich als Gebrauchsformen etablieren (vgl. Coulmas 1981; Lüger 1983; 1992). Das bringt Feilke auf den Punkt, wenn er sagt: „gebrauchte Formen werden zu Formen des Gebrauchs" (Feilke 2003, 216). Der Ausdruck „Formen des Gebrauchs" verweist dabei auf zwei Aspekte, die für eine genauere Betrachtung von Textroutinen und der ihnen eigenen kommunikativen Kontextualisierungsfunktion zentral sind: *Form* und *Funktion*.

Sprachliche, grammatische oder lexikalische Einheiten, seien dies Morpheme, Wörter, idiomatische Ausdrücke oder Phrasen, deren semantische und pragmatische Bedeutung oder Funktion konventionell mit ihnen verbunden ist, bezeichnen konstruktionsgrammatische Theorien als Konstruktionen (Croft/ Cruse 2004; Fischer 2006; Goldberg 1995, 6; 2003, 219; 2006, 3; Fischer /Stefanowitsch 2008, 3ff.). Konstruktionen sind Form/Funktions-Beziehungen, in denen Informationen über kulturelle, soziale und situationale Verwendungskontexte ‚gespeichert' sind (Fischer 2006, 343). Als Inventar sprachlicher Zeichen einer Sprache gehören Konstruktionen zum Sprachwissen ihrer Sprecher/ Schreiber (Croft/Cruse 2004). Bedeutung und Funktion von Konstruktionen umfassen „all of the conventionalized aspects of a construction's function, which may include not only properties of the situation described by the utterance, but also properties of the discourse in which the utterance is found [...] and of the pragmatic situation of the interlocutors" (Croft/Cruse 2004, 258).[65]

---

65 Die Funktion von Konstruktionen verdeutlicht Goldberg (2003, 221) am Beispiel ditransitiver Verben. So ist es in dem Satz „Lisa kaufte ein Buch für Zach" die ditrasitive Konstruktion selbst (sie ist als Oberflächen-Form linguistisch beschreibbar als Subjekt-Verb-Objekt$_1$-Objekt$_2$-Konstruktion), mit der ein Sprecher/Schreiber meinen kann, dass das Buch, das Lisa gekauft hat, nicht für Zach ist, sondern dass Lisa es stellvertretend für ihn gekauft hat, weil Zach das Buch z.B. verschenken möchte, für den

Die Bedeutung, die die grammatische Konstruktion evoziert, ist konstruktionsgrammatisch ein Teil von ihr. Diese Eigenschaft macht Konstruktionen von subjektiven Bedeutungszuschreibungen unabhängig; bedeutungsrelevante Informationen, etwa über situationale Verwendungskontexte, werden vielmehr über die Konstruktion, d.h. über die sprachliche Form, pragmatisch implikatiert (vgl. auch Tomasello 1999/2006, 139; 2003; 2006). Sprecher/ Schreiber *zeigen* mit dem Gebrauch von Form/Funktions-Einheiten die konventionell mit ihnen verbundenen Verwendungskontexte *an*; umgekehrt verbinden Hörer/Leser mit ihrem aktuellen Gebrauch bestimmte Erwartungen über den Verwendungszusammenhang. Vor diesen grundlegenden Annahmen konstruktionsgrammatischer Theorien lassen sich auch Textroutinen als sprachliche, konventionalisierte Form/Funktions-Beziehungen beschreiben, die pragmatische Bedeutungen aufgrund ihrer sprachlichen, grammatischen Struktur, *nicht* ihres jeweiligen Gebrauchskontextes, evozieren.

Nicht von Konstruktionen, sondern von Äußerungs*formen* (utterance-types) spricht Levinson (1995; 2000) bei Ausdrücken, die weder Austins Bedingungen lokutionärer Satzbedeutung (sentence meaning) noch denen der perlokutionären Sprecherabsicht (speaker intention) entsprechen, sondern die auf Generalisierungen über den Äußerungs*typ* beruhen und somit der illokutionären Ebene zuzuordnen sind (Levinson 2000, 23, 25). Auch der Begriff der Äußerungsformen bringt eine Form/Funktions-Korrelation zum Ausdruck. Äußerungsformen erzeugen systematisch und auf der Basis genereller Prinzipien wiederkehrende pragmatische Inferenzen, präferierte Bedeutungszuschreibungen (Levinson 2000, 1, 22). Dabei geht es nicht um die Rekonstruktion partikularer Sprecher/Schreiber-Absichten, sondern um sprachliche Intuition und um Erwartungen hinsichtlich des *üblichen Gebrauchs* von Sprache (Grice 1957/1993, Levinson 2000, Tomasello 1999/2006, 139), d.h. um „Nutzungserfahrungen" (Feilke 1994) von Sprachhandelnden, die in den Verstehensprozess (Inferenzprozess) integriert werden.

Verstehen, was ein Sprecher mit seiner Äußerung meint (what is meant), basiert auf pragmatischer Inferenz, nicht, wie Levinson (2000) zeigt und worauf in diesem Beitrag genauer eingegangen werden soll, auf der Sprecherintention, sondern auf „general expectations about how language is normally used" (Levinson 2000, 22). Dabei sind Grice' (1967/1993) Maximen für Sprecher und Hörer leitend. Was ein Sprecher mit seiner Äußerung p *meint*, kann abhängig

---

Kauf aber keine Zeit hatte (vgl. Goldberg ebd.). Vgl. dazu auch pragmatische Ansätze zur generalisierten konversationalen Implikatur, die bei solchen Grammatikalisierungsprozessen davon sprechen, dass sich Implikaturen in die sprachliche Form ‚einschreiben'.

vom Äußerungskontext sein, so bei partikularisierten konversationalen Implikaturen (PKI), oder wie bei generalisierten konversationalen Implikaturen (GKI) kontextindependent. Kennzeichnend ist in beiden Fällen, dass der Hörer durch eine Schlussprozedur ‚hinter' die implikatierte Bedeutung kommen kann.

Bei generalisierten konversationalen Implikaturen (GKI) kommt die Implikatur nicht dadurch zustande, dass ein Sprecher/Schreiber mit dem Gebrauch einer Äußerung in einem bestimmten Kontext etwas meint, sondern dadurch, dass er – unabhängig vom Äußerungskontext – alleine auf der Basis des üblichen Gebrauchs des Ausdrucks etwas zu verstehen gibt. „*Einige*" in dem Ausdruck „*Einige kamen zur Party*" implikatiert, dass nicht alle gekommen sind – und zwar unabhängig vom Äußerungskontext als GKI. Einen entsprechenden Äußerungskontext angenommen kann damit aber auch zu verstehen gegeben werden, dass die Party (nicht) gelungen war (partikularisierte konversationale Implikatur, PCI). Es ist der erste Typ von Implikaturen (GKI), dessen Bedeutung durch Erwartungen zustande kommt, die mit dem üblichen Gebrauch sprachlicher Äußerungstypen verbunden sind (Levinson 2000). Die Erwartungen von Sprecher/Schreiber richten sich demnach nicht auf einzelne Instantiierungen (Token) sprachlicher Ausdrücke, sondern auf deren Typ, der z.B. seine Markiertheit signalisiert. Auch mit Textroutinen werden über ihre Form generalisiert und konversational Kontextinformationen (Gumperz 1982) implikatiert.

In der Tradition von Grice und auf der Grundlage seiner Maximen entwickelt Levinson (2000) seine Theorie des heuristischen Interpretierens, oder genauer: *Theorie der Generalisierten Konversationalen Implikatur*. Grice' produktives Kooperationsprinzip wird von Levinson mit Blick auf das Verstehen rezeptiv als inferentielles heuristisches Verfahren konzipiert, mit dem Ziel: „[...] to introduce a different way of thinking about the maxims. Instead of thinking about them as rules (or rules of thumb) or behavioral norms, it is useful to think of them as primarily *inferential* heuristics which then motivate the behavioral norms." (Levinson 2000, 35)

Das Kooperationsprinzip (KP) ist leitend dafür, dass Bedeutung$_{nn}$ und also Verständigung zwischen Sprecher und Hörer bzw. Schreiber und Leser zustande kommen. Ein Sprecher/Schreiber wird beim Formulieren seiner Äußerungen durch das KP und die Maximen geleitet. Er kann sich deshalb auf das KP berufen, weil er weiß, dass auch der Hörer/Leser das KP und seine Maximen befolgt. Denn der Hörer/Leser greift, um zu verstehen, was der Sprecher/Schreiber ihm mit seiner Äußerung bedeutet$_{nn}$, d.h. was er mit seiner Äußerung *meint*, auf das gleiche Inventar an Maximen zurück, gebraucht diese aber in heuristischer Funktion, um die Äußerung des Sprechers/Schreibers auf gemeinsamer Kooperationsgrundlage pragmatisch interpretieren zu können. Dem liegt die Prämisse zugrunde, dass Kommunikationspartner sich üblicherweise um Kooperation und

Rationalität bemühen. Dieses Bemühen zeigt sich darin, dass Gesprächspartner sich in Kommunikationssituationen so verhalten, wie es der Zweck verlangt: „Man geht davon aus, daß der Betreffende mit einer Äußerung das zu übermitteln beabsichtigt, was man mit dieser Äußerung normalerweise übermittelt (bzw. normalerweise zu übermitteln beabsichtigt). Es braucht schon gute Gründe, damit wir akzeptieren, daß ein konkreter Gebrauch von der allgemein üblichen Praxis abweicht." (Grice 1957/1993, 14). Auf der Grundlage eines Sets von Prinzipien, die die übliche Praxis regeln, bilden Hörer/Leser pragmatische Inferenzen darüber, was Sprecher/Schreiber, denen die Zugrundelegung dieses Set von Regeln ebenfalls unterstellt wird, mit ihrer sprachlichen Äußerungen zu verstehen geben.

Um mit dem Gebrauch von Äußerungen im Sinne der allgemein üblichen Praxis bestimmte Absichten zu erreichen, formuliert Grice eine Grundbedingung des Kooperierens: die Orientierung an der Konvention. Sie stellt *eine* zentrale Bedingung unter anderen dafür dar, dass Sprecher/Schreiber ihre Absicht zu erkennen geben, und dass umgekehrt Hörer/Leser auf selbiger Grundlage pragmatisch inferieren können. „Der Gebrauch der Sprache orientiert sich sinnvollerweise an solchen Erfahrungen mit Sprache, und in dem Maße, in dem die eigene Spracherfahrung sozial kalkulierbar und in ihrer Wirkung auf den anderen berechenbar wird, wird sie ein intersubjektives Wissen der SprecherInnen und ein zur wechselseitigen Orientierung einsetzbares Steuerungsmittel im Meinen und Verstehen." (Feilke 1994, 23) Äußerungsformen (utterance types) sind solche Steuerungsmittel, die mit Signalfunktion ausgestattet Kommunikationspartner entlang deren Erwartungen über den Sprachgebrauch durch den Inferenzprozess leiten. Sie sind Mittel, von denen wir annehmen, dass es vernünftig ist, sie zu gebrauchen, weil sie sozial geteilt und in ihrer Verwendungsweise etabliert sind, und weil die Mittel unseren Kommunikationspartnern bekannt sind und wir wissen, dass diese erwarten, dass wir uns ihrer bedienen. Dass bereits Kinder im Spracherwerbsprozess den Gebrauch sprachlicher Form/Funktions-Einheiten mit Signalfunktion imitieren, weil sie deren Wirksamkeit zum Erreichen kommunikativer Ziele beobachten, bestätigt Tomasello in jüngeren Arbeiten (Tomasello 1999/2006, 2003, 2006) und spricht dabei vom „Erwerb des konventionellen Gebrauchs intersubjektiv verstandener, sprachlicher Symbole" (Tomasello 1999/2006, 140).

Levinsons Äußerungsformen ebenso wie die im Rahmen konstruktionsgrammatischer Theorien postulierten Konstruktionen sind Korrelationen von Form und Funktion sprachlicher Einheiten mit konventionalem Status. In ihrer Kontextualisierungsfunktion, die sie im Gebrauch (ihrer aktualen Instantiierung) übernehmen, entsprechen solche Form/Funktions-Korrelationen der Grundidee, die Gumperz (1982) unter dem Begriff der Kontextualisierungshinweise (*con-*

textualization cues) fasst. Kontextualisierungshinweise übernehmen als sprachliche, oder bei Gumperz auch: nicht-sprachliche Einheiten, Steuerungsfunktionen im ‚Meinen und Verstehen'. Für Gumperz selbst sind sie funktional eingebettet in einer Theorie des Interpretierens (vgl. Gumperz 1982, 1992a), deren Grundannahmen im wesentlichen den hier skizzierten entsprechen. Einzelne *cues* verweisen über ihre sprachliche Form auf den Kontext eines Ausdrucks und zeigen an, wie der Ausdruck zu verstehen ist. Die derart signalisierte Kontextinformation wird vom Ausdruck konversational implikatiert. Mit Grice und ebenso wie Levinson geht Gumperz davon aus, dass konventionell mit einem Ausdruck verbundene Erwartungen zu dessen Interpretation führen, dass also über seine *Form* und Erwartungen über seinen konventionellen Gebrauch Inferenzen in Richtung bestimmter Interpretationen geleitet werden (vgl. Gumperz 1992a, 232). Der Gedanke dahinter ist der, „that utterances might carry with them their own contexts like a snail carries its home along with it [...]. Context is then construed as the antecedent set of assumptions against which a message is construed" (Levinson 2003, 33). Gumperz fasst den Begriff der Kontextualisierungshinweise recht weit. Er berücksichtigt prinzipiell alle sprachlichen und nicht-sprachlichen Zeichen mit Kontextualisierungsfunktion, d.h. Zeichen, die Zugriff geben auf Kontextinformationen, die für Inferenz notwendig sind (vgl. Gumperz 1996, 379). Für die Betrachtung von Textroutinen und Kontextualisierungshinweisen sind vor allem lexikalische und phraseologische Signale relevant, wie im nächsten Abschnitt gezeigt wird.

Wie gelangen Sprecher/Schreiber zu Erfahrungen, wie erwerben sie Intuition im Umgang mit Äußerungsformen und allgemein mit Form/Funktions-Einheiten? Tomasello gibt darauf die Antwort, dass wir im Laufe der Ontogenese auf der Basis verschiedener Prozesse ein strukturiertes Inventar sprachlicher Konstruktionen aufbauen (Tomasello 2006, 286). Kinder eignen sich durch Imitationslernen Konstruktionen als sozial geteilte sprachliche Symbole an, d.h. als „Kommunikationsmittel, [die] intersubjektiv von beiden Teilnehmern der Interaktion verstanden" werden (Tomasello 1999/2006, 139). Diese Lernstrategie basiert auf „Imitation durch Rollentausch" (ebd., 138). Im Wesentlichen geht es darum, dass der Erwerb von Form/Funktions-Wissen in kulturellen Kontexten und sozialen Netzwerken stattfindet, in denen Sprache gebraucht, ihr Gebrauch beobachtet, imitiert und erlernt wird (Gumperz 1992b; Levinson 2003; Tomasello 1999/2006). Den Erwerb muss man sich als infiniten Prozess vorstellen, der sich z.B. in der späteren Entwicklung mündlicher und schriftlicher Sprachfähigkeiten in der Schule, aber auch in anderen Bereichen, fortsetzt. Bei dem so erworbenen Form/Funktions-Wissen handelt es sich nicht um ein verbalisierbares Wissen, kein *Knowing that*, sondern um einen Aspekt von Spracherfahrung (dazu auch Feilke 1994).

Konstruktionswissen ist Voraussetzung für den angemessenen Gebrauch sprachlicher Einheiten in unterschiedlichen medialen Formaten der Kommunikation. Angemessenheit der Wahl und ihres Gebrauchs meint, sprachliche Einheiten in kulturell, sozial und situational üblicher (konventioneller) Weise und damit entsprechend den Erwartungen unserer Kommunikationspartner zu verwenden. Das gilt auch für Routineformeln (vgl. Coulmas 1979, 254) und also auch für Textroutinen. Sprachhandelnde erwerben Routinewissen durch Spracherfahrung in sozialen Kontexten und deren sprachlichen Praktiken, dazu gehören neben solchen des Alltags auch Domänen wie Wissenschaft oder Schule – beide durchaus mit Überschneidungen, etwa bei Praktiken des Referierens, Lehrens, des Beurteilens und Begutachtens und darin etablierten Textroutinen. In Domänen vorkommende Textsorten mit ihren je spezifischen Mustern, bspw. Formulierungsmustern (Heinemann 2000; Sandig 1997), haben sich in Reaktion auf wiederholte Problemstellungen entwickelt und wegen ihrer Eignung zur Problemlösung etabliert (Ehlich 1983). In ihnen sind vorgängige kommunikative Anforderungen und Problemstellungen konventionalisiert.

3. Textroutinen, Kontextualisierungshinweise und Gebrauch

Wie Textroutinen auf situationale Kontexte verweisen und über Generalisierungen zur Verständigung beitragen, zeige ich an Beispielen aus den Domänen Wissenschaft und Schule. Für die Domäne Wissenschaft wähle ich den Ausdruck „*m.E.*", wie er in den Textsorten ‚Wissenschaftliche Hausarbeit' und ‚Wissenschaftlicher Artikel' in verschiedenen Disziplinen auftritt. Das Beispiel „*m.E.*" ist geeignet, weil sich daran zwei zentrale Aspekte von Textroutinen, verstanden als Form/Funktions-Korrelate, zeigen lassen: Zum einen wird der diachrone Prozess, in dessen Verlauf sich Kontextinformationen in die sprachliche Form einschreiben (Grammatikalisierung) sichtbar. Andererseits lässt sich an dem Beispiel und dank empirischer Daten zu ihrem Erwerbsprozess im Studium (vgl. die umfangreiche Studie von Steinhoff 2007) ein differenzierter Blick auf unterschiedliche Gebrauchsweisen von Textroutinen durch die Schreiber gewinnen. Ich möchte zeigen, dass Ausdrücke wie „*m.E.*" stellvertretend für andere in Domänen hochgradig konventionalisierte sprachliche Form/Funktions-Einheiten von Schreibern entweder *implikaturbasiert* gebraucht werden (sofern sie generalisierte konversationale Implikaturen darstellen) und damit Ausdruck einer „Nutzungserfahrung" (Feilke) der Schreiber sind, oder aber dass die Ausdrücke in *Anwendung einer Regel* im Sinne einer „Imitation durch Rollenübernahme" (Tomasello) gebraucht werden und damit auf den Lern*prozess* des

Schreibers verweisen und einen Hinweis auf dessen Verlauf geben können. Um hier nicht falsch verstanden zu werden: Kein Lehrender würde diese Unterscheidung treffen wollen bzw. können. Eine Unterscheidung danach, ob Textroutinen implikaturbasiert gebraucht werden und also ein sprachlicher Ausdruck eine Routine mit kognitiv entlastender Funktion darstellt, oder ob ein vermeintlich routinierter Gebrauch eines sprachlichen Ausdrucks tatsächlich auf der Anwendung einer Regel erfolgt, kann für die Theoriebildung zur Ontogenese des Schreibens durchaus von Nutzen sein. Eine derartige Differenzierung lässt sich z.B. als diagnostisches Instrument im Schreiberwerbsprozess einsetzen, um gezielt Kompetenzentwicklungen und -stände von Lernern zu testen.

Für die Domäne Schule zeige ich die Kontextualisierungsfunktion von Textroutinen an verschiedenen Beurteilungsroutinen aus Berichtszeugnissen der Grundschule. Daran wird deutlich, dass das Wissen um Textroutinen und allgemein um sprachliche Form/Funktions-Einheiten eine Voraussetzung ist für den kompetenten produktiven und rezeptiven Umgang mit den Texten. Zum anderen möchte ich am Beispiel von Textroutinen in Berichtszeugnissen der methodischen Frage nachgehen, was Textroutinen sind, d.h. was in Texten als Textroutinen identifizierbar und beschreibbar ist.

3.1 Der Ausdruck „m.E." in wissenschaftlichen Texten

Für den Erwerb von wissenschaftlicher Textkompetenz zeigt Steinhoff (2007), dass Studierende den Umgang mit Positionierungsroutinen in ihren eigenen wissenschaftlichen Texten im Studium erst erlernen, sich an ihren textsorten- und domänenspezifischen Gebrauch gewöhnen müssen; die Studierenden lernen weiterhin zwischen verschiedenen Möglichkeiten der Meinungsbekundung zu differenzieren, um schließlich über den Weg von *„meiner Meinung nach/nach meiner Meinung"* (untypischer Gebrauch) und *„meines Erachtens"* oder *„meiner Ansicht nach/nach meiner Ansicht"* (typischer Gebrauch) zu dem in der Domäne etablierten und prototypischen Gebrauch von *„m.E."* zu gelangen. „Die Studenten nähern sich dem Sprachgebrauch der Experten im Laufe ihres Studiums auch bei Meinungsausdrücken an. Sie realisieren, dass bestimmte domänentypische Präferenzen zu beachten sind, wenn Meinungen wissenschaftlich kontextualisiert werden sollen. Prototypisch ist der Gebrauch von ‚m.E.', das offenbar mehr ist als eine schlichte Abkürzung von ‚meines Erachtens'. Das Streben der Wissenschaft nach Intersubjektivität ist hier wie bei einer Münze eingeprägt: Die Meinung des Wissenschaftlers wird im Text auf zwei Buchstaben und zwei Punkte und damit auf ein Mindestmaß an ‚Sichtbarkeit' reduziert." (Steinhoff 2007, 245). Steinhoffs Erklärung zur Genese und Etablierung von

Meinungsausdrücken wie „meines Erachtens" hin zu ihrer Minimalausprägung „m.E." als Resultat des Intersubjektivitätsgedankens der Wissenschaft, kann in diachroner Perspektive verstanden werden als ‚Einschreibung' pragmatischer Implikaturen in die grammatische Struktur. Die mit Meinungsausdrücken wie „*meines Erachtens*" verbundene Implikatur des ‚Anspruchs der Wissenschaft auf Intersubjektivität' grammatikalisiert schließlich zu „*m.E.*" – ein Prozess, den Hopper und Traugott als „Signal simplification" bezeichnen, und der häufig mit Idiomatisierung und Routinisierung einhergeht (Hopper/Traugott 2003, 72). Im Zuge dieses Prozesses ‚fossiliert' (Levinson 2000, 264) die Implikatur des ‚Anspruchs der Wissenschaft auf Intersubjektivität' in dem sprachlichen Ausdruck „*m.E.*". Sie geht in der grammatischen Struktur „*m.E.*" auf, wird Teil der sprachlichen Form. Verwendet ein Experten-Schreiber in wissenschaftlichen Texten „*m.E.*", so *meint* er damit zugleich etwas, nämlich dass er die derart zum Ausdruck gebrachte Position mit der gebotenen Distanz formuliert wissen möchte. Dabei dürfte der mit der Domäne vertraute Schreiber/Leser (Experte) den Meinungsausdruck „*m.E.*" als implikaturbasiert verstehen, wohingegen Novizen und Lerner (z.B. Studierende) den Ausdruck „*m.E.*" vielfach als auf einer Regel basierend verstehen dürften, wobei die Regel, der zufolge man in wissenschaftlichen Texten „*m.E.*" verwendet, z.B. durch Lernen von Vorbildern, d.h. durch Imitationslernen erworben sein dürfte. Die Implikatur, das also, was der Experte mit „*m.E.*" *meint*, würde in dem Fall vom Lerner nicht erkannt und folglich inferenziell nicht verarbeitet.[66] Der Lerner, d.h. der (noch) nicht in der Domäne geübte und mit der Textsorte vertraute Schreiber, meint, indem er „*m.E.*" gebraucht, folglich nicht in der gleichen Weise etwas, wie der Experte mit „*m.E.*" etwas meint. Stattdessen wendet er – für die Implikatur (noch) blind – eine Regel an, die er, z.B. auf Grundlage der Lektüre von Fachpublikationen, für seine eigene Arbeit über den Gebrauch von „*m.E.*" selbst aufgestellt hat. Verwenden Studierende die Positionierungsroutine, geben sie damit Kontextualisierungshinweise; der Ausdruck „*m.E.*" wird so zum *contextualization cue* (Gumperz) und übernimmt Signalfunktion in der Kommunikation.

Das Beispiel zeigt, wie über pragmatische Implikaturen Textroutinen erzeugt werden können, mit deren Verwendung der geübte Schreiber (Experte) zugleich auch etwas über ihren Gebrauch in Textsorte und Domäne *meint*. In diesem Sinne möchte ich davon sprechen, dass Textroutinen, dadurch dass Kontextualisierungshinweise in ihrer grammatischen Struktur sedimentieren, Kontextualisierungen in mehrfacher Hinsicht ermöglichen. Die Fähigkeit im Um-

---

66 Zu den Annahmen implikaturbasierter und regelbasierter Interpretationen und dem zyklischen Prozess, den Implikaturen bei Grammatikalisierungen durchlaufen, auch Levinson (2000, 263-264).

gang mit solchen Ausdrücken, z.B. Textroutinen, kann mit Feilke (2001) nun präziser als *Kontextualisierungsfähigkeit* bezeichnet werden.

Damit das domänen- und textsortenspezifische Muster überhaupt realisiert wird, ist es zunächst unerheblich, ob ein Schreiber/Leser den Ausdruck *„m.E."* auf der Grundlage einer Regel oder auf Basis einer Implikatur ‚in der üblichen Weise' gebraucht. Formuliert der wissenschaftliche Schreiber seine Position mit *„m.E."*, erfüllt er das textsortenspezifische (und disziplinenspezifische) Formulierungsmuster in prototypischer Weise, unabhängig davon, ob bzw. was er damit zu verstehen geben will.

3.2 Beurteilungsroutinen in Berichtszeugnissen der Grundschule

Wie Textroutinen in wissenschaftlichen Texten verlangen auch mehr oder weniger verfestigte Textroutinen, mit denen in Berichtszeugnissen der Grundschule Leistungen und Verhalten von Schülern beurteilt werden, von den Kommunikationsbeteiligten (Lehrer, Schülern und Eltern), dass sie mit ihnen umgehen, sie kommunikativ gebrauchen können. Anders als die Domäne Wissenschaft bildet Schule Kompetenzen im Umgang mit beurteilenden Texten bei Lehrer/innen, Schüler/innen und Eltern jedoch nicht systematisch aus; der Textkompetenzerwerb erfolgt durch Praxis und zuweilen auf Seiten der Lehrer/innen durch Ratgeberliteratur (vgl. Jost 2008, Lehnen 2008).

Typisch für Berichtszeugnisse (Korpus Jost/Lehnen/Rezat/Schindler) sind Formulierungen wie diese (auf das Beispiel wird noch zurückzukommen sein):

> [...] Die vereinbarten Regeln akzeptierte sie, es gelang ihr aber noch nicht immer, diese auch einzuhalten [...] Sie ist in der Lage, ihre Sprache abzuhören und erkannten Lauten die geeigneten Schriftzeichen zuzuordnen. Beim Verschriften verwechselt sie dabei noch gelegentlich ähnlich aussehende Laute wie ‚d' und ‚b' oder lässt deutlich hörbare Laute aus. Es gelingt ihr gut, ihre Ideen in die Schriftsprache umzusetzen und kleinere Geschichten aufzuschreiben. Maren kann bereits unbekannte Texte eigenständig erlesen und deren Sinn erfassen und wiedergeben. Sie hat eine recht sichere Zahlvorstellung im Zwanzigerraum aufgebaut. [...] Gelegentlich beachtet sie allerdings die genaue Aufgabenstellung oder das Rechenzeichen nicht [...] Bei Sachrechenaufgaben benötigt sie teilweise kleine Tipps oder zusätzliche Erklärungen. Dem Sachunterricht folgt Maren mit wechselndem Interesse. (BZ Grundschule).

In Berichtszeugnissen der Grundschule geben Lehrer/innen den Schüler/innen Auskunft über ihre Leistungen (Persönliche Anrede: Personal Pronomen, 2. Person Singular, „vertraulich/familiär" gebraucht, vgl. Duden Grammatik 1995):

- Du lachst gern und spielst lebhaft ...
- ... warst du hin und wieder ganz begeistert ...
- Leider hast du dich öfter ... ablenken lassen
- ... konntest du schon fertig bearbeiten
- ... hast dich regelmäßig beteiligt ...
- ... ging dir [...] nur langsam von der Hand.
- ... konntest du meistens pünktlich und vollständig vorlegen
- Du hast Freude an ...
- ... fiel dir manchmal schwer

Oder die Lehrer/innen *berichten* über die Leistungen der Schüler/innen (Personal Pronomen, 3. Person Singular, in „Referenzfunktion" gebraucht, vgl. Duden Grammatik 1995).

- ... erzählt verständlich und zusammenhängend ...
- ... erzählt sachbezogen und zusammenhängend
- ... äußert sich sprachlich richtig und kann Sachverhalte verständlich darstellen
- Es fällt ... schwer ...
- ... hat sich deutlich verbessert
- ... bemühte sich ...
- ... meistens bereitwillig ...
- ... wendet auch schon ... an
- ... merkte er sich stets gut

Solche Beurteilungsroutinen können geübte Schreiber/Leser auch isoliert vom Kontext Thema, Textsorte und Domäne zuordnen. Sie sind, wie im vorangehenden Abschnitt gezeigt, als *Kontextualisierungshinweise* beschreibbar, die Generalisierungen über ihren situationalen Verwendungskontext erlauben. Das Wissen um den Zusammenhang von Form und Funktion ist Ergebnis eines Lernprozesses. Auch Schreiber/Leser müssen gelernt haben, Beurteilungsroutinen mit Annahmen über Verwendungskontexte (z.B. Domäne, Textsorte) zu kommunikativer Bedeutung zu verbinden.

Als Äußerungs*formen* nehmen Textroutinen Einfluss auf Entscheidungen von Schreibern, z.B. zur syntaktischen Struktur, der Wahl von Kollokationen oder skalaren Bewertungsformen, sie steuern aber auch die Interpretationen von Lesern. Schreiber signalisieren mit der Verwendung von Textroutinen, dass es ihre Absicht ist, den üblicherweise mit dem Ausdruck verbundenen Kontext aufzurufen und entsprechende Bedeutung beim Leser zu evozieren. Nach dem, was im vorangehenden Abschnitt zum Aushandeln des Meinens und Verstehens vermittels sprachlicher Einheiten gesagt wurde, erwarten Leser dieses an der

Konvention orientierte Verhalten von Schreibern, d.h. sie erwarten, dass gebrauchte Formen konventionell mit ihnen korrelierende Funktionen anzeigen. Damit Textroutinen ihre Signalfunktion in kommunikativer Absicht ausspielen können, müssen sie zum *Common Ground* (Clark 1996/2004) der Kommunizierenden gehören. Das setzt einerseits Zugehörigkeit zu einer Gemeinschaft voraus, wie Clark (ebd.) zeigt. Vor allem aber sieht Gumperz die Voraussetzung hierfür auch in kommunikativen Praktiken: „Communicative practice […] reflects conventionalized direct associations between forms and context of the kind that develop through long term collaboration in the pursuit of common goals." (Gumperz 2002, 49). Wie signalisieren Textroutinen in schulischen Berichtszeugnissen, Instanzen (token) kommunikativer Praktiken zu sein, und wie evozieren sie den für ihr Verständnis notwendigen Bedeutungskontext?

Mit Ausdrücken, denen Routinecharakter zugeschrieben werden kann, wird in schulischen Berichtszeugnissen über Domäne und Textsorte hinaus in vielfältiger Weise implikatiert. Ein Beispiel:

(1)
Ihre Texte zeigen, dass sie *inzwischen lauttreu schreiben* kann.
Q +> ‚Sie konnte vorher nicht lauttreu schreiben'
(Q-Heuristik: „What isn't said, isn't")

Solche Implikaturen sind *generalisiert*, weil sie auf allgemeinen Prinzipien, einem Set von Regeln, basieren. Ein solches Set von Regeln stellt das Grice'sche Kooperationsprinzip mit den Maximen der Quantität, Qualität, Relation und Modalität dar. Die Implikaturen sind aber auch *konversational*, weil sie Inferenzen erfordern. Die Inferenzen werden ihrerseits auf der Grundlage allgemeiner Prinzipien, einem Set von Heuristiken gesteuert. Um die Prozesse generalisierter konversationaler Implikaturen erklären zu können, nimmt Levinson den Grice'schen Maximen den Normcharakter und ersetzt ihn durch den von inferentiellen Heuristiken (Levinson 2000, 35): Q-, I- und M-Heuristik, „each supporting a distinct family or genus of implicature" (ebd., 39).

Generalisierte konversationale Implikaturen basieren auf Äußerungs*formen*. In Beispiel (1) verlangt der Ausdruck *„inzwischen"*, dass man ihn in seiner üblichen Verwendungsweise zu gebrauchen weiß. Der Inferenzprozess wird durch die Q-Heuristik („What isn't said, isn't") gesteuert, die eng mit Grice' Maxime der Quantität verwandt ist (Q1: „Mache deinen Beitrag so informativ wie nötig"; Q2: „Mache deinen Beitrag nicht informativer als nötig"). Der Schreiber zeigt mit dem Ausdruck *„inzwischen"* eine bestimmte, erwartbare, Interpretation an, er signalisiert die Bedeutung des Ausdrucks. Das dürfen wir annehmen, weil er sonst die Information – entsprechend der Maxime der Quantität – nicht gegeben hätte. (Denn er hätte *„inzwischen"* in der Äußerung auch weglassen können:

"Ihre Texte zeigen, dass sie lauttreu schreiben kann", hätte damit jedoch nicht in gleicher Weise etwas gemeint.) Grice' Maxime der Quantität (und Levinsons Q-Heuristik) führen – das Kooperationsprinzip vorausgesetzt – den Leser zu der Annahme, dass die in der Äußerung gegebenen Informationen notwendig sind, um die Äußerung in der intendierten (und angezeigten) Weise zu verstehen, d.h. um sie so zu verstehen, wie der Schreiber sie gemeint hat. Da die Implikatur generalisiert ist, wird die mit ihr gegebene Information in ihrer üblichen Bedeutung und Funktion in den Inferenzprozess integriert. Die Heuristik leitet die Inferenz in Richtung des gewöhnlichen Gebrauchs des Ausdrucks und schränkt ggf. zugleich das Spektrum inferentieller Wahlmöglichkeiten beim Verstehen ein. Implikaturen wie in Beispiel (1) gezeigt, kommen unabhängig von ihrem Gebrauchskontext zustande, alleine aufgrund des üblichen Gebrauchs und der üblichen Bedeutung des sprachlichen Ausdrucks (utterance-type meaning).

Beurteilungsroutinen in schulischen Berichtszeugnissen weisen die allgemeine Form auf: Schüler/Du + hast/kannst/tust X (Kompetenzbereich) + skalare Bewertung. Ausdrücke wie **schon** gut, **meistens** bereitwillig, **stets** gut, fiel dir **manchmal** schwer, sind noch **einige** Fehler, leisten als Teil der Beurteilungsroutine graduelle Bewertungen. Die Abstufungen in der Bewertung werden in den Berichtszeugnissen über skalare Implikaturen ausgedrückt, „a special case of implicatures based on salient alternates (mostly, but not necessary, ranked as informationally weaker or stronger)" (Levinson 2000, 36).[67] Mit Ausdrücken wie einige oder manchmal werden Positionen, z.B. auf negativen oder positiven Skalen, implikatiert. Die Nennung einer bzw. der schwächeren Alternative implikatiert, dass die anderen bzw. stärkeren Alternativen nicht zutreffen (Levinson 2000, 36), d.h. nicht vom Sprecher/Schreiber gemeint sind.

(2)
a. In geübten Diktaten sind *noch **einige** Fehler*.
 +> ‚nicht alles' (in geübten Diktaten) ist fehlerhaft.
 Skala: <alle, einige>, „some" +> ‚not all'[68]
b. An manchen Tagen bemalte er lieber seine Bücher und Hefte oder **versuchte** durch vulgäre Ausdrücke oder Albernheiten vom Unterricht abzulenken.
 +> ‚er war nicht erfolgreich'/‚es gelang ihm nicht (abzulenken)'.
 Nonentailment scales: <succeed, try>, „try" +> ‚not succeed'

Kontrastierende und skalare Implikaturen (aber auch weitere, hier nicht thematisierte Implikaturen) sind ein konstitutives Merkmal von Formulierungen zur Beurteilung von Schülerverhalten und -leistungen in Berichtszeugnissen.

---

67 Das gilt vermutlich auch für Arbeitszeugnisse und Gutachten.
68 Die kontrastiven Sets sind Levinson (2000, 36) entnommen.

Das folgende Beispiel kann als Hinweis gewertet werden, dass Schüler/innen in der ersten und zweiten Grundschulklasse Kompetenz im Umgang mit Beurteilungsroutinen offenbar noch nicht erworben haben bzw. dass die Lehrer/innen davon ausgehen, dass die Schüler/innen über das notwendige sprachliche Wissen (das hier ein Konstruktionswissen ist) noch nicht verfügen. In unserem Korpus (Korpus Grundschule: Jost/Lehnen/Rezat/Schindler) finden sich nämlich neben den offiziellen Zeugnisversionen, die auch hinsichtlich der Formulierungsebene typisch für die Textsorte sind (BEURTEILENdes BERICHTEN dominieren als sprachliche Handlungen), ergänzende „Kinderzeugnisse" für die Schüler/innen (RATEN steht hier im Vordergrund).

„Kinderzeugnis"	Offizielles Schulzeugnis
Die Klassenregeln hältst du schon ganz gut ein, versuche aber, manchmal noch weniger mit deinen Nachbarn zu quasseln und besser aufzupassen.	Die **vereinbarten Regeln akzeptierte** sie, **es gelang ihr aber noch nicht immer**, diese auch einzuhalten. **Noch zu häufig** lenkt sie sich und andere ab.
Du kennst alle Buchstaben, schreibst Sätze und kleine Geschichten.	Es **gelingt ihr gut**, ihre **Ideen** in die Schriftsprache **umzusetzen** und kleine Geschichten aufzuschreiben […]
Höre dir die Wörter bitte immer ganz genau an, damit du auch alle Buchstaben erkennst und richtig aufschreibst.	**Sie ist in der Lage**, ihre Sprache abzuhören und erkannten Lauten die geeigneten Schriftzeichen zuzuordnen.
Achte aber darauf, dass du auch immer liest, was gemacht werden soll. Manchmal fängst du nämlich an zu rechnen, obwohl du die Aufgaben noch gar nicht kennst.	[…] **Gelegentlich beachtet sie allerdings** die genaue Aufgabenstellung oder das Rechenzeichen **nicht** […]

Abb. 1: *Formulierungen zur Beurteilung einzelner Leistungen und Lernerfolge in der Gegenüberstellung*

Die Frage, die hier gestellt werden kann ist, ob die Lehrer/-innen unterschiedliche Adressierungsmodalitäten wählen, weil sie davon ausgehen, dass für Lerner die zu Beginn der Primarstufe in offiziellen Berichtszeugnissen „in Gebrauch genommene Sprache" eben noch keine „pragmatisch brauchbare[ ] Sprache" (Feilke 2003, 209) ist, d.h. weil das erforderliche Wissen im Umgang mit Beurteilungsroutinen von den Schüler/innen noch nicht erworben wurde.

4. Kontextualisierungsfähigkeit und Textkompetenz

Neben der für kommunikatives Verhalten grundlegenden Fähigkeit, Symbole sozial geteilt, d.h. konventionell angemessen zu gebrauchen und als Kommunikationsmittel zu verstehen – eine Fähigkeit, die in der Kindheit im Zuge des fortgeschrittenen Spracherwerbs erworben wird und der ein Prozess der „Imitation durch Rollentausch" vorausgeht, in dessen Verlauf Kinder lernen „ein Symbol gegenüber dem Erwachsenen auf dieselbe Weise zu gebrauchen, wie es der Erwachsene ihm gegenüber gebraucht hat" (Tomasello 1999/2006, 138) –, verlangt der Umgang mit Texten in kommunikativer Absicht in bestimmten Handlungskontexten (Domänen) mithin spezifische Fähigkeiten eines konventionell angemessenen Gebrauchs von Sprache. So z.B. in Domänen, in denen sich aufgrund kultureller und gesellschaftlicher Bedürfnisse spezifische Verfahren kommunikativen Handelns herausgebildet haben, etwa in der Jurisprudenz, in Wissenschaft oder Schule. In diesen Domänen entwickeln sich mündliche und schriftliche Formen kommunikativen Handelns. Wie bei jeder Art von sprachlicher Kommunikation hängt auch ihr Zustandekommen wesentlich davon ab, dass sprachliche Ausdrücke in bestimmter Weise intentional gebraucht und als solche verstanden werden, nur dass die Domäne zuweilen eigene Verfahrensweisen herausgebildet hat, deren Kenntnisse die Voraussetzung sind für ein kompetentes Handeln in ihr. Solche domänenspezifischen Formen kommunikativen Handelns sind z.B. das Plädoyer, die Urteilsbegründung, das Referat, der Disput, die wissenschaftliche Veröffentlichung, die schulische Erörterung, die Nacherzählung, der Lehrerkommentar, die Notenbegründung, das Berichtszeugnis oder das Gutachten. Sie setzen Textkompetenz (Portmann-Tselikas 2005) voraus und also - mit Schmölzer-Eibinger (2008, 52)[69]: „die Fähigkeit des produktiven und rezeptiven Umgangs mit schriftsprachlich geprägter Sprache". Textkompetenz ist eine Schlüsselkompetenz (Schmölzer-Eibinger/Weidacher 2007) für schriftlich kommunikative Handlungsfähigkeit und damit für den schulischen ebenso zentral wie für den beruflichen Erfolg und die gesellschaftliche Partizipationsfähigkeit des Einzelnen (Schmölzer-Eibinger 2007).

---

69 Hierin unterscheidet sich Textkompetenz von Interaktionskompetenz, die „als Fähigkeit des Verstehens und Äußerns von mündlich geprägter, situativ verankerter Sprache betrachtet" wird (Schmölzer-Eibinger 2008, 52).

Im Sinne des einleitend erwähnten Erwerbs früher Fähigkeiten von Kindern zu sprachlich-symbolischem Handeln kann auch der Erwerb von Textkompetenz als ein Prozess gesehen werden, in dessen Verlauf der innerhalb einer Domäne konventionell angemessene Gebrauch von Sprache erlernt wird. Systematisch findet das in Schule, Ausbildung und Hochschule statt, weniger systematisch auch in beruflichen Kontexten. Dabei geht es nicht alleine darum, Zugehörigkeit zu einer Gemeinschaft zu erlangen (vgl. Gumperz' *social network*), sondern vielmehr um das Erlernen der in der Domäne geteilten Symbole und ihres produktiven wie rezeptiven konventionellen Gebrauchs als Voraussetzung für kommunikative Handlungsfähigkeit. Der Erwerb ist nicht mit pragmatisch blinder Realisierungskompetenz domänen- und textsortenspezifischer Anforderungen im Sinne eines *pattern drill* zu verwechseln. Vielmehr ist hier an das Ausbilden von Fähigkeiten der Lerner zu Kontextualisierungen zu denken, d.h. daran, dass Lerner den pragmatisch kompetenten Umgang mit sprachlichen, lexikalischen und syntaktischen Mitteln, mit denen Generalisierung über Form-Funktionszusammenhänge einhergehen, erwerben müssen. Beurteilungsroutinen in Berichtszeugnissen oder Positionierungsausdrücke in wissenschaftlichen Texten produktiv wie rezeptiv zu beherrschen und pragmatisch angemessen zu gebrauchen, ist eine Kontextualisierungsleistung bzw. -fähigkeit, in der sich textkompetentes Handeln zeigt.

Aus der exemplarischen Betrachtung von Textroutinen in Berichtszeugnissen der Primarschule lassen sich Annahmen zum Erwerb von Teilaspekten von Lese- und Schreibkompetenz formulieren. Dem liegt theoretisch eine enge Verzahnung von Lesen und Schreiben beim Lese- und Schreiberwerb zugrunde. Vor dem hier skizzierten Theorierahmen ist Levinsons Ebene der Äußerungsform (utterance-type) mit Blick auf den Erwerb pragmatischen Sprachgebrauchs zentral. Denn Textkompetenz bedeutet, Sprache in der üblichen Weise gebrauchen zu können und also über den Gebrauch von Sprache Absichten signalisieren und diese umgekehrt als angezeigt erkennen zu können, d.h. Kontextualisierungshinweise geben und verstehen zu können. Ein textkompetentes Handeln setzt Kontextualisierungskompetenz der Handelnden voraus.

5. Schlussbemerkung

Die Betrachtung von Textroutinen und ihrer Kontextualisierungsfunktion im Handeln mit schriftlichen Texten hat den Blick auf das Zusammenspiel von Form und Funktion sprachlicher Ausdrücke gelenkt und auf den kompetenten Umgang mit diesen als Voraussetzung für ein kommunikatives Handeln mit Texten. Über den im Beitrag dargestellten pragmatischen Theorierahmen lassen sich an der Schnittstelle von Grammatik und Pragmatik linguistisch begründbare Erkenntnisse über den *Prozess der Literalisierung* gewinnen. Das setzt die Überprüfung dieser theoretischen Überlegungen in empirischen Studien voraus. Diese, so fordert Gumperz mit Blick auf kompetenzorientierte Studien, "must deal with linguistic signs at a level of generality which transcends the bounds of linguists' grammatical system and must concentrate on aspects of meaning or interpretation more general than that of sentence content." (Gumperz 1997, 41). Die im Beitrag als Form/Funktions-Zusammenhänge gezeigten Textroutinen leisten solche Generalisierungen und stellen grammatische Einheiten dar, die valide empirische Aussagen zum Erwerb von Kompetenzen erst ermöglichen.

Formuliert werden können Fragestellungen, die im Kontext sprachdidaktischer Forschung relevant sind, etwa zum Erwerb von Textkompetenzen:

- Wie ist der Zusammenhang von Lesen und Schreiben beim Schreib- und Leseerwerb? Welche empirischen Daten lassen sich gewinnen, die Rückschlüsse erlauben darauf, ob z.B. beim Schreib- und Leseerwerb „eine[ ] rekursive Inanspruchnahme von Kompetenzen" (Becker-Mrotzek/Schindler 2007, 12) vorliegt.
- Wie werden Kontextualisierungskompetenzen, die als Voraussetzungen für ein textkompetentes Handeln beschrieben wurden, produktiv und rezeptiv im Schreiberwerbsprozess erworben?
- Wie verläuft der Erwerb der beschriebenen Kompetenzen bei Lernern des Deutschen als Zweitsprache?

Zur Diagnose:

- Welches diagnostische Potential steckt allgemein in der Betrachtung sprachlicher Form/Funktions-Ausdrücke, die Generalisierungen über ihren Gebrauchskontext ermöglichen?
- Welche diagnostische Leistung steckt darin zu unterscheiden, ob Lerner z.B. Textroutinen (allgemein Äußerungsformen) implikaturbasiert und also in kognitiv maximal entlastender Weise gebrauchen, oder aber ob sie einer Regel folgend sprachliche Formen gebrauchen?

Zur Förderung:

- Welche spezifischen Förderkonzepte lassen sich auf der Basis vorausgehender Forschung entwickeln?

Literatur

Auer, Peter/Di Luzio, Aldo (Hrsg.) (1992): The contextualization of Language. Amsterdam: Benjamin (= Pragmatics and Beyond New Series; 22).

Becker-Mrotzek, Michael/Schindler, Kirsten (2007): Schreibkompetenzen modellieren. In: Kölner Beiträge zur Sprachdidaktik, 5, 7-26.

Clark, Herbert H. (1996/2004): Using Language. Cambridge: Cambridge University Press.

Coulmas, Florian (1981): Routine im Gespräch. Zur pragmatischen Fundierung der Idiomatik. Wiesbaden: Athenaion.

Coulmas, Florian (1979): On the sociolinguistic relevance of routine formulae. In: Journal of Pragmatics, 3/3-4, 239-266.

Croft, William/Cruse, Alan D. (2004): Cognitive Linguistics. Cambridge: CUP.

Duranti, Alessandro/Goodwin, Charles (Hrsg.) (1992): Rethinking Context. Language as an interactive phenomenon. Cambridge: Cambridge University Press (= Studies in the Social and Cultural Foundations of Language; 11).

Ehlich, Konrad (1983): Text und sprachliches Handeln. Die Entstehung von Texten aus dem Bedürfnis nach Überlieferung. In: Aleida Assmann/Jan Assmann/Christof Hardmeier (Hrsg.): Schrift und Gedächtnis. Beiträge zur Archäologie der literarischen Kommunikation. München: Fink, 24-43.

Feilke, Helmuth (1994): Common sense-Kompetenz. Überlegungen zu einer Theorie ‚sympathischen' und ‚natürlichen' Meinens und Verstehens. Frankfurt a. M.: Suhrkamp.

Feilke, Helmuth (2001): Grammatikalisierung und Textualisierung – ‚Konjunktionen' im Schriftspracherwerb. In: Feilke, Helmuth/Kappest, Klaus-Peter/Knobloch, Clemens (Hrsg.): Grammatikalisierung, Spracherwerb und Schriftlichkeit. Tübingen: Niemeyer (=Linguistische Arbeiten; 431), 107-125.

Feilke, Helmuth (2003): Textroutine, Textsemantik und sprachliches Wissen. In: Linke, Angelika/Ortner, Hanspeter/Portmann-Tselikas. Paul R. (Hrsg.): Sprache und mehr. Ansichten einer Linguistik der sprachlichen Praxis. Tübingen: Niemeyer, 209-229.

Fischer, Kerstin (2006): Konstruktionsgrammatik und situationales Wissen. In: Günthner, Susanne/Imo, Wolfgang: Konstruktionen in der Interaktion. Berlin: de Gruyter, 343-364.

Fischer, Kerstin/Stefanowitsch, Anatol (2008): Konstruktionsgrammatik. Ein Überblick. In: Fischer, Kerstin/Stefanowitsch, Anatol (Hrsg.): Konstruktionsgrammatik I. Von der Anwendung zur Theorie. Tübingen: Stauffenburg.

Goldberg, Adele E. (1995): Constructions. A Construction Grammar Approach to Argument Structure. Chicago, London: University of Chicago Press.

Goldberg, Adele E. (2003): Constructions: a new theoretical approach to language. In: TRENDS in Cognitive Sciences, 7/5, 219-224.

Goldberg, Adele E. (2006): Constructions at Work. The Nature of Generalization in Language. Oxford: Oxford University Press.

Grice, Herbert P. (1957/1993): Intendieren, Meinen, Bedeuten. In: Meggle, Georg (Hrsg.): Handlung, Kommunikation, Bedeutung. Frankfurt a. M.: Suhrkamp (= stw 1083), 2-15.

Grice, Herbert P. (1976/1993): Logik und Konversation. In: Meggle, Georg (Hrsg.): Handlung, Kommunikation, Bedeutung. Frankfurt a. M.: Suhkamp (= stw 1083), 243-265.

Gumperz, John J. (1982): Discourse strategies. Cambridge: Cambridge University Press.
Gumperz, John J. (1992a): Contextualization and understanding. In: Duranti, Alessandro/Goodwin, Charles (Hrsg.): Rethinking Context: Language as an Interactive Phenomenon. Cambridge: Cambridge University Press, 229-252.
Gumperz, John J. (1992b): Contextualization Revisited. In: Auer, Peter/Di Luzio, Aldo (Hrsg.): The contextualization of Language. Amsterdam: Benjamin (= Pragmatics and Beyond New Series; 22), 39-54.
Gumperz, John J. (1996): The linguistic and cultural relativity of conversational inference. In: Gumpez, John J./Levinson, Stephen C. (Hrsg.): Rethinking linguistic relativity. Cambridge: Cambridge University Press (= Studies in the Social and Cultural Foundations of Language; 17), 374-406.
Gumperz, John J. (1997): Communicative Competence. In: Coupland, Nikolas/Jaworski, Adam (Hrsg.): Sociolinguistics. A Reader. Houndmills/London: Macmillan, 39-48.
Gumperz, John J. (2002): Sharing Common Ground. In: Keim, Inken/Schütte, Wilfried (Hrsg.): Soziale Welten und kommunikative Stile: Festschrift für Werner Kallmeyer zum 60. Geburtstag. Tübingen: Narr (= Studien zur Deutschen Sprache; 22), 47-56.
Heinemann, Wolfgang (2000): Textsorte – Textmuster – Texttyp. In: Brinker. Klaus/ Antos, Gerd/Heinemann, Wolfgang/Sager, Sven F. (Hrsg.): Text- und Gesprächslinguistik/Linguistics of Text and Conversation. Ein internationales Handbuch zeitgenössischer Forschung/An international Handbook of Contemporary Research, 1. Halbband/Volume 1, Berlin; New York: de Gruyter, 507-523.
Hopper, Paul/Traugott, Elizabeth Closs (2003): Grammaticalization. Cambridge: Cambridge University Press.
Jost, Jörg (2008): Die Textsorte Lehrerkommentar in der Primarstufe. Ergebnisse einer Pilotstudie. In: Zeitschrift für Angewandte Linguistik, 49, 95-117.
Lehnen, Katrin (2008): Kommunikation im Lehrerberuf. Schreib- und medienspezifische Anforderungen. In: Jakobs. Eva M./Katrin Lehnen (Hrsg.): Berufliches Schreiben. Ausbildung, Training, Coaching. Frankfurt a. M.: Lang, 83-102.
Levinson, Stephen C. (1995): Three levels of meaning. In: Palmer, Frank R. (Hrsg.): Grammar and Meaning. Cambridge: Cambridge University Press, 90-115.
Levinson, Stephen C. (2000): Presumptive Meanings. The Theory of Generalized Conversational Implicatures. Cambridge/Massachusetts: Massachusetts Institute of Technology Press.
Levinson, Stephen C. (2003): Contextualizing ‚contextualization cues'. In: Eerdmans. Susan L./Prevignano, Carlo L./Thibault, Paul J.(Hrsg.): Language and interaction: discussions with John J. Gumperz. Amsterdam: Benjamins, 31-39.
Lüger, Heinz-Helmut (1992): Sprachliche Routinen und Rituale. Frankfurt a. M.: Lang.
Lüger, Heinz-Helmut (1993): Some aspects of ritual communication. In: Journal of pragmatics 7, 695-711.
Portmann-Tselikas (2005): Was ist Textkompetenz? Elektronische Ressource: http://elbanet.ethz.ch/wikifarm/textkompetenz/uploads/Main/PortmannTextkompetenz.pdf (eingesehen: 6.5.2010).
Sandig, Barbara (1997): Formulieren und Textmuster. Am Beispiel von Wissenschaftstexten. In: Jakobs, Eva-Maria/Knorr, Dagma (Hrsg.): Schreiben in den Wissenschaften. Frankfurt a M.: Lang, 25-44.

Schmölzer-Eibinger, Sabine (2008): Lernen in der Zweitsprache. Grundlagen und Verfahren der Förderung von Textkompetenz in mehrsprachigen Klassen. Tübingen: Narr.
Schmölzer-Eibinger, Sabine/Weidacher, Georg (2007): Textkompetenz. Eine Schlüsselkompetenz und ihre Vermittlung. Tübingen: Narr.
Steinhoff, Torsten (2007): Wissenschaftliche Textkompetenz. Tübingen: Niemeyer.
Tomasello, Michael (1999/2006): Die kulturelle Entwicklung des menschlichen Denkens, Frankfurt a. M.: Suhrkamp (= stw 1827).
Tomasello, Michael (2003): Constructing a Language. A Usage-Based Theory of Language Acquisition. Cambridge/Massachusetts, London: Harvard University Press.
Tomasello, Michael (2006): Acquiring Linguistic Constructions. In: Damon, William/Lerner, Richard M./Kuhn, Deanna/Siegler, Robert S. (Hrsg.): Handbook of Child Psychology, 2, Cognition, Perception, and Language, 6th Edition, 255-298.

„La voie tranquille"
Routine und Emergenz in Formulierungsprozessen als Service public

Daniel Perrin

Prozesse verfestigen sich zu Routinen, die von Entscheidungsdruck entlasten – und Routinen werden spontan aufgebrochen und weiter entwickelt, wenn sie situativ nicht mehr passen. Dieses Wechselspiel von Stabilität und Emergenz untersuche ich im vorliegenden Beitrag an Fallstudien journalistischer Nachrichtenproduktion aus einem inter- und transdisziplinär angelegten Forschungsprojekt. Im Teil 1 des Beitrags bestimme ich die Kernbegriffe und stecke den theoretischen Rahmen ab: Routine als automatisiertes prozedurales Muster, Emergenz als unvorhersagbares Gegenstück dazu im dynamischen System der Textproduktion. In Teil 2 beschreibe ich das Forschungsprojekt IDÉE SUISSE als Rahmen für die Untersuchung von Routine und Emergenz in Formulierungsprozessen. In Teil 3 stelle ich scharf auf eine Fallstudie und dort auf eine einzelne Formulierungsänderung: „la voie express" wird zu „la voie tranquille" – und die Welt ist eine andere. In Teil 4 ordne ich diese Mikroentwicklung ein in übergreifende Handlungsrahmen des Projekts IDÉE SUISSE, der Nachrichtenproduktion und des Schreibens überhaupt. In Teil 5 schließlich ziehe ich den Schluss: Bedingungen schaffen und nutzen für Emergenz, darum geht es im Spiel mit Routinen auf allen Ebenen der Textproduktion – von der Wortwahl auf der Mikroebene der Textproduktion bis hin zum *Service public*, zum Leistungsauftrag und Sinn öffentlicher Medien.

1. Kernbegriffe: Routine und Emergenz im dynamischen System der Textproduktion

„[...] j'aime bien cet adjectif, parce que pour l'instant les mots ils résonnent dans la tête des gens, ‚tranquille' ... je parle certes des bateaux, mais ça résonne le mot ‚tranquille' dans le sujet" – Das sagt der Journalist R.G. beim Betrachten einer Bildschirmaufzeichnung, die zeigt, wie er beim Schreiben die standardisierte Bezeichnung einer Schiffsverbindung als „la voie express" ersetzt durch „la voie tranquille" und damit eine Formulierungsroutine bewusst aufbricht. Er liebe dieses Adjektiv, eben *tranquille*, ruhig, weil die Wörter eine Zeit lang in den Köpfen der Leute widerhallen würden. Er spreche zwar hier klar von ruhigen Schiffen, aber das Wort *ruhig* spiegle auch das Thema des ganzen Fernsehberichts.

Die Äußerung und ihr Kontext dienen im vorliegenden Beitrag als durchlaufendes Beispiel. Soeben hat das Beispiel gezeigt: Formulierungsroutinen können sowohl statisch als auch dynamisch betrachtet werden. Ein statischer Begriff von Routine bezieht sich auf ein Produkt, auf eine routinisiert erzeugte Formulierung wie „la voie express"; ein dynamischer Begriff dagegen meint den Prozess, der zu diesem Produkt führt – das automatisierte Niederschreiben der Formulierung „la voie express". In diesem prozeduralen Sinn verwende ich *Formulierungsroutine* im vorliegenden Beitrag. Damit rückt der Begriff in die Nähe anderer dynamischer Entitäten in Textproduktionsprozessen: Strategien, Praktiken und Prozeduren. Wie stehen die Begriffe zueinander?

Unter einer *Schreibstrategie* verstehe ich die verfestigte, bewusste und damit benennbare Vorstellung davon, wie Entscheidungen beim Schreiben zu fällen sind, damit der Schreibprozess und das Textprodukt mit höherer Wahrscheinlichkeit die zielgemäße Gestalt annehmen und die zielgemäße Funktion erfüllen. Eine Strategie stelle ich dar im propositionalen Format [X tun, um Y zu erreichen], zum Beispiel *writing to think*. Falls in Forschungsdaten nur der Tätigkeits-Teil [X tun] einer Strategie angesprochen wird, zum Beispiel *writing in autopilot mode*, spreche ich von einer *Praktik*. Automatisierte Praktiken – also solche, die nach verinnerlichten, nicht mehr bewussten Mustern ablaufen – bezeichne ich als *Routinen*, institutional etablierte Routinen als *Prozeduren* (Abb. 1).

text production	[– dynamics] static entities of text production: text product, formulation, genre, style, …			
	[+ dynamics] dynamic entities of text production	[+ target focus] strategy	…	…
		[+ activity focus] practice	…	…
			[+ pattern] routine	…
				[+ established] procedure

Abb. 1: „Routine" als dynamische Entität der Textproduktion. Quelle: Perrin, 2011

Routine ist ein rekursiv verwendbares Konzept: Eine Routine kann selbst aus mehreren Routinen bestehen. So enthält zum Beispiel die Routine *sich am Arbeitsplatz bereit machen* (Sub-)Routinen wie *den Stuhl zurechtrücken* und *den Computer einschalten*. Das gleiche Prinzip der Rekursivität gilt auch für Strategien, Praktiken und Prozeduren. Alle vier Konzepte sind skalierbar, das heißt, sie lassen sich auf alle denkbaren Spannweiten von Prozessen beziehen. Für Textproduktionsprozesse bedeutet dies: Eine Computertaste anschlagen kann ebenso als Routine ablaufen wie längere Strecken von Sprache quasi automatisiert formulieren *(writing in autopilot mode)*, Absätze kürzen, ein Exemplar einer Textsorte realisieren oder einen Leistungsauftrag erfüllen.

Die Idee der Skalierbarkeit über Spannweiten wie Zeiträume oder Komplexitätsgrade von Handlungen hinweg spielt eine wichtige Rolle in der Theorie dynamischer Systeme. Diese Theorie ist in Mathematik und Naturwissenschaften entstanden und erreicht jetzt über die Sozialwissenschaften die Angewandte Linguistik.[70] Sie eignet sich, um Wandel zu beschreiben, zum Beispiel den Sprachwandel überhaupt oder, hier, den Wandel von Produktionsmustern, etwa von Formulierungsroutinen in Nachrichtenredaktionen. Kernidee der Theorie ist, dass im Alltag, anders als in Experimentalsituationen, vorwiegend komplexe Systeme anzutreffen sind, deren Faktoren sich nicht isoliert betrachten lassen und deren vielschichtiges Kräftespiel nicht genau vorhersagbar ist. Dennoch gelten für diese Systeme bestimmte Regelhaftigkeiten.

Eine wichtige Regelhaftigkeit zeigt sich als *Emergenz*: Ein dynamisches System kann sich spontan so wandeln, dass grundsätzlich neue Systemzustände entstehen. Diese lassen sich nicht kausal aus isolierbaren einzelnen Faktoren erklären; das neue Ganze ist mehr als die Summe der Teile. Beispiele aus dem Nachrichtenjournalismus: Probleme nach verpasster Abgabefrist eines wichtigen Berichts können einen Prozess auslösen, in dem die Redaktion ihre ganzen Arbeitsabläufe und Kontrollen neu ordnet. Eine einzelne Sendungskritik kann zu Änderungen der Sprachregelung führen, eine spontane Wortschöpfung eines Moderators zur Lexikalisierung des Begriffs und damit zum Wandel kodifizierter Sprache. In jedem Fall sind Auslöser und begünstigende Bedingungen für den Wandel erkennbar, aber die bekannten Auslöser und Bedingungen allein reichen nicht aus, um zu erklären, warum der Wandel gerade in dieser Situation und gerade auf diese Art eingetreten ist, in einer anderen, scheinbar ähnlichen dagegen nicht.

Emergenz als grundsätzliche Aufhebung des Gewohnten im unvorhersehbar Neuen stellt somit das Gegenstück dar zur prozedural verstandenen Routine. Die

---

70 Zur Theorie dynamischer Systeme in der Angewandten Linguistik siehe Larsen-Freeman & Cameron, 2008.

Routine schleift sich ein im Wiederholen und ermöglicht Tun ohne den Aufwand von Einfall und Entscheidung. Die emergente Eigenschaft des Systems dagegen entsteht spontan; Emergenz bricht Routine auf, lässt neue Muster entstehen. „Spontan" bedeutet dabei: Emergenz ist zwar nicht mit Sicherheit vorhersagbar, sie wird aber begünstigt durch Bedingungen. Ohne solche Regelhaftigkeiten wäre eine Theorie der Emergenz und dynamischer Systeme überhaupt hinfällig. Die Muster im scheinbaren Chaos zu erkennen, darin besteht der Reiz. Dies soll nun für das Beispiel von „la voie tranquille" geschehen. Vorher ist der Fall aber zu verorten: Er greift auf Textproduktionsdaten aus dem Forschungsprojekt IDÉE SUISSE.

2. Forschungsrahmen: Spagat zwischen Medienpolitik und Marktwirtschaft im Projekt IDÉE SUISSE

Im Projekt IDÉE SUISSE[71] haben wir[72] untersucht, wie das Medienhaus SRG SSR IDÉE SUISSE als öffentlicher Schweizer Rundfunkanbieter den Leistungsauftrag[73] erhält, versteht und umsetzt, zur Verständigung und damit zum Zusammenhalt zwischen gesellschaftlichen Gruppierungen beizutragen. Dazu haben wir Daten auf vier Ebenen erhoben, in vier Forschungsmodulen: (A) Was fordert die Medienpolitik? (B) Wie deutet das Medienmanagement den Leistungsauftrag? (C) Wie setzen die Redaktionen den Auftrag um? (D) Wie reflektieren die Redaktionen ihre Leistung?

---

71 Das Projekt Idée suisse war Teil des Nationalen Forschungsprogramms 56 SPRACHENvielfalt und Sprachkompetenz in der Schweiz. http://www.nfp56.ch

72 Mitglieder des Forschungsteams waren Daniel Perrin (Projektleiter), Michael Schanne und Vinzenz Wyss von der Zürcher Hochschule für Angewandte Wissenschaften; Aleksandra Gnach und Mathias Fürer von der Universität Bern sowie Marcel Burger von der Universität Lausanne. Die Projektgruppe wurde durch eine interdisziplinäre Begleitgruppe supervidiert, unter der Leitung von Iwar Werlen, Universität Bern. Weitere Mitglieder der Begleitgruppe waren: Hans-Jürgen Bucher, Universität Trier; Werner Kallmeyer, Universität Mannheim; Caja Thimm, Universität Bonn; Jean Widmer, Universität Freiburg.

73 Konzession SRG SSR 2007, Art. 2, Programmauftrag: „In ihren Programmen fördert sie das Verständnis, den Zusammenhalt und den Austausch unter den Landesteilen, Sprachgemeinschaften, Kulturen, Religionen und den gesellschaftlichen Gruppierungen. […]"
Konzession SRG SSR 1992, Art. 3, Programmauftrag: „[…] In ihren Programmen fördert sie das gegenseitige Verständnis, den Zusammenhalt und den Austausch zwischen den Landesteilen, Sprachgemeinschaften und Kulturen […]".

Der Befund aus den Modulen A und B: Die Politik erwartet vom Medienunternehmen Programme mit Kommunikationsangeboten, die beitragen zur Verständigung zwischen den gesellschaftlichen Gruppierungen der Schweiz. Das Medienmanagement dagegen sieht sich in seinen Entscheidungen und inoffiziellen Äußerungen[74] von diesem Auftrag überfordert: Medienunternehmen könnten diese „pädagogische" Leistung nicht erbringen.[75] Die Positionen der Medienpolitik und des Managements widersprechen sich also.

Hier im Vordergrund stehen nun die Daten des Moduls C, in dem wir untersucht haben, wie die Redaktionen ihren Programmauftrag umsetzen. In diesem Modul wollten wir überprüfen, wie die Medienschaffenden selbst mit der widersprüchlichen Ausgangslage umgehen. Dazu erfassten wir Produktionskontexte und -prozesse von je fünf Journalistinnen und Journalisten dreier Nachrichtenredaktionen des öffentlichen Fernsehens der Schweiz: der Nachrichtensendungen TAGESSCHAU und TÉLÉJOURNAL sowie des Nachrichtenmagazins 10VOR10. Die TAGESSCHAU und 10VOR10 werden vom deutschsprachigen öffentlichen Fernsehen der Schweiz ausgestrahlt, das TÉLÉJOURNAL vom französischsprachigen.

Die Datenerhebung geschah gestaffelt und mit dem Verfahren der Progressionsanalyse (Perrin, 2003): Während je einer Woche pro Journalist/in erfassten wir Berufsbiografien, Leitbilder, Beobachtungen der Arbeitsabläufe, Redaktionskonferenzen, Schnittplatzgespräche – sowie die Tätigkeit am Computer. Logging-Software zeichnete das Produktionsgeschehen an den Arbeitsplätzen so auf, dass die Textentstehung am Bildschirm nach dem Schreiben in Echtzeit abgespielt werden konnte und sich nun Schritt für Schritt analysieren lässt. An den Schnittplätzen und in den Konferenzräumen waren zudem Videokameras eingerichtet.

Die Methode erfordert aufwendige Vorbereitung, wie sie nur in einem *transdisziplinären* Forschungsrahmen[76] möglich ist, also in Projekten, in denen Wissenschaft und Praxis zusammenarbeiten, um Probleme festzustellen, zu klären und zu lösen: Bevor Gespräche am Arbeitsplatz systematisch gefilmt und Computerschirme über Monate geloggt werden können, wollen die beforschten Organisationen und Individuen Vertrauen in die Forschenden gewinnen und Interesse am Projekt aufbauen, und beide Seiten zusammen müssen juristische,

---

74 Zu Widersprüchen zwischen Talk und Action in Organisationen mit unterschiedlichen Anspruchsgruppen siehe Brunsson, 2002.

75 Eine beispielhafte Äußerung durch einen ehemaligen Chefredaktor des Schweizer Fernsehens, aufgezeichnet im Projektmodul B: „das ist keine pädagogische hochschule im fernsehen und so weiter [...] die medien haben die aufgabe zu informieren | also neuigkeiten zu verbreiten". Quelle: politics_060816_leutenegger_interview, Zeilen 46–53

76 Zu diesem Transdisziplinaritätsbegriff siehe z.B. Pohl, Kerkhoff, Hirsch Hadorn, & Bammer, 2008.

organisatorische und technische Lösungen entwickeln, um das Geschehen am Arbeitsplatz umfassend aufzuzeichnen, ohne es zu stören. Diese Vorbereitungsphase dauerte im IDÉE-SUISSE-Projekt ein Jahr.

Die Beforschten erwarteten von der Mitarbeit im Projekt höhere Bewusstheit der eigenen Arbeitsweisen. Zudem sollten mit dem Projekt empirische Grundlagen für Beratungen, Coachings und Trainings geschaffen werden, die der Weiterentwicklung der Organisation und ihrer Mitglieder dienen. Diese Projektanlage erklärt, warum die Beforschten nicht nur komplexe Vorbereitungen offen und vertrauensvoll unterstützten, sondern auch bereit waren zu einem aufwendigen Verfahren, das im Gegensatz zu den übrigen Datenerhebungen einen Eingriff in den Arbeitsalltag darstellt: bereit zum retrospektiven Verbalprotokoll.

Ein solches Protokoll hatte jede Journalistin, jeder Journalist einmal im Forschungsverlauf zu erstellen – und zwar dann, wenn es forschungslogisch am sinnvollsten war: An einem beliebigen Abend, nach Abschluss der Textproduktion, konnte die Forscherin in der Redaktion auftauchen, zusammen sahen sich Forscherin und Journalist an dessen Arbeitsplatz die Aufzeichnung der Textentstehung an, und der Journalist musste laufend erklären, was er getan hatte und warum er es getan hatte. Bei diesem Vorgehen besteht die Aufgabe der Forscherin darin, den Journalisten am Reden zu halten. Was aber der Journalist beim Betrachten seines Schreibprozesses anspricht und was er übergeht, das sollte die Forscherin möglichst ihm selbst überlassen.

Zu erwarten bei solch retrospektiver Verbalisierung sind nicht tatsächliche Erklärungen vorgängigen Handelns, sondern abrufbare Erklärungsmuster. Während die Beforschten ihren aufgezeichneten Schreibprozess am Bildschirm verfolgen, bringen sie nur zu Protokoll, was mindestens vier Bedingungen erfüllt: Es fällt ihnen im Augenblick der Prozessbetrachtung erstens auf und erscheint ihnen zweitens bemerkenswert, sie können es drittens im Redefluss des Protokollierens in Sprache fassen, und sie wollen es viertens gegenüber den Forschenden zur Sprache bringen. Das Ergebnis sind verbalisierte Handlungsdeutungen, die bestimmte Rückschlüsse zulassen auf mentale Repertoires von Strategien, Praktiken, Routinen und Prozeduren.[77]

Anzunehmen ist zum Beispiel, dass wiederholt geäußerte und argumentativ vernetzte Deutungen den Beforschten sehr gegenwärtig sind. Solche Deutungen können das Handeln mitbestimmen und auch im untersuchten Fall eine Rolle

---

77 Die verbalisierten Schreibstrategien liegen näher an den tatsächlich eingesetzten, wenn das retrospektive Verbalprotokoll rasch nach dem Schreiben entsteht und die Beforschten den Schreibprozess vor sich ablaufen sehen, auf den sie ihre Erinnerungen beziehen sollen (Levy, Marek, & Lea, 1996; Hansen, 2006).

gespielt haben. In der Progressionsanalyse beziehen wir die Deutungen aus den Verbalprotokollen auf Daten aus anderen methodischen Zugriffen, etwa auf ethnografische Daten aus Interview und Beobachtung oder auf die computergestützten Aufzeichnungen der Schreibprozesse. Dies geschieht nun für einen Ausschnitt aus dem Forschungsprojekt IDÉE SUISSE: für den Fall LEBANON, in dem der Journalist die Routine der Formulierung „la voie express" aufbricht und damit seine Geschichte neu verankert.

3. Analyse: vom emergenten Leitmotiv im Fall Lebanon

Im Fall LEBANON schreibt der Journalist R.G. einen Nachrichtenbeitrag für die Mittagsausgabe vom 14. Februar 2007 des TÉLÉJOURNAL, der Hauptnachrichtensendung des französischsprachigen öffentlichen Fernsehens der Schweiz. Der Beitrag berichtet von Demonstrationen im Libanon. Die Demonstrierenden gedenken des libanesischen Premierministers Rafik Hariri, der zwei Jahre zuvor ermordet worden ist. Innenpolitische Spannungen und Ausdehnungsgelüste von Nachbarländern wie Syrien lassen im Libanon die Angst vor Bürgerkriegen aufkommen. Dennoch verlaufen die Demonstrationen im Wesentlichen friedlich. Dies versucht R.G. herauszuarbeiten – kraft seiner Erfahrung und Sprachgewandtheit, wie die Analyse zeigt. Die folgende Darstellung führt von einer Skizze der Berufsbiografie des Journalisten (a) über den Arbeitsplatz Redaktion (b) bis zu allgemeinen Arbeitsweisen des Journalisten (c-d), dann zoomt sie in die konkrete Produktionsaufgabe (e-h):

a **Journalist:** R.G., *1959, absolviert ein Sprachstudium, reist dazwischen sechs Monate lang durch „20, 30 Länder"[i] schreibt vier Koffer voller Reisetagebücher, in denen er heute noch liest,[ii] dreht ohne Ausbildung wöchentlich Filme von „drei, vier Minuten" für eine Fernsehsendung REISE UM DIE WELT.[iii] Zwei Jahre Journalistenausbildung folgen, dann 20 Jahre Journalist bei RADIO SUISSE ROMANDE, die erste Hälfte im Inland-, die zweite im Auslandressort, dort viele Reisen.[iv] Daneben baut R.G. eine Agentur für Fernsehreportagen auf, für die er selbst Auslandreportagen dreht.[v] Zur Zeit der Forschungsaufzeichnung arbeitet er seit zwei Jahren als Redakteur im Auslandressort der Nachrichtensendung TÉLÉJOURNAL der TÉLÉVISION SUISSE ROMANDE.

b **Redaktion:** R.G. sagt, das TÉLÉJOURNAL solle die Frage der Zuschauer beantworten, was am Tag in der Schweiz und auf der ganzen Welt Neues passiert sei.[vi] Die Redaktionsleitung bestimme die Themen, dann aber könne man als Journalist die Beiträge frei gestalten.[vii] Anders als in einem Hintergrundmagazin sei für das TÉLÉJOURNAL die Aktualität zentral: „on essaye de dire avant tout ce qui s'est passé" – man versuche vor allem zu sagen, was geschehen sei.[viii] Weitere Richtwerte seien Klarheit[ix] und Richtigkeit[x]; ein möglichst breites Publikum solle in der Lage sein und Lust haben, die Beiträge zu verstehen.[xi] Schwerpunkt und Blickwinkel seien wichtig für die Zuschauer, nicht die Menge der Informationen: „trop d'informations tue l'information", zu viele Informationen würden die Information töten.[xii] Es sei von Vorteil, eine Region bereist zu haben und ihre Themen und Wortführer aus eigener Anschauung einschätzen zu können.[xiii] Diese Erfahrung werde auch von der Redaktionsleitung geschätzt.[xiv]

c **Produktionsmuster:** R.G. sagt, er lese Weltzeitungen und google,[xv] das rege ihn zu Themen und Perspektiven an.[xvi] Parallel dazu schaue er sich das neue Bildmaterial an[xvii] – und stöbere in Erinnerungen. Gelesenes, Gesehenes und Erlebtes[xviii] verbinde, verdichte und reduziere[xix] er dann zu eigenen, möglichst wirklichkeitsnahen Geschichten, „récits".[xx] Manchmal schreibe er, beim Zeitungslesen im Café, von Hand ein paar Sätze auf, die später am Computer zu den Kernsätzen des Beitrags würden.[xxi] In den Schnittraum gehe er mit einer möglichst klaren Vorstellung des Informationsverlaufs; dort ändere er den Inhalt kaum noch.[xxii] Aber er kürze und verdichte den Text, passend zum Bild.[xxiii] Mit Formulierungen nahe am Bild wolle er das jeweils Eigenständige, Besondere jedes Ereignisses herausarbeiten,[xxiv] die Perspektive auch der Betroffenen,[xxv] gerade bei Dauerthemen wie Attentaten im Irak.[xxvi] Es geht ihm um die Tatsachen hinter den Zahlen, den Bilanzen: „[…] être le plus juste possible par rapport à la situation qu'on décrivait dans le journal quoi. Aller au-delà des chiffres justement, aller au-delà des bilans".[xxvii]

d **Kollaborationsmuster:** R.G. sagt, er arbeite gerne mit Cuttern,[xxviii] ihre Meinung interessiere ihn,[xxix] etwa zum Schluss der Geschichte, der stimmen müsse, aber auch elegant und treffend formuliert sein solle: „puisque le récit a sa propre logique aussi, je veux dire, on essaye de faire […] que ça corresponde à l'information qu'on veut donner mais que ça finisse de manière assez élégante ou percutante".[xxx] Wenn eine Cutterin dann den Schluss „un peu mielleux" finde, etwas süßlich, wisse er, dass er übertrieben habe.[xxxi] Weil es in seinem Medienhaus zu wenig Schnittplätze und Cutter gebe, schneide er, R.G., die Bilder manchmal selbst – mit schlechterem Ergebnis.[xxxii] Wichtig sei das Zusammenarbeiten auch bei der Anmoderation, sie gleise den Beitrag auf, verkaufe ihn.[xxxiii] R.G. sagt, er schreibe dazu eine Skizze, die der Moderator dann seiner Sprechweise anpasse.[xxxiv] Ein Abgleich sei leicht möglich, weil im Schreibsystem jeder den Text des anderen sehen könne.[xxxv] Diskussionen gebe es, wenn der Moderator selbst Informationen ergänze, die dem Beitrag die Spannung nähmen. Dann müsse sich einer der beiden dem anderen anpassen: „soit je m'adapte, soit je lui dis, laisse-moi ça dans le sujet parce que autrement j'ai moins d'éléments intéressants".[xxxvi]

e **Produktionsaufgabe:** Am 14. Februar 2007 übernimmt R.G. den Auftrag, für die Mittagsausgabe des TÉLÉJOURNAL einen Beitrag zu Demonstrationen im Libanon zu gestalten. Den Zeitrahmen empfindet er als eng, was ihm aber helfe, sich auf das Hauptthema zu konzentrieren:[xxxvii] Am zweiten Jahrestag der Ermordung von Premierminister Rafik Al-Hariri bekunden in Beirut Zehntausende Demonstrierender aus dem ganzen Libanon ihre Angst vor dem Einfluss Syriens, vor erneutem Bürgerkrieg, vor Zersplitterung. Bisher gibt es keine Ausschreitungen.[xxxviii] Was tagsüber im Libanon geschehen ist, kann R.G. in Genf wegen der Zeitverschiebung schon am Vormittag zusammenfassen. Er nutzt die Flaute vor dem abendlichen Ansturm auf die wenigen Schnittplätze, um zusammen mit dem Cutter Bild und Text abzustimmen. Er plant, den Beitrag nach der Mittagsausgabe des TÉLÉJOURNAL weiterzuentwickeln für die Abendausgabe.[xxxix]

f **Produktionsprozess:** Zuerst recherchiert und schreibt R.G. an seinem Computer, dann arbeitet er mit dem Cutter im Schnittraum. Beim Einordnen der aktuellen Bilder hilft ihm seine Erfahrung vor Ort: R.G. kennt sich im Libanon aus, eben war er wieder dort.[xl] Zudem hat er sich gründlich eingelesen[xli] und zugestelltes Bildmaterial durchgesehen, zwei Stunden Bilder, vorwiegend Menschenmassen mit Plakaten.[xlii] Dazu beschafft er sich Aufnahmen von Interviews mit Demonstrierenden.[xliii] Zwei Quotes wählt er aus für seinen Beitrag: ein englisches und ein arabisches. Das englische übersetzt er aus der Originalsprache, für das arabische stützt er sich auf eine mitgelieferte englische Übersetzung.[xliv] Dramaturgisch sieht er sich vor dem Problem, den Stoff interessant zu gestalten:[xlv] „c'est un effort de rendre vivante cette matière"[xlvi] und „je suis encore en train de chercher ma musique" – er sei noch dabei, seine Sprache, seinen Zugang, seine „Musik" zu finden.[xlvii] Dabei beschränkt er sich auf sein Hauptthema, die Demonstrationen. Bewusst verzichtet er auf biografische Hintergrundinformationen[xlviii] und spektakuläre Bilder des Attentats auf den ehemaligen Premierminister des Libanon, dessen die Demonstrierenden gedenken; so was zeige das Fernsehen oft genug: „les attentats on les montre déjà assez souvent".[xlix] Neu beim Studieren des Materials war ihm dagegen, dass die Libanesen am Tag der Gedenkfeier nicht arbeiten müssen und dass die Menschen von überall her sogar auf Booten zur Demonstration strömen.

g **Produkt:** Am Ende des Produktionsprozesses steht ein Beitrag von 80 Sekunden Länge, der um 12:53 Uhr ausgestrahlt wird. R.G. spricht den Offtext selbst, ein weiterer Sprecher und eine Sprecherin lesen die Übersetzungen zu den Quotes.

```
< 00 BEYROUTH, CE MATIN

Raphaël Guillet, Massimo Incollingo >

<

Les Libanais ne travaillent pas en ce jour anniversaire.... Ils
sont donc venus par dizaines de milliers de tout le pays, de Trip-
oli au nord ... Ou de Saïda, au sud, Saida la ville de Rafic
Hariri assassiné il y a 2 ans jour pour jour....

Ils sont venus par la route et même pour certains par la voie
tranquille de la Méditérannée...... Point commun de tous ces mani-
festants, le drapeau libanais pour dire l'amour qu'ils vouent à
leur pays écartelé, convoité par des voisins trop encombrants

AUDIO HOMME

Nous sommes ici pour Rafic Hariri et tous les martyrs... Et pour
dire vrai, je proteste contre la Syrie

AUDIO FEMME

Nous voulons la culture, l'éducation, les moyens de transports.
Pas les armes.... Nous désirons apprendre, progresser et mener une
vie normale, comme tout le monde

Manifestation orchestrée par la majorité anti-syrienne
actuellement au pouvoir mais dont la légitimité est contestée par
les forces de l'opposition conduites par les chiites du Hezbol-
lah....

D'ù 1 crainte de nouvelles violences aujourd'hui..... D'autant que
résonnent encore dans toutes les têtes les deux explosions
survenues hier matin dans la montagne chrétienne toute proche...
deux attentats non revendiqués.... Mais double avertissement pour
l'armée libanaise, la seule à garantir pour l'instant l'unité du
pays.....
```

Fig. 1: *Finale Textversion zum Beitrag tsr_tj_070214_1245_guillet_libanon_item.mov*

h **Analysefokus:** In einer frühen, linearen Phase im Schreibprozess, bis Revision 21 (Abb. 2), überarbeitet R.G. einen Satz, den er als Offtext zu einer einleitenden Szene vorgesehen hat. Die Szene zeigt, was R.G. überrascht hat, nämlich wie Menschen auf Booten zur Demonstration anreisen.[l] In diesem Satz spricht er zuerst von „la voie express de la méditerrannée", dem direkten Weg übers Meer; im Verweben von Wort und Bild aber – im Projekt sprechen wir von der Praktik des *checking whether formulation is pertinent* – fällt ihm ein, dass seine Standardformulierung zwar zur direkten Verbindung passt, aber nicht zur Ruhe, die die Boote im Bild ausstrahlen. So ändert er die Formulierung in „la voie tranquille (Abb. 3)".[li] Damit hat er nicht nur eine punktuell passendere Formulierung gefunden, sondern auch sein Leitmotiv für den Beitrag: „j'aime bien cet adjectif, parce que pour l'instant les mots ils résonnent dans la tête des gens: ‚tranquille' … je parle certes des bateaux, mais ça résonne le mot ‚tranquille' dans le sujet".[liii] Klar beziehe sich „ruhig" erst einmal auf die Schiffe, aber das Adjektiv widerhalle im Thema selbst und in den Köpfen des Publikums. Ähnlich bewusst setzt er im Beitrag die Begriffe *drapeau libanais*[lii] und *résonnent*: Explosionen vom Vortag haben nicht bloß stattgefunden, sondern widerhallen in den Köpfen der Demonstrierenden.[liv] Wir nennen diese Praktik, den Beitrag mittels Leitmotiven zu verweben, *foreshadowing implicit information*.

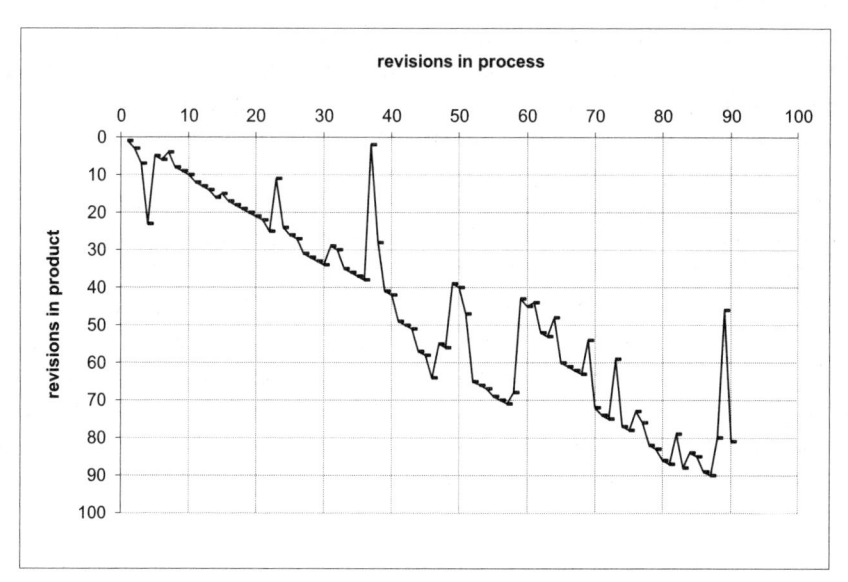

Abb. 2:   *Progressionsgrafik zum Schreibprozess im Fall Lebanon. Quelle: tsr_tj_070214_1245_ guillet_ libanon_ keylog_3_snot*

> [19]{Ils sont venus p}[19] |[20]ar la route et même pour certains par la voie [20][express][20] |[21][21]{tranquille}[21] de la Médit[4][e|[4]][4]érannée......|[5]

Abb. 3: *Ausschnitt aus dem Revisionsprozess, dargestellt in S-Notation. Einfügungen stehen in geschweiften Klammern und sind unterstrichen, Löschungen in eckigen und sind kursiv. Die Nummern neben den Klammern bezeichnen die Abfolge dieser Revisionen. Quelle: tsr_tj_070214_1245_guillet_libanon_keylog_3_snot*

Zwischenfazit: R.G. überwindet in seiner Beitragsprodukton eine *Kritische Situation* – leicht hätte er im Zeitdruck zum überlauten Klischee greifen können. Mit einem solchen Bericht hätte er den Trott vieler westlicher Medien fortgeführt, aus dem Nahen Osten vor allem Gewalt zu zeigen: schreiende Menschen, Feuer, Tumult. R.G. aber weiß aus Erfahrung, dass solch marktwirksam bebilderbare Klischees nur einen Teil des Geschehens vor Ort zeigen und dass das Klischee Entwicklungen überschreit, die öffentlich relevant sind. Solche Nuancen attraktiv aufzubereiten und damit zum politischen Diskurs anzuregen, das gehört für R.G. zum Leistungsauftrag öffentlicher Medien (s.o., Abschnitt 3 b). Also bleibt er nicht beim Klischee stehen, sondern lässt sich auf sein Quellenmaterial ein, hört ins Wort und nimmt die Bilder wahr. Was ihn überrascht und beschäftigt – dass die Libanesen am Tag der Feier nicht arbeiten müssen und sogar übers Meer zur Demonstration strömen –, regt ihn an zu einem neuen leisen Zugang zum Thema. Er hinterfragt die Standardformulierung „la voie express", *checking whether formulation is pertinent*, und entwickelt das Leitmotiv der „voie tranquille". Dieses Leitmotiv nutzt er systematisch, um Implizites anklingen zu lassen, *foreshadowing implicit information*, und schließlich aufzulösen. Damit kann er zugleich eine schlüssige und marktfrische Geschichte inszenieren, *staging the story*, und das politisch Feine wiedergeben, *establishing relevance for the audience* im Sinn des Leistungsauftrags (s.o., Abschnitt 2).

Staging the story und *Establishing relevance for the audience* sind zwei der 16 grundlegenden Praktiken journalistischer Textproduktion, die wir im Forschungsprojekt IDÉE SUISSE festgestellt haben. Diesen Praktiken lässt sich letztlich zuordnen, was Journalisten tun, wenn sie Texte herstellen, schreiben, formulieren – und dabei Routinen nutzen, umspielen und aufbrechen. Nachdem dieser Abschnitt in Nahaufnahme gezeigt hat, wie R.G. die Formulierungsroutine zu „la voie express" emergent aufbricht, beleuchtet der nächste Abschnitt die Systematik des festgestellten dynamischen Textproduktionshandelns.

4. Ergebnisse: Routinen systematisch nutzen und aufbrechen

R.G. wollte seinen Stoff interessant und relevant gestalten und brauchte dafür einen Einfall, einen grundsätzlich neuen Zugang. Diesen Einfall konnte er nicht planerisch erzwingen; man kann nicht auf Befehl kreativ sein. Aber er konnte Bedingungen schaffen für Einfälle: sich zum Beispiel Zeit geben, in die Bilderflut der Nachrichtenagenturen einzutauchen; bereit sein, Klischees der Medienberichterstattung zu hinterfragen; sich öffnen, um Neues wahrzunehmen.[78] Das hat R.G. getan, mit Erfolg. Das Beispiel steht für den Umgang mit Routinen im Schreibprozess als einem komplexen, dynamischen System. In jedem Schreibprozess wirken Gewohntes und Neues, Routine und Emergenz, vielfältig ineinander. Im Tun können sich die Bedingungen fürs nachfolgende Tun unverhofft und grundsätzlich ändern, emergent eben (s.o., Abschnitt 1). Der Verlauf eines solchen Prozesses lässt sich weder sicher vorhersagen noch monokausal steuern, aber im System durch die Gestaltung der Produktionsumwelt beeinflussen.

Dieses System haben wir im Forschungsprojekt IDÉE SUISSE rekonstruiert als das Zusammenspiel von 16 grundlegenden Kategorien von Praktiken beziehungsweise Strategien, Routinen, Prozeduren. Wie einleitend dargestellt (Abb. 1), können sich diese dynamischen Entitäten auf Prozesse ganz unterschiedlicher Spannweiten beziehen. *Establishing relevance for the audience* zum Beispiel kann ein einziges Wort betreffen *(checking whether formulation is pertinent)*, aber auch ganze Quotes oder gar Nachrichtenblöcke oder eben die Leitmotivik eines Beitrags *(foreshadowing implicit information)*. In allen 16 Kategorien sind Routinen möglich, aber auch Aufbrechen, Emergenz, wie bei „la voix tranquille" im Fall LEBANON. Die folgende Grafik (Abb. 4) veranschaulicht dieses dynamische System der Textproduktion.

Das dynamische System situierter Textproduktion beginnt mit dem Verstehen und Festlegen der Produktionsaufgabe *(defining the task)* und endet mit der Überführung des Ergebnisses in übergeordnete Produktionszusammenhänge, zum Beispiel mit dem Einbau eines fertigen Medienbeitrags in eine Sendungsausgabe des Nachrichtenprogramms *(implementing the product)*. Dazwischen interagieren Lese- und Schreibprozesse, etwa das Lesen von Quellentexten *(reading source materials)* und des entstehenden neuen Texts *(reading the text-so-far)* sowie das Herstellen und Umbauen eigener Textteile auf unterschiedlichen Komplexitätsstufen, vom Graphem bis zur ganzen Textversion.

---

[78] Zum Schaffen von Bedingungen, die Einfälle begünstigen, siehe Ortner, 2002; zu emergenten Lösungen in kritischen Situationen des Nachrichtenschreibens siehe Perrin, 2011.

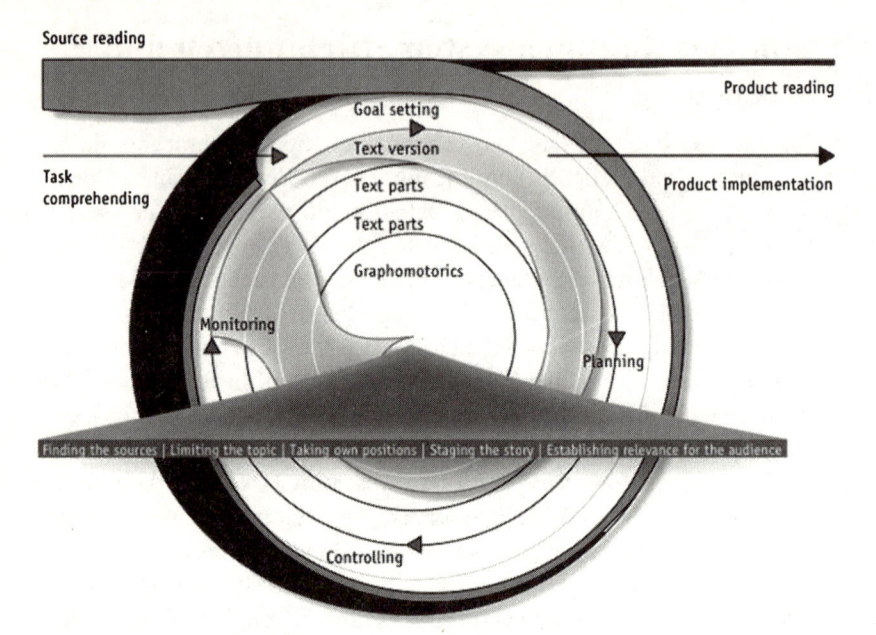

Abb. 4: Komplexe Dynamik der Textproduktion (Quelle: Perrin 2012)

Der Schreibprozess selbst vollzieht sich in vier rekursiven und sich überlagernden Phasen. In diesen Phasen dominieren unterschiedliche Tätigkeiten inkrementeller Textproduktion, die sich auf je eigene Komplexitätsstufen des entstehenden Texts beziehen. So fokussiert die Zielfindung *(goal setting)* typischerweise auf den ganzen Text, Planung *(planning)* stärker auch auf Textteile, Steuerung des Schreibflusses *(controlling)* auf die Formulierung, die gerade entsteht. In Evaluationsphasen *(monitoring)* können wieder alle Ebenen in den Blick genommen werden.

Während der Textproduktion befassen sich die Autorinnen und Autoren aber nicht nur mit vorhandenen und entstehenden Texten, sondern mit einem sozialen Umfeld, etwa mit Vorgesetzten und Ko-Autoren *(handling social environment)*, und einem technischen Umfeld, etwa Schreibsystemen *(handling tools)*. Zudem interagiert der Schreibprozess mit anderen, übergeordneten oder parallelen Aufgaben der Textproduktion *(handling task environment)*. So gilt es etwa, einen neuen Text in einem Marken- und Konkurrenzumfeld zu positionieren, mit dem neuen Beitrag strategisch an bestimmten und sich verändernden Diskursständen anzuknüpfen – sowie weitere Aufgaben parallel zu lösen und dabei die Ressourcen immer wieder neu aufzuteilen.

Diese elf Kategorien beziehen sich vor allem auf die Gestaltung der Produktionsprozesse. Dazu kommen fünf, die sich direkt in den Produkten niederschlagen: die Quellen erschließen und einbinden *(finding the sources)*, den Gegenstand bestimmen und eingrenzen *(limiting the topic)*, die eigene Position als Autor einnehmen *(taking own position)*, den Beitrag sprachlich und dramaturgisch gestalten *(staging the story)* und den Adressatenbezug herstellen *(establishing relevance for the audience)*. Den letzten beiden Kategorien lassen sich zum Beispiel die Praktiken *checking whether formulation is pertinent* und *foreshadowing implicit information* zuordnen, die Codes für die Routinen und Praktiken rund um die Formulierung „la voie tranquille".

Was bedeutet es, bestimmte Codes bestimmten Kategorien zuzuordnen? – Das dynamische System journalistischer Textproduktion entwickelten wir als Grounded Theory[79]: Wir codierten die retrospektiven Verbalprotokolle, Interviews und Dokumententexte aus dem Projekt, indem wir die Äußerungen möglichst nahe am Wortlaut zu Propositionen verdichteten (s.o., Abschnitt 1). So entstanden Hunderte datennaher Codes. Die ähnlichen fassten wir in Dutzenden von Konzepten zusammen, die wir weiter zu Kategorien gruppierten – schließlich eben 16 – und in Beziehung setzten zueinander und zu anderen Daten, etwa zu Daten aus den Computer-Loggings. Mit jedem neuen Fall entwickelten wir das entstehende Netz von Konzepten und Relationen weiter, bis es so robust war, dass weitere Daten aus weiteren Fällen nicht mehr zu Änderungen des Konzeptnetzes führten.

Damit hatten wir eine Theorie mittlerer Reichweite entwickelt, die in den empirischen Daten begründet ist – eine Grounded Theory. Diese Theorie beschreibt Textproduktion in den untersuchten Nachrichtenredaktionen und begründet, warum das Wechselspiel von Routine und Emergenz zentral ist für das Leitkonzept unseres Forschungsprojekts IDÉE SUISSE, nämlich für *promoting public understanding*. Von diesen übergreifenden Zusammenhängen handelt der nächste, abschließende Abschnitt.

5. Schluss: Routinen, Emergenz und *promoting public* understanding

Die Schweizer Medienpolitik erwartet, dass die öffentlichen Medien mit ihren Programmen, Sendungen und Beiträgen die Verständigung zwischen gesellschaftlichen Gruppierungen der Schweiz fördern und so zum Zusammenhalt der

---

79 Zur Eignung von Grounded Theory als Forschungsrahmen zur Untersuchung von Emergenz siehe Agar, 2004 und Charmaz, 2008.

schweizerischen Gesellschaft beitragen. Das Medienmanagement stimmt diesem Leistungsauftrag öffentlich zu; genauer besehen, findet es den Auftrag aber eine Überforderung der Medien und sieht sich einer Zerreißprobe ausgesetzt: Der Spagat zwischen öffentlichem Auftrag und Medienmarkt sei zu schwierig, ein Medienunternehmen heute müsse sich für den Markt entscheiden und könne nicht mehr dafür da sein, „pädagogische Probleme" zu lösen (s.o., Abschnitt 2).

Ohne die Umsetzung des Leistungsauftrags, ohne Service public, fiele aber der Hauptgrund weg, bestimmte Medien öffentlich zu finanzieren. Systemisch gesehen, müssten sie dann verschwinden. Dass sie noch da sind, verweist auf Leistungen, in denen sich öffentliche von privaten Medien wahrnehmbar unterscheiden. Die Haltung des Managements lässt vermuten, dass diese Leistungen an der Basis des Medienhauses entstehen müssen, in den Redaktionen. Tatsächlich zeigen Prozessanalysen: Erfahrenen Redakteuren wie R.G. gelingt es beim Herstellen von Beiträgen immer wieder, eng gewordene Routinen aufzubrechen, den Konflikt zwischen unterschiedlichen Ansprüchen mit emergenten Lösungen zu überwinden und so zum Beispiel die Dualität von öffentlichem Auftrag und Medienmarkt aufzuheben.

Das Wechselspiel von Emergenz und Routine bestimmt Wandel und (vorübergehende) Stabilität im dynamischen System der Textproduktion. Je stärker sich Umweltbedingungen verändern und Ansprüche widersprechen, desto wichtiger werden emergente Lösungen. Für journalistische Medien verändern sich die Umweltbedingungen zurzeit drastisch: politisch, wirtschaftlich, technologisch, etwa im Zug der Medienkonvergenz. Während Technologien konvergieren, divergieren Ansprüche. Routinen auf allen Ebenen journalistischer Beitragsproduktion veralten, weil sie immer breitere Klüfte zwischen Ansprüchen etwa von Medienpolitik und Medienwirtschaft nicht mehr zu überbrücken vermögen. Die Fähigkeit, emergente Lösungen zu finden, wird zur Schlüsselkompetenz einer Medienorganisation und ihrer Mitarbeitenden.

Wie der Fall LEBANON gezeigt hat, findet sich in der untersuchten Medienorganisation das Wissen, Leistungsauftrag und Medienmarkt emergent zu verbinden, statt wie das Management als Zerreißprobe wahrzunehmen. Aber dieses Wissen ist versteckt, als implizites *tacit knowledge* [80] einzelner erfahrener Journalistinnen und Journalisten. Im Forschungsprojekt IDÉE SUISSE konnten wir es orten, festhalten, aufbereiten, zum Beispiel als Fallbeschreibungen, in denen Medienschaffende *kritische Situationen* feststellen und mit *guten Praktiken* überwinden. Für den Fall LEBANON bedeutet dies, wie der vorliegende Beitrag

---

80 Zur Diskussion von implizitem, unbewusstem und schwer greifbarem Wissen in Organisationen siehe Polanyi, 1966; Wilson, 2002; Elwyn, Taubert, & Kowalczuk, 2007; Agar, 2010.

gezeigt hat: Formulierungsroutinen aufbrechen zum kontrapunktischen Leitmotiv, statt aufgrund zugelieferter Bilder das Klischee gewalttätiger Demonstrationen fortzuschreiben.

Solches Wissen, bis anhin gebunden an einzelne Erfahrene, ist nun der ganzen Organisation und ihrer Umwelt zur Verfügung zu stellen. In Beratungen, Coachings und Trainings mit Medienpolitikern, Medienmanagement und Redaktionen soll die Sprachbewusstheit, die Language Awareness für den Umgang mit dem Leistungsauftrag gestärkt werden: *Promoting public understanding* in einer sich rasch wandelnden Umwelt braucht neben den Routinen die Emergenz. Weil sich Emergenz zwar nicht erzwingen lässt, aber doch begünstigen, sind im Medienunternehmen top-down die Bedingungen für emergente Lösungen in den Redaktionen systematisch zu verbessern, etwa über die Zuordnung von Ressourcen wie Zeit und Arbeitsplätze und über Gelegenheit zur Zusammenarbeit. Bottom-up sind diese Gelegenheiten systematisch zu nutzen – gelassen und wach. Die „voie tranquille" ruft.

Textbelege

i « c'était six mois | une vingtaine trentaine de pays » (tsr_tj_070212_1220_guillet_frame, lines 19–20)

ii « moi j'ai écrit énormément pour moi | depuis l'âge de seize dix-sept ans | une espèce de journal de bord de voyage | que j'emmenais dans mes voyages | je ne sais pas | je dois avoir quatre ou cinq valises pleines de cahiers depuis et | ça doit faire trente ans maintenant | que je vais relire de temps en temps » (tsr_tj_070212_1220_guillet_frame, lines 725–732)

iii « c'était déjà pour la télévision | pour une émission qui s'appelait la course autour du monde | c'était pendant mes études de lettres » (tsr_tj_070212_1220_guillet_frame, lines 16–18)

iv « et après dix ans à la rubrique internationale | où j'ai fait passablement de voyages de reportages à l'étranger | pendant dix ans | ça fait pas mal de séjours et reportages à l'étranger » (tsr_tj_070212_1220_guillet_frame, lines 36–39)

v « et parallèlement à la radio j'avais participé à la création | d'une agence de reportages TV documentaires avec des collègues | parce que je n'étais pas à plein temps à la radio | ici je suis à plein temps | et j'ai fait une dizaine de reportages » (tsr_tj_070212_1220_guillet_frame, lines 51–55)

vi « moi je pense que ça c'est vraiment à répondre | à la question du téléspectateur qui se dit | bon j'ai pas suivi ce qui s'est passé en suisse et dans le monde | dans le monde pour ce qui me concerne | mais en suisse dans le monde dans le domaine du sport etc | qu'est-ce qui s'est passé aujourd'hui » (tsr_tj_070212_1220_guillet_frame, lines 67–72)

vii « j'ai pas de consignes particulières | on me laisse une grande liberté d'action par rapport à mon sujet […] mais dès le moment où le sujet est décidé | c'est moi qui vais

	orienter le texte	l'angle	en discussion peut-être avec le présentateur	mais je ne reçois pas de consignes particulières » (tsr_tj_070212_1220_guillet_frame, lines 175–186)
viii	« et je pense que c'est ce qui caractérise le journal d'actu	par rapport aux magazines qui approfondissent	qui essayent d'avantage de s'intéresser aux rouages	aux pourquoi etc	je pense que dans l'actu on doit pouvoir donner des clés	pour comprendre l'événement	mais on essaye de dire avant tout ce qui s'est passé	je pense que c'est essentiel » (tsr_tj_070212_1220_guillet_frame, lines 80–87)
ix	« donc c'est important de faire en sorte que l'écriture soit claire	soit efficace	soit compréhensible pour le plus grand nombre	et partant du principe que le téléspectateur	je pense	d'un journal télévisé c'est un échantillon plus large	que les lecteurs du journal le monde	qui auront peut-être besoin d'avantage de dossiers etc	c'est le plus grand nombre pour moi » (tsr_tj_070212_1220_guillet_frame, lines 261–269)
x	« oui je pense que c'est la clarté qui importe au final quoi	la clarté	et puis la justesse de l'information » (tsr_tj_070212_1220_guillet_frame, lines 302–304)
	« non la vérité c'est difficile de savoir	la justesse c'est par rapport à l'honnêteté journalistique	je dirais	moi je suis	juste après les attentats du 11 septembre au pakistan	où il y avait énormément de manifestations islamistes	de gens qui	qu'ils étaient heureux que l'attentat de new york se soit produit […] et une fois arrivé sur place je me suis dit	tiens c'est très orchestré	j'étais à une de ces manifestations	trois minutes avant le déclenchement de la manifestation	les barbus plaisantaient entre eux	rigolaient etc	et puis tout à coup au début fatidique de la manifestation	ils devenaient militants […] donc je racontais ce que j'avais vu quoi	là j'ai l'impression d'être juste » (tsr_tj_070212_1220_guillet_frame, lines 601–638)
	« maintenant la vérité c'est vraiment	c'est un terme qui est difficile	parce que nous on ne la touche jamais ou par hasard	mais c'est pourquoi je parle de justesse et d'honnêteté	dans la restitution de ce que j'ai pu voir	parce que c'est forcément une vision limitée	avec des jugements de valeur	même si j'essaye de faire attention	on est forcément-	on est témoin	mais on est un témoin subjectif quand même quoi	donc je privilégie justesse » (tsr_tj_070212_1220_guillet_frame, lines 646–657)
xi	« mais je ne reçois pas de consignes particulières […] si ce n'est de faire un sujet	qui soit que le téléspectateur ait envie de regarder quoi […] si c'est la manière de le traiter	moi je ne reçois pas de consignes » (tsr_tj_070212_1220_guillet_frame, lines 186–203)
xii	« parce que les faits ça peut être aussi des fois	souvent les journalistes quand ils débutent	mettent énormément d'informations	pour avoir l'impression d'être complets	mais trop d'informations tue l'information	et des fois il faut en développer juste deux ou trois	pour être au plus juste dans la restitution du sujet	alors que	je pense qu'ils se débarrassent un peu de la crainte de faire faux	donc on met toutes les infos	et puis après on dit au téléspectateur démerdez-vous » (tsr_tj_070212_1220_guillet_frame, lines 548–558)
	c'est important d'essayer de développer	une deux trois informations	et d'avoir un angle si possible	on y gagne je pense en efficacité	c'est un mot ambigu efficacité […] mais on a une responsabilité à parler de ce conflit	qui s'embourbe	donc je vais essayer de le faire au mieux	et là je ne pense pas qu'en mettant trop d'info qu'on arrive à le faire correctement » (tsr_tj_070212_1220_guillet_frame, lines 567–584)

xiii « et c'est vrai que quand on est dans une rubrique depuis un certain temps | on essaye de mettre un peu plus que des faits | on essaye de mettre un peu d'analyse | si c'est possible | on peut profiter du fait qu'on est allé dans les pays | dont on décrit les derniers événements | faire des coups de fil | ici on n'a pas toujours le temps | mais on a quand même une expérience par le fait des voyages | qui fait que- | ah bon oui mais là je me souviens de cette situation | je me méfie de tel porte-parole | je me méfie de telle thèse etc | et ça c'est un peu l'intérêt des rubricards comme on dit | qui ont d'avantage d'expérience que ceux qui arrivent | et qui découvrent un peu la matière quoi » (tsr_tj_070212_1220_ guillet_frame, lines 88–104)

mais c'est un avantage d'y être allé | et d'avoir discuté avec des spécialistes | d'avoir peut-être déjà fait un sujet sur des fouilles | sur le mont du temple | ou sur l'esplanade des mosquées | pour être un peu moins neuf sur le sujet quoi » tsr_tj_070212_1220_ guillet_frame, lines 115–120)

xiv « ils préfèrent avoir des gens d'expérience aux postes de rubrique | même si tous les sujets ne nécessitent pas ce back ground » (tsr_tj_070212_1220_guillet_frame, lines 127–128)

xv « moi ce que je fais | bon dès que je sais que je vais traiter ce sujet-là | je lis beaucoup | j'annote | j'essaye d'avoir une lecture assez globale | des principales dépêches | je vais ensuite regarder dans la presse via google » (tsr_tj_070212_1220_guillet_frame, lines 277–283)

xvi « et j'essaye de trouver des articles | qui me donnent une vision un peu plus large du sujet | et qui me donneront peut-être quelques idées pour le traitement | des choses assez concrètes qui parlent | et ça c'est une phase d'appréhension | où je prends beaucoup de choses » (tsr_tj_070212_1220_guillet_frame, lines 284–289)

xvii « et après je regarde aussi les images que j'ai à disposition » (tsr_tj_070212_1220_guillet_frame, line 290)

xviii « c'est difficile d'évaluer exactement le cheminement | ça vient des lectures qu'on a eues | des voyages qu'on a faits | ça vient des images | je trouve d'ailleurs assez passionnant cette mosaïque | et puis tout d'un coup ça prend forme | je pourrais faire certainement trois cheminements différents | pour un même sujet | mais je pense que dans les trois fois | il y aurait cette volonté de justesse quoi | dont je vous parlais tout à l'heure » (tsr_tj_070212_1220_guillet_frame, lines 703–713)

xix « c'est une alchimie qui est difficile à expliquer | parce qu'elle se fait de manière assez empirique | et après il y a des modifications | on enlève beaucoup après | parce que les sujets qu'on fait sont assez courts » (tsr_tj_070212_1220_guillet_frame, lines 297–301)

xx « et entre ce que j'ai lu | et ce que j'ai vu | j'essaye de raconter | de faire un récit qui soit le plus fidèle possible | à ce qui s'est passé quoi au sujet » (tsr_tj_070212_1220_guillet_frame, lines 291–295)

xxi « quand je lis des dépêches des articles etc | ça m'arrive d'aller boire un café à la cafétéria | et de m'isoler | puis en lisant je griffonne deux ou trois phrases | qui seront peut-être la base des idées du texte | que je vais ensuite rédiger oui | […] oui voilà que je peux griffonner sur les dépêches | ou un paragraphe en évidence avec une flèche | ah tiens ça pourrait être un début de phrase ou une chose comme ça » (tsr_tj_070212_1220 _guillet_frame, lines 666–682) xxii « quand j'arrive dans la cabine de montage | j'espère- | ou j'essaye d'avoir une idée assez claire | du cheminement de l'information | ce qui fait qu'il y a rarement des changements à ce niveau-là | après c'est un travail de finitions » (tsr_tj_070212_1220_guillet_frame, lines 316–321)

xxiii « [...] telle phrase je me rends compte que | je mets trop de temps pour exprimer l'idée | et que je me rends compte qu'au lieu de faire cinq lignes | deux lignes et demi vont très bien | en confrontation avec les images qu'on a à disposition | ça correspond | ou alors souvent je retranche dans la partie du montage » (tsr_tj_070212_1220_guillet_frame, lines 323–329)

xxiv « il faut essayer de mettre autre chose | et si on a sur les images quelque chose | qui permet de reconnaître une situation | que j'ai vue sur place etc | qui me permet d'être un peu plus personnel | ce n'est pas le mot | plus juste par rapport à une situation | je vais essayer de creuser là-dedans » (tsr_tj_070212_1220_guillet_frame, lines 503–510)
« oui d'essayer un peu- non pas d'être sur place | puisque je ne le suis pas | mais d'essayer d'être le plus juste possible | par rapport à ce sujet quoi » (tsr_tj_070212_1220_guillet_frame, lines 513–516)

xxv « donc il faut essayer de proposer quelque chose | qui ne soit pas différent de la réalité | mais au contraire plus proche | que les gens doivent ressentir sur place » (tsr_tj_070212_1220_guillet_frame, lines 519–522)

xxvi « c'est un sujet qu'on fait tellement souvent malheureusement | et qui devient un peu redondant pour le téléspectateur | j'imagine | en tout cas c'est le cas pour les gens | qui se disent | ah encore un attentat en Irak » (tsr_tj_070212_1220_guillet_frame, lines 476–480)
là je vais vraiment bien regarder ce qu'il y a comme images | parce que on a vu des ambulances passer etc | mais suivant la scène qu'il y a | ça va peut-être me donner ma- | les images c'est surtout par rapport à la phrase du début | comment entrer dans un sujet ou de fin comment en sortir » (tsr_tj_070212_1220_guillet_frame, lines 481–486)

xxvii « j'ai essayé oui | d'être le plus juste possible par rapport à la situation | qu'on décrivait dans le journal quoi | aller au-delà des chiffres justement | aller au-delà des bilans » (tsr_tj_070212_1220_guillet_frame, lines 542–546)

xxviii « moi j'aime bien travailler avec le monteur | ce que d'autres ne font pas | d'autres choisissent de monter tout eux-mêmes | parce qu'ils apportent quand même un plus dans la clarté | ils mettent des images qui correspondent mieux au texte | et c'est plus subtil quoi | que quand on travaille avec le monteur » (tsr_tj_070212_1220_guillet_frame, lines 372–378)

xxix mais sur le contenu le monteur n'a pas tellement d'implications | ou alors je l'utilise | ou je lui demande | tiens qu'est-ce que tu penses de cette chute » (tsr_tj_070212_1220_guillet_frame, lines 330–333)

xxx puisque le récit a sa propre logique aussi | je veux dire | on essaye de faire en sorte que ça finisse bien | que ça corresponde à l'information qu'on veut donner | mais que ça finisse de manière assez élégante | ou percutante etc » (tsr_tj_070212_1220_guillet_frame, lines 334–339)

xxxi « quand on prend un petit risque dans la narration | bien de temps en temps je lui dis | qu'est-ce que tu en penses etc | puis elle m'avait dit | c'est un peu mielleux quand même | parce qu'enfin ce qu'il a fait c'est sympathique | mais enfin on ne va pas non plus exagérer | et j'avais fini autrement finalement » (tsr_tj_070212_1220_guillet_frame, lines 361–368)

xxxii « ça m'arrive de temps en temps de faire moi-même les montages | pour des raisons de manque de place dans les boxes de montage | ou il n'y a pas assez de monteurs | et je fais mon montage moi-même | mais en général c'est moins bien » (tsr_tj_070212_1220_guillet_frame, lines 379–383)

xxxiii « il y a un élément important dans un sujet | c'est le lancement le chapeau l'introduction » (tsr_tj_070212_1220_guillet_frame, lines 388–389)

xxxiv « on fait une proposition d'intro | et puis des fois elle est totalement remaniée | ce qui est normal | parce que le présentateur à besoin de lire un texte | qui est dans sa bouche | qui correspond à sa manière d'écrire etc | et ce ne sera pas forcément la mienne » (tsr_tj_070212_1220_guillet_frame, lines 390–396)

xxxv « parce que moi j'écris directement dans le conducteur [...] je pense que si je suis relu | c'est surtout par le présentateur | qui va voir un peu comment je commence | si j'ai déjà fait ma première phrase | est-ce que ça correspond à son intro » (tsr_tj_070212_1220_guillet_frame, lines 440–446)

xxxvi « mais si lui-même va voir des dépêches etc | et qu'il utilise des choses | qui étaient importantes pour mon sujet | ça peut être problématique | ça peut faire des doublons | donc il peut y avoir de interactions de ce type-là [...] soit je m'adapte | soit je lui dis laisse-moi ça dans le sujet | parce que autrement j'ai moins d'éléments intéressants » (tsr_tj_070212_1220_guillet_frame, lines 397–407)

xxxvii « c'était assez facile à le faire ce texte | quand on connaît le dossier | que le cadre est pas très compliqué là en l'occurrence | et qu'il y avait peu de temps | ça s'écrit assez rapidement | et c'est des fois assez bien | parce que on cherche moins à être complet [...] et puis il y a une espèce de fluidité | qu'on retrouve à la lecture [...] quand on écrit vite | pressé par le temps | on dit l'essentiel plus vite peut-être aussi | et ça sera- il y aura moins à retrancher | j'ai eu peu de choses à retrancher dans ce texte-là [...] et aujourd'hui c'était plus facile à lire | parce que il y a eu une limpidité dans l'écriture | qui fait qu'à l'antenne ça passe » (tsr_tj_070214_1230_guillet_libanon_verbal, lines 776–801)

xxxviii « dans la mesure où c'est une manifestation | qui ne fait que commencer ce matin | qui va se poursuivre | s'il y a vraiment des heurts | ce sera cet après-midi | c'est une des craintes des enjeux de cette manifestation » (tsr_tj_070214_1230_guillet_libanon_verbal, lines 19–24)

« puisqu'à présent c'est plutôt tranquille | mais c'est un pays qui est divisé | mais qui est aussi violent donc peut-être des débordements » (tsr_tj_070214_1230_guillet_libanon_review, lines 76–78)

xxxix « voilà maintenant je me réjouis de faire le suivant | puisque ce sera le même thème | et puis on verra ce qu'on peut modifier | et puis en plus moi j'aime- | donc se sera une journée liban | à moins qu'il se passe d'autres choses | et que le liban- | ils décident d'en faire qu'un plateau couvert | et de me donner un autre sujet à quatre heures | ça c'est possible | mais en principe parti comme c'est | ce sera certainement le cas | ce sera liban » (tsr_tj_070214_1230_guillet_libanon_review, lines 353–365)

« il arrive aussi qu'on fasse un sujet à midi | et tout un autre sujet le soir | parce qu'il y a des fois des différences éditoriales | entre la grand messe de dix-neuf heures trente | et douze heures quarante-cinq | qui prend un peu ce qui peut | mais là ils le reprennent apparemment » (tsr_tj_070214_1230_guillet_libanon_verbal, lines 922–928)

« oui je vais regarder si tiens | on va faire ou non le sujet ce soir | ça doit être ça | c'est assez bien | quand on peut refaire le même sujet le soir | c'est un sujet évolutif | parce que ça permet d'essayer de- | de lire d'avantage | de creuser un peu | à midi souvent on pare un peu au plus pressé | et on peut peaufiner d'avantage | pour le dix-neuf heures trente » (tsr_tj_070214_1230_guillet_libanon_verbal, lines 910–921)

xl « [...] j'ai fait mon stage au liban ». (tsr_tj_070212_1220_guillet_frame, line 737)

« [...] moi je connais assez bien le dossier | et j'étais allé au liban l'été dernier | et je suis régulièrement tout ce qui se passe au liban » (tsr_tj_070214_1230_guillet_libanon_verbal, lines 15–17:

« enfin c'est un sujet qui pour moi n'est pas compliqué | que j'aime bien faire | parce que j'y suis allé | parce que j'aime bien suivre ce dossier | je suis allé sur cette immense place des martyrs | j'avais vu le mausolée d'hariri etcetera [...] ça c'est assez utile d'avoir été sur cette place | je m'en rend compte vraiment que cette place est immense | elle donne sur la méditerranée [...] ça prend vite des proportions importantes | parce que les forces de sécurité seront rapidement | sur le qui-vive | parce que le palais du gouvernement est tout près | enfin c'est des choses que j'ai en tête » (tsr_tj_070214_1230_guillet_libanon_review, lines 280–307)

xli « je procède souvent comme ça | je prends plusieurs dépêches | je vais regarder sur internet | je sors un ou deux articles | j'ai même été voir la biographie de rafik al-hariri » (tsr_tj_070214_1230_guillet_libanon_verbal, lines 109–113)

« alors premièrement les dépêches c'est le plus important | parce que bah il y a des envoyés spéciaux | qui sont chargés de nous communiquer | qu'est-ce qui se passe | en complément aux images que l'on reçoit | il y a le doc sheet | ce qu'on appelle le doc sheet | c'est la feuille qui va avec les images qu'on reçoit | où j'ai été chercher les traductions | et aussi un petit résumé | mais je ne le consulte pas tellement | parce que comme c'est en cours | j'aime mieux aller voir les dépêches » (tsr_tj_070214_1230_guillet_libanon_review, lines 243–254)

xlii « oui en tout cas j'avais deux heures d'images | mais c'est un peu toujours le même type d'images » (tsr_tj_070214_1230_guillet_libanon_verbal, lines 85–86)

xliii « j'ai sélectionné dans les interviews qui disent des choses | que sans doute à peu près tout le monde pense | à cette manifestation » (tsr_tj_070214_1230_guillet_libanon_verbal, lines 35–36)

« et c'est pas là-dedans que j'ai eu les interviews | donc il a fallu les chercher ailleurs | pour mettre un peu de concret » (tsr_tj_070214_1230_guillet_libanon_verbal, lines 88–90)

xliv « je traduis avec le même esprit en étant- | bon là ça correspond- | il arrive parfois que les traductions | qui sont déjà certainement des adaptations- | lui il est en anglais eh l'original l'interviewé | mais elle est en arabe | et moi je ne peux pas contrôler donc [...] je suis obligé à me fier à ce qui m'est donné | et pour elle c'est un peu plus approximatif que pour lui | lui il dit and against syria honestly | je crois | donc il faut essayer de garder un peu le sens de la formule | enfin garder l'esprit | la justesse de ce qui dit quoi » (tsr_tj_070214_1230_guillet_libanon_verbal, lines 248–262)

xlv « oui je pique dans ce qui s'appelle le doc sheet | ce qui correspond aux deux seules interviews | que j'ai de la matinée | parce que sinon on a beaucoup d'images | faites par la télé libanaise en direct avec des gros panneaux | mais là j'ai pris- oui oui j'ai pris deux choses | j'ai sélectionné dans les interviews qui disent des choses | que sans doute à peu près tout le monde pense | à cette manifestation » (tsr_tj_070214_1230_guillet_libanon_verbal, lines 29–37)

xlvi « il y a peu de surprises par rapport à ce sujet eh ce matin | donc c'est un effort de rendre vivante cette matière » (tsr_tj_070214_1230_guillet_libanon_verbal, lines 44–45)

xlvii « et puis depuis que je suis à la télé | c'est un peu différent qu'à la radio | donc je suis encore en train de chercher ma musique » (tsr_tj_070214_1230_guillet_libanon_verbal, lines 130–132)

xlviii « j'ai même été voir la biographie de rafik al-hariri | je savais qu'il venait de saïda | pour y être allé l'été dernier | mais je n'ai pas utilisé finalement sa biographie | parce que le sujet c'est vraiment la manifestation » (tsr_tj_070214_1230_guillet_libanon_verbal, lines 113–117)

xlix « je ne suis pas allé chercher les archives de l'attentat | parce que on les a déjà vues | et puis c'est bon les attentats | on les montre déjà assez souvent » (tsr_tj_070214_1230_guillet_libanon_verbal, lines 154–157)

l « je fais attention vraiment aux images | par exemple je ne m'attendais pas à voir ces bateaux | ça je savais que j'allais le mettre » (tsr_tj_070214_1230_guillet_libanon_verbal, lines 52–55)

li « express quand on voit la vitesse des bateaux | ce n'est pas une bonne idée | donc je vais changer | la voie tranquille » (tsr_tj_070214_1230_guillet_libanon_verbal, lines 181–183);

« je fais attention vraiment aux images | par exemple je ne m'attendais pas à voir ces bateaux | ça je savais que j'allais le mettre [...] ça donne l'impression d'une arrivée massive de gens | eh ce qui est le cas [...] c'est une espèce de construction | qui s'enchaîne assez bien à mon avis pour ce sujet | et qui nous explique bon ben eh | c'est pas fini non plus | puisqu'à présent c'est plutôt tranquille » (tsr_tj_070214_1230_guillet_libanon_review, lines 53–76)

lii « je parle certes des bateaux, mais ça résonne le mot tranquille dans le sujet » (tsr_tj_070214_1230_guillet_libanon_verbal, lines 186–187)

« [...] j'aime bien cet adjectif parce que pour l'instant les mots ils résonnent dans la tête des gens | tranquille c'est pour l'instant | le point de cette manifestation | elle est plutôt bon enfant pour l'instant | parce qu'il n'y a pas eu de heurts | donc je mets la voie tranquille » (tsr_tj_070214_1230_guillet_libanon_review, lines 184–191)

liii « après j'ai rajouté donc le drapeau libanais | pour dire l'amour de ce pays » (tsr_tj_070214_1230_guillet_libanon_verbal, lines 197–198)

« et puisqu'on le dit | ça va résonner | et ça va résonner | on appelle ça un paradigme eh | derrière roses il y a don | il y a générosité | il y a des mots qui résonnent bien comme ça | il n'y en a pas tellement là eh | mais c'est vrai qu'il y a le mot tranquille | il y a le drapeau libanais | j'insiste pour bien montrer qu'il y a l'aspect patriotique » (tsr_tj_070214_1230_guillet_libanon_review, lines 111–120)

« le drapeau c'est quelque chose d'important pour eux | moins peut-être en suisse actuellement | mais dans ce pays- | mais c'est aussi des réminiscences | de ce que j'ai discuté avec les jeunes au liban l'été passé | leur grande peur | c'est que le pays soit écartelé | soit déchiré | soit pris par d'autres » (tsr_tj_070214_1230_guillet_libanon_review, lines 129–137)

liv « mais j'aime bien l'idée de résonnent | parce que elle est- c'est lié au son quoi au son des explosifs | même si la plupart des gens qui sont sur cette place | ne les auront pas entendus de leurs oreilles | je trouve que ça- ça relève de la licence poétique | ou je ne sais pas | d'autant que résonnent encore dans toutes les têtes | c'est empirique [...] ça passe à l'oral | ça s'entend | c'est assez limpide » (tsr_tj_070214_1230_guillet_libanon_verbal, lines 728–741)

Literatur

Agar, Michael H. (2004): We have met the other and we're all nonlinear. Ethnography as a nonlinear dynamic system. Complexity, 10 (2), 16–24.

Agar, Michael H. (2010): On the ethnographic part of the mix. A multi-genre tale of the field. Organizational Research Methods, 13 (2), 286–303.

Brunsson, Nils (2002): The organization of hypocrisy. Talk, decisions and actions in organizations (2 ed.). Oslo: Abstrakt forlag/Copenhagen Business School Press.

Charmaz, Kathy (2008): Grounded theory as an emergent method. In Sharlene N. Hesse-Biber & Patricia Leavy (Eds.), Handbook of emergent methods (pp. 155–170). New York: Guilford Press.

Elwyn, Glyn, Taubert, Mark, & Kowalczuk, Jenny (2007): Sticky knowledge: A possible model for investigating implementation in healthcare contexts. Implementation Science, 2(44), 1–8.

Hansen, Gyde (2006): Retrospection methods in translator training and translation research. Journal of Specialised Translation, 5, 2–40.

Larsen-Freeman, Diane, & Cameron, Lynne (2008): Complex systems and applied linguistics (2 ed.). Oxford: Oxford University Press.

Levy, C. Michael, Marek, J. Pamela, & Lea, Joseph (1996): Concurrent and retrospective protocols in writing research. In Gert Rijlaarsdam, Huub Van den Bergh & Michael Couzijn (Eds.), Theories, models and methodology in writing research (pp. 542–556). Amsterdam: Amsterdam University Press.

Ortner, Hanspeter (2002): Schreiben und Wissen. Einfälle fördern und Aufmerksamkeit staffeln. In Daniel Perrin, Ingrid Boettcher, Otto Kruse & Arne Wrobel (Eds.), Schreiben. Von intuitiven zu professionellen Schreibstrategien (pp. 63–82). Wiesbaden: Westdeutscher Verlag.

Perrin, Daniel (2003): Progression analysis (PA). Investigating writing strategies at the workplace. Journal of Pragmatics, 35(6), 907–921.

Perrin, Daniel (2011): The linguistics of newswriting. Amsterdam, New York et al.: John Benjamins.

Pohl, Christian, Kerkhoff, Lorrae, Hirsch Hadorn, Gertrude, & Bammer, Gabriele (2008): Integration. In Holger Hoffmann-Riem, Susette Biber-Klemm, Walter Grossenbacher-

Mansuy, Gertrude Hirsch Hadorn, Dominique Joye, Christian Pohl, Urs Wiesmann & Elisabeth Zemp (Eds.), Handbook of transdisciplinary research (pp. 411–424). Berlin: Springer.
Polanyi, Michael (1966): The tacit dimension. Garden City NY: Doubleday.
Wilson, Tom. D. (2002): The nonsense of ‚knowledge management'. Information Research, 8(1).

Gesellschaft für Angewandte Linguistik e.V.

FORUM ANGEWANDTE LINGUISTIK will den Dialog über die Grenzen traditioneller Sprachwissenschaft hinweg und zwischen den einzelnen Sektoren Angewandter Linguistik fördern. Es bietet in Sammelbänden, Monographien und Kongressdokumentationen eine kontinuierliche Plattform zur Vermittlung zwischen anwendungsorientierter und interdisziplinär geöffneter Sprachforschung einerseits und den verschiedensten Tätigkeitsfeldern sprachbezogener und wissenschaftlich interessierter Praxis andererseits.

FORUM ANGEWANDTE LINGUISTIK möchte über Themen, Ziele, Methoden und Forschungsergebnisse in allen Bereichen informieren, die heute das Spektrum Angewandter Linguistik facettenreich konturieren. Aktuelle Probleme sprachlichen (auch fremdsprachlichen) Unterrichts, gesellschaftlicher, fachlicher und individueller Bedingungen der Sprachverwendung, des Spracherwerbs und der Sprachenpolitik, des Sprachenvergleichs und der Übersetzung, der Entwicklung sprachlicher Testverfahren und maschineller Textverarbeitung, der Sprachstörungen und Sprachtherapie, der Unterrichts- und Massenmedien erfordern mit Nachdruck, sozio-, psycho- und patholinguistische Fragestellungen, phonetische, stilistische, rhetorische und textlinguistische Aspekte, zeichen-, kommunikations- und medienwissenschaftliche Grenzgebiete in eine realistische Beschreibung der Vielfalt und Entwicklung der Sprache(n) in der Gegenwart einzubeziehen.

Die Buchreihe FORUM ANGEWANDTE LINGUISTIK wird von der *Gesellschaft für Angewandte Linguistik* (GAL) herausgegeben.

Die GAL hat das Ziel, die wissenschaftliche Entwicklung in allen Bereichen der Angewandten Linguistik zu fördern und zu koordinieren, den Austausch wissenschaftlicher Informationen zu beleben sowie die Zusammenarbeit der hieran interessierten Personen und Institutionen national und international zu intensivieren. Dazu gehört auch der Kontakt mit Wirtschaft und Industrie, Behörden, Bildungseinrichtungen und Institutionen des öffentlichen Lebens.

Angewandte Linguistik wird dabei als diejenige zwischen Theorie und Praxis vermittelnde Disziplin verstanden, die interdisziplinär an der Lösung aller Probleme arbeitet, an denen Sprache beteiligt ist.

Die *Gesellschaft für Angewandte Linguistik* repräsentiert die Bundesrepublik Deutschland im internationalen Fachverband 'AILA. Association Internationale de Linguistique Appliquée' (Status B der UNESCO).

Anschrift der *Gesellschaft für Angewandte Linguistik* (GAL):
GAL-Geschäftsstelle
Universität Duisburg-Essen
FB Geisteswissenschaften
Institut für Anglophone Studien
Universitätsstr. 12
45117 Essen

Forum Angewandte Linguistik

Publikationsreihe der Gesellschaft für Angewandte Linguistik (GAL)

Die Bände 1-17 dieser Reihe sind im Gunter Narr Verlag, Tübingen erschienen.

Band	18	Bernd Spillner (Hrsg.): Sprache und Politik. Kongreßbeiträge zur 19. Jahrestagung der Gesellschaft für Angewandte Linguistik GAL e.V., 1990.
Band	19	Claus Gnutzmann (Hrsg.): Kontrastive Linguistik, 1990.
Band	20	Wolfgang Kühlwein, Albert Raasch (Hrsg.): Angewandte Linguistik heute. Zu einem Jubiläum der Gesellschaft für Angewandte Linguistik, 1990.
Band	21	Bernd Spillner (Hrsg.): Interkulturelle Kommunikation. Kongreßbeiträge zur 20. Jahrestagung der Gesellschaft für Angewandte Linguistik GAL e.V., 1990.
Band	22	Klaus J. Mattheier (Hrsg.): Ein Europa – Viele Sprachen. Kongreßbeiträge zur 21. Jahrestagung der Gesellschaft für Angewandte Linguistik GAL e. V., 1991.
Band	23	Bernd Spillner (Hrsg.): Wirtschaft und Sprache. Kongreßbeiträge zur 22. Jahrestagung der Gesellschaft für Angewandte Linguistik GAL e.V., 1992.
Band	24	Konrad Ehlich (Hrsg.): Diskursanalyse in Europa, 1994.
Band	25	Winfried Lenders (Hrsg.): Computereinsatz in der Angewandten Linguistik, 1993.
Band	26	Bernd Spillner (Hrsg.): Nachbarsprachen in Europa. Kongreßbeiträge zur 23. Jahrestagung der Gesellschaft für Angewandte Linguistik GAL e.V., 1994.
Band	27	Bernd Spillner (Hrsg.): Fachkommunikation. Kongreßbeiträge zur 24. Jahrestagung der Gesellschaft für Angewandte Linguistik GAL e.V., 1994.
Band	28	Bernd Spillner (Hrsg.): Sprache: Verstehen und Verständlichkeit. Kongreßbeiträge zur 25. Jahrestagung der Gesellschaft für Angewandte Linguistik. GAL e.V., 1995.
Band	29	Ernest W.B. Hess-Lüttich, Werner Holly, Ulrich Püschel (Hrsg.): Textstrukturen im Medienwandel, 1996.
Band	30	Bernd Rüschoff, Ulrich Schmitz (Hrsg.): Kommunikation und Lernen mit alten und neuen Medien. Beiträge zum Rahmenthema "Schlagwort Kommunikationsgesellschaft" der 26. Jahrestagung der Gesellschaft für Angewandte Linguistik GAL e.V., 1996.
Band	31	Dietrich Eggers (Hrsg.): Sprachandragogik, 1997.
Band	32	Klaus J. Mattheier (Hrsg.): Norm und Variation, 1997.
Band	33	Margot Heinemann (Hrsg.): Sprachliche und soziale Stereotype, 1998.
Band	34	Hans Strohner, Lorenz Sichelschmidt, Martina Hielscher (Hrsg.): Medium Sprache, 1998.
Band	35	Burkhard Schaeder (Hrsg.): Neuregelung der deutschen Rechtschreibung. Beiträge zu ihrer Geschichte, Diskussion und Umsetzung, 1999.
Band	36	Axel Satzger (Hrsg.): Sprache und Technik, 1999.
Band	37	Michael Becker-Mrotzek, Gisela Brünner, Hermann Cölfen (Hrsg.), unter Mitarbeit von Annette Lepschy: Linguistische Berufe. Ein Ratgeber zu aktuellen linguistischen Berufsfeldern, 2000.
Band	38	Horst Dieter Schlosser (Hrsg.): Sprache und Kultur. 2000.
Band	39	John A. Bateman, Wolfgang Wildgen (Hrsg.): Sprachbewusstheit im schulischen und sozialen Kontext. 2002.

Band	40	Ulla Fix / Kirsten Adamzik / Gerd Antos / Michael Klemm (Hrsg.): Brauchen wir einen neuen Textbegriff? Antworten auf eine Preisfrage. 2002.
Band	41	Rudolf Emons (Hrsg.): Sprache transdisziplinär. 2003.
Band	42	Stephan Habscheid / Ulla Fix (Hrsg.): Gruppenstile. Zur sprachlichen Inszenierung sozialer Zugehörigkeit. 2003.
Band	43	Michael Becker-Mrotzek / Gisela Brünner (Hrsg.): Analyse und Vermittlung von Gesprächskompetenz. 2004. 2. durchgesehene Auflage. 2009.
Band	44	Britta Hufeisen / Nicole Marx (Hrsg.): *Beim Schwedischlernen sind Englisch und Deutsch ganz hilfsvoll*. Untersuchungen zum multiplen Sprachenlernen. 2004.
Band	45	Helmuth Feilke / Regula Schmidlin (Hrsg.): Literale Textentwicklung. Untersuchungen zum Erwerb von Textkompetenz. 2005.
Band	46	Sabine Braun / Kurt Kohn (Hrsg.): Sprache(n) in der Wissensgesellschaft. Proceedings der 34. Jahrestagung der Gesellschaft für Angewande Linguistik. 2005.
Band	47	Dieter Wolff (Hrsg.): Mehrsprachige Individuen – vielsprachige Gesellschaften. 2006.
Band	48	Shinichi Kameyama / Bernd Meyer (Hrsg.): Mehrsprachigkeit am Arbeitsplatz. 2006.
Band	49	Susanne Niemeier / Hajo Diekmannshenke (Hrsg.): Profession & Kommunikation. 2008.
Band	50	Friedrich Lenz (Hrsg.): Schlüsselqualifikation Sprache. Anforderungen – Standards – Vermittlung. 2009.
Band	51	Andreas Krafft / Carmen Spiegel (Hrsg.): Sprachliche Förderung und Weiterbildung – transdisziplinär. 2011.
Band	52	Helmuth Feilke / Katrin Lehnen (Hrsg.): Schreib- und Textroutinen. Theorie, Erwerb und didaktisch-mediale Modellierung. 2012.

www.peterlang.de